中国非洲研究评论
总第 11 辑

ANNUAL REVIEW OF
AFRICAN STUDIES IN CHINA

共同发展

南非式现代化与中国—南非合作研究

JOINT DEVELOPMENT

SOUTH AFRICAN MODERNIZATION AND CHINA-SOUTH AFRICA COOPERATION

刘海方 等＿＿＿＿著

商务印书馆
创于1897
The Commercial Press

本书的写作和出版获得乐施会的资助，

内容并不必然代表乐施会立场。

作者简介

刘海方，北京大学国际关系学院副教授，北京大学非洲研究中心主任。撰写导论、第一章、第二章、第三章、第六章。

加思·谢尔顿（Garth Shelton），南非金山大学国际关系学院教授。撰写第四章第 139—147 页。

何则锐，北京大学区域与国别研究院博士候选人。撰写第四章第 148—176 页。

姚　航，北京大学国际关系学院博士候选人。撰写第四章第 177—202 页；第五章第 296—324 页。

王进杰，北京大学国家发展研究院、北京大学南南合作与发展学院助理研究员，北京大学非洲研究中心副秘书长。与彭高杲共同撰写第四章第 203—236 页。

彭高杲，中国传媒大学媒体融合与传播国家重点实验室舆情与社会治理专业硕士研究生。

邹雨君，中国石油经济技术研究院海外投资环境研究所经济师。撰写第四章第 237—262 页。

梅特吉·马克戈巴（Metji Makgoba），南非林波波大学传播媒体信息研究学系副教授。与天佑共同撰写第五章第 263—295 页。

天佑（Luyolo Sijake），南非社会企业 Qwili 总裁。

东罗纳·阿达瓦·托马（Donglona Adawa Thomas），北京大学国际关系学院博士候选人。撰写第五章第 325—366 页。

王　刚，清华大学新闻与传播学院博士候选人。撰写第五章第 367—383 页。

展梦舒，约翰内斯堡大学中非研究中心博士后研究员。撰写第五章第 384—415 页。

前　言

　　"共同发展"是人类社会的永恒主题，也是中国与非洲合作的核心精神。非洲大陆作为世界上最具发展潜力的地区之一，其发展不仅关乎非洲人民的福祉，也对全球的繁荣与稳定具有重要意义。然而，非洲的可持续发展之路充满挑战。历史上的殖民统治留下了深重的遗产：经济结构的单一化、社会制度的分裂、资源的过度掠夺以及生态环境的破坏，这些问题至今仍在制约着非洲的发展。与此同时，气候变化、粮食安全、公共卫生危机等全球性挑战，又为非洲的可持续发展增添了新的复杂性。

　　在这样的背景下，中国与非洲的合作显得尤为重要。中国作为世界上最大的发展中国家，在减贫、基础设施建设、工业化等领域积累了丰富的经验，而非洲则拥有丰富的自然资源和巨大的人口红利。双方的合作不仅是南南合作的重要组成部分，更是推动全球可持续发展的重要力量。近年来，中非合作在农业、能源、环境保护、公共卫生等领域取得了显著成果，为非洲的可持续发展注入了新的动力。然而，如何进一步深化合作，如何应对殖民历史遗留的负面问题，如何确保合作成果惠及普通民众，仍然是摆在双方面前的重大课题。

　　本书以"共同发展"为主题，深入探讨了中非合作在可持续发展领域的实践与前景。研究团队不仅分析了非洲当前面临的多重挑战，特别是殖民历史遗留的经济依赖、社会不平等、治理困境等问题，还结合中非合作的实践，提出了具有前瞻性与可操作性的政策建议。这项研究为我们理解中非合作的深远意义提供了新的视角，也为双方未来的合作指明了方向。值得一提的是，本书以南非为典型案例，深入研究了中非在能源转型、基础设施建设、人力资源发展等领域的合作实践。南非作为非洲大陆最具代表性的经济体之一，其与中国的合作不仅为双方带来了实实在在的发展成果，也为其他非洲国家提供了宝贵的经验借鉴。这项研究为我们理解中非合作的深远意义提供了新的视角，也为双方未来的合作指明了方向。

乐施会（Oxfam Hong Kong）始终坚信，真正的可持续发展必须建立在公平、包容与合作的基础之上。我们支持这项研究，正是因为其体现了"共同发展"的核心价值：通过知识与实践的结合，帮助非洲国家摆脱殖民历史的桎梏，实现自主发展；通过中非合作的深化，推动全球南南合作迈向新的高度；通过创新与共享，让发展成果惠及更多普通民众，特别是那些处于弱势地位的群体。

本书的出版，不仅是对中非合作成果的总结，更是对未来合作方向的展望。我们希望通过这项研究，能够激发更多的讨论与合作，为中非可持续发展事业注入新的活力。乐施会一直通过支持研究和实践，推动全球公平与可持续发展，仍将继续致力于推动全球公平与可持续发展，支持那些能够为人类福祉带来深远影响的工作。我们相信，通过共同努力，中非合作必将为构建一个更加公平、绿色、包容的世界贡献更多力量。

在此，我们要向所有参与这项研究的研究人员、合作伙伴以及支持者致以最诚挚的感谢。你们的努力与奉献，让这项研究得以顺利完成并呈现给读者。愿这本书成为中非共同发展道路上的又一里程碑，为全球可持续发展事业照亮前行的方向。

乐施会

2024 年 12 月

目　录

下篇　可持续性视角下的中国-南非合作研究

非洲式现代化与中非合作研究的重要性

刘海方

　　新冠疫情全球大流行以来，各国大量诉诸传统的自助自救自保行为——关闭边境、断航、撤侨、争抢与截留防疫物资，并禁止粮食出口、进行疫苗战略储备等，一时间有识之士纷纷慨叹人类后退到了"去全球化"甚至"反全球化"境地。此后，地区热点冲突不断，大型如 2022 年爆发的俄乌冲突、苏丹两派军阀持续至今的内战以及 2023 年 10 月再次成为全球热点的以巴（哈）冲突。各国对于俄乌冲突和以哈冲突的看法千差万别，欧美大国对乌克兰和以色列持顽固支持态度、并不断施加压力和影响给其他中小国家，联合国大会、海牙国际法庭等平台上，地区热点矛盾又进一步撕裂了全球，东方还是西方的意识形态选边站队再次成为小国必须面对的现实。普林斯顿大学约翰·伊肯伯里教授在 2024 年初发文认为，全球已经形成了新的"三个世界"，即全球西方、东方和南方，三者纷争角力、共同塑造着新的全球秩序——对于西方最糟糕的情形就是东方（中国和俄罗斯）成功获得广大全球南方国家的深度支持合作，导致西方影响力日益倾颓和被边缘化。[①] 早在 2011 年，伊肯伯里就发文表达了对于"自由主义世界秩序"可能随"非西方国家崛起"而终结的担忧，只不过时至今日焦虑更加真实切近。[②] 稍早于该教授贩售关于美国影响不再的"后自由世界秩序"焦虑，杰弗里·萨克斯教授在其 2008 年发表的名著《共同财富》中，开篇就阐明，20 世纪见证了欧洲主导的全球政治经济时代的终结，"21

---

　　① G. John Ikenberry, "Three Worlds: The West, East and South and the Competition to Shape Global Order," *International Affairs*, Vol. 100, No. 1, 2024, pp. 121–138.

　　② G. John Ikenberry, "The Future of the Liberal World Order: Internationalism After America," *Council on Foreign Affairs*, Vol. 90, No. 3, MAY/JUNE 2011, pp. 56–62, 63–68.

世纪将会见证美国主导全球政治经济时代的终结"；同时，包括中国、印度和巴西等国在内的新生力量会逐渐强大，并且在国际舞台上提升影响力。[①]

市场还是国家：全球动荡下的新冷战话语

显然，并不是所有的美国学者都像萨克斯教授这样开明地拥抱变动的世界秩序，并接受新兴经济体共同分担责任。类似于伊肯伯里文章中的东方、西方、南方的全球分野叙事一样，很多人仍然抱持"冷战思维"式的意识形态，对美国不再独霸天下忧心忡忡，强化敌我阵营的差异、竞争博弈甚至斗争，一方面自觉不自觉地美化和夸张近一个世纪以来西方国家主导建构的"自由世界秩序"，但避而不谈其背后建立过程中的野蛮和血腥杀戮；另一方面简单粗暴地把东方认定为"民主""自由"的对立面，[②]却并不再对二者进行具体时空条件下的内涵梳理和实证分析，而简单将其等同于西方国家正在执行的制度及其国际目标。然而，仅就2003年以保卫民主自由为名发动的伊拉克战争为例，其对于这个国家和民众的摧残蹂躏和长期破坏性影响20年后仍罪恶昭彰！新一轮鼓噪"自由"与"专制"对立的新冷战话语已如箭在弦，正如哈佛大学荣休教授爱德华·威尔逊教授感慨，当今世界的特征是"石器时代的情感、中世纪的信仰和神力相当的技术——这三者异乎寻常紧密地融合在一起"。[③]

在全球地缘政治又一次陷入如此糟糕的、极化的意识形态分野的当下，求同存异、寻找全球共同价值和共同未来的任务迫在眉睫。不管是发达国家和发展中国家，包括中国在内，新一轮全球的动荡实际上都不同程度地归因于新冠疫情和此后重大地区热点冲突问题对各国经济的持续影响和拖

---

① 〔美〕杰弗里·萨克斯：《共同财富：可持续发展将如何改变人类命运》，石晓燕译，中信出版社，2010年，第3页。

② G. John Ikenberry, "Three Worlds: The West, East and South and the Competition to Shape Global Order."

③ 参见〔美〕杰弗里·萨克斯：《共同财富：可持续发展将如何改变人类命运》一书中爱德华·威尔逊所作《序言》，第 XVI 页。

累，而重建疫后经济、聚焦发展理当成为全球各国的共识。人类在这个阶段共同面临的发展问题，急迫需要破除"自由主义"的西方与"专制主义的东方"的二元对立迷思，因为自 20 世纪 80 年代以来鼓吹纯粹市场至上的新自由主义，经由西方援助国和国际金融体制强硬加诸大多数发展中国家，迄今不但没有有效解决其发展问题，而且 20 世纪晚期已经显示出在扼杀这些发展中国家的能动性和政府治理能力方面的恶劣影响。如萨克斯教授早在十多年所言，面对"保护环境、稳定世界人口、缩小贫富差距和消除赤贫"等急迫的可持续发展任务，"全球合作必须走上历史舞台"，而"那种势均力敌的国家间相互争夺市场、权力和资源的思维模式终将被历史淘汰"。①

　　总之，在新一轮地缘政治巨变和竞争中，自由主义再一次被西方政客祭起，作为与"全球东方"竞争的意识形态大旗，不断以僵化的旧意识形态思维强化各国的竞争和"自由市场"万灵。萨克斯教授早就急迫呼吁，人类社会当下面临的挑战是全球性的，是"共同的命运需要新形全球合作"，因为全球问题不能留给"没有保障的市场力量和各个国家之间没有节制的政治经济竞争去解决"。②实际上，更早期的经济学家卡尔·波兰尼在 1944 年的经典名著《大转型》中，就深刻分析了现代市场制度发端的欧洲，在完成工业化大转型的过程中，实际上社会和政治的变化是与市场经济确立同时发生的，也即民族国家的形成与市场经济必须携手并肩，不能够拆分成彼此，两者共同构成人类发明的市场社会的组成部分，脱嵌的、完全自发调节的市场是不可能达成的乌托邦，这是因为自由市场一旦脱嵌（disembedding）其孕育和运作的国家与社会，就会表现出毁灭人类社会的倾向，人（劳动力）和土地（代表全部的自然环境）一旦被商品化，就会导致这两者的毁灭。③在诊断 80 年代后发国家现代化发展受挫时，新自由主义者简单将其归因为政府和政客，有其明显不足之处，市场的扩张与国家政策必定是"双向运动"（double movement）的，经济必须重新回归国家嵌含（re-embedding）的位置。④

---

①〔美〕杰弗里·萨克斯：《共同财富：可持续发展将如何改变人类命运》，第 3 页。

② 同上注，第 3—4 页。

③ Karl Polanyi, *The Great Transformation*, Boston: Beacon Press, 2001.

④ Joseph E. Stiglitz, "Foreword," *The Great Transformation* by Karl Polanyi, Boston: Beacon Press, 2001.

问题的提出：研究非洲式现代化发展的必要性

2023 年，非盟成为二十国集团的正式成员，另有两个非洲国家（埃及和埃塞俄比亚）加入扩容的金砖国家组织，显示出非洲在世界舞台上的重要性。按照联合国预测，2050 年的非洲人口将翻一番，达到全世界人口的 30% 以上，而 21 世纪末则再翻一倍，左右人类未来的巨大人口优势加上蕴含新经济所需要的 30% 以上的关键矿产，以及其他丰富的自然资源，都使占联合国 54 个成员国席位、多个世界上发展最快经济体的非洲成为全球舞台上日益重要的力量板块，也是世界各传统大国和新兴市场国家纷纷以举办对非合作峰会、发动"追求"攻势的原因所在。当然，非洲无疑也面临诸多挑战，比如内部政治争端甚至战争冲突、贫困与不安全交织，以及日益恶化的气候变化压力等，而尚且缺乏足够经济社会发展水平限制了以上所有挑战的应对和化解能力。因此，平衡环境保护需求的同时，独立自主地走上一条适合非洲自身需求的现代化发展之路来破解安全发展关联的困局、释放潜能、获得包容性可持续增长，依然是绝大多数非洲人共同的需求与渴望。

曾任联合国非洲经济委员会（UNECA）掌门人、长期致力于非洲自主发展研究和实践工作的卡洛斯教授，是当代最有影响力的非洲学者之一，他对于非洲当下实现现代化可持续发展的前景颇为积极乐观。卡洛斯教授强调非洲进行"转型发展"的必要性，他借《亚洲的下一个巨人，韩国与其工业化》[①]一书的研究发现指出，韩国 20 世纪中期以后经历的工业化与前现代已经存在的制造业生产方式截然不同，对于非洲发展的启发意义在于，如果想摆脱低收入、低生产力的贫困陷阱，非洲国家不能够简单追求 GDP 指标，而必须有意识地量身定制其经济发展和工业化政策，[②]同时需要建设其成熟的市场制度以及积极的社会保护——即提供对生态环境和人进行足够相应止损影响的制度，作为"发展型国家"来实现全面发展的现代

[①] Alice H. Amsden, *Asia's Next Giant: South Korea and Late Industrialization,* New York, 1992; online edn, Oxford Academic, 1 Nov. 2003, https://doi.org/10.1093/0195076036.001.0001, accessed 15 Mar. 2024.

[②] Carlos Lopes & George Kararach, *Structural Change in Africa: Misperceptions, New Narratives & Development in the 21st Century*, London: Routledge, 2019, pp. 21–22.

化目标。①

　　经历新冠疫情，非洲发展反而表现出强劲的韧性，之前已经明显的城市化趋势在加快，而因疫情和地区冲突引发全球供应链断裂而刺激的非洲自我生产防护品和其他生活物资的需求催生了制造加工业的明显推进，经济结构因而出现多元化和自发追求转型发展的积极信号，传统上制约非洲发展的地缘政治和大宗商品价格的限制影响在变小；而新冠疫情刺激了通信新技术快速推广和全面应用于经济社会生活，非洲也显然在多元化、广泛化地快速吸收新技术带来的跳跃式发展红利，南非甚至已发布了非洲首个 5.5G 网络；另外，疫情期间，非洲自贸区、即统一大市场的启动，使各国内部贸易得以快速提升，同时也形成对域外市场的足够吸引力，成为非洲从边缘转而进入全球贸易主流位置的特别机遇。②

（一）南南合作为新时期非洲追求自主现代化带来新机遇

　　非洲是被动裹挟进入西方扩张以来的全球资本主义生产体系，并由此开启其难以自主命运的扭曲现代化历程的。几百年殖民统治遗留给非洲国家沉重的负面资产，在政治经济和社会领域都表现明显，独立半个世纪以来还在艰难地克服过程中，最复杂的就是大多数国家的政权结构系由殖民政府移交而来，而西方一直利用援助直接间接地要求其与西方在政治经济上面的深度绑定关系；20 世纪 80 年代以来，新自由主义强推的私有化则雪上加霜，使得尚未强壮的非洲国家再受重创，主权严重削弱、政府功能被迫急剧收缩，社会动荡、经济不景气。③

　　长期被捆绑在北方国家国际经济和政治战车上的非洲国家，究竟如何实现新一阶段的转型发展呢？卡洛斯指出，非洲需要大量的外来投资，疲软的北方国家本身自顾不暇，而非洲正在全方位吸引以中国、印度为主的

---

① 参见拙文《南南合流：非洲如何成为下一个亚洲》，《文化纵横》2024 年第 2 期。

② Fred Olayele & Yiagadeesen Samy, eds., *Sustainable Development in Post-Pandemic Africa*, NY: Routledge, 2023, Introduction.

③ 参见拙文《危机与豹变——大变局下求索中的非洲》，载《危中有机：大变局下的非洲》，商务印书馆，2023 年。

新兴市场国家越来越多的投资，这意味着南南合作将替代传统上非洲国家主要倚重的发达国家的援助和投资，成为推动非洲转型发展的最重要外部力量。[1] 新的亚非耦合，[2] 随之而来的问题是，能否保证非洲不再像之前与欧洲那样形成统治—被统治、剥削—被剥削的关系，而是形成更加互利互惠的互补共生关系，且不再以牺牲未来代际可用资源和破坏环境为代价呢？面对中国为代表的新兴市场国家快速进入非洲市场投资的趋势，确实有很多非洲观察家陷入以上争论，到底是要环境还是要发展？如果不能够避免环境和人的被剥削，非洲还要不要"以发展为名"与新兴市场国家合作，重复落入之前与欧洲依赖船坚炮利的实力政治逻辑形成的霸权关系呢？[3] 这样的纠结，显然是由于大多数非洲人在前面数百年被裹挟进资本主义全球化发展洪流中未能受益、因而对外来者怀有深入骨髓的不信任，是民族几百年的苦难历史使然。

新自由主义时期的外来干预，使绝大多数国家的政策主权被大规模侵蚀、国家的保护功能大幅收缩，与随着大众传媒时代到来而激发的民众急剧提升的社会期望形成越来越大反差。新冠疫情和俄乌冲突引发的供应链中断在各国引发了物价上涨和通货膨胀，更使非洲各国政府急于加快吸引外部经贸投资者合作开发、以实现经济快速增长的同时、安顿民生、提供就业，提升和完善国家保护社会免受资本损害的功能、走上可持续的现代转型发展之路。[4]

根据波兰尼提出的深刻的现代资本主义学说，国家、社会和市场之间的政治较量一直在持续进行，而国家作为矫正和平衡力量、确保实现社会稳定和人的潜能发展，是人类社会现代化过程中充分释放和使用市场力量的题中

---

① Carlos Lopes & George Kararach, *Structural Change in Africa: Misperceptions, New Narratives & Development in the 21st Century*, p. 60.

② 南非学者马丁·戴维斯很早就发表了关于非洲与欧洲在解绑、与亚洲在结伴的趋势论述，参见 Martyn Davies, On "China-Africa growth coupling", https://africanarguments.org/2011/06/dr-martyn-davies-china- and-the-changing-face-of-africa/, accessed 2 July 2024.

③ 马路华：《疫情前后中国与非洲合作的环境视角》，载《危中有机：大变局下的非洲》，商务印书馆，2023 年，第 371—402 页。

④ Carlos Lopes & George Kararach, *Structural Change in Africa: Misperceptions, New Narratives & Development in the 21st Century*, p. 36.

应有之义。卡洛斯教授认为，这对于当下思考非洲的可持续发展意义重大：非此即彼地选择新自由主义还是国家社会主义是浅薄可笑的，问题不在于是国家干预还是市场更有效力——非洲今天的现实是，如果不能容忍"让人和环境被动地、无知无觉地为市场体制付出代价，甚至对于市场给人和环境造成的破坏性作用熟视无睹"①，那么在市场经济体制建立的过程中，就理所应当地强化国家的功能、保护必然为市场付出代价的人和环境。这意味着，非洲新时期的急迫任务是转型发展、完成向现代更高生产力迈进且保护环境的全面可持续发展的双重目标，而且必然是携手新兴经济体和其他全球南方伙伴，在广泛交流和相互切磋中，学习如何共同发展，既医治沉疴、打破几百年与西方形成的结构性困境，又要重建殖民帝国主义打断自主的生态系统，最终实现自主的可持续性发展。

（二）全球南方国家的现代化研究：自主可持续发展为尺度

很多国内学人都敏锐地觉察到，似乎俄乌冲突和阿以冲突白热化发展以来，"全球南方国家"突然成为全球爆款热词，仿佛一夜走红一般。确实，与以往大国强国主导的国际舞台惯常曲目不同，人们突然注意到了南方国家在联合国大会上对于国际热点问题给出了非常有分量的立场表态，特别是有关处理殖民者强加的边界问题上的非洲智慧——不是诉诸战争而是在帝国的灰烬上以和平的方式塑造出新的复兴。为了种种外交和经济的考量，域外大国纷纷增加了对南方国家的外交攻势——最昭彰的例证当数战事犹酣中的俄罗斯和乌克兰，在推进对非合作上面都很积极进取，2023 年 7 月，俄罗斯盛大召集第二届俄非峰会，西非萨赫勒国家政变上台的将军们也赫然在受邀参加者行列；而乌克兰仅仅在 2024 年 4 月间，就连续在加纳、刚果（金）、科特迪瓦、莫桑比克、博茨瓦纳和卢旺达 6 个非洲国家开馆，速度可算是开国际先河。②

然而，"全球南方"绝不是一个因为大国竞争而新近制造出来的词汇。

---

① Carlos Lopes & George Kararach, *Structural Change in Africa: Misperceptions, New Narratives & Development in the 21st Century*, pp. 21–22.

② Website of Ukrainian Ministry of Foreign Affairs, https://mfa.gov.ua/en, accessed 12 July 2024.

2000 年南非总统姆贝基接待到访的中国国家领导人并达成《比勒陀利亚宣言》中，双方倡导"交流互鉴，共同应对快速推进的全球化对南方国家造成的可能损害"；"南方国家"一词此际也被多次用于姆贝基的其他公开讲话。实际上，更早之前，面对南北差距拉大的现实，坦桑尼亚国父尼雷尔 1987 年在津巴布韦召开的不结盟会议上领衔成立了"南方委员会"（The South Commission），致力于研究南方国家共同面临的发展困境。① 这些事实说明，"全球南方"不是北方大国竞夺背景下偶然给予的方便标签，南方国家很早就形成了南方的共同身份和国际团结传统——这种认同——从非洲视角看，可以追溯到泛非主义的思想先驱、非洲裔美国学者杜波依斯，1905 年日俄战争后他"发现"了第一次打败白种人的亚洲人、从而获得了莫大的希望和鼓舞，兴奋激动地在其作品中写下了"黄皮肤的民族已经觉醒，棕色黑色皮肤的民族要跟上"的名句；争取民族独立过程中出于对自身命运的共同关切和独立自主、不接受外来干涉的共同价值目标追求，亚非国家自万隆会议以来形成了坚实的南方国家的认同。南方国家的核心关键问题与北方国家大相径庭，仍然是普遍亟待解决的提高生产力水平、实现人民现代生活水平的改善，因而理解其群体性崛起必须引入南方本身的视角，理解其关切和自我设计的发展议程，更将其本身作为核心行为体纳入分析框架，而不是仅仅在大国竞争的视角下将南方视作被动和消极的接受者、只能单纯被动地在大国竞夺的游戏中选边站队。毕竟，随着华盛顿共识日渐失去其吸引力，南方国家逐渐意识到，市场本身不会带来发展，非洲和欧洲的经历都是如此；单纯拥抱市场信条不仅没有带来发展，而且普遍经历了全球市场价格动荡的折磨和贫富差距拉大深度撕裂社会的痛苦。更何况，值得注意的是，作为新自由主义大本营的美国，时任总统国家安全顾问杰克·沙利文在 2023 年演讲中提出了美国新经济政策，即倡导以国家介入为主旨的产业政策、重振美国的制造业、建立超越传统贸易协定的新国际经济伙伴关系，即所谓"新华盛顿共识"。②

---

① 1990 年，委员会发表了重要报告《南方国家的挑战》，直接促进了致力于促进南南合作的政府间机构"南方中心"（The South Center）的成立，中国于 1995 年加入该组织。

②《今日亚洲》:《鼓吹"新华盛顿共识"拜登政府推翻美长期国策?》，央视网，引用日期：2023 年 7 月 31 日。

国内常规关于全球南方国家之欠发展的研究，仍然大大受制于主导社会科学中的西方中心主义的知识框架，尽管国际学术界自上世纪末已经对此开展了广泛反思批判，惯常的做法仍然是拿经济学教科书上或者现实中北方发达国家现状为基础设计的一套标准和尺度，衡量南方国家各方面的表现，简单得出其不发展是内部原因使然的结论，对非洲发展问题的研究尤其如此，既缺乏对非洲本身历史纵深的视角，更缺乏对其被动纳入欧洲扩张和主导的资本主义世界互动体系以来所经历的扭曲发展历程的结构性分析，是"将高度工业化社会的运行原则抬升为放之四海而皆准的发展模式"，并将其配成药方开给仍然处在农耕阶段的社会的做法，应该加以批判！① 这种把复杂问题简单化的做法背后，隐藏着非洲人"落后"的认知，源于西方用以合法化其殖民行为的"科学种族主义"学说中将非洲人视为人类"活化石"、以对人类社会进行阶序和等级排序的逻辑；独立以来，这些旧有观念虽在国际哲学和法理层面被批判和谴责，但实际上曾广泛参与到殖民帝国统治过程之中的发展经济学和发展人类学等，再次积极参与了独立以来的国际发展援助活动，从而成为进一步固化发展中国家与发达国家间等级差序的认知建构运动，"发达"与"发展中"的阶序深刻默化到政商精英甚至学者的深层认识中，成为针对非洲和其他非白种人隐而不显的认知基础。②

时至今日，一方面向来被视为样板的发达国家正在我们眼前失去其榜样的魅力：比如欧洲国家经济不景气的同时，大量财政还在投入到乌克兰战场上，引发大量民怨，以致英国最具影响力的保守党的支持率急剧下滑并在 2024 年 7 月初的大选中溃不成军；政治上欧洲大国如荷兰和德国，都出现了反对外来移民的民粹主义政党一路狂飙进入议会，甚至大有进入政治舞台中心位置的险象；另一方面，发达国家和国际金融体制自从 20 世纪

---

① 〔德〕迪特·森哈斯：《欧洲发展的历史经验》，梅俊杰译，商务印书馆，2015 年，第 10 页。

② James Ferguson, "Anthropology and Its Evil Twin: 'Development' in the Constitution of a Discipline," *International Development and the Social Sciences: Essays on the History and Politics of Knowledge*, edited by Frederick Cooper and Randall M. Packard, Berkeley: University of California Press, 1998, pp. 150–175.

80 年代开始强硬推行的新自由主义全球经济治理，在发展中国家显示出诸多弊端和局限：自由市场没有带来增长和民众期待的工作，多个国家仍然困惑于 IMF 给其制定的"加征税收来稳定宏观经济"的药方所带来的强烈社会反弹，新冠疫情和俄乌冲突以来的急速物价飞涨，不堪重负的民众由是纷纷走上街头进行经济反抗游行，如 2024 年 6—7 月间肯尼亚的"00 后"的街头抗税行动；坦桑尼亚工会、尼日利亚工会同期也都组织了类似行动，都因为物价飞涨和生活成本骤增而触发民怨。

21 世纪初已经出现的全球南方国家的群体崛起趋势，到新冠疫情拉开序幕的 21 世纪第三个十年显然呈现加速态势：尼日尔 2023 年政变以来，军政权先后驱逐长期维持"父子关系"的法国以及 9·11 以来以反恐为名建立军事基地的美国驻军，并与马里和布基纳法索组建了类似于邦联性质的萨赫勒联盟，以联手自主打击恐怖主义势力——民族独立运动以来仍然在政治经济上长期与西方维持的新殖民主义控制关系，出人意料地在世界大变局下从并不强大的西非三国断裂，多米诺骨牌效应之下，长期与两大西方国家合作密切的乍得、科特迪瓦和塞内加尔也相继对美、法驻军发出了逐客令，甚至联合国维和部队在一些国家也被要求撤离，整个非洲大陆俨然涌动着"第二次独立革命"的浪潮。其他国家虽然没有如此决绝地断然宣布与西方斩断以往的不公正关系，但因为后者在国际舞台上自私自利的表现（比如美国特朗普时期的单边主义和退群行为、抗疫时期的"疫苗种族隔离制度"，以及在俄乌冲突事件上施压要求选边站队，或者以非洲机会增长法案为工具"惩罚"不追随美国意志的行为），也表现出了诸多"弱者的反抗"之举，比如面对美国要求的俄乌冲突和以哈战争时候选边站队时，宣称"不结盟"的立场。

显然，这是一个旧秩序行将谢幕、新秩序尚未诞生的群魔乱舞时刻，是自从 19 世纪末渗透到社会、也渗透到科学骨髓里的"白人优越""欧洲特殊论""美国优越论"等魅惑终于要一一走下神坛的时刻，是西方发达国家逐渐褪去了其作为全球发展样板的光辉的时刻。中国的社会科学界是时候该建立新的基于南方国家自身的历史轨迹的理解和评判依据、来观察和解释这些南方伙伴国家的时刻了；解放被重重西方中心论的有色眼镜囚禁的对南方国家的研究[①]，也能够解放中国学人自身，特别是研究殖民过程形成的结构性限定如何成为影响南方国家现代化发展的起始条件——这些限定条件何以直至今日仍然制约南方实现自身的发展潜力，这不仅关系到中国如何更好与之开展双赢的合作，也是中国得以反观自身的有益参照，因为中国学人同样需要打破西方中心主义、同样"要打破中国中心主义"，[②] 在思想和认识论上与南方国家一起从更加宏阔的时空下审视现代化的缘起与扩散、并走向更完美的现代化可持续发展。

可持续发展视角下非洲式现代化的相关研究

一般认为，1987 年联合国发表布伦特兰报告，标志着人类可持续性发展目标的开始，此后至今 40 多年来成为最有影响力的社会运动之一。[③] 可持续发展这个概念的出现可追溯到更久之前，有很多不同的定义，使用的语境和目的也有所差异，随着人类认知过程的丰富而经历了发展变迁，但是并没有发展出一个涵盖一切且广为接受的概念。[④] 此前关于可持续性的研究和报告，更多的是聚焦环境保护，比如保护空气，没有把人的活动纳入其中，直到联合国布伦特兰报告中，清晰列举出了全球化的各种问题，认为全球化导致了消费主义——跨国公司一直在向世界各地扩张、寻找更便宜的劳动力，虽然随着自由贸易和更多投资的流入，很多贫穷国家的人生活水平有所提高，但随着当地人被拉进资本榨取劳动力剩余价值的过程，本土社会的

---

① 这里列举中国学人之间的交流对话，刚好可以反映出来此种认知的普遍性：李安山老师跟刘天南老师分享法国学者《西方的失败》(*La Défaite de L'Occident*, 2024) 新书时，刘天南反思说："我自己本人也正是从半路出家改道非洲研究的学习交流中，逐渐走出了对欧洲对西方的盲目欣赏和崇拜的，从非洲的历史和实践调研及交流中领悟到了非常多，对本人的世界观、人生观也是巨大的修正和完善。"——两位学者分享的微信通信记录，2024 年 7 月 16 日。

② 唐世平：《我的现代化情结》，载叶成城等著：《突破：欧洲的现代化起源（1492—1848）》，中国社会科学出版社，2024 年，前言。

③ Gro Harlem Brundtland, *Our Common Future: Report of the World Commission on Environment and Development*, Oxford: Oxford University Press for World Commission on Environment and Development, 1987.

④ Encyclopædia Britannica, https://www.britannica.com/topic/sustainable-development, accessed 16 July 2024.

传统生活方式、生态环境和社会关系也都随之动荡，可持续性的概念应运而生，以应对社会和生态环境遭受的破坏性压力。

布伦特兰报告提出了环境本身的变化与社会和经济活动的不可分割性，为解决严重的全球环境问题提出了更深入的思考，"三个 e［即经济（economy）、环境（environment）和公正（equity）］"不能够拆分的解决思路，特别强调在经济增长和物质条件改善的同时，提升社会公正性的重要性：第一个 e 指的就是经济发展，具体包含着两个方面，一是在发展中国家实现包容性经济发展，比如在非洲农村地区，更多是指更容易获得小额贷款等项目，二是追求绿色经济发展，主要指在发达国家，比如大型国际公司如何做出更加可持续性的投资和经营行为，促进社区发展。对于发展中国家而言，可持续发展的指向和内涵与在发达国家完全不同，因此有人提出，不管在哪种类型的国家，经济领域应该都围绕着三个"p"，即人（people）、地球（planet）和利润（profit）三方面，意即商业界在获得利润的同时，应该更好地限制他们可能对环境带来的影响，同时能够提升消费者和这个社区为其工作的工人的物质生活条件。[①]

随着全球化的扩张，经济不平等越来越明显，财富不公正、环境不公正现象也越来越多。可持续性中的公正，关注的正是如何减少或消除社会的不公，特别是在环境方面，强调共同决策、分享收益并分担环境成本，确保以法律来保护人民与环境。公正性一般始于社区的积极行动者，他们唤醒公众意识、抨击环境种族主义等严重的不公正问题。

1987 年布伦特兰报告关于可持续发展的定义，是让发展在满足当代人需求的同时，不损害、不影响未来代际的人满足未来的需求。报告发表以来，这个定义更多地被用来指改善和提升发展中国家民众的生活，聚焦于农业、能源、水、卫生健康等相关项目，或者在欠发达地区推进通电、消除热带疾病等，都是促进可持续性的发展项目。

可持续发展行动的一个挑战，是确保在推动发展的同时不带来新的不可持续状况——有些发展项目确实起到了这种反向的作用，比如被广泛批

---

① R. Brinkmann, "Defining Sustainability," in: Brinkmann, R. (eds), *The Palgrave Handbook of Global Sustainability*, Palgrave Macmillan, Cham., 2023, https://doi.org/10.1007/978-3-031-01949- 4_1, accessed 4 July 2024.

评的用经济作物来替代维生农业的做法，结果使得这个地区的人口陷入对外来粮食和全球化市场的依赖；同样，发展水资源的时候，也经常用短视的方法解决水短缺问题，长远来看却制造了治水困境。类似这样的项目，在很多的非洲国家发生过，国际非政府组织和发达国家以"可持续发展"和"解决问题"为名而不断进行外来干预，常常会被当地人等同于之前的殖民主义行为，因为当初在非洲开始热带种植等殖民活动时，也使用了类似的促进当地发展的说辞。更容易获得认可的可持续性项目，仍然是使用当地的知识和智慧来解决本土的问题。①

（一）可持续发展的南北差距与联合国的弥合努力

自从布伦特兰报告发表以来，可持续性的操作实践实际上有两条道路，一条是在发展中国家，一条是在西方世界，各自在不同的条件下发展形成，专注的主题各有不同。在西方，这种可持续性主要聚焦在减少有害的环境、社会和经济影响，主要是由消费主义的社会所带来的，所以可持续性不是关于保障支持基本的生活需求，而更多是关于怎么样去限制过度消费造成有害影响，其主要相关的事情是回收、能源有效性、绿色建筑、电动车和公共交通、有机的本地食物，以及商业的可持续性发展规划、绿色经济发展等方面，也有一系列减少不可持续性消费主义文化的举措。有必要指出，在西方这些可持续性活动都是选择性的，并不强制彻底改变消费主义文化，而经常只是社会中某些热心公益的人，通过举办各种活动来提醒大多数人关注其消费的可持续性，政府虽然也承担一些责任，比如在社区种树、改善水质量，但更多实际工作是由一些个人的志愿行为来完成的。总之，发达国家的可持续性努力常被评判为"冲浪式可持续性"（surfing sustainability），如同"在很大的伤口上用一块小绑带来止血"②，不是根本性的社会变革，限制不了消费主义这种长期性根本原因。

相对照的，在发展中国家，可持续性不是一种选择而是必需，因为人

---

① R. Brinkmann (ed.), *The Palgrave Handbook of Global Sustainability*, Springer Nature Switzerland AG, 2023, https://doi.org/10.1007/978-3-031-01949-4_1.

② R. Brinkmann, "Defining Sustainability."

们生活的很多方面都存在根本挑战，包括最基本的水、能源、食物等物质，而且虽然二氧化碳排放远少于发达国家却比后者更容易受到旱灾、虫灾、灾民和冲突的影响，而且在天灾人祸面前都更加脆弱。这种南方国家可持续性问题的根源，通常又是因为在全球化过程当中的经济发展失速和没能抵御和平衡开发资源行为过程中引发的负面效应，即直接影响当地人寿命、公共健康、水资源获取和更有营养的食物，以及更艰难的建设安全社区和家园等一系列挑战。可持续性在这些地方经常被叫作痛苦的可持续性[①]，毋宁说是"不可持续性"，正如可持续发展目标倡导者萨克斯教授所言，发展中国家的可持续发展的复杂性在于，一方面迫切需要更多的经济发展；一方面又比发达国家承受着更严重的"不可持续性"挑战。[②]简言之，发展中国家追求的是改善限制人发展的条件，其达成既非一日之功、一蹴而就，又限于本身的知识、资源和力量而依赖跨国公司投资和各种非政府组织以及国际组织的发展援助项目——这些往往在全球化过程中鱼龙混杂，成为当下"不可持续性"问题的根源。

联合国确立了 2030 年可持续发展目标，试图帮助整个世界弥合可持续性这个词不同含义的歧义，同时提升全球共同的可持续性，特别是使全球公众都能认识到虽然存在着南北差异、但生存在同一个地球上的人类又存在共同和连带的责任。巴黎俱乐部也经常给南方国家提供一些可持续性项目帮助解决其发展挑战，特别是通过技术使用等手段。一方面，穷国富国合作解决这些不可持续性挑战的行动越来越多了；另一方面，富国经常被认为是从自我利益角度来实施合作项目，目标是对贫穷国家施加影响。随着 21 世纪初以来各国民粹主义潮流汹涌，特别是美国、英国、巴西、印度和澳大利亚的表现，很多南方国家担心新时期里西方国家会倾向于更具剥削性，对南方国家本来艰难的发展问题造成雪上加霜的打击。比如 2019 年在太平洋岛国图瓦卢召开的一次会议上，时任澳大利亚总理莫里森就断然取消了削减煤炭使用的计划，这意味着该地区小国都将直接遭受更多气候变化的影响——作为一个大规模使用煤炭的国家，澳大利亚无疑是这个

---

① R. Brinkmann, "Defining Sustainability."

② J. Sachs et al., *The Sustainable Development Goals and COVID-19, Sustainable Development Report* 2020, Cambridge: Cambridge University Press, 2020.

地区的全球大气的主要破坏者。

因此，在全球南方国家，当地人普遍对外来者心怀芥蒂——不管是投资者还是做发展项目的，因为之前破坏性的殖民开发造成了这种根深蒂固的不信任，比如早期在热带的地区种植可可、香蕉和棕榈油，曾经也打着给当地人改善生活和经济发展机会的旗号，但实际上只是让极少数人受益，更多的财富都被源源不断地运走。近些年来，越来越多的批判也指向世界银行等国际机构，指责其行为方式无异于西方大国历史上的帝国主义，因为直接参与了让当地人受损的重大发展项目，而当地人却鲜少从其借贷中直接受益。这促使其转变其发展干预方式，转向更多关注当地人的需求和社区整体发展；一些大型慈善机构，如盖茨基金会、克林顿基金会也在帮助消除热带疾病、艾滋病等全球性挑战，当然当地人还有很多不信任，如对盖茨基金会的怀疑从而导致对新冠疫苗的排斥。①

总之，从传统上纯粹聚焦环境问题、以改变法律和商业行为来治理污染的运动，可持续性发展现在已经变成一个更加整体性、更加广泛并涉及环境、社会和经济三方面共同行动的概念。因此，对于当今全球面对的极其特殊、复杂且相互交织的多重危机的解决，可持续性仍然是相当有力量的概念，在环境、社会公正和经济三个方面相互协调中共同行动、促进发展和更加健康正面的国际合作。②联合国通过设立可持续发展的目标，提出了中间立场，主要的目的就是提升更加全球化的可持续性日程，不仅帮助发展中国家，也能限制西方消费主义所带来的影响。这是更加整体观的可持续发展行动，以应对人类社会共同面临的问题为弧的。

（二）可持续发展目标与非洲的相关性

可持续发展目标包含了之前在千年发展目标（MDG）中没有完全涵盖

---

① 参见拙文《新冠疫情全球大流行下的非洲与中非合作》，《国际政治研究》2020年第3期。

② 新华社：《联合国秘书长说多重危机叠加危及可持续发展目标》，http://world.people.com.cn/n1/2022/0920/c1002-32529815.html, accessed 28 Mar 2020；United Nations, *Sustainable Development Goals Knowledge Platform*, https://sustainable development.un.org/?menu¼1300, accessed 28 Mar. 2020.

的领域，比如能源、气候变化，也均衡地反映了经济、社会和环境三个方面在达成可持续发展过程中至关重要的相互关联性。[1]当然，可持续发展目标也存在缺点，比如忽略了很多非传统安全领域的冲突，对水、能源和粮食之间的关联性重视不够。[2]与千年发展目标另一个不同点在于，可持续发展目标针对的是所有的国家，适用于所有的国家，不管是发展中还是发达国家，也呼吁政府非政府组织、私有私营部门共同探索创新性的方法来实现可持续发展，力图"一个都不落下"。[3]

2015年可持续发展目标发布前后，诸多学者智库受邀系统评价和反思了非洲在联合国千年发展目标阶段所取得的进展，都对非洲经济增速都给予了积极的评价，广泛认可非洲能动性（African Agency），也同时指出贫穷和大规模失业还保持在警戒线高位。[4]从对可持续发展进行的重要反思中，国家能力建设是不断出现的主题，包括必需的制度化、制定和实施政策的能力、企业和社会和民众的共同参与，传统本土知识体系也被作为重要方面而纳入了对策；[5]特别值得一提的是，非洲有关可持续发展的战略中，特别突出话语和政策宣誓的重要性，力图加大社会传播、教育和动员，以提升民众认知和参与的积极性。[6]

---

[1] 参见 UNECA, AUC, AfDB, *Africa Regional Report on the Sustainable Development Goals: Summary*, Addis Ababa: United Nations Economic Commission for Africa, 2015。

[2] Hany Besada et al., "Advancing African agency with the new 2030 transformative development agenda," *African Geographical Review*, 36(1), 2016, pp. 19–44, https://doi.org/10.1080/19376812.2016.1138232.

[3] 同上。

[4] United Nations, *The Millennium Development Goals Report 2015*, New York: United Nations, 2015; United Nations, *Taking Stock of the Global Partnership for Development Millennium Development Goal 8*, MDG Gap Task Force Report 2015, New York: United Nations, 2015; see also ACBF, *The Challenge of African Youth Unemployment*, Occasional Paper No. 26, Harare: African Capacity Building Foundation, 2016.

[5] UNEP, "African, least developed, and landlocked developing countries: Building resilience and capacity in times of crises and transition," https://www.unep.org/news-and-stories/statements/african-least-developed-and-landlocked-developing-countries-building, accessed 2 July 2024.

[6] C. Dickens, S. Nhlengethwa & B. Ndhlovu, "Mainstreaming the Sustainable Development Goals in developing countries," Colombo, Sri Lanka: International Water Management Institute (IWMI), 2019, https://doi.org/10.5337/2019.212, mainstreaming-the-sustainable-development-goals-in- developing-countries.pdf.

然而，非洲可持续发展目标实现的压力非常大，主要是受到气候变化和广义环境破坏的严重影响，如北非国家阿尔及利亚、埃及、西非国家塞内加尔、尼日利亚遭受的旱灾、温度升高、水资源短缺、中部非洲国家由于全球气候变暖而严重影响经济增长的急迫性都如芒在背。[①] 有研究显示，资源禀赋条件比较好的国家相较于资源条件差的国家反而更难达到可持续性发展状态，凸显出在平衡近期利益和长远代际的发展需求之间的矛盾，资源型国家反而更需要学习多元化战略，以便克服资源管理本身过程中的利益纷争，真正获得可持续发展的未来。[②] 经济多元化和包容性发展本身也是事关可持续未来非常重要的方面，很多非洲国家21世纪初期都经历了一轮"资源繁荣"，即随着国际大宗市场价格下跌而一蹶不振的教训非常深刻。

经历了三年新冠肺炎全球疫情大流行的各种封锁和停摆之后，联合国迫切意识到必须团结各国加速落实2030年可持续发展议程，[③] 于是在2023年9月召集各国元首和政府首脑举行可持续发展目标峰会，以回顾进展并按动加快落实键。会后通过的《政治宣言》承认，"在当前2030年议程过半之时，可持续发展目标的实现面临困难，大多数可持续发展目标的进展要么进展太慢，要么已经倒退到2015年基准以下"，并认识到"所有发展中国家，特别是非洲国家在追求可持续发展方面都面临特殊的挑战"。[④] 非洲是世界上人口最年轻的国家，平均年龄仅为18.8岁，15岁至35岁之间的人口超过4亿。据联合国经济和社会事务部预测，非洲人口在21世纪预计将增加五倍，未来世界的格局将在很大程度上取决于快速增长的非洲年轻人口，

---

① Md Altab Hossin et. al., "Examining sustainable development goals: are developing countries advancing in sustainable energy and environmental sustainability?" *Environmental Science and Pollution Research* 31, 2024, pp. 3545–3559, https://link.springer.com/content/pdf/10.1007/s11356-023-31331-9.pdf.

② Kei Endo & Shinya Ikeda, "How can developing countries achieve sustainable development: implications from the inclusive wealth index of ASEAN countries," *International Journal of Sustainable Development & World Ecology*, Vol. 29:1, 2021, pp. 50–59, DOI: 10.1080/13504509.2021.1910591.

③ UN, *2023 SDG Summit*, https://www.un.org/en/conferences/SDGSummit2023, accessed 2 July 2024.

④ 联合国：《2023年9月大会主持的可持续发展高级别政治论坛通过的政治宣言》，https://documents.un.org/doc/undoc/gen/n23/306/64/pdf/n2330664.pdf?token=4IWj9C56TQrDLO9CPP&fe=true，accessed 2 July 2024。

而释放社会经济增长和发展的非洲人口红利也是实现可持续发展紧急需要立即联合进行干预的方面，特别是因为，如果不能通过职能技能培养和创造就业等举措来最大限度地发挥这种潜力，社会的稳定和长期发展将受到严重威胁——根据联合国 2023 年报告，失业等社会经济因素与非洲大陆恐怖主义泛滥直接相关。[①]

总之，当下非洲的可持续发展的实现面临重大挑战，大陆的地区级别组织和国家都应该有专门的战略和举措扭转不利态势。当然，最重要的仍然是国家发挥的作用，不管是治理能力提升方面，还是具体的农业和自然资源治理、环境可持续性、气候变化、技术提升、私营部门的发展等领域，也包括提升与外来发展援助者合作的效益。其次，可持续发展目标多大程度上能促进非洲的发展，取决于其在全球、大陆整体以及次区域中的急迫性。可持续发展目标倡导世界的整体不可分割性，既是基于改善全球现实状况的愿望，更是汲取了千年发展目标阶段的经验教训——千年目标因只聚焦发展中国家，这一拆分性发展方式导致成果有限。[②]因此，评估全球各个地区和国家的发展计划、远景和优先发展目标，多大程度上与联合国的可持续发展目标具有一致性成为全球潮流，非洲也不例外，2023 年非盟、非洲开发银行、联合国非经委和联合国开发署联合发布了经历疫情打击后非洲可持续发展评估报告。[③]

（三）非洲自身的可持续发展目标、能动性与挑战

实际上，早于联合国发布 2030 年可持续发展目标，非洲联盟在 2013 年就发表了 2063 愿景《我们想要的非洲》(The Africa We Want)，提出非洲需要进行经济和社会的彻底转型，获得了其后发表的联合国可持续发展目标

---

① 参见拙文《危机与豹变——大变局下求索中的非洲》，载《危中有机：大变局下的非洲》，商务印书馆，2023 年。

② R. Brinkmann, "Defining Sustainability."

③ AU, UNECA, AfDB, UNDP, *Africa Sustainable Development Report: Building Back Better from the Coronavirus Disease (Covid-19) While Advancing the Full Implementation of the 2030 Agenda* for Sustainable Development, https://www.undp.org/sites/g/files/zskgke326/files/2023-06/asdr_2022-en- full_report-final.pdf, accessed 2 July 2024.

的呼应和支持。① 另外，非洲开发银行 2013 年也制定了与非盟的《2063 年议程》一致的十年计划，提出点亮非洲、喂养非洲、工业化非洲、整合非洲、提升人民生活质量五大方向，联合国 2030 年可持续发展目标与这个十年发展规划高度吻合。② 根据埃及学者 Besada 教授研究，恰恰是非洲人科菲·安南任联合国秘书长时候，一手推动了千年发展目标（MDGs）的出台，他在启动仪式上发表题为《为了所有人的更美好世界》（A Better World for All）的报告，早已经成为联合国和非洲的精神感召；安南因而也成为这个减贫发展目标落实的"全球、国别和非政府组织层面高级别的非洲协调人"。③ 多边和双边发展机构共同做出的成果之一就是减债，非洲刚好是这方面的重要受益者。从这个目标清单本身的落实结果看，非洲固然有很多不足，但最重要的收获是在能动性方面的增长，比如说南非、塞内加尔和阿尔及利亚三国时任领导人共同推动落地的"非洲发展新伙伴计划"机构（NEPAD）的成立，很大程度上得益于时任联合国非洲经济委员会（UNECA）执行总干事阿莫蔻博士（K.Y. Amoako）的智力贡献和实际参与促进工作，而可圈可点的是，阿莫蔻博士本人成立的智库组织非洲经济转型中心（ACET），开创了评估非洲转型发展指数（ATI）来监督衡量各国向更多元、可持续发展方向的动态状况，比如 2024 年对阿莫蔻本人所来自国家加纳的赋值只有 19.1，远低于大陆平均值 30.3。④

在从千年发展目标转向可持续发展目标、引领和促进发展本身所必要的转型方面，非洲发挥了很大能动性，并非惯常认知中描述的无所事事、被动的依附者形象。⑤ 既有研究作品显示，在跨境资源治理、地区主义、安全治理以及携手全球伙伴合作方面，非洲的能动性都非常明显，比如非洲进步小组、非洲矿业愿景，以及非洲能力建设基金会发表的非洲能力指数报告，都表

---

① 非洲联盟（AU）驻华大使在《北京论坛第 16 分论坛：非洲发展与中非合作》开幕式上的致辞，2023 年 12 月 3 日，北京大学。

② Hany Besada et al., "Advancing African agency with the new 2030 transformative development agenda."

③ 同上。

④ 参见非洲经济转型中心网页 https://acetforafrica.org/ati/ 和加纳新闻网 https://citinewsroom. com/2024/06/ghana-has-lost-ground-in-economic-transformation-dr-kingsley-amoako/, 2024-07-10。

⑤ W. Brown & S. Harman eds., *African Agency in International Politics*, NY: Routledge, 2013, https://doi.org/10.4324/9780203526071.

现出非洲越来越增长的能动性。① 将本国发展规划与可持续发展目标进行有效对接方面表现突出，比如，南非环境部在制定国家实行适应战略时，重要工作就是促进国家发展规划（NDP）与土地、水和能源相关联这一减缓气候变化的重点内容对接起来，也与可持续发展目标（SDGs）本身的 2、6、12、13、14 和 15 项目标都关联了起来。② 另外，大湖地区、非洲之角和萨赫勒地区在冲突治理、矿业能源领域治理等方面，也显示出更多创新型能动性。③

通信和信息技术突飞猛进，21 世纪以来在非洲快速推广使用，特别是在经济中的推动作用明显，比如共享经济、电商的兴起和移动支付手段雨后春笋般地迅速生长，大大改变了非洲的传统市场形态、金融交易方式和生产生活方式，为非洲的发展进程带来机遇的同时，也带来了新的挑战。就环境和气候变化而言，水—能源—粮食安全之间的复杂相关性，实际上带来了严重的安全挑战，特别是博科圣地、索马里青年党等案例显示，安全形势恶化的国家，连带着在事关民众生活的用水和粮食安全方面带来巨大挑战。④ 很多学者提出，国家仍然是事关非洲下一步可持续发展的最重要行为体，尽管有时在一些方面的作用有限，这意味着也必须同时关注诸如宗教组织等公民社会团体的作用；另外，随着新兴市场国家在全球舞台上影响力增加，带来了很多新型发展援助和对外投资模式，非洲国家的政府需要熟悉和学习这些行为体深嵌在其历史社会文化机体上的经营模式，特别是涉及自然资源开发治理方面，及时调整与之合作的方式，同时携手联合国、国际组织、公民社会团体和商业界等等，共同承担实施可持续发展目标的责任。⑤

SDGs 继承了减贫、性别平等、消除饥饿、健康和教育等原来就出现

---

① T. M. Shaw, "African Agency Post-2015: The Roles of Regional Powers and Developmental States in Regional Integration," In: D. Levine & D. Nagar (eds), *Region-Building in Africa*, New York: Palgrave Macmillan, 2016, https://doi.org/10.1057/9781137586117_7.

② C. Dickens, S. Nhlengethwa & B. Ndhlovu, "Mainstreaming the Sustainable Development Goals in developing countries."

③ T. M. Shaw, "African Agency Post-2015: The Roles of Regional Powers and Developmental States in Regional Integration."

④ H. Besada ed., *Crafting and African Peace and Security Architecture: Addressing Regional Peace and Conflict in the 21st Century*, London: Routledge, 2010.

⑤ M. Robinson, "Foreword," in Felix Dodds et al., *Negotiating the Sustainable Development Goals: A Transformational Agenda for an Insecure World*, London and New York: Routledge, 2017, pp. xiv–xvi.

在 MDGs 中的重要目标，同时也增加了新方面，对非洲至关重要的方面如 SDG16（促进有利于可持续发展的和平和包容社会）、SDG11（建设包容、安全、有风险抵御能力和可持续的城市及人类住区），在千年发展目标实施阶段表现欠佳的非洲国家，往往是受制于不安全状况，[①]而这两者都证明安全在实现可持续性方面不可或缺的关键作用；SDG9 是有风险抵御能力的基础设施、促进包容的可持续工业以及推动创新，强调其对于解决萨克斯教授所谓的严重"发展不足"问题的关键，是非洲下一个阶段和未来长远的发展最根本的问题和目标，与非盟和非洲开发银行所确立的目标也都是非常一致的。

非洲一直在努力实现可持续发展的目标，但挑战重重。以联合国千年发展目标第一项为例，即关于消除贫困，目标是通过号召全球伙伴发展计划，共同来促进发展中国家的农业发展。2030 年可持续发展目标将其更加细化，第一项就是提高经济增长、改善社会福利和加强社会保障的综合举措来有效地消除一切形式的贫困；第二项是消除饥饿，使得人们获得粮食安全、改善营养，促进可持续的农业；第六项是关于和平公正和更强大的制度，第十七项是强化实施和改善全球可持续发展伙伴关系，这些都与农业和农业的相关成就相关。

就粮食安全这个可持续发展的目标而言，2023 年底，世界粮食计划署预测受到冲突和气候变化影响严重的西非和中部非洲地区，饥饿人数到 2024 年中期达到 5000 万的警戒级别，尽管小麦、大米、小米、高粱、木薯和植物油等主要粮油的价格相对于疫情中间的 2022 年底已经有所下降。[②] 类似的粮食安全和严重营养不良状态问题，不仅仅表现为埃塞俄比亚 20 世纪 80 年代以来就陷入粮食安全危机，联合国 2017 年可持续报告也指出，非洲国家正在陷入日趋严重的粮食安全挑战，而且混杂着冲突与干旱问题，安哥拉、喀麦隆、埃塞俄比亚、尼日利亚、南苏丹和之前著名的地区"粮

---

① Damilohun D. Ayoyo & Temitope B. Oriola, "Conflict And Sustainable Development Goals In Africa," *From Millennium Development Goals to Sustainable Development Goals Rethinking African Development,* eds. by Kobena T. Hanson, Korbla P. Puplampu and Timothy M. Shaw, New York: Routledge, 2017.

② WFP, "Food insecurity and malnutrition reach new highs in West and Central Africa as funding to address acute needs dwindles," 12 December 2023, https://www.wfp.org/news/food-insecurity-and-malnutrition-reach-new-highs-west-and-central-africa-funding-address-acute, accessed July 4th, 2024.

仓"如马拉维和津巴布韦，都处在厄尔尼诺现象等气候变化的叠加因素影响下，出现了让人触目惊心的饥饿现象——当然，安哥拉和尼日利亚这样长期倚重石油生产而忽视农业投入的国家赫然在列，也并不奇怪。[①] 令人费解的是，21 世纪初的前十几年时间里，大多数非洲国家都经历了快速的经济增长，甚至在 2008 年发达国家开始的金融危机时期也都获得了令人印象深刻的增长率，伴随着快速城市化和人口迅速增长，但整体经济快速增长而同时发生的粮食部门的失败，原因何在？

农业投入不足是首要制约因素。非盟有两个推进农业发展的重要项目，一个是 2063 目标下的全非大陆粮食工作组；另一个是 2014 年非盟宣布了当年为"农业与粮食安全年"，即为了纪念 2003 年马普托通过的由非洲联盟大会和非洲新发展伙伴关系提出并获得非洲各国领导人一致承认和认可的非洲农业发展综合项目（Comprehensive African Agricultural Development Program, CAADP）。该项目致力于加强粮食安全、改善营养状况、提高非洲农业型经济体的收入；实现上述目标的主要途径是每年至少把农业生产效率提高 6%，将每年农业公共投资在国家预算中的占比提高至 10%。该项目是第一次在大陆范围内推行这种高规格的农业发展政策，但迄今为止真能落实这个额度的国家预算投入到农业中的国家凤毛麟角。[②]

非洲国家从外部国际伙伴获得的帮助很有限，也是几乎都没有实现粮食安全的外部原因。2009 年和 2012 年，八大工业国家集团分别在拉奎拉（意大利）和戴维营峰会上，两次承诺投入 220 亿美元，以改善世界特别是非洲的粮食安全状况。[③] 虽然全球发展伙伴中明显形成了对非洲实现粮食安全重要性的共识，但兑现承诺的行动有限，很重要的原因在于缺乏足够的认知，特别是对非洲农业的发展潜力、对其作为创新和整个经济振兴的根

[①] FAO, IFAD, UNICEF, WFP and WHO, *The State of Food Security and Nutrition in the World 2017,* Building resilience for peace and food security, Rome: FAO, 2017, https://openknowledge.fao.org/server/api/core/bitstreams/1f2253a8-fb02-4fbb-ade3-a54b7b5cc7fa/content, accessed 4 July 2024.

[②] Carlos Lopes & George Kararach, *Structural Change in Africa: Misperceptions, New Narratives & Development in the 21st Century*, pp. 32–33.

[③] 徐菁菁：《八国集团峰会落下帷幕》，《三联生活周刊》2009 第 26 期；联合国新闻：《农发基金敦促八国峰会重申承诺向非洲农业提供持续支持》，2012 年 5 月 17 日，https://news.un.org/zh/story/2012/05/173842。

源和基础性地位。

促进非洲农业发展的重要意义，不仅在于提升其对国民生产总值的贡献占比，实际上，农业、工业和服务业三大领域当中，非洲农业整体平均贡献率处在下降的趋势，乍得的占比高于 50%，赞比亚、尼日利亚、加纳的占比只有 20%，南非目前的农业贡献率只有 3%。发展农业除了粮食安全的视角，同时还在于就业和减贫角度，农业仍然是非洲政治经济和粮食安全议题上至关重要的领域。[1] 新冠疫情以来，粮价的持续增长和俄乌冲突引发的世界供应链断裂，2022 年相比于 2020 年价格平均增长了 23.9%，给几乎所有非洲国家都带来了沉痛的教训，因为主要粮食（小麦、大米和棕榈油）的进口依赖度过高。[2]2024 年 6 月中旬爆发的肯尼亚青年抗税行动正是一个案例，相对于本地生产的粮食，进口粮食价格要求民众付出更多，飞涨的物价加重了人们生活的负担。考虑到非洲人口增长的速度不仅远远超过国民生产总值的增速，更快于粮食供应量，怎么强调非洲发展农业和解决粮食安全对可持续发展的重要性都不为过。

（四）自然资源开发与政治生态：大国竞夺视角下的中非合作

治理（即管理和开发）自然资源，是实现现代化加速发展的核心概念框架，主要围绕着如何以一种可持续的方式来使用资源用于国家发展，也设计负责任的环境治理，因为现在以及未来的自然资源可及性，对于是否长期可持续发展至关重要。[3] 政治领导力的合法性和治理成功与否最关键的问题，是非洲国家领导人多大程度上能够动员资源，使其与本国公民的发展相关，即如何公正、有效、可持续地动员资源禀赋，特别是使用自然资

① Africa Progress Panel, *Grain, Fish, Money: Financing Africa's Green and Blue Revolutions*, Geneva: Africa Progress Panel, 2014, p. 54.

② Cedric Okou, John Spray & D. Filiz Unsal, "Africa Food Prices Are Soaring Amid High Import Reliance," (imf.org), http://www.imf.org/en/Blogs/Articles/2022/09/26/africa-food-prices-are-soaring-amid-high-import-reliance, accessed 30 June 2024.

③ Kobena T. Hanson, Korbla P. Puplampu and Timothy M. Shaw, eds. *From Millennium Development Goals to Sustainable Development Goals Rethinking African Development,* New York: Routledge, 2017, p. 107.

源、组织生产和进行必要的社会经济治理。法律上，当然是非洲国家拥有天然的权利，勘探和使用自然资源，来达成可持续发展的目标。之前很大程度上影响、甚至塑造了非洲国家发展政策的现代化理论和依附论，都强调国家开发自然资源用于发展的能力对于发展过程的重要性，有的时候也包含着国家获取如世界银行或者 IMF 等多边机构的财政支持资源的能力。

近年来，随着世界向新经济转型而对于非洲大量储备的关键矿产需求增加，学界越来越多关注讨论的不仅是国家作为自然资源的掌管者和开发者的角色，也聚集于无所不在的各种形式的关于自然资源治理的网络，比如说在非盟启发之下成立的非洲矿业愿景（African Mining Vision），也有全球机制如采掘业透明指数（EITI），以及透明监督机构"公布支付"（Publish What You Pay，简称 PWYP），特别是随着气候变化成为最重要的全球共同治理议题以来，非洲化学燃料的开发和治理也成为很多国际组织和国际非政府组织特别关注讨论的议题。这些对于非洲长期的资源治理和可持续发展都有着直接和间接的影响。这意味着，当我们讨论非洲资源的动员和治理机制时，其实地域意义上作为绝对主权代言人的政府很难再被假定为唯一和不可替代、不可拆分的角色，作为整体的国民以及公民组织成立的社会性质的机构、协会等，也都在表达关切，甚至直接参与这个治理过程，可以理解为非国家行为体的自觉主动参与，构成了国家治理过程更加民主化、社会化趋势的主要推动力，是衡量非洲国家可持续发展的关键要素。当然，从技术手段来讲，数字化信息通信技术是最重要的变化背景，一方面因特网提供了新的技术方法和可能性来帮助社会公众监督国家、确保政府更加负责任；同时，因特网也未必完美，很多时候因为信息不对称反而形成信息茧房性质的沟通制约，损害信任，甚至激发发展过程中的矛盾和张力与冲突，比如疫情以来非洲城市中常见的诉诸街头抗争形式的反涨价、重税等治理方与公众冲突的普遍现象。因特网和社交媒体这些当代技术如何助力制度化、规范化的人民监督，而不是造成更大社会分裂，是非洲国家和全球共同的治理课题。

同时，正是随着新经济的快速发展，域外大国加紧瞄准争夺蕴藏着新经济所需高于 30% 储量的关键矿产的非洲大陆。中国在非洲的政治经济影响从 20 世纪 90 年代末开始逐渐壮大，随着中国"两头在外"的出口导向型经济转型，中国增加了对于非洲的资源产品和市场的需求；从新经济发展的长远趋势来看，中国自己的学者和国际观察家都不回避中国正在采取更加进取的积极防御性政策举措、瞄准非洲丰富的矿产资源的目标。① 与此同时，美国自拜登政府以来明显加大了在非洲的战略投入，中国学者往往单方面强调这"主要是出于对抗中国"的目的；应该看到，从传统上需要的涉及国家能源安全的油气资源，美国对非洲的需求已经发生了调整，拓展到围绕其界定的 50 种关键矿产（其中 12 种完全依赖进口，另有 31 种需要进口 50%）。② 美国的战略，总是倾向于用某政策保证资源无障碍流入，比如近年来调整了对石油富集国如安哥拉和赤道几内亚的关系，除了加紧战略性锁定重要项目，如对洛比托走廊，就是基础设施投入与天然气资源开发和其他生产项目相结合；③ 美国所公布的援助资金，还指向了对于非洲政党发展的支持范畴，这些新的重大政策转向，可能就是一种面对自然资源需求做出的全面战略反应。④ 俄乌冲突一旦爆发，欧洲急于寻找替代能源矿产来源国，成为重塑与非洲国家加强版的"伙伴关系"的急迫目的。正因此，南非出口欧洲的煤从 2021 年的 200 万吨显著增加到 2022 年的 1580 万吨，同比增加了 677.0%，使欧洲一跃成为仅次于印度的第二大南非煤出口目的地；⑤ 再如，阿尔及利亚因天然气成为欧洲能源安全的重要替代国而攀升为

---

① 张宏明：《大国经略非洲研究》，社会科学文献出版社，2019 年；Carlos Lopes & George Kararach, *Structural Change in Africa: Misperceptions, New Narratives & Development in the 21st Century*。

② U. S. Geological Survey (USGS)，美国关键矿产依赖情况清单（America Reliance Of Critical Minerals ），https://www.usgs.gov/media/images/usgs-critical-mineral-supply- chain-infographic, and http://elements.visualcapitalist.com, accessed 1 July 2024.

③ Mining.com 网站援引彭博通讯社报道，美国负责能源资源的助理国务卿杰弗里·皮亚特（Geoffrey Pyatt）于 2024 年 6 月在线媒体简报会上称，"安哥拉和美国在能源获取、能源安全、脱碳和关键矿产等方面达成共识"，安哥拉已经成为美国实施关键矿产战略的一个重要目标国，美国进出口银行已经为该国提供数十亿美元资源。

④ 综合安哥拉本国的新闻报道，1993 年安哥拉和美国建交以来，石油能源领域是两国经济关系的重点。近年来，美国注意力重点转向洛比托走廊，已在该基础设施上投资了数亿美元。2024 年 6 月，美国在罗安达启动了一项价值 1000 万美元的政党支持计划，针对包括安哥拉在内的 7 个非洲国家的政党发展。

⑤ The Coal Hub, "South Africa Coal Exports," https://thecoalhub.com/report-presentation/ south-africa-coal-exports, accessed 1 July 2024.

2024 年非洲国民生产总值排名第三的国家。[1] 世界地缘政治的大变局，虽然带来新一轮开发非洲能源资源的新投资热潮，也意味着拉扯在气候变化背景下的全球"减排政治"话语之下的非洲，忽然增加了新一轮与外部交易化石能源的机会，当然也有可能因此在路径依赖的惯性下形成更深层被外部主导的风险。面对疫情和域外世界动荡传导给社会民生的压力，如何令受损的本土经济恢复活力，同时保证环境可持续性且促进普惠包容性经济增长的双重挑战，非洲当下领导人和决策者在经受时代的大考。

对于非洲国家而言，从资金技术角度而言，关起门来利用自有资源来寻求现阶段的可持续发展还不可能，但如何利用好外来者纷纷"追求"的热烈攻势、平衡自身发展和满足外部合作的需求，是非洲国家迫切需要增长的能力。过去 60 多年合作的历史经验显示，曾经同样被西方列强入侵和统治的共同历史经验，仍然是中国外交政策的根基，是中国与今日全球南方国家伙伴关系的底座，这对理解中国与非洲国家的合作至关重要。随着 21 世纪以来新自由主义势衰，中国及其发展道路越来被全球南方国家视为可能的替代选项。[2] 从加速推进可持续发展目标的需求角度而言，急需增强发展动力的非洲国家，下一个阶段是否更多效仿中国、更多采取国家主导型的发展模式、以便利双边合作呢？

答案可能并非那么理所当然、轻松愉快，特别是对于惯于通过非洲官方渠道建立密切经贸合作的中国合作方而言，因为非洲国家当下政策框架中，最关键的构成部分虽然是非洲国家领导人动员资源、用于国家发展以及环境行动计划，但多元非国家行为体的兴起，形成了对于传统国家拥有资源、主宰发展道路的争夺之势。[3] 这种争夺意味着，政策的结果并不能够提前决定，而是由非洲国家、非国家行为体及各种正规和非正规的机制之

[1] Belgacem Tahchi, "Algerian Gas to Strengthen Energy Security of the European Union: Policy, Capacity and Strategy," *Energy Reports*, Volume 11, 2024, pp. 3600–3613, https://doi.org/ 10.1016/ j.egyr.2024.03.022.

[2] L. Sheng and D. F. do Nascimento, *The Belt and Road Initiative in South–South Cooperation: The Impact on World Trade and Geopolitics*, Singapore: Palgrave Macmillan, 2021, p. 1.

[3] P. Beaudet, "Globalization and Development," in P. A. Haslam, J. Schafer and P. Beaudet (eds), *Introduction to International Development: Approaches, Actors, and Issues*, 2nd Edition, Don Mills, ON: Oxford University Press, 2012, pp. 107–124.

间复杂博弈的结果，也就是说发展的结果具有偶然性，更反映了国内复杂的政治过程和国际地缘政治、地缘经济的影响。因此，政治领导人选择何种发展目标与何种政策当然重要，但像中国这样定位的南方外来合作者，不能够因此忽视非国家行为体的存在，必须理解今日非洲政治生态是处在多重力量博弈过程中的，政府绝不是唯一的治理和使用自然资源、影响可持续发展的行为体或者决定力量。

殖民为起点的非洲式现代化：在沉重的遗产中负重前行

现代化，仍旧是整个社会科学的终极课题之一（另一个是"冲突与合作"），是国家发展最为核心和经久不衰的话题；人们之所以要不断地思考现代化，其原因就在于要基本实现现代化并非易事。[①] 按照唐世平老师给出的政治、经济、科技、社会四大维度的定义，非洲国家应该都在"没有爬上（现代化之）岛"的行列；但作为动词理解，即一个社会或者国家追求现代化的努力和过程，殖民时代的非洲已经成为欧洲现代化的人力、物质资源和市场的组成部分，非洲人的现代认知和追求也由此开始，尽管主要是作为受害者和牺牲品。

经济学家刘易斯1954年提出，发展就是劳动力从没有生产力的传统部门（比如维生农业或者小商品买卖）转向现代资本主义生产活动，这意味着发展的两个方面的变化：一方面是通过增加资本投入或者提升技能的形式来获得劳动生产力的提升；另一方面是处身其中的工人可以流动的社会经济的结构性变化——不仅仅是建立工厂，还包括体现在政治上可以发声、参与和有社会归属感（inclusion）的生活质量的提升。[②] 更加简单直白的定义就是潜力的实现，是诺贝尔经济学奖得主阿马蒂亚·森教授所谓的"作为自由的发展"。[③] 但不论从哪个层面来看，个人、群体或是国家以至全球，

---

① 唐世平：《我的现代化情结》，载叶成城等著：《突破：欧洲的现代化起源（1492—1848）》，中国社会科学出版社，2024年，前言。

② Carlos Lopes & George Kararach, *Structural Change in Africa: Misperceptions, New Narratives & Development in the 21st Century*, pp. 32–33.

③ Amartya Sen, *Development as Freedom*, NY: Oxford University Press, 1999.

现代发展都不是在真空中实现的，而是在其各自所属于的具体社会政治经济环境中、随着结构性因素变迁而实现。因此，对于任何一国发展的研究，也需要一种基于该国自身的要素禀赋和历史经历的视角，并在此基础上综合分析自然地理、基础设施、技术水平、生产方式、国家暴力机器、意识形态、批判性和创造性的思维方式等等，所有这些要素如何促成或者限制了该国潜力的实现。

如前所述，联合国 2030 年共同发展目标自确立以来，可持续发展的概念已经渗透到人类生活的每一个角落；但是，从现在起到已经近在咫尺的 2030 年，非洲完成其各方面目标的任务并不乐观，其原因并非只限于人类共同面临的气候变化和当前世界政治中热点冲突持续的震荡性影响；[①] 非洲乃至大部分全球南方国家，其可持续发展问题与北方国家的性质是不一样的，如何克服不发展、低度发展或者畸形发展的结构性困境，解决限制其潜能实现的根本矛盾是更重要的命题。因而对于非洲可持续发展的研究，要首先理解西方扩张以来给非洲形成的畸形扭曲的现代化初始条件，方能理解现实当中限制和影响其发展的要素是什么，并由此讨论其达成 2030 年可持续发展目标的努力方向。

独立时期的非洲洋溢着乐观主义，但为何 20 世纪 80—90 年代却深陷"失落的二十年"，且至今贫穷落后？众多的前人学者已经尝试从不同的角度解释非洲的发展困境，不同理论视角和代际的争鸣作品不一而足，如出自非洲裔的罗德尼和非洲本土的阿克，以及域外学者如乔瓦尼·阿瑞吉、詹姆斯·罗宾逊等人。[②] 现代化理论曾经一度是被用来理解并指导独立后非洲国家发展的当红学说，但忽视了非洲依附于全球经济体系并被锁定在原料供给者位置的事实；而依附论厘清了这一殖民以来造成的结构困境，却难免令人陷入非洲永远作为边缘国家存在的悲观主义。究竟如何理解独立以

[①] AU, UNECA, AfDB, UNDP, *Africa Sustainable Development Report: Building Back Better from the Coronavirus Disease (Covid-19) While Advancing the Full Implementation of the 2030 Agenda* for Sustainable Development.

[②] W. Rodney, *How Europe Underdeveloped Africa*, London: Bogle-L'Ouverture Publications, 1972; Claude Ake, *Democracy and Development in Africa,* (Washington DC: Brookings Institution, 1996; Giovanni Arrighi, "The African Crisis, World Systemic and Regional Aspects," *New Left Review* 15, May–June, 2002, pp. 5–41; Daron Acemoglu and James A. Robinson, "Why Is Africa Poor?" *Economic History of Developing Regions*, vol. 25, 2010, pp. 21–50.

来表现各异的众多非洲国家不尽如人意的发展状况、找出其发展受阻的症结并相应改进呢?

　　声称出发点是针对之前非洲专家过于强调"非洲特殊论"的倾向,萨克斯教授与同事20世纪90年代后期合作连续发表几篇作品,研究非洲经济欠发展的根源,认为不必设计基于非洲本身情况的研究框架,可以通过与世界上不同国家建立横向跨国分析框架,研究非洲国家经济表现好和不好的原因。根据多轮回归数据,萨克斯教授发现,非洲的"族群和种族分裂会导致政策制定比较慢,但不会直接导致非洲国家发展缓慢";出海口、自然资源丰富程度、热带气候等非洲的自然禀赋虽然对于发展有一定影响,但对经济发展速度发挥更大决定性作用的是向国际贸易开放程度、政府储蓄和市场支持性机构等国家政策,人口寿命等因素也有少许影响。[①] 萨克斯教授的研究,虽然有利于读者从横向比较世界上其他国家的视角加深对独立以来非洲国家政策选项及其影响的深入理解,但也被诟病为缺乏历史纵深、大而化之,把非洲不发展的责任推到非洲领导人和官僚头上,但忘记了这些人本身也处在历史累积的结构性困境中,缺少闪转腾挪的空间。萨克斯教授这几篇作品代表了典型的经济学关于非洲(不)发展的研究范式,难以解释21世纪非洲的快速发展,尤其不能解释何以非洲常在全球经济危机时刻表现出独有的韧性与活力。

　　殖民形成的结构性局限,恰恰是独立以来非洲至今尚且不能达成有机、自主、包容性可持续发展状态的根本条件,也就是说恰恰是过去500年欧洲在非洲大陆上组织起来为自我利益服务的掠夺性开发活动的殖民史,成为布罗代尔所谓"长时段的力量"——像看不见的深层历史河床一般,形构着、也框定了独立以来非洲发展的可能性。非洲本身的地理自然环境和人文社会肌理基础上的生态环境,在欧洲船坚炮利的武力和以《圣经》为种族资本扩张背书过程中被打断也被破坏,成为独立时非洲发展的"初始条件"。其负面遗产沉重到非洲独立几十年来尚难摆脱这种结构性限定。如荣获2024年诺贝尔经济学奖的哈佛大学教授詹姆斯·罗宾逊所言,为什么殖民前政治生态各异的三种类型的非洲国家,独立后长期欠发展的状态表现一致呢? 不管怎样诡辩殖民主义的贡献,不同非洲国家和地区的发展都一

---

① J. D. Sachs & A. M. Warner, "Sources of Slow Growth in Africa Development Goals in Africa," *Journal of African Economies*, 6(3), 1997, pp. 335–376.

致受到殖民主义负面遗产的长期制约。[1]

一战和二战在欧洲参与宗主国战事的非洲人是早期非洲民族独立运动的先声，很快，要求独立的星星之火逐渐成为燎原之势。正是在这样的背景下，时任英国首相麦克米伦 1960 年发出"变革之风"的哀叹，加之美国和苏联的压力，英、法、比利时等帝国在几乎没有对非洲本土官员及其能力做任何准备的情况下仓皇离开，而在协议中要求接管者保留殖民国家机器——这样仓促完成非殖民化和非洲现代民族国家肇始的过程，意味着旧殖民国家机器及其为外部所主导的政治经济职能大体被保留下来。

殖民负资产对于非洲发展的长期制约

从独立以来迄今发展轨迹来看，殖民遗产主要长期固化为以下政治、经济和思想三个方向的历史负担，三者本身又是相互关联和相互促进，成为长期限制非洲现代发展的桎梏。

（一）殖民需求导向的过度发达的"人造国家"

非洲大陆的现代化发展始于被裹挟进入欧洲人 15 世纪以来的海外扩张和资本的全球化浪潮：最初是控制非洲大陆沿海的贸易据点进行以奴隶贸易为主的活动；[2]继而鼓动和吸引更多欧洲人以农业拓殖民的方式进入后，建立奴隶种植园、进行特许商业农场经营和飞地经济式样的采矿业活动。欧洲人凭借船坚炮利，不断占领非洲人的土地——占地形式多样，既有一家一户的私有财产，也有为各自帝国"殖民事业"组成部分的集体形式占地；1884 年瓜分非洲的柏林会议之后，欧洲人在非洲的活动进入全面的帝国占领时期，非洲人的生活方式被彻底打断，最大的改变就是，原本资源共享式的生产生活方式基础上形成的开放和流动的动态领土边界概念被改造为

---

① Leander Heldring and James Robinson, "Colonialism and Economic Development in Africa," in Carol Lancaster and Nicolas Van de Walle (eds.), *The Oxford Handbook of the Politics of Development*, Oxford, UK: Oxford University Press, 2018, Part III, pp. 295–327.

② W. Rodney, *How Europe Underdeveloped Africa*.

欧洲式固定和神圣性的；二战后，欧洲宗主国进一步确定了非洲各殖民地之间正式的边界，政治的边界自此成为非洲人生活中类似于河流、森林和高山一样的限定因素，尽管地区内的跨界开发、生产、贸易和人口流动一直在活跃进行中。

殖民遗产的最大沉疴正在于此：非洲自此陷入"先有国家、后有民族"的人造国家困境，国家认同和政治基础严重先天不足；加之独立以来很多非洲国家做出的政策缺乏针对所有公民的公平公正性，削减了政府的公信力与合法性，未能持续和巩固发展型国家的道路选择，更导致政权不稳，发生了政变或者很多退行性形变。[①]

欧洲帝国的政客们在非洲划分疆界、形成今日人为制造的国家的基础之时，算计的是各自军事战略和对资源汲取的便捷，根本没有一丝一毫把这些领土上的人、他们的族群构成和文化活力放在心上，没有对他们的尊重和所造成影响的敬畏之心。但是，在欧洲撤出时安排的殖民地独立后的制度，却要求非洲继承这一"人造国家"体制、在其所划定的领土范围内作为拥有资源和人口的各自独立的国家运转——参照欧洲本身的现代化发展经验考虑，这显然是不利于经济发展的，因为每个欧洲国家的禀赋条件都有限，都多少依赖本国以外获取原材料、奴隶或契约劳动力以及商品市场，来组织起了资本主义现代生产；相较之下，殖民划分出来的政治单元，大小不等，且半数是陆锁国，几乎所有的现代非洲国家政治单元都不是以殖民前原生态的族群作为基础的，从地缘经济学视角来看，期待这些国家地域内发生嵌入式发展几乎就是不可能之事，因为复杂的自然地理条件决定着生产、运输的限定性条件太大，不进行国家之间、地区之间的贸易和经济联通，根本没有可能抵销高昂的生产成本。

罗斯托等现代化理论家将非洲国家的经济不发展简单归因于"前现代"制度限制了现代经济的出现和起飞；[②]但其后越来越多研究者认为，恰恰是殖民带来的政治断裂造成的"人造国家"成为了"黑人的负担"，其非自然

---

① 关于 20 世纪 80、90 年代非洲普遍发生的一党制、军政权或者混合型的政治走向，主流政治学理论视角倾向于简单定性为向集权统治的倒退，缺乏基于非洲本身历史纵深和具体非洲国别的语境的理解和评价，参见张宏明：《多维视野中的非洲政治发展》，社会科学文献出版社，1999 年；关于非洲近几年的政治动向，参见拙文《危机与豹变——大变局下的非洲》。

② W. W. Rostow, *The Stages of Economic Growth: A Non-Communist Manifesto*, Cambridge, UK: Cambridge University Press, 1960.

性和异化特征使其在摆脱殖民统治以后根本不具备适合独立后社会经济发展和起飞的条件，从事了近半个世纪非洲研究的巨匠戴维逊教授和著名政治学教授科林·雷斯都认为，民族解放运动的领袖们为了快速获得独立以后国家的成功，反而捐弃了非洲土地上生长出来的本土政治传统，去拥抱殖民国家包含了大量"专制"和不民主成分的国家机器，比如为了臣服土著社会阶级，殖民国家建立了一个强有力的官僚－军事机器，这是殖民国家机器最为"过度发达"的要素，被新生非洲国家简单继承、并以此规范和控制本土各社会阶级、从而大大抑制了发展目标。[①]

另一个继承自殖民国家而致命损害发展的方面，是直接把很大一部分财政用于官僚机构的管理活动，而且往往是以"促进经济发展"为名。此外，千差万别的风俗、法律规则和行政手段（适应不同的生产方式与宗主国治理方式）都成为叠加因素，制约着非洲现代国家的发展，以致最突出的特点就是庞大臃肿的政府常常人浮于事、体制失灵，而不是获得现代化的加速发展。[②]

（二）土地掠夺对农业的破坏和制造廉价劳工的城乡二元经济

欧洲国家至今不肯对其既往殖民非洲的行径公开道歉、而只是像近年来相继到访的大英国国王、比利时国王那样虚与委蛇地"表示遗憾"。个中理由，既是不愿意承担大规模赔偿，也更是因为认知层面有关殖民主义历史作用的讨论中，仍然有很多"文明使命"论者强调非洲的"现代文明之光"是欧洲人带来的，特别如首先服务于殖民者矿业开发的现代交通基础设施和

---

① Basil Davidson, *The Black Man's Burden: Africa and the Curse of the Nation-State*, New York: Times Books/Random House, 1992; Colin Leys, "The 'Overdeveloped' Post Colonial State: A Re-Evaluation," *Review of African Political Economy*, no. 5, 1976, pp. 39–48.

② 在西方学术界，关于殖民是否是阻碍非洲经济发展的学术争论从来没有停止过，早在非洲国家刚刚开始独立、经济发展处于上升阶段时期就有否认两者因果相关性的作品，如 G. Myrdal, "The Economic Impact of Colonialism," in A. B. Mountjoy ed., *Developing the Underdeveloped Countries, Geographical Readings*, London：Palgrave Macmillan, 1971, https://doi.org/10.1007/978-1-349-15452-4_4；近年来发表的认为不管是什么政治类型的非洲国家都受到了殖民经历对其发展的长远阻碍影响的重要作品，如 Acemoglu, Daron and James A. Robinson, "The Economic Impact of Colonialism," 2017; Leander Heldring and James Robinson, "Colonialism and Economic Development in Africa," in Carol Lancaster and Nicolas Van de Walle (eds.), *The Oxford Handbook of the Politics of Development*, Oxford, UK: Oxford University Press, 2018, Part III, pp. 295–327。

现代教育体系。显然，这种西方中心主义的所谓"现代性"叙事，掩盖了这一切都以超经济强制手段建立起来、服务于殖民掠夺需求的事实。不管是在白人拓殖民更心仪的东非和南部非洲、还是在白人更少来定居的西部非洲，不管是法属殖民地的直接统治还是英国殖民地的间接统治，殖民占领后基本都是要么宣布"一切土地归（英、或德）王所有"、要么诉诸租借 999 年的契约，将传统从事农业生产的非洲人赶往土地贫瘠的居留地，特别是利用前殖民地社会结构中那些既有的，或者由殖民当局"再造"的土著酋长等来直接面对非洲民众进行管理和收税，既可以此"缓和当地人民的反抗"，也容易"取得当地统治阶级和上层分子的支持"。[①] 随着殖民开发的重点在矿山经济和热带种植园经济渐次扩展，传统上小农经济为主的非洲生产主业遭到了巨大破坏，因为不仅是东部和南部非洲发生了大规模的殖民掠夺土地，顽强抵制土地被掠夺的西部非洲的农业生产也同样被破坏。美国学者罗伯特·贝茨等人大量的实证研究显示，这使得农业长期仅限于农民维生而得不到任何成长，与资本殖民剥削伴生存在——这种刻意固化的二元制经济保证了廉价劳动力本身的再生产，并且同时使得非洲人的本土经济支持着殖民者需要的资本主义生产，因为其提供的食物喂养了劳动力，但是殖民者作为资本家却不必为此投入什么，廉价劳工由此得以持续地再生产，工资远低于其实际劳动力价值——殖民者辩解这样做的"合法化"理据是，工人在非雇佣期也从事维生经济活动，这是非洲没有被改造成宗主国那样完全在工资制度之下的工业社会的根本原因。[②]

独立以后，部分因为专注于现代化理论指导下的工业化追赶而缺乏对于农业和农村的基本投入，殖民经济开始的维生经济与城市经济并存的二元结构大体被保存下来，坦桑尼亚开国之父尼雷尔曾针对阿波罗登月事件发表感慨说，"发达国家忙着把人送上天，我们却忙着把人送到乡村去"——因为基础设施的缺乏，城市和乡村的联通构成最基本的挑战，既限制了经济发展，也成为现代国家建设和治理本身的难题。

---

① 杨人楩:《非洲通史简编》，人民出版社，1984 年，第 11、13、15 章。Jean François Bayart, *L'État en Afrique, La Politique du Ventre*, Paris: Fayard, 1989；C. Leys, *Underdevelopment in Kenya: The Political Economy of Neo-Colonialism,* London: James Currey, 1975; Colin Leys, "The 'Overdeveloped' Post Colonial State: A Re-Evaluation".

② Harold Wolpe, "Capitalism and Cheap Labour Power in South Africa," *Economy and Society*, Vol.1, 1972, pp. 425–456.

（三）传统还是西化：意识形态领域的长期斗争

伴随欧洲资本主义力量到来的各种西式思想和生活方式，被很多非洲人学习模仿。出生于法属殖民地马提尼克的后殖民主义先驱法侬，早在1961年的作品中就以经济分析结合文化和精神分析的方法，论证了欧洲殖民者为了合法化其殖民统治而在精神上和肉体上同时摧残非洲被殖民者，最糟糕的长期影响就是使其逐渐屈从于自己是劣等种族的观念。[1] 限于篇幅，本文无意展开后殖民心理的详细论述，只是借用法侬的理论强调其造成的非洲人自卑心理的长期存在。经历民族独立运动，尽管很多非洲国家已经孕育生成了反殖民主义的思想运动，但民族自信心并不那么容易重建，获得国家独立以后，一方面因为很大程度上保留了殖民国家机器，包括在赶超心理影响下快速推动工业化以便追赶西方、甚至陷入"西化等于现代化"的迷途；另一方面独立后国家往往诉诸传统本土思想文化价值，继续与西方争夺思想阵地，这使得西化和现代化思想与非洲社会传统价值与实践常常处在紧张、甚至斗争状态。时至今日，两种思想和价值观之争还是影响其与美、西方关系的，比如乌干达等国因为对同性恋行为非法的立法而受到美国和欧洲国家的制裁。另外，这样的价值之争也表现为，非洲国家领导人或者如尼雷尔比较温和地强调"非洲社会主义"，或者比较激进地以回归传统政治形式来表达去殖民化的决心，比如蒙博托的所谓"真实性运动"；很多学者认为，恰恰是因为非洲国家从殖民国家演变而来的事实，妨碍了这些后殖民国家逐渐巩固作为发展型国家所必需的那些功能构成，也是很多国家退化成为一党制国家、政变后军人专制或者混合型国家的原因。[2]

当然，从独立开始，非洲国家其实一直在尝试与欧洲人的变相控制做斗争，以保持政治的独立，同时获得经济的成长和发展；很多非洲国家第一代领导人，都雄心勃勃地探索提高国家凝聚力和国民福祉，探索摆脱对外依附性的自主"工业发展权"实践；然而，20世纪80年代以来新自由主

---

[1] Frantz Fanon, *The Wretched of the Earth*, New York: Grove Press, 1968.

[2] 参见张宏明:《多维视角中的非洲政治发展》, 和 Carlos Lopes & George Kararach, *Structural Change in Africa: Misperceptions, New Narratives & Development in the 21st Century*, p. 36。

义政策携枪带棍而来，以选举政治和开放自由市场作为其"正统"药方，攻城略地，再一次深度削弱了非洲国家的主权和能动性，非洲大陆因此深陷20年的经济停滞和民不聊生的悲惨境地。冷战结束意味着非洲在地缘政治上失去对美苏两大阵营的吸引力、而被称作"冷战孤儿"。

非洲国家第一轮争取工业化发展权和现代化"追赶"受挫

萨米尔·阿明教授研究指出，早在万隆会议宣言中，发展中国家就明确表达了共同实现"发展权"的愿望，"经济发展"是最重要的国家纲领，且每一个既有的经济发展纲领都必然依赖工业化，因为殖民阻碍在这个部类中最为露骨。[①] 穆坎达瓦教授认为，争取解放的斗争与民族主义者们提倡"工业化权利"紧密相连；尽管发展经常被认为是"帝国的事业"，"但别忘了非洲人的解放渴望中，一直深埋着追赶的冲动"，因为他们意识到，西方的统治地位正是由其发展的优势所支撑的，技术劣势是产生殖民主义受害者的臣属和屈辱地位的根本原因。[②]

正是这样的背景下，第一代独立后非洲的民族主义领导人启动了工业化进程。尽管起点很低，非洲1960—1975年的工业年增长率达到7.5%，当然大陆上国别之间差别巨大，其中5个规模较大较强国家的工业产出总和，就占到了整个大陆的53%，较弱的27个国家的工业占比之和还不足1%。独立后第一个十年，非洲国家都取得了增长，但15年间各国的发展情况参差不齐，较快的国家如尼日利亚，1963—1973年制造业附加值的年增长率达到了7.6%，1973—1981年增长率为12%；[③] 尽管还有很多弱点，但此间受雇

---

① Samir Amin, *Capitalism in the Age of Globalization: The Management of Contemporary Society*, Zed Books; 2nd edition, 2014.

② Thandika Mkandawire, "Preface," *The Development of Africa Issues, Diagnoses and Prognoses*, eds. by Olayinka Akanle & Jìmí Olálékan Adésìn, Switzerland: Springer International Publishing, 2018.

③ Michael Allen, *Democracy and Modernity in Southern Africa: Development or Deformity*? Ithaca, NY: Cornell Institute for African Development, 2018.

佣者的工资增长率超过了人口增长率。总之，这个阶段的工业化，不能够简单地从工业化"追赶"的角度进行理解，民族主义者恰恰是针对前殖民地人民的广泛需求，真心实意是被"所有人更美好生活"这样的口号所吸引，归根结底还是为了减贫，是刘易斯所谓以工业化目标是为扩展"人类可选择的范围"而发动"工业化"追赶行动。

20世纪70年代中期，随着石油危机爆发，非洲国家出现收支平衡危机，又赶上西方新右派70、80年代之交上台。各个层次的非洲人意识到了大陆面临的发展挫折，提出了激进的民族主义发展主张来应对，比如政策层面，1980年发表的拉各斯行动计划获得了广泛的共识，其主张正是寻求在非洲地区框架内发展、将从殖民国家继承下来的经济结构进行转型，以便获得内生性增长引擎。但是，结构调整计划和新自由主义势力取代了拉各斯行动计划，而新自由主义承诺的通过全盘市场化（"自由化""市场化"）和国家收缩战略并没有带来期待中的"加速发展"，而是制造了两个"失去的十年"，此前已经取得的一些有限度的工业化因此而被"去工业化"，结果就是人口爆炸性地转贫、不平等激增、社会动荡无所不在。

可笑的是，21世纪以来非洲增长率稍有起色，那些"否认对结构调整计划盛行引发非洲的社会经济衰败负有责任的人立即声称对此做出了贡献"。[①]然而，尽管非洲逐渐从经济危机恢复过来，其经济仍然大规模依赖外部世界对其资源的需求，工业化程度与20世纪70年代中期没有太多差别，2011年制造业在GDP中的占比仍然低于1974年，而资本商品占比微乎其微。

新世纪非洲国家重回发展轨道：
新兴市场伙伴撬动结构变化

21世纪非洲发展曙光的到来是随着非洲获得了更多新兴市场国家伙伴开始的，为打破与老宗主国和美国的"家长式"管控式关系的困境带来了可能，也由此开启走向自主命运的现代化可持续性发展的新可能性。这一

---

① Joseph E. Stiglitz, "Foreword," *The Great Transformation* by Karl Polanyi.

外部有利条件首先开始于 2000 年中非合作论坛（FOCAC）成立，新兴市场国家渐次与非洲建立新型国际合作关系，乃至撬动非洲国际地位从以往被发达国家忽略和歧视的边缘地位，重新回到国际舞台的重要位置，于是内生性增长动力也日趋增强，且在中非关系的示范带动作用下，外部合作需求以几何速度急速多元化，多数非洲国家都如百花齐放般呈现欣欣向荣的快速增长势头，直到新冠疫情全球大流行叫停了这个阶段。

21 世纪以来的新发展也得益于内部内生动力的推动：以新非洲伙伴关系和非盟成立为标志的非洲新泛非主义共识在新一代领导人的努力下萌芽成长；宏观经济计划的价值被否认了 20 多年后，非洲重回原点，又站在急切进行快速经济发展、提升人类发展指数、获得更多"发展的自由"的新起点上：各个国家纷纷把重新制定发展愿景纳入日程，这正是认知自己国别本身的地缘政治、经济优势和禀赋条件（包括土地、矿产和人口等全方位资源），了解其在全球价值链中的位置和以全球为发展坐标中的比较优势，并以此作为新阶段长远综合发展规划的前提——倡导发展中国家不因循新自由主义经济，而从新结构经济学视角来寻求新路的林毅夫教授，相继受邀参与制定了埃塞俄比亚、卢旺达、贝宁等国的发展规划，并有力地促成了当下正在展开的使用工业园区模式的发展道路。[1] 至 2024 年 2 月非盟峰会，大陆整体发展规划《2063 年议程》的第二个十年计划开始实施，并具体化了其发展方向的"七大雄心"，其中之一甚至将非洲不断参加外来者的峰会的 "1+N" 机制转换为"非洲 +1"机制，即建设功能齐全的"非洲全球伙伴关系平台"（AGPP）。[2]

总之，长时段视角来看，在殖民形成的上述制约发展的政治经济结构性初始条件下，非洲独立以来突破这些结构性局限的努力成效差强人意。非洲的现代化问题，绝不是线性地在一国内从一个阶段转向下一个阶段的问题，而是复杂的外部条件与自主发展努力交错互动、相互影响的问题，是非洲人一直探索如何打破殖民时期形成的结构性制约条件、坚持政治自主，同时抓住新兴市场国家快速发展优势、挖掘自身资源禀赋、做好自我发展战略、在

---

[1] 林毅夫讲座，《中国式现代化的意义与新结构经济学的自主理论创新》，北京大学国发院博士论坛，2023 年 6 月 2 日。

[2] 参见张春：《新泛非主义与非洲发展新征程》，《世界知识》2024 年第 7 期。

复杂的国际分工和政治经济博弈中生存并求得自主的、可持续发展的问题。

新世纪以来，连续 10 多年的时间，每年的全球增长最快的前十位国家名单上都会出现五六个非洲国家，因而非洲大陆集群性的发展被乐观地称呼为"非洲崛起"，改变非洲国际形象的力量，被普遍解释为是中国越来越显性的介入，比如 2006 年中非峰会何以具备远超联合国大会的吸引力、邀请到非洲 47 国参与，且绝大多数都是元首或者政府首脑？英国时任外交大臣黑格先生描述当时西方受到的震撼说："拜中国之所赐，我们突然意识到，非洲大陆不是一个等待援助的贫困苦难大陆，而是一个欣欣向荣的 8 亿多人的大市场——因为中非双向贸易是均衡的！"[1]

但是，非洲政策圈里，近年来很多人表达了对于新一轮"非洲崛起"话语的审慎态度，因为非洲国家与外部世界的交换关系明显还是以资源产品为主，是"为了增长而增长"，这种增长的脆弱性可能意味着非洲在国际贸易体系中地位的更加恶化。[2]新一轮增长要求非洲国家必须解决其连带产生的不平等加剧等社会问题，也就是说如何转型为大多数人参与和受益的广泛基础的普惠包容性发展。[3]新自由主义政策的主张是，非洲的经济现实条件和比较优势仍然是其资源，所以管理好自然资源、构建私有产权、并吸引更多外来投资，仍然是大陆的发展前景所在；反对者则认为，像加纳等新近发现并开始石油开采国家的案例显示，更深进入到世界市场既便提升了 GDP，也未必直接推动非洲国家转型为广泛基础上的发展，之前没有经济政治权力的社会大众如何通过政治经济斗争获得决策参与权并掌握国际资本，才是最重要的。[4]

2023 年全球走出疫情控制以来，受到重创的非洲重新获得加速增长的

① 参见拙文《非洲重回世界中心还是大国在非洲博弈？》，发表在《中国国际战略评论2019》（上），世界知识出版社。

② G. Kararach, "Translating the Extractive Resources to Economic Growth and Transformation," *Journal of Sustainable Development, Law and Policy*, 8(1), 2017, pp. 90–120; Fantu Cheru, "Africa's Development Trajectory: Past, Present, and Future Directions," in C. Lopes et al., eds., *Macroeconomic Policy Frameworks for Structural Transformation*, Basingstoke, UK: Palgrave Macmillan, 2017.

③ Thandika Mkandawire, "Can Africa Turn from Recovery to Development?" *Current History*, 113(793), 2014, pp. 171–177.

④ R. Bush, "Making the 21 Century Its Own: Janus Faced African (Under) Development," *Afrika Focus*, 26(1), 2013, pp. 51–65.

势能，只是发展所需的内外金融条件都很难恢复到疫情前的强劲状态。政治上，非洲自主意识更加明显增强的又一个契机，是自疫情以来全球进入地缘政治和地缘经济双重加速动荡期，西方大国的自私表现让非洲意识到不可依靠，且必须提升自我发展能力，这也可以说是危中有机、因祸得福。当然也不排除会有国家在当前压力和困难条件下斩断自主发展之路，执政者选择继续之前在政治经济上深度依附于外部势力的状态。笔者的看法是，只要一些非洲领导人有雄心、有勇气继续带领各自国家保持独立探索的精神和方向，自甘依附者就会受到非洲兄弟国家的"同朋压力"，道义和良知上还会唾弃向外来魔鬼进行交易的做法。更何况，在无所不在的通信技术赋权下，社会力量悄然崛起，构成对于执政者强大的监督和问责压力，执政者控制选举和高压民众的做法都将很难持续，新的社会契约关系大有悄然形成之势。当然，更重要的是，新一个阶段里，面向可持续发展的要求，非洲国家必须进行经济和社会结构转型，以便深化民主制度、促进平等和包容性增长，真正实现刘易斯所谓以工业化实现"人类可选范围的扩展"。

非洲可持续发展与对外合作关系
研究新框架：中非合作为例

本书认为，非洲国家实现可持续发展的研究，不应该通过把 SDGs 拆分成 17 个方向分别去跟踪完成度、并相加汇总出一个所谓"完整"的发展程度来衡量结果，这样只能重蹈西方中心主义覆辙、对非洲发展前景陷入灰心丧气的悲观主义。这不仅因为各个方向相互交织，而且所有发展努力都是在非洲独立以来继承的扭曲现代国家基础上展开的。更重要的是，首先要理解非洲可持续发展的实现，意味着以现代化的动力，来消除被外部力量占领、直至独立后仍然被正式和非正式控制的历史过程中积重难返的涉及政治经济和思想文化全方位的沉重殖民遗产，矫正扭曲的现代性，同时重启与本身生态环境适恰的可持续发展的良性生长态势。质而言之，与发达国家如何限制消费主义文化、让既有的发展更加可持续的任务不同，非洲被裹挟进现代化世界体系至今，问题是依然难以摆脱不发展和低度发展的殖民梦魇，畸形生长的现代性长期以服务于（内部或者外部）少数既得利益者为导向。也就是说，非洲式新的现代化，既要完成调校之前畸形道路的任务，同时要加速走向更加健康富裕、更具包容性的双重发展目标。

这一过程不仅仅是一国境内的努力过程，也是在影响非洲的国际地缘政治经济环境的交相互动过程中展开的。进而言之，分析非洲与新的南方伙伴的合作能否正向促进其可持续发展状态的达成，其复杂程度远远超过对于非洲与传统大国的利益纠缠关系的研究，因为必须认识到中国及其他新兴市场与非洲的合作都不是在真空中进行的，老殖民者和美国多多少少会从酸葡萄或者"谁动了我的奶酪"心态出发，在实际权力和话语权力层面阻拦破坏，比如说美国从 2018 年底出台的对非新战略白皮书中，明确将中国（和俄罗斯）定义为竞争者甚至敌手，并公然将遏制中国作为其在非洲的新战略布局的目标之一。

因此，必须展开一个更加有历史纵深的政治经济学研究议程，在理解非洲长期以来发展迟滞的原因的基础上，我们方能从非洲本身实现可持续发展需求的视角来建立更客观地评价中非合作对非洲各个国家的作用和影响的分析框架。20 世纪 90 年代以来，随着中国自身的国际化，其经济迅速崛起为包括南方国家在内的全球社会与市场做出了巨大贡献，但中国与全球南方国家的关系，在西方语境中更多被以"新殖民主义"的陈词滥调所定义，尽管非洲与中国的合作中受益是显而易见的。很重要的原因在于，参与相关研究的很多学者拘泥于以往殖民历史经验基础上形成的实力政治视角、从西方历史形成的西方中心的国际关系理论视角进行研究，这种知识论基础恰恰是很多相关研究得出对中非合作的偏见和歪曲评价的根本原因。[①]

本研究由此现状出发，尝试建立从南方国家本身历史演进和当代可持续发展需求视角的分析框架，为理解今日中国与其他南方国家伙伴当下推进的新型南南合作的性质提供一个新的分析框架，助益中国自我认知、也助益世界理解中国式现代化的世界影响和贡献，是以国别案例的实证方式继续深入此前的研究，即随着中国等新兴市场国家群体带来新的发展模式，

---

① 参见 Amitav Acharya and Barry Buzan, *The Making of Global International Relations: Origins and Evolution of IR at its Centenary*, Cambridge: Cambridge University Press, 2019。

非洲国家明显由此获得启发并显著增强自主意识、提升能力，从而酝酿着摆脱不可持续的外部依赖模式的可能和向可持续发展转型的生机[①]——这不仅是延续之前南方国家间国际团结的传统，更是丰富创新南南合作的实践、并赋予其当代意义。

　　这个分析框架（如图0-1），首先从历史纵深视角理解非洲与外来合作者互动路径下获得现代发展的特殊起点，梳理不同阶段被给定（殖民时期）或自主选择（独立以来）的国际市场中的定位，如何在变化演进中与外部力量相遇、产生互动并对其经济发展和政治社会生态构成新的形塑力量。通过聚焦南非案例的发展历程及当前中国与南非展开的全方位新型南南合作的实践，本书尝试实证分析和研判南非与中国这一对南方伙伴国的合作是否有利于南非摆脱长期外部主导性资本主义生产方式所造成的结构性困境，并带动南非作为双边关系中较弱的一方借由新型南南合作而走向可持续发展之路。

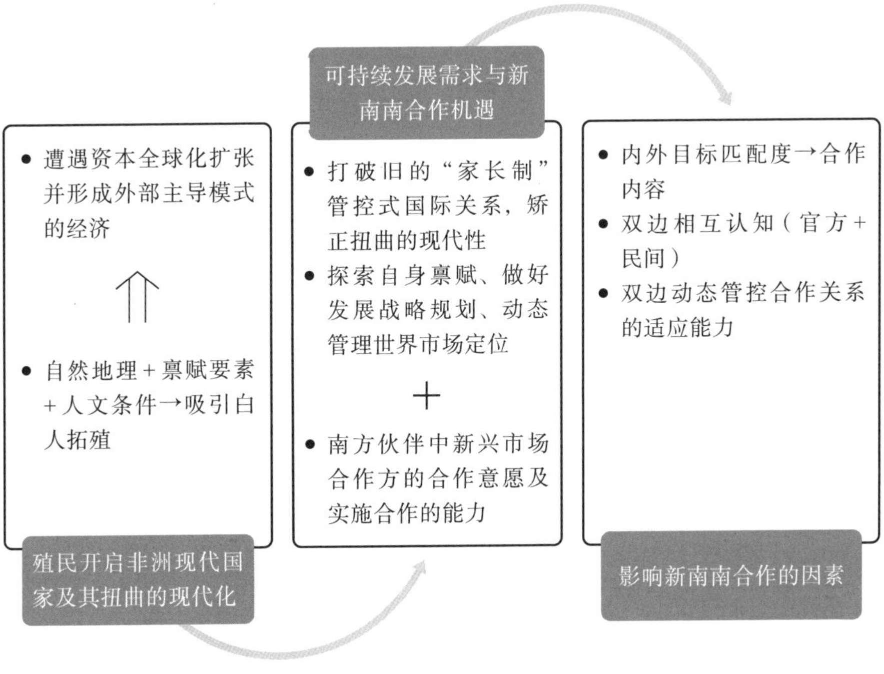

　　　　　　　　　　　　　　可持续发展需求与新
　　　　　　　　　　　　　　　南南合作机遇

- 遭遇资本全球化扩张并形成外部主导模式的经济

- 自然地理+禀赋要素+人文条件→吸引白人拓殖

- 打破旧的"家长制"管控式国际关系，矫正扭曲的现代性
- 探索自身禀赋、做好发展战略规划、动态管理世界市场定位

- 南方伙伴中新兴市场合作方的合作意愿及实施合作的能力

- 内外目标匹配度→合作内容
- 双边相互认知（官方+民间）
- 双边动态管控合作关系的适应能力

　　殖民开启非洲现代国家及其扭曲的现代化

　　影响新南南合作的因素

图0-1　非洲式现代国家的可持续发展需求与新南南合作关系示意图

[①] 参见拙文《南南合流：非洲如何成为下一个亚洲》，《文化纵横》2024年第2期。

　　这个分析框架适用于不同类型的非洲国家，因为决定其制定和实施可持续性发展战略成败的，既是由其自然地理、禀赋条件（具体指不同时期经济生产所需要的资源条件）以及社会人文等内部条件决定的，也取决于外部合作的性质。外来者（欧洲人）在这个大陆开启了为其本身现代资本主义生产服务的掠夺式政治经济统治，也开启了扭曲的非洲现代性历程。正如马兹鲁伊教授在其《非洲人的三重命运》一书中所言，[①] 更早主要受到大自然力量塑造形成了的非洲本土政治经济和文化特性，当阿拉伯人携其宗教语言文化进入大陆、与不同的非洲社会单元相遇互动、发挥了不同的形塑力量，同样也适用于这个分析框架，只是不在本文讨论范围。因为南部非洲更接近于欧洲本土自然条件，因而欧洲人建立了拓殖民性质的殖民国家，其他地区则往往只有为数不多的殖民官吏和白人传教士等凌驾于非洲本土社会之上，形成了不尽相同的殖民国家和政治经济社会生态。独立以来，大多数非洲国家都保留了被原来宗主国控制甚至主导的经济性质，以致外部经济条件与内部的政策长期共同影响和形塑着非洲各国的状况，而这两者也处在复杂的互动和千丝万缕的联系中。

　　因为国家对外部世界的理解和期许是动态的，国家如何认知外部世界、外部行为体如何设计和执行其对非合作战略，也是本分析框架的题中应有之义，如此方能辩证看待这个动态的过程。国家的认知，即滨下武志教授所谓的"知域"，[②] 是做出定位和战略的前提，是动力和潜能激活和释放的解锁关键，决定了多大程度上可以动员资源禀赋、获取知识技术和工具、建设基础设施和开发广义上整个关系网络内权力的使用能力和受到既有规范影响的程度。毕竟，决定生产关系的总和的，不仅仅是结构性的静态化物质和禀赋要素结构，也是由历史过程中行为体或者重要相关者实现和未实现的目标及其期待的强烈程度决定的，也就是说，动机和思考方式是物质基础之上形成权力运作模式的关键，影响着合作中权力关系是更易走向冲突，抑或易于走向合作。

　　认知不仅仅是成体系的价值观念和重要的设想，也包含着人们在其日

---

① Ali A. Mazrui, *The Africans: A Triple Heritage*, London: Little Brown & Co, 1986.

② 参见滨下武志：《海的亚细亚》，台北：大家出版社，2023 年。

常生产生活中关注关心的方方面面的相关思考和想象。思维世界意义重大，因为带着这些相关思维的个人互相影响、反思，也自主行动和应对外界刺激。对于认知和动机的研究，很早就进入对于生产关系、国家形成、国家间关系以及国家发展的研究框架中。本书引入国家认知的分析视角，得益于很多前人的作品，例如，对于欧洲在两次世界大战期间阶级斗争何以减弱的问题，葛兰西的解释是，公众对于阶级剥削严重性的认知，很大程度上被民族主义和精英文化所遮蔽了。[①]本分析框架中尝试对官方和领导人进行话语分析，来理解国家／政府的认知和战略目标，动态跟踪非洲国家在维系、也一直尝试调校与西方的关系、发现并适时发挥自身禀赋来吸引南方国家中的新兴市场的过程；同时在案例研究中，利用多种研究方法收集资料深入理解中国和非洲不同人群的动态相互认知状况及形塑这些认知的深层政治经济及社会原因。

南非案例的共性与差异性

基于以上导论部分对非洲大陆受制于殖民遗产造成的发展脚步沉重缓慢的总体分析，本书专门以南非为案例，上篇首先全面梳理分析了南非式现代化的轨迹，即构成新南非国家发展的"初始条件"的形成，对其向建设可持续发展的政治经济社会生态造成的长期不利条件进行分析诊断，特别是新南非建立 30 年以来演进中的自我国际定位认知、发展道路选择和政治生态变迁，到转型经济结构、重振制造业，以及化解长期"压力山大"的就业问题过程，在国内艰难探索摆脱外向依附性的"转型发展"、努力建设"发展型国家"的同时，不断调整更新自我价值观念基础上的外交战略和建设全面自主的国际关系与国际合作。这一部分由刘海方独著。

本书的下篇转入对于 30 年来中国和南非的合作进行更加综合性的微观实证分析，主要试图依据南非的可持续发展需求，判断中非合作对其自

---

① Antonio Gramsci, *Selections from Political Writings (1921–1926)*, London: Lawrence and Wishart, 1978, Introduction, pp. xxii–xxiii.

主可持续发展的积极贡献有哪些？首先，第一部分研究中南合作是否促进了南非向可持续发展转型，聚焦能源、科研和人力资源发展以及新泛非主义发展路径下"大陆自贸区"建设等重要领域。为此，每个方向都翔实分析了这组新型南南合作关系的历史条件和现实动力以及已经呈现出来的积极影响。第二部分专注于研判影响双方合作因素的研究，首先分析了转向南非现代经济最重要的基础——矿业及其相关制造业的既有政策取向对于中南合作的影响；继而针对与中国不无竞争关系的双边贸易、很大程度上限制双边合作展开的南非社会安全问题，以及塑造和影响着双边关系的互相认知等面向，逐一实证分析其对当下和未来双边合作的制约与影响。这一部分由刘海方带领的 13 位中国和南非学者组成的团队集体完成，虽然章节写作根据每位学者的兴趣和专长有所分工，但自 2019 年开始研讨本课题立项开始，研究团队就开始共同研究探索、立项调研，特别是新冠疫情肆虐的 3 年多时间里，因为除一位中国学者和南非学者以外的大部分成员都不能到南非一线，本团队在一年多的时间里坚持集体线上访谈和对话，与中国政策界、企业界以及南非不同业界和学人对话，开展了诸多形式的调研。2023 年底，本书作者们带着初步发现，与来自不同非洲国家特别是南非和中国长期研究中南合作关系的学者们举行了成果发现研讨会，并在此基础上进行了团队内部的多轮研讨和修改。

　　本研究涉及了中南合作的历史维度、现实需求维度，加之价值追求和相互认知等多元维度，特别注意到在 30 年相互交往历程中，认知层面的相互认同和始终存在的互相支持、共同发展的诉求和强烈愿望，是最终促进中非这一组外表看来实力极其不对称的伙伴保持平等关系的共识前提，[①]也是能够助力非洲打破殖民历史形成的不可持续恶性循环、向着可持续发展方向突围前进的动力，因此本书定义其合作性质为继承了国际团结的精神，并从维护民族独立和主权的政治目标拓展到发展为主的多元性质的"新南南合作"，并强调，这是历史上南南合作的新时代适应新需求的成长壮大。

---

　　① 尼雷尔称之为"最不对称的平等关系"（most unequal equal relationship），参见 Liu Haifang, "China's Influence In Africa: Current Roles And Future Prospects In Resource Extraction," *Journal of Sustainable Development Law & Policy,* Vol. 8, 2017。

　　本书的研究起点，关照的是整个非洲大陆与中国合作对于其自主可持续发展的作用，选择南非为案例，原因是多重的。南非是非洲国家最早因为其地理和气候条件而成规模地吸引欧洲人定居，并开始成建制地为服务于西方主导的国际贸易体系组织现代化生产的；对于本土居民而言，其失去自主命运的"现代化噩梦"也正是由此开启——笔者认为是其南非延宕至今一切不可持续性的根源，由此一路坎坷而来的历史，都是这个土地上的人民与这种"现代化噩梦"搏斗、争取独立自主命运的故事。其他绝大多数非洲国家也都经历了这一轮欧洲海外资本主义扩张的碾压和本土力量的破坏殆尽，因为地理气候和资源禀赋而呈现对于欧洲白人的不同吸引力，因此开始与外界纠缠的关系疏密程度不尽相同，但以单一一种或几种作物或者矿产品形成与发达国家间的原材料输出、进口工业制成品的交换关系基础上的现代经济体的性质大同小异。

　　经过独立至今几十年的探索，不管是曾经高举"非洲社会主义"旗帜的坦桑尼亚等国，还是曾经亦步亦趋地学习苏联模式的"科学社会主义"的安哥拉、莫桑比克等国，20 世纪 80、90 年代之交为转折点，都被新自由主义所俘获而放弃国有制、转向市场化，并且政治上在发达国家有条件援助的压力下转向了多党民主选举制。市场不等于民主，更不等于发展，非洲国家一方面在努力探索；一方面普遍进入被美元世界金融体制[1]牢牢捆绑、问题交织的状态，特别是其外部导向的矿业开发和单一经济作物种植的生产模式导致了更加恶化的粮食安全——因为受控于国际商品市场价格波动下本国财政收入并不稳定，出卖这些初级商品所得的美元被大规模用于还债，所需进口的粮食、成油油品和其他工业品进一步将其锁定在举债—还债的糟糕逻辑之中，打破无望。[2]从 2024 年 6 月 18 日爆发至本文收稿日（7 月 4 日）尚未平息的肯尼亚"Z 世代 00 后"抗税运动，就是此类不可持续的发展模式引发大规模社会反弹的案例，是新自由主义政策恶果在今天非洲大地上的负面回响。

---

[1] 参见温铁军：《全球化与国家竞争》，东方出版社，2021 年。

[2] Fadhel Kaboub, "Why Government Spending Can't Turn the U. S. Into Venezuela-In These Times," https://inthesetimes.com/article/unied-states-venezuela-modern-monetary- theory-trade-deficits-sovereignty, accessed 30 June 2024.

　　南非是最晚摆脱殖民者直接压迫形式制度的国家，1994 年终于迎来了新南非民主制度。尽管 1990 年出狱时候给支持民众的信中提出会实施国有化矿山、银行和垄断性工业举措，曼德拉及其领导的非洲人国民大会党（以下简称"非国大"或 ANC）执政以来的政策总体上是中间偏左的，一直邀请多种族人担任各级领导职务，突出的特点体现在种族包容与和解上，并未采取激进的国有化政策并进行大规模重新分配，而是采取了温和的平权行动性质的"黑人经济赋权"政策来促进长期受到制度歧视和压制的黑人经济发展。回顾 30 年以来的路程，南非和域外学者对 ANC 的执政成就褒贬不一。长期研究南非的耶鲁大学教授的相关作品，记录了近年来南非民众诸多"情况还不如种族隔离时期"抱怨之声，而曾受到西方和非西方世界一致欢呼爱戴、为带领国家实现黑白和解的"圣人曼德拉"，在 ANC 自己的官方文件和大众舆论中都光环减损——发展的不景气甚至被归罪于曼德拉在"世纪大和解"时对白人让步太多；剑桥大学出版社的专著综合分析了非洲各国民主现状，认为畸高的艾滋病感染率、循环出现的排外浪潮等，证明 1994 年以来的南非政府什么都没有做对；南非温和派学者则解读说，因为现有政策不能解决致命的高失业率和教育与人力资源需求不匹配问题，南非经济如温水煮青蛙般走在下行趋势上；作为对南非实现和解贡献卓著的真相和解委员会（Truth and Reconciliation Commission）设计者之一的爱国人士 Alex Boraine，则直接批评执政以来"非国大"将党的利益放在高于国家利益之上而导致南非已经滑入"失败国家"边缘。[①] 究竟该如何理解南非三十年来的发展和南非境内外都在流传的"1994 年以来的大倒退"的说法？果真如此的话，形成的原因又是什么？研究这个国别案例，不仅仅是尽可能综合提供历史纵深视角下南非如何开始其现代发展道路的全景图，也可以在横向对比视角下为诸多类似经历的前被殖民国家的现代化发展研究提

---

　　① Andrew Ross Sorkin, "How Mandela Shifted Views on Freedom of Markets," *The New York Times*, 9 December 2013; Evan lieberman, *Until We Have Won Our Liberty, South Africa after Apartheid*, Princeton: Princeton University Press, 2022, p.11; Nic Cheeseman, *Democracy in Africa: Successes, Failures, and the Struggle for Political Reform*, New Approaches to African History, Cambridge: Cambridge University Press, 2015, cha1, cha 6; Jeffrey Herbst&Greg Mills, How South Africa Works And Must Do Better, Johannesburg: Pan Macmillan South Africa, 2015, pp. 4–6; Alex Boraine, *What's Gone Wrong? On the Brink of a Failed State*, Johannesburg: Jonathan Ball, 2014, Introduction.

供参照，包括与中国式现代化研究构成对话关系。

从中国南非双边关系的视角看，又更多一层研究的必要性。中南之间深刻的历史联系向前可以回溯到"非国大"20世纪50年代访华并开始接受中国对其民族独立运动的支持。曼德拉早在1992年尚未成为民主转型政府的领导人之前，就访问中国并接受了北京大学授予的荣誉博士称号；1999年离任前，他也刻意选择来华访问以彰显重视和珍惜两国友谊。与此同时，值得两国学者智库深思的是，90年代中期以来，南非的经济战略明显采取出口导向和更多在周边国家直接投资的促进转型政策，如南非学者所言，这一"非洲大陆转向"，迎头撞上同样大规模提升对非合作的中国，二者因而多多少少成为了经济和安全利益上的竞争对手，尽管从政治意愿上，二者从1998年建交不久即快速地实现了向全面战略合作伙伴关系的升级跨越。① 长期来看，体量并不均等的中南两国，会像中国与欧美国家那样充满了竞争的火药味吗？尽管当下更多呈现为平等协商形式的合作关系，二者长期是否需要制度化管控在非洲战略上潜在的竞争合作关系呢？也就是说，拓展对非合作是否会成为影响双方向优势互补型战略伙伴关系深入发展的障碍？考虑到中国和南非两国存在着明显的体量和实力不对称前提，保障这对南南合作伙伴关系的平等性质的"关系内核"是什么？

本书意在通过研究南非这样一个具有突出的典型性殖民基础上形成的扭曲"现代国家"特征的非洲国家，来全面客观地分析其与中国的合作，特别是从其在自身历史轨迹下形成的自我国际定位和与中国存在一定竞争性的地区强国地位，透过双边关系发展演进而形成的独特对华合作诉求的实证研究，试图理解新时代全球南方崛起背景下南南合作的具体内涵，以及当今如何共同谋求自主可持续发展、以此为理解更多南方国家以及中国与南方国家合作提出规律性的认识。

这一理论追求，首先来源于当下人类社会正在经历的现实困境——好不容易摆脱新冠肺炎全球大流行，但旋即进入烽烟四起的战争和冲突时代。我们有必要思考，强弱国家究竟如何实现平等共存而不是令人类逆转回到

① Phiwokuhle Mnyandu, *South Africa-China Relations: Between Asperation and Reality in a New Global Order*, New York: Lexington Books, 2021, Introduction.

丛林斗争状态？"自活也让人活"（to live and let live）的底线能否坚守，进而在平等基础上面对竞争性利益、在尊重彼此的前提下学习共存、共同发展的智慧？研究新型南南合作，也是回答时代之问。

上篇　南非式畸形现代化的开始与
　　　向自主可持续发展的转型

第一章

南非畸形现代国家的生成演变与发展特征

刘海方

欧洲人到来之前，今日南非领土上生活的各个族群已经开始出现实力强大民族的扩张和其他族群的反抗，比如拥有先进的武器与军事化组织方式、更高牧业和农业生产力的祖鲁人和恩德贝莱人分别向北和向西扩张，族群间的文化融合基础上形成了强大的祖鲁王国；其他弱小族群则退避一隅，比如苏陀人进入高海拔山区、在极端气温条件下得以保存独立。南非这片土地和土地上的人被胁迫进入现代化的历程，与导论所述整个非洲大陆的命运殊无二致，只不过因为自然地理和气候条件，吸引了探索新航路的欧洲航海家来到开普敦并为过往船只提供补给而建立了最早的殖民据点。1795 年，英国趁荷兰败于法国、且荷兰东印度公司破产之际，夺取开普殖民地并控制了从欧洲去往东方的航路。拜英法战争和拿破仑封锁英吉利海峡之赐，西开普的价值又得以拓展，成为英国人替代进口美味葡萄酒的种植来源地。[1]

钻石和黄金：围绕矿业的工业革命和
外向依附性经济形成

19、20 两个世纪中，南非土地上持续上演各个人群为争夺生存发展空间而发动的残酷斗争——从竞争土地和生产生活资料，到非洲人直接为反对欧洲人的压迫而战。班图语的科萨族人与布尔人和英国人在百年间进行了九次"卡弗尔战争"（卡弗尔是野蛮人之意，是欧洲人对于黑皮肤的非洲人

---

① Leonard Thompson, *A History of South Africa*, New Haven: Yale University Press, 1990, p. 66.

的蔑称），直至 19 世纪末被倚仗船坚炮利的英国人打败而沦为开普殖民地的臣民。英国人步步紧逼之下，失去母国庇佑的荷兰人形成了"我是非洲人"的身份认知，并融合法国宗教避难者等其他欧洲人形成今天的"阿非利卡人"[①]，因为从落脚开拓过往船只补给到为欧洲市场生产水果和葡萄酒，被英国人贬抑地称呼为布尔人（农民之意）。阿非利卡人不愿意接受英国人的统治，于是继续从开普向南非更北部的腹地迁徙拓展，一路与已经在这里生活多个世纪的班图人争夺土地，首先抢占纳塔尔殖民地，规定只有"荷裔南非白人"才有公民权并占有土地，堪称早期种族隔离制度——该殖民地被英国人兼并后，阿非利卡人继续向腹地高原地区"大迁徙"。在 19 世纪中期，在南非现今疆界内，形成了开普和纳塔尔两个英国控制的殖民地、与德兰士瓦和奥兰治自由邦两个布尔人共和国共存的局面。为了控制非洲人向白人区流动，英国人也在纳塔尔殖民地推行保护白人的"土著人保留地制度"。[②]

至 19 世纪 60 年代，南非社会仍以农牧业为主，非洲人的耕地和牧场被掠夺，但社会组织、生产方式和家庭结构依然存续；农业为生的阿非利卡人与这些非洲人的生产方式没有太大区别，唯一不同的就是，因为"手持圣经"而来，荷兰清教观念下形成了不同的家庭结构和社会组织方式。1867年，一个名叫丹尼的小男孩在奥兰治河边偶然发现的钻石成为改变的开始。随着钻石矿业兴起，无数怀揣发财梦的欧洲人蜂拥而至，资本也迅速涌入，1880 年英国将钻石矿区并入英属开普殖民地。1886 年南非又发现巨大黄金矿带，钻石矿业的垄断资本（主要是英国资本）迅速向金矿业转移。矿业带动了南非的工业革命，能源、建筑、炸药生产、铁路建设、金融、通讯等相关行业随之发展起来。

原本服务于欧洲人城市生活和小规模交易需求的农场，随着葡萄酒和矿业先后进入国际市场而开始更大规模的商业化运作，殖民国家和跨国公司为了出口产品而修建道路及其他现代基础设施。矿业也推动了工业城市的兴起和城市人口的增长，特别是黑人作为矿工涌入，如南非自由主义史学家基维特所言，黑人矿工支撑了矿业繁荣，今天南非最大城市约翰内斯

---

① 参见拙文《试析阿非利卡民族的形成》，《西亚非洲》1999 年第 6 期。
② 艾周昌等：《南非现代化研究》，华东师范大学出版社，2000 年，参见第二章。

堡就是在 19 世纪末淘金热潮中从无到有、横空出世的；城市的现代化生活方式及其世界观，口口相传或经由学校和大众媒体进入乡村地区，持续激发着本土非洲人社会流动的愿望，成为城市化更大的动力。当然，非洲乡村成年青年并不仅仅是在这种现代化的吸引之下才自愿大规模流入城市的；此前，殖民和种族隔离政权国家的税收政策已经发挥了把人们从传统土地赶走、为矿山和果园创造出劳动力的作用，比如开普地区就是非洲大陆上最早开始创造出"人头税"的，为了能够缴纳税赋，人们不得不离乡别土进入城市地区劳作以便获得货币现金。① 结果就是，随着南非日渐被裹挟进入欧洲资本世界体系，殖民国家、商业农业和矿业出口的需要，以及相应的支撑性司法银行、运输与商业服务活动共同造就了城市，也创造出了阶级。

19 世纪末开始的新生黄金和钻石开采业，与之前的西开普的水果和葡萄商业种植一样，都是出口导向性的，以东开普为劳动力蓄水池（莱索托也扮演一样的功能），成为南非嵌入世界经济体系的支柱产业；同时，殖民地行政管理日常所需、基础设施修建以及卫生和教育服务设施都依赖进口，种植园和矿山所需设备、殖民地管理和围绕单一作物种植创造出来的精英阶级的日常生活消费品、工具、灯具、船舶等等也要进口。如此开始形成的南非现代国家，既不能控制进口物品的价格，又不能控制出口产品的价格，城市虽然经历了现代化经济增长，但完全处在外来欧洲人掠夺型利益的主导下，自主性缺失，现代化基础设施的建设并不服务于本土绝大多数人的福祉和需要。

南非现代国家的开始：排斥非白人的政治安排

英国矿业资本为核心的工业化和城市化对阿非利卡人的既有生产方式和统治范围造成了冲击，两者的经济和政治双重矛盾愈加尖锐，英布战争（1899—1902）爆发。此时，为欧洲合法化其全球扩张的所谓"科学种族主义"正如日中天，英国诗人吉普林以"白人的负担"为题、赞美和鼓舞美国

---

① C. W. de Kiewiet, *A History of South Africa, Social and Economic*, Oxford University Press, 1941；郑家馨：《南非史》，北京大学出版社，2010 年。

也需要加入"文明化野蛮人"的诗篇发表、并荣获诺贝尔文学奖，两个白人民族之间的战争于是引发欧洲大大小小媒体的惊呼诘责，实力明显优越的英国获得了战场上的胜利，却因不光彩地迫害同种族而饱受挞伐。

1910 年，4 个殖民地合到一起成立了英属南非联邦，多民族的南非社会至此形成：在总数 592.5 万人口中，非洲土著人口为 400 万，白人为 127.5 万，有色人（混血种人）为 50 万，印度人为 15 万。必须说明，这个白人国家的制度根基是：1913 年的《土著土地法》保障了白人占有 74% 土地，土著人只有 8.9%，其余 12.4% 归属于皇家（国家），非洲土著几乎一夜间坠入流离失所、四散奔逃寻找避难之所的困境，饲养的牛和人一样困厄死于途中，而所剩无几的土地因过度使用而被快速侵蚀。① 罔顾土著人悲歌的同时，英国人向阿非利卡人拱手让出了政治主动权，很多学者认为是出于对道德欠账的补偿，也有人认为是为联手建立针对人口占绝对优势的非洲黑人的共同统治优势、以维护白人整体的共同经济利益。②

南非学者泰列伯兰奇总结说，这一现代化国家建立在矿产能源复合体（Minerals-Energy Complex，MEC）上，因为是由国家大力推动建设围绕矿产和能源的一系列工业的进程，即矿产能源复合体处于南非经济的核心，体量和比重大，且对其他产业发挥着决定性作用。③ 显然，英国人和阿非利卡人1910 年以前原本各自在不同的地域范围内开发、扩张和统治其境内的非洲人，其各自的制度模式各不相同，支撑的经济基础各异。南非联邦将这几个分别建立在开采矿产、种植经济作物向海外出口的殖民地整合为一个共同的经济体。这种掘取和剥削性生产关系基础上的生产、交换和消费关系下汲取的资本，再投资到南非境内、服务于白人移民群体的高效能现代生活需求，期间涉及新技术、基础设施和更复杂的制度，现代化的经济体由此开启，以便再生产投资并支持防御需求。黄金、钻石、葡萄酒和蔗糖的生产过程的

---

① Leonard Thompson, *A History of South Africa,* Yale University Press, 1990, p. 153; Sol Plaatje, *Native Life in South Africa, Before and Since the European War and the Boer Rebellion*, 1916, https://www.sahistory.org.za/sites/default/files/Native%20Life%20in%20South%20Africa_0.pdf, July 4, 2024.

② 参见郑家馨：《南非史》，北京大学出版社，2010 年。

③〔南非〕S. 泰列伯兰奇：《迷失在转型中：1986 年以来南非的求索之路》，董志雄译，民主与建设出版社，2015 年，第 39 页。

现代化，意味着在出口之前已经具备附加值；工业生产逐渐拓展，包括了金属、汽车和交通装备以及一些资本产品，特别是1948年公布实施到最"极致"版本的种族隔离制度受到制裁后，进口替代的需求进一步推动了工业化的发展，也成为约堡、开普敦、德班和伊丽莎白港等城市的新增长契机。

现代化过程经常与阶级的形成相伴而生，但在南非因种族问题而被复杂化。1921年以前，白人和非洲人共同竞争矿业上的体力工作和半技术性工作，只不过白人通常被给予报酬高的岗位。1922年，1万多名白人工人发动了"兰德大罢工"，逼迫白人政府开始设计明显偏向白人工人的政策，此后，所谓保护"穷白人"的种族主义工作机会保护变成了白人当局主要政策方向。这给名义上的共和国制度造成了困境，因为按照公民权利的政治原则，占人口大多数的非洲人不可能赞成这种工作歧视，必须从国家层面上把他们排除在投票权以外，这就是阿非利卡人策划系统的种族主义劳工政策的逻辑。赢得1948年大选之际，正值殖民帝国纷纷崩塌、"民族自决"概念在二战后风行世界，饱受法西斯蹂躏的欧洲在美国慷慨的马歇尔计划支持下开始战后重建，亚非世界相继开始大规模民族解放运动并渐次转向民族国家建立，国民党（National Party，一说译为国家党）趁机向世界打出南非是"白人国家"的神话；相应的，黑人流动劳工也被安排成不属于这个国家、而来自周围"班图斯坦（英文意为班图人国家）"，黑白两种国家需要"分开发展"。夜间在棚户区休息的黑人劳工，需要护照（通行证）才能够进入矿山上工作，同时种族隔离立法还覆盖了土地使用政策、城乡流动、服务和城市建设、婚姻和家庭、警察和监狱政策等方方面面——这本质上是把黑人卫星国作为白人共和国的殖民地和保护地。白人大土地占有者显然是这一体系的既得利益者，讲英语的老牌资本家控制着矿业和银行业，虽然对于阿非利卡人这种粗鄙的种族主义制度有所保留，但是也暂时默认了这种黑白关系的安排。白人中间对种族隔离制度最为忠实的拥趸者，主要是阿非利卡人，他们依靠政府合同获得公共体制或者公司里面的就业机会，并得以保持白人中产阶级地位——这个排他性的国家的实质，就是在国民党统治期间以歧视性的制度、动用大量国家资源创造、并维持了这个种族的特权地位。

种族隔离政权的反对者，既包括反种族主义思想家也包括很多白人民主派和激进派，他们发动了多种多样的抵抗运动，反对种族隔离政权建立的政治经济统治方式及其"白人国家"迷思，也有人从泛非民族主义视角[1]反对种族隔离政权。种族隔离政权国家的安全成本高昂，因为其在南部非洲地区内不断发动遏制其他国家民族解放运动的战争，同时还要焦头烂额地应对南非境内此起彼伏的骚乱。国际制裁压力下，不得不举债的南非白人政权艰难度日；另一方面南非的工会动员非常成功，令白人政府寝食难安，而私人资本面对岌岌可危的政权，早就开始在本地区内外积极布局多元化投资战略，以便分散政治风险、降低国内的生产成本、获取更新更安全的市场，于是南非资本出口成为快速发展新动向，资本外逃、欧洲的投资组合、偿还债务以及在南部非洲地区的直接投资等等屡见不鲜。[2]20 世纪80 年代中期，受到越来越严厉制裁的南非种族隔离政权的统治已经岌岌可危，各种国内国际压力挑战着其持续下去的可行性。为了应对被制裁的困境，白人政府新的官方话术，开始转向鼓动进口替代结合出口资源产品方式的战略。

外部主导性经济生产方式与政治生态的相互塑造

非洲大陆普遍经历了殖民统治，尽管短暂，但成为各国开启现代化发展历程的起点，而且几乎所有国家都体现出鲜明外部性主宰的特点。具体而言，国家不是自发组织生产和交换关系的人们与土地形成的有机体，生产和交换相互脱节，而且受到强大外部性控制，甚至决定财政和技术的主要结构性权力也处于国家司法以外，国家是不能够自行决定生产和再生产的完整实体。如果这种外部主宰性的生产出现某些成功，也是因为贸易盈余或者外来

---

① 据卡耐基委员会 1931 年调查，180 万白人的总数中，有 30 万可以被称为"非常穷"；经过白人政府政策治理，加之制造业等行业的雇佣，穷白人到 1981 年已经不复存在。参见 *South Africa's Yesterdays*, Cape Town: Reader's Digest Association, 1981, pp. 270–1; 泛非主义和泛非民族主义的区别，参见 Kwame Nantambu, "Pan-Africanism Versus Pan-African Nationalism," *Journal of Black Studies*, Vol. 28, Issue 5, pp. 561–574, Issue published date:

② Michael Allen, *Globalization, Negotiation, and the Failure of Transformation in South Africa: Revolution at a Bargain*? NY: Palgrave Macmillan, 2006.

直接投资等，不能因此说殖民国家是成功的，如学者索尔所言，"过度发展"的殖民国家的目标只是为了镇压和控制本地人的军事和行政需要。①

随着殖民地本土精英的增加，远快于出口导向性生产型企业（包括其相应支撑性服务业和本土粮食生产）的人才需求，因为缺少内生型国家有机体内自然生长出来的企业、特别是工业生产性企业来消化越来越多的人才，这些本土精英开始更多转向国家这个政治平台，以此作为实现个人成功野心的机遇所在。大部分独立后的非洲国家继承了殖民国家机器，这一逻辑也被保存下来，国家公共部门的权力成为受教育精英竞相争夺的"财产"，对于领导人而言，保住权力宝座对自身及其家族甚至更大范围内族群的利益至关重要，至少和现代化其国家的目标同等重要。②

因为教育的公共投资不能与长期现代化战略相匹配，中等和高等教育机构毕业生不是进入人满为患的官僚机构工作，就是向外移民，或是成为仇恨性的反叛组织的核心力量——甚至恐怖组织也往往以青年和失业人口为动员的对象，因为青年人一生都可能没有机会获得城市基本服务，他们从乡村涌入城市寻找机会、只能居住在非正式的简易住房、没有法律保护其所有权或者获得服务的公民权，这些没有任何跟政府讨价权的人们，唯一可以出卖的就是政治忠诚或者投票权，从国家或者政治领袖手里交换利益——众多政治企业家（entrepreneurs）也应运而生，从好的角度说，他们可能很有创造性，孕育着带领民众探索政治变革道路、获取更好生活条件的可能性；③但在长期受制于结构性条件的生态环境中，这些人往往是在民众中间来煽动政治归属、形成小党林立、通过政治获益在国家机器中分得一杯羹。可见，这样畸形的政治生态的形成，与既有的以初级产品输出导向和依赖援助型的现代化路径休戚相关；打破这个恶性循环，则需要超凡的领导人，有足够权力、公信力和对国家民族的强烈热爱与果断的行动力。

总之，现代非洲国家大多数从继承殖民管理机器开始，与现代政治经

---

① John Saul, "The State in Post-Colonial Societies: Tanzania."

② 参见 Michela Wrong, *It is My Turn to Eat*, London: Fourth Estate, 2009.

③ M. Belitski, AM. Grigore & A. Bratu, "Political entrepreneurship: entrepreneurship ecosystem perspective," *International Entrepreneur Management Journal,* 17, 1973–2004 (2021), https://doi.org/10.1007/s11365-021-00750-w.

济学视野下的阶级基础上形成政党的规律不同，很多非洲政党形成的目的，往往是为了争夺公共部门里的职位和相应的福利，其动员更多表现为沿着族群纽带展开。[①] 实际上，早在独立运动期间，就出现了各个族群的精英组织起来去杀死一只大象——殖民国家——的政治隐喻，正是这种由殖民国家衍生而来的现代非洲国家的根本矛盾症结所在。[②] 在西方政治学家作品中，非洲国家被称为"守门人国家"，只充当值守国际上承认的主权国家门户的作用，本国和外来精英都试图对其进行操控；[③] 庇护关系是政治生存的根本，而普遍的贪腐就是经济不发展的根本原因。[④]

南非政治的不同之处在于，非国大等革命运动组织的形成，缘于工业化和现代化基础设施形成过程中的大规模劳工基础上形成的阶级政治，而且叠加着种族不平等的特点。南非种族隔离时期受到长期国际制裁，反而刺激了其为了进口替代而进行的快速工业化，并迎来了一段制造业工业的黄金发展期，这都巩固了其阶级基础上的政治生态；多族群、多种族社会的形成，特别是白人大规模移入，显然是南非种族叠加阶级的社会分隔线形成的前提。20 世纪 90 年代以后，南非重回国际社会，一时间成为国际宠儿，投资和国际援助资金蜂拥而至，新政府的发展战略至此转向了出口导向，又产生了对于政治生态的新型塑造力量。

为什么南非成为吸引白人最多的国家，并形成了登峰造极的种族"分开发展"（apartheid 一词的原意）的制度来保护白人群体的特殊利益呢？南非的吸引力来源于气候条件和地形条件，这些足以对欧洲移民持续发出邀请和召唤，吸引他们前来落地生根，对这个家外之家（home away from home）进行现代化建设，也产生情感依赖并为之进行家园保护战，这种与这片土地的深刻认同，在 18 世纪末第一次遭遇英国人挤压、同时失去母国保护的荷兰人喊出"我是非洲人"的呼声，以及后来与祖鲁人血战前与上帝盟誓等等生死攸关的时刻，体现得非常明显。1910 年联邦成立之前，白人精英从

---

① M. Wrong, *It Is Our Turn to Eat,* NY: Harper Perennial, 2009.

② Ali Mazrui, *The Africans: Triple Heritages*.

③ F. Cooper, *Africa since 1940: The Past of the Present* (2nd ed.), Cambridge: Cambridge University Press, 2019.

④ A. Beresford, "Power, Patronage, and Gatekeeper Politics in South Africa," *African Affairs*, 114(455), 2016, pp. 226–248.

商业、农业和矿业出口所得的财富已经大规模留在南非，投资于商业、金融、住所、教育和医疗基础设施上面，是资本再投资的需要，也是为了满足白人移民精英的对于舒适便捷现代生活的追求。这与其他非洲殖民地国家的情况形成鲜明对照——榨取的财富大多数回到了欧洲"老家"、而不是进行体制或者基础设施的再投资，因为殖民国家使用很少一部分财政收入就可以简单粗暴地继续汲取和进行控制。当然，从技术层面来讲，即便是来到南非的英国人并没有像阿非利卡人那样表现出对于南非这方水土形成深刻的集体眷恋，其主要经营的矿山开采和其支撑性工业体系，都要求长期智力、资本方面大规模的投入，因为南非的煤、钻石和黄金都是深井矿，要求工业级别的基础设施、制度形式、金融中介、劳工招募、司法标准化和相应的"智力投入"——即为种族剥削进行的意识形态合法化辩护。

　　自然地理和气候条件，确实是南非近现代以来有别于其他非洲国家的不同历史发展轨迹的重要因素；但如果对比同样也召唤了大量欧洲人的肯尼亚等殖民地演进成为国家的过程，欧洲制度和文化在南非被刻意复制、甚至不惜发动前文所论有悖"潮流"的白人间的战争、并建立登峰造极的种族隔离制度来保护白人特权，可以看到适合农牧的土壤水文、气候和欧洲人现代工业所需的矿产资源，先后成为非常重要的禀赋，吸引不同欧洲人拓殖民先后来并落地生根，并成功建立了支持其资源攫取和保障白人小集体排他性权利的完备精致的种族制度大厦。

　　总之，从长时段过程性来看，几乎所有非洲沦为殖民地的过程都是因为在原住民们与拥有加农炮和《圣经》的欧洲人之间的软硬实力相差过于悬殊（包括在医药技术上的提升终于可以打破此前长期限制扩张热带疾病造成的"白人坟墓"的死结[1]），非欧之间平等的相遇最终转变为后者以超经济手段（包括军事和制度统治）基础上的主宰、控制和榨取关系。对于具体殖民地的不同攫取需求、开发规模和社会控制方式是建立差异化殖民制度的根本原因；其次是不同欧洲国家本身的政治传统、社会等级制度和"三观"，比如英国的文化多元主义和间接统治倾向、葡萄牙人、法国人等更

---

　　[1] 参见〔英〕普拉提克·查克拉巴提：《医疗与帝国：从全球史看现代医疗的诞生》，李尚仁译，社会科学文献出版社，2019 年。

倾向于文化同化政策，都影响和塑造了欧洲人的不同拓殖和不同统治方式，对非洲国家独立以来的遗留影响也不尽相同。

转向包容性的政治安排

经过艰难的谈判，民主力量 1994 年掌握国家政权。伴随着全球冷战结束、第三波民主化浪潮的背景，南非的新宪法框架在民主制建立两年后得以问世，可以说是既实用又充满着理想主义色彩：实用是指在不同力量和主张之间达成妥协平衡的结果；理想主义是指宪法拥抱和巩固了比世界上大多数国家（包括那些老牌民主国家）的宪法更多的权利，也包含了相对于当下所有权结构和生产力条件而言、未来才可能实现的权利。

非国大领导的新国家，继承了旧有的各种错综复杂的矛盾，从这个现代国家建立过程中形成的外向主导性经济和种族排他性政治制度两个方面的根本矛盾症结而言，改变绝非易事。这一国际上公认的"登峰造极"的种族隔离制度造成长期影响，以肤色为界的贫富差距在所有入境者从机场进入城市的道路两边的空间景观即令人对其不平等一目了然，无所事事的黑人青年群体更是随处可见——居高不下的青年失业率，构成了种族隔离统治最显性的沉重负面遗产。1994 年，不同肤色的南非成年人第一次站在一起、排着蜿蜒的蛇形长队在村庄或城市投票，加入了占人口总数大多数的非洲黑人后的选民人数，比之前只有白人享有选民权时多出了 8 倍。这个政治转型时刻的场景举世瞩目，是因为时至今日南非都是人类现代历史上一场大胆的大型政治实践——以和平方式从白人少数享有政治权利的制度向所有人平等地拥有民主权利转型，而之前被强迫"分开发展"的人群、地方经济、政治权威都组织在共同的单一法律和治理体系之下。"看似不可能"是因为，南非完成这样的转型没有任何样板可循，如美国和加拿大这样被崇拜为民主典范、白人拓殖地基础上形成的民族国家内，日常生活中少数族裔仍然受到各种无形的制度性种族主义的伤害。最根本的挑战是，长期分裂的社会如何弥合？不用说，要实现所有人平等、更加富裕未来的理想当然是难于上青天。

耶鲁大学利伯曼教授评价说，尽管"前无古人"，南非还是努力在实现"有尊严的发展"，具体表现首先在于，民主成为舒缓解决之前分裂社会继承而来的各种矛盾紧张的手段，成百万的人口得以获得房屋、安全和基本社会服务，而且不是诉诸政治极端主义或以排斥少数人群体的方式——这是民主时代黎明到来之际最多被表达的恐惧。[①] 能够实现黑白人"共治"，与之前合作的历史不无关系。祖鲁人领袖布特莱奇早在1975年就尝试与白人反对派领袖商讨和平的政治解决方案，类似的黑人政治家和改革派白人此后多次在南非境内外会面讨论；当然，白人当局也多次公开谴责与仍然在"非法"状态中的非国大等政治组织的接触；社会各界的积极参与也是重要因素，1990年德克勒克总统宣布解严的讲话之后，各种政党、组织、律师、宪法专家立即开始针对建立什么形式的新政府举行了各种各样闭门或者公开的论坛，媒体专栏、书籍、电台电视也一时间活跃地加入了相关的讨论中。尽管由此到1994年大选尘埃落定的过渡时间段发生了各种白人极右势力、不同黑人政党组织之间的暴力事件，甚至很多学者都忧心这场多种族分裂社会实现和解的伟大实践可能会流产，但是民主秩序还是在大选、宪法、消除种族隔离制度的空间安排等方面搭建了新的民主制度国家新秩序的四梁八柱。[②]

杨立华老师评价新南非二十年的成就时，特别提出，各政党竞争的重点都是围绕具体解决再分配和共同富裕的难题，而不是对1994年建立的民主制度提出挑战。[③] 长期一党执政的非国大尽管在2024年中期举行的大选中失掉了绝对多数的地位，但还是能够联合进入议会的其他反对党组成团结政府，党际间的选战无论如何胶着白热化，一旦选举尘埃落定，民众大体上都能和平接受选举结果，而不是因为自己拥趸的政党失利而发动骚乱和破坏行动。这也是与南非现代国家形成中的历史条件相关的，因为相比于津巴布韦和其他去殖民地、半工业化的社会，随着绝大部分土地都掌握在白人手中、黑人流离失所被圈到小规模贫瘠的保留地中、1948年以后

① Evan Lieberman, *Until We Have Won Our Liberty, South Africa after Apartheid*, chap. 3.

② Evan Lieberman, *Until We Have Won Our Liberty, South Africa after Apartheid*, chap. 5.

③ 杨立华：《新南非20年发展历程回顾》，《非洲研究》，2015年第1卷，第81—97、283—284页。

又演化为所谓"班图斯坦"，在南非境内的传统社会被彻底打破，原有的族群、宗教等人群联系的纽带相较而言也大大弱化；经过 1910 年南非联邦成立开始以来的现代民族国家的演变，各种传统纽带日益稀薄，自 1994 年开始的一个多民族、多种族平等的国家制度确立以来，南非人朝向彩虹国家的认同，因而比殖民破坏作用小的非洲国家更容易、更具有国族认同和凝聚力。①

南非三十年来民主转型以来的发展实践，建立在先驱政治家们非常理想主义的社会想象之上，三十年来回头检视、研究和记录南非政治领导人如何背负起解决这一历史沉重遗产、在几乎没有他国经验可循的基础上努力弥合种族鸿沟、建立共同发展的实践，对于今天很多充满裂痕的国家如何实现和解、培育国家凝聚力，以及全人类能否走出历史怨恨、拥有共同的未来，都具有重要参考价值和研究意义的。

---

① 值得一提的是，因为祖马前总统主导的"民族之矛"党 2024 年选举中异军突起，尤其是在夸祖鲁纳塔尔省民众表现出格外支持的热情，很多评论员结合 2021 年 8 月法院宣判祖马总统因为蔑视法庭被判入狱而起的德班骚乱（参见 https:// www.africanews.com/2021/07/21/explainer-what-caused-south-africa-s-week-of-rioting/），认为社会分野"退化"到族群身份了。2024 年 11 月 1 日南非著名时政评论家、现任南非副总统的特别国际关系顾问 Mukoni Ratshiṭanga 先生在与北大学者座谈时候对此表达了可能进一步恶化的深切担忧。

第二章

新南非 30 年的多维转型实践

刘海方

1994 年选举后，曼德拉领导的非国大（ANC）以与南非工会大会（COSATU）和南非共产党联合组成"三驾马车"执政联盟的形式，与德克勒克领导的白人为主的政党组成了团结政府。曼德拉就职演讲提出："我们终于取得了政治解放。我们承诺将继续斗争，直到解除束缚在人民身上的贫困、剥夺、苦难、性别和其他歧视性枷锁。"[①] 显然，政治自由实现之后，南非要完成的社会和经济自由的任务，并不比前者来得容易。

非国大的转型治理：市场与社会公平目标的悖论

新的民主政权成立时，继承了种族叠加阶级双重矛盾基础上近一个世纪的旧国家机器遗留的各种复杂矛盾，根本性解决几乎难于上青天，特别是对于作为解放运动成长起来的非国大而言，其在 1955 年《自由宪章》中提出的党纲的核心是国家干预的社会主义政策；80 年代末南非政治出现转型曙光之际，其在经济领域的政策考虑也主要是重新分配财富和保护工人成立工会的权利。对于占人口大多数的黑人民众而言，ANC 的使命就是来纠正掠夺性的现代开发历史造成的既定所有权和财富占有形成的结构性不公正，并兑现他们早就应该享有的基本社会福利，这是民众的希望寄托，也是 ANC 合法性的来源，其使命的完成度决定了其能否继续获得信任和支持。

1994 年民主制度建立伊始，曼德拉宣布的一整套重建民主议程，即重

---

① Nelson Mandela's inauguration speech as President of SA, 10 May 1994, https://www.sanews. gov.za/south-africa/read-nelson-mandelas-inauguration-speech-president-sa, last access July 2nd, 2024.

建与发展计划（RDP），是工会组织、公司和国家共同讨价还价的结果，重点在于促进大规模政府财政来纠正种族隔离政权下人口大多数所遭受的不公，1994 年 ANC 大选宣传也是以此为主要政策宣誓。尽管出发点首先是解决非洲人的不利处境，但并没有出台彻底矫正历史性不公正结构的举措，特别是重新分配土地计划。RDP 计划提供水电、房屋、教育和卫生保健方面的基本民生服务保障，最初很有成效，但很快就遭遇人力不足和制度孱弱的挑战，计划中提到的 10 年内 250 万个就业机会，则因为私人投资不足而无力兑现。有学者甚至讽刺说，南非政府因此不得不"服务于特权少数人"，同时，尽量为其他阶级提供勉强足够的服务（包括教育），但要为资本家提供远超需求的严密警务服务"。① 实际上，1994 年以后，南非遭遇了持续的人力和资本流失，很多富裕的白人移民到英国、北美和澳大利亚，金融市场的动荡加上国家财政蛋糕不够大、再分配所需资金不足，使得 RDP 计划难以为继。

1996 年，时任副总统姆贝基和财政部长决定，贸易政策从原来保护主义转向快速打开，以图稳定宏观经济环境并刺激增长。这个被普遍认为是新自由主义转向的政策，以"增长、就业和重建"（GEAR）为名，姆贝基任总统期间曾经几易其名，核心主张未变。非国大成员中很多难以接受这种"盈利动机"为核心的政策，特别是考虑到如此不平等的国家。在新政策的努力下，南非宏观经济环境确实有所改善，经济回归到增长轨道，但是失业率特别是青年黑人群体的失业率有升无降，因为如姆贝基的经济顾问 Alan Hirsch 所言，GEAR 的核心目标主要是减少开支以"削减赤字"——对此，受雇于当时南非政府财政部的南非裔哈佛大学经济学家 Matt Andrews 解释说，尽管新自由主义政策期待是以增长创造就业，但苦于各个部门难以协调而无法实施，因为当时南非左派更着迷于国家社会主义的福利国家观念，而最高领导人又往往为稳固地位更依赖左派，能够实施的只有削减预算，这种"有限投入、有限成功的政策选项符合一般精英希望的稳定优先需要"。②

---

① Michael Allen, *Globalization, Negotiation, and the Failure of Transformation in South Africa: Revolution at a Bargain*?

② Jeffrey Herbst & Greg Mills, *How South Africa Works And Must Do Better*, pp. 20–21, 30, 46–47.

随着国际制裁措施消失，新政府的战略从之前的进口替代战略转向了出口导向，纷纷转向周边邻国投资的大公司在南非国内贡献的工作职位随之减少，除了管理岗位外，更多使用的是在其投资的东道国内的半技能、低工资的人力资源——南非本土就业模式因而发生了转向，只有受过良好教育的公司管理人才和公共部门及服务业需要劳动力。[①] 这就意味着，本来在种族隔离政权时期大量受到不公正教育制度压制、没有足够教育和技能准备的青年人，被抛到了新南非劳动力市场之外。在国内很难招募到满足需要的熟练技能劳动力的大公司，纷纷向南部非洲以及以外地区进行直接投资，那里廉价的半技术性或者低工资的劳动力资源丰富。随着改革使得市场重新回到国家议程中至尊的地位，南非亟待解决的社会不平等有加剧趋势。

民主政府成立以来，最重要的社会结构变化就是一个黑人中产阶级的出现，这主要是在教育和公司所有权领域通过《黑人经济赋权法案》（Black Economic Empowerment，BEE）进行有针对性的改革。根据该法案，黑人所有的中小型公司成立，主要是服务业方向，以承接政府的招标项目为主业；另外，国家或者公司董事会中重要而且薪水丰厚的位置也从工会、学界和 ANC 党员中招募大量黑人精英，公共部门反而成长为人数庞大的劳工集团，截止到 2010 年政府雇佣人数增长速度 4 倍于整体就业率，而 2013 年第一季度，政府雇员已经是整体就业人数的 22.6%，至 2022 年人数高达 120 万人，而且加上大学、省级和地方政府雇佣的技师、预算外公共体制等，公职人数达 210 万（2019 年）。[②]

第二大变化是，非国大因长期流亡在外而缺少国内的政治基础、从而选择了与南非共产党和在国内有组织基础和非常成熟组织经验的南非工会大会联合执政。时至今日，经过 30 年国家产业结构的变迁，南非工会力量相比于之前以矿工群体为主的构成已经更为多样而复杂，与之前的政策影

---

① Peter Draper, Shila Kiruta and Cézanne Samuel, *The Role of South African FDI in Southern Africa*, 2010, https://www.files.ethz.ch/isn/120589/2010-08e.pdf, last visit July 2nd, 2024.

② Jeffrey Herbst & Greg Mills, *How South Africa Works And Must Do Better*, p.36; "Govt remains largest employer in SA-Min Dlodlo", March 9, 2022, https://www.dpsa.gov.za/thepublicservant/2022/03/09/govt-remains-largest-employer-in-sa-min-dlodlo/last visit July 4, 2024; "FACTSHEET: South Africa's civil service in numbers", https://africacheck.org/fact-checks/factsheets/factsheet-south-africas-civil-service-numbers, last visit July 4, 2024.

响力也殊为不同。受国际大宗商品价格下跌和高生产成本挤压（20世纪90年代和21世纪第一个十年的大萧条期间），南非矿业在国民经济体系中影响力下降，矿业工会人数减少，公共部门雇员成为工会主要构成，这个群体的议价空间主要是受制于政府支付能力，而国家财政收支的平衡、债务偿还盈余和本国货币的表现共同决定了政府的支付能力。这意味着，COSATU已经很难代表所有劳工阶级的利益，[1]特别是因为大量失业人口长期在非正规经济领域谋生，很多对南非经济停滞的研究批评指向其主导的BEE政策，认为该政策只是过度保护了有正规工作的南非人的权利——这些持续涨工资的要求使得劳动力成本"畸高"与不平等、结构性失业共同成为南非三大政治经济特征，代价却是南非难有投资吸引力、且国内资本大量外流，"非国大因而已成为长期宏观经济政策的囚徒"。[2]

黑人当中社会阶层和贫富分化已经成为南非面临的新问题。根据南非商业路线图基金会（Business Map Foundation）的多份调查报告，从政府的扶持黑人经济计划中受益的，多数是非国大当中的显要成员或者与他们关系密切的人，该计划对消除大多数黑人的贫困作用微乎其微。[3]近年来，南非学界不断提出关于BEE局限性的反思，很多人批判这项举措更能够满足大资本的利益，并没有产生出制造业和技术革新上面的新一代企业家——因为大多数成功的黑人公司依赖于政治关系和参与公共部门的采购服务，与"1948年阿非利卡人中产阶级在国民党时期得以产生的逻辑完全一致"；只是令"资产阶级精英实现了多种族化"，即制造了一些黑人资本家。[4]ANC自己的老党员也批判说，因为与新自由主义媾和，ANC在智识上的贡献无多，只能在话术上重复其解放议程。[5]

---

[1] Pince Mashele & Mzukisi Qobo, *The Fall of ANC Continues*, Johannesburg: Picador Africa, 2017, pp. 110–115; Ray Hartley, *Ragged Glory: The Rainbow Nation in Black and White*, Johannesburg: Jonathan Ball, 2014, p. 34.

[2] Jeffrey Herbst & Greg Mills, *How South Africa Works And Must Do Better*, pp. 7–38, 45.

[3] 杨立华：《新南非20年发展历程回顾》，《非洲研究》，2015年第1卷，第81—97、283—284页。

[4] Allen, *Globalization, Negotiation, and the Failure of Transformation in South Africa: Revolution at a Bargain*?

[5] 2024年11月1日南非著名时政评论家、现任南非副总统的特别国际关系顾问Mukoni Ratshiṭanga先生在与北大学者座谈时候对此表达了批判。

当然，必须承认，在保留白人所有权和财富前提下，30 年来，ANC 很努力地让现有制度运转良好，以便保障基本福利的分配，社会救助拨款项目包括社会养老金、困难家庭儿童抚养补助金、残疾人补助金、解放运动老战士补贴等 7 项，领取救助的贫困人口的数量从 1994 年的 200 万增加到 2014 年的 1600 万，2019 年又增长到 1800 万，在国内生产总值和政府财政预算的比例不断上升（2013 年为政府财政支出的 9%，2022 年上升到 11%），成为缓解贫困、特别是广大黑人的贫困状况的主要措施，联合国儿童基金会等机构的研究认为，南非政府的儿童救助计划很成功地减少了贫困的代际转移。①

但是，30 年来，经济和社会治理方面的矛盾和问题也很突出。HIV/ 艾滋病于 20 世纪 90 年代在南非和整个南部非洲地区迅速扩散，南非政府对此反应迟钝，应对无力，首先还不是资源不足、医务人员、医院和诊所不足所致，姆贝基总统对于该疾病的错误理解是重要原因。在公共讨论、国际压力和民众反抗以及"治疗行动"为名的社会组织等共同推动下，政府政策才得以调整，进口并本地化生产必需的药品，而此时已经有 33 万人过早死于该病、3.5 万名婴儿携带 HIV 病毒出生。此外，住房、环境危机、连同持续的收入不平等和缺少工作机会导致的畸高失业率，都成为南非民主制度矛盾丛生的根源。

雄心勃勃的宪法给予了很多权利与福利，是现行主导的新自由主义政策不可能兑现的，而老的工会和群众动员战术越来越无力对政府施加压力。21 世纪以来，因为恼恨国家和次国家政府不作为，有关兑现福利的斗争开始对簿公堂——不管是个人的、公民运动，还是针对环境灾难、住房和获得医疗救治所采取的司法行动，目标都是迫使国家、省和市政府承担责任。② 积极地看，南非的政治制度中三权分立的互相制衡，是非洲中国家明显运

---

① *Social Grants: How South Africa's system has changed since 1994*, https://www.sapeople.com/featured/social-grants-how-south-africas-system-has-changed-since-1994-02-11-23#:~:text=Since%201994%2C%20government%20spending%20on%20social%20grants%20has, of%20t he%20R21-trillion%20national%20budget%20%20E2%80%93%20in%202022；杨立华：《南非的民主转型与国家治理》，《西亚非洲》2015 年第 4 期，第 133—160 页。

② P. Vale & G. Ruiters, "The Right Way Up? South Africa Ten Years On," *International Politics* 41, 2004, pp. 375–393, https://doi.org/10.1057/palgrave.ip.8800083.

转健康的；[①]但司法权足够独立并不能独自完成监督行政权、保护民众利益的任务，因为与政府对簿公堂的行为、能否公正判决并实现最终赔偿，仍然有赖于政府尊重法庭并有能力来支付——这往往又取决于政府的宏观经济和财政能力。

作为世界上基尼系数最高的国家，南非时至今日的极端不平等可以从一些数据一目了然，如1995年最贫困的40%人口占有6%国民收入，2014年，该比例略微下降；而1995年最富裕的20%人口占有72%国民收入，2014年仍然为70%，而最高居顶端的10%人口的财富实际上增加了；与之相应的是青年人口（24—39岁）失业率也成为世界最高的，这些人或是单纯依靠社会救助金生活，或是辗转在大量的非正规的就业中。如此的背景，也激化了社会紧张，外来人口（移工）替罪羊式地成为社会不满和仇恨的对象，暴力行动也因此多次爆发。

因为近年来经济缓行甚至下行，很多评论家和南非各界都不断以后视的角度反思和批评ANC在20世纪90年代初与前白人政权的妥协，认为其未必有利于南非长远的发展。对于当时的ANC领导层而言，与白人握手言欢来换取维护南非整体政治和经济的考量是理性务实的，因为政治上ANC形成阶段就有与"自由主义"的英裔白人（包括罗德斯本人）合作的历史，早期领导人甚至认为，双方联手抵制阿非利卡人兄弟会，是最终令每一个土著黑人获取自由的路径。1994年曼德拉与德克勒克合作建立黑白妥协的政府，更直接为2024年非国大失去议会绝对多数地位后、与之前的议会反对党再次联合组阁、成立多元包容性联合政府提供了可行性的历史参照。[②]具体到90年代初的历史情境而言，经济上，以市场方式逐渐减少土地所有权和财富集中在白人手里、换取资本留在南非、维持既有经济规模的政策，似乎也是无可替代的，毕竟之前周边的安哥拉、莫桑比克等采取苏联模式的国有化的道路并没有展现出成功的吸引力。更何况，90年代初是新自由

---

① 2023—2024年，塞内加尔围绕萨尔（Sall）总统试图修宪、推迟选举的行为而展开的议会投票、高法裁决违宪，并要求大选如期举行等一系列行动，也可以视为三权分立互相制衡的优秀案例，值得学界深入研究其民主制度的特点和其产生的深层政治生态。

② Martin Plaut, "South African history suggests that a tie-up between the ANC and the DA is perhaps not such a strange beast after all," on 30/06/2024, https://martinplaut.com/2024/06/30/a-government-of-national-unity-is-not-novel-for-south-africa/, accessed 01/07/2024.

主义在全球大获全胜、如日中天之际，各种域内外力量都在宣教"市场至高无上力量"，曼德拉及其同仁，在明显保留了 ANC 政党长期的国家主义传统的同时，几乎没有拥抱市场至上的逻辑以外的其他替代选择。值得一提的是，既有相关文献还特别讨论了曼德拉本人真诚地从之前国有化政策主张转向更温和的市场化手段来吸引私有部门和外来投资的基本考量，甚至提及他在达沃斯论坛上遇到中国和越南代表团都劝他放弃国有化的政策。[①]

因为 ANC 治理成效难孚众望，南非国内近年来出现大量对 1994 年 ANC、特别是之后姆贝基在任时明显搁置了共产主义和社会主义的理想的新一轮反思和讨论。实际上，到底走激进国有化政策还是国家以"愿买愿卖"的市场原则获得更多土地、再转而补偿给 100 多年前的失地小农户的争论从来都没有止息过。2011 年，原来 ANC 开除的青年联盟领导人马勒马组织"经济自由斗士"（EFF）政党，再次高调提出所有土地国有化的激进主张并不突然，针对的是至此显现出很大局限性的 ANC 偏自由主义的治理路线，后文还有论述。

接受新自由主义政策并非水到渠成，作为曼德拉副总统的姆贝基实施该政策也必须建立与执政党 ANC 集体的周旋。根据前总统莫特兰蒂（时任全国矿业工人工会负责人）的回忆，1996 年，因为担心可能会引发大量的争议和党内反对，在试图推行世界银行和新自由主义倾向的 GEAR 政策时，姆贝基采取了"树下民主"式的传统民主方式邀请很多左翼非国大领导人参加，用数字相加的方式竭力来说服这些领袖们相信降低政府预算赤字、减少还债利息的重要性，因为这些元老坚持"你不能在同志关系的基础上运作资本主义社会的买卖关系"[②]。总之，ANC 集体还是接受了姆贝基的主张，此前党纲中的国有化政策已经不再出现，甚至中国人印象中最具左翼倾向 ANC 领导人祖马，2012 年对开普敦政商界精英的发言中也公开说，

---

① 如果对照同样有大量白人定居民及其长期资本积累的其他国家在去殖民化时刻的政策选择，ANC 并非没有替代选项，比如像安哥拉、莫桑比克那样采取的没收白人财产、土地国有化政策，既有资料显示，也许正是因为看到这些作为参照系兄弟国家的道路似乎并不构成好榜样而放弃了这种选项，这还有待更多历史资料进行深入研究。参见 Andrew Ross Sorkin, "How Mandela Shifted Views on Freedom of Markets," *The New York Times*, 9 December 2013，转引自 South Africa History Online 网站。

② 莫特兰蒂原话，转引自 Pince Mashele & Mzukisi Qobo, *The Fall of ANC Continues*, pp. 106–107。

"国有化不是非国大或者南非政府的选择"[①]，这位时任总统同样明确否认了更加体现社会主义政策倾向的重新分配财富。

此外，ANC 聚焦于以增长和所有人的发展为核心的国家黑白二元性的愈合上，似乎定力不足，比如，面对新政权百废待兴的各种需要，资金支持的方向应该体现明确的生产和民生导向，政策的优先原则应该是首先优先社会服务，而不是国防开支，毕竟此前白人政权与几乎整个南部非洲地区国家为敌（只有马拉维除外）的局势已经结束了，南部非洲的各国都展现出积极去殖民、拥抱现代化进程的姿态，地区范围内更大的安全需求就是结束内战、实现和解、战士解甲归田并重新融入社会和平与生产性公民生活中。然而，饱受南非公众特别是其学者批判的武器交易案，是在 1999 年曼德拉尚且执政期内发生的，[②] 表现出实际治国需求与政策选项之间突出的矛盾。按照南非政府的官方叙事，南非需要快速升级攻击性武器和防御系统，巡航保护国家陆海空利益；但实际上随着种族隔离政权结束，构成其主要安全挑战的南部非洲国家都成为友好兄弟国家了，当时已经毫无必要占用大笔开支突然密集购置很多重武器——这些武器固然可以被视作长远国家安全所需，但是其规模之大和数量之多，以及突然购置的方式，都与南非在地区和全球安全中的地位不相称，而升级重型武器完全可以采用渐进的策略，以便将更多资金留给教育和公卫，特别是应对迅速传播的艾滋病。

对此，可行的理解视角是新南非国家自我认知和国家定位。从南非政府政策对此进行的合法性辩护来看，武器交易可能反映了南非头部公司和伙伴国家政府精英的利益，但很难说是急迫的保家卫国需求。[③] 在批判主义学者看来，南非的两个自我定位是：第一，在世界政治舞台上，自视为继承和维护白人种族隔离制度时代的中等强国地位，此后与金砖国家交好、并

---

① Marianne Merten, "'Mine nationalisation not ANC policy'," Februrary 11, 2012, https://www.iol.co.za/news/politics/mine-nationalisation-not-anc-policy-1232105, 2024–07.

② Pince Mashele & Mzukisi Qobo, *The Fall of ANC Continues*, p. 83, p. 93；刘中伟：《祖马腐败案的演变与影响》，《亚非纵横》2012 年第 3 期。

③ Evidence: The 1999 Arms Deal | Corruption Tribunal, https://corruptiontribunal.org.za/evidence/armsdeal/; Patrick Bond, "The ANC 's' Left Turn'& South African Sub-Imperialism," *Review of African Political Economy*, 2004, https://www.academia.edu/494446/The_ANCs_Left_Turn_and_South_African_Sub_Imperialism.

开始呼吁联合国改革、成为安理会增补常任理事国的诉求中也同样体现出来；[①] 第二，南非的现代化战略中隐含着成为地区霸权的愿望——这当然令周边兄弟国家不安，而且已经引发很多怀疑和批评，但这又应和了南非从 90 年代中期以来经济战略所采取的出口导向和更多在周边国家的直接投资转型的动机——这意味着以更加廉价的成本在外进行生产、并卖回国内来，而安全保护伞成为这一战略的必要。[②] 两个解读，指向了新南非的自我国际定位以及经贸合作与外交战略之间的关系，也提醒研究者，对南非当前国内政策和治理的研究，必须与对当前南非与外部世界的关系的研究同步进行。

新自由主义笼罩下的政治生态：国家与政党

国家在转型中的作用表现在：掌舵并支持学习和生产能力提升，以及技术变革、规范权力关系、确保奖励价值创造和发明、管理冲突、约束腐败寻租行为、以确保生产性投资。[③] 但是，需要辩证地看待任何一国结构转型过程，因为转型当然不会自动发生，需要国家恰当的干预来解锁和形成切实可行的工业化道路，特别是以扶持性的宏观经济政策来确保足够的国内需求，获得必要资金，以及工业出口所需要的有竞争力的汇率；国家本身首先受制于自身长期历史和社会发展过程中形成的结构性权力关系和当前各种相互矛盾和冲突交织的复杂利益网络，需要深入的政治经济学来理解国家的形成过程以及国家自我认知基础上的发展道路选择，以此理解国家为何并如何推动和引导转型过程，以及进行和有组织的权力分配（政治

---

① Bond Patrick and Garcia Ana, *BRICS: An Anti-Capitalist Critique,* Chicago, IL: Haymarket Books, 2015.

② Elizabeth Sidiropoulos, *African Regional Powers: The Foreign Policy of South Africa*, SAIIA, 2007, https://www.academia.edu/68676434/African_Regional_Powers_The_Foreign_Policy_of_South_Africa?rhid=29304175398&swp=rr-rw-wc-10905596&nav_from=f0521a6d-90fc-48ac-8fb4-3a4bd824685a&rw_pos=3.

③ A. Andreoni and H.-J. Chang, 'The Political Economy of Industrial Policy: Structural Interdependencies, Policy Alignment and Conflict Management.' *Structural Change and Economic Dynamics* 48, 2019, pp. 136–150.

安排）。①

如前所述，南非的现代国家形成过程中，结构性权力分配关系主要表现为种族叠加的阶级关系，新民主政权建立以来，主要面对的是阶级关系，但长期历史积累的白人占有土地和大部分财富的结构性不公正现状没有撼动，改变的力量被交给了当时盛极一时的"自由市场"迷思。南非社会阶级构成的长期塑造力量，分别是这个国家不同时期形成的资源产品出口、进口替代、出口导向和外国直接资本投资战略下组织的经济生产，当然这个过程并非是线性演进的，彼此之间有所交叉。国家在这些不同战略时期，角色不尽相同：种族隔离政权时期以制度形式保护了白人劳工的特权地位，1994年以来的南非国家则以"黑人经济赋权法案"的平权行动形式，创造或者促成了依赖于政府合同和采购的公共领域和私有经济中的黑人中产阶级，但更大多数黑人群体从这一平权运动中受益不明显，特别是表现为未能获得足够恰当的教育和技能准备、并获得相匹配的经济机会，以便实现个人发展的潜能。②

有学者认为，ANC执政以来没有能够对此做出更多改变，恰恰是因为政策内部讨论的空间受制于领导人所认购的新自由主义话语、遮蔽了其可能的创造性。③确实，全球金融市场对国家行动的空间构成了重大外部局限，尽管国家具有自由裁量权，在明确与外部市场的互相需要关系前提下，可以选择更多保留国家的决定权、渐进式地与之合作，也可以（因为笃信自由市场治理）更多让渡权力从而被全球市场诱捕。发展中国家的结构转型过程都是在生产全球化的背景之下发生的，生产的地理空间选择大体是由全球价值链上的头部公司决定的，所以通过参与全球价值链来获取升级的机会，就必须通过与跨国公司进行战略合作；但合作并不自动带来东道国工业生产能力的提升，权力关系或者治理结构都需要考虑，两者决定了价值由谁创造和获取，也成为促进或者阻碍能力提升的要素。全球价值链

---

① Hazel Gray, *Turbulence and Order in Economic Development: Institutions and Economic Transformation in Tanzania and Vietnam*, Oxford: Oxford University Press, 2018.

② 南非知名学者 Prince Mashele 认为，教育的失败是 ANC 执政最大的败笔，"South Africa: 30 Years of Democracy," CGTN Talk Africa, May 26, 2024。

③ Allen, *Globalization, Negotiation, and the Failure of Transformation in South Africa: Revolution at a Bargain*?

下扭曲的权力关系，通常意味着大部分价值都流向了这些大跨国公司。国家此时就应该发挥破解这些跨国公司自我算计的作用，引入公平且合理的市场关系规则，以建立规则和共识的方式打造长远贡献的投资关系。

总之，国家是决定现代化战略的方向选择和资源分配的唯一最有影响的行为体，因而也决定了阶级构成和权利安排的形式。转型不意味着一夜之间改天换地、重新建设一个经济和社会，但确实意味着抓住任何可以选择的机会、告别之前岌岌可危的不可持续的现实，取而代之以更好的生产关系和权利安排。从南非本身而言，执政党的权力组织形式与国家领导结构，都意味着党和国家领导人对于党员群体影响更大，而不是反过来。正如在 2024 年大选宣布选举结果的现场，ANC 没有拿到 50% 选票，丢掉了前面 30 年的绝对多数地位，拉马福萨现场讲话说，这是"南非人民开口讲话了，已经被很好地听到了"，[1] 虽然是表达了谦逊低调和呼吁国民团结的姿态，但其实也反映了之前执政党脱离草根和基层民众，需要失去多数选票的严酷现实才会听到民众的不满表达。很多既有学术作品长期习惯从最高领导人视角解读后曼德拉时代的南非"国运"，认为"领导力"太差；但历任领导人都首先是 ANC 党主席，这是历史和政治制度规定的，ANC 作为一个集体决策的政党的整体表现是理解南非领导力因素的关键。[2]

（一）ANC 作为执政党的组织性与贪污腐败

1994 年以来，ANC 参与执政的人员通过教育、参与斗争和政治关系而得到了升迁，可谓革命红利的获益人。平权行动 BEE 扩大了他们的地位，这些人中的大多数成为了厌倦斗争和被剥夺、渴望立即获得权力回报的阶级。他们的动机和思维定式决定了他们如何使用阶级权力，决定了他们能否抓住时机去选择满足个人短期利益、还是为利于国家长期转型目标而行动。不管是作为政策层还是执行层面的负责人，如果依赖其地位而获

---

① Joel Netshitenzhe, *A Strategic Overview of Election 2024*, Johannesburg: Mapungubwe Institute for Strategic Reflection (MISTRA), July 2024.

② Alexander Johnston, *In the Shadow of Mandela: Political Leadership in South Africa*, London: I. B. Tauris Publishing PIC, 2019.

得经济安全和提升，其政策建议主张和行动就会表现得相对温和，以便长远保持地位并实现更大的利益；如果他们本来已经很富有，不需要从ANC获得工作机会，他们关心的可能就是眼前经济利益的保护；这些ANC党员们的政策建议可能是出于对主导意识形态的真诚信仰，也会为了保持良好关系压制任何令人不爽的疑虑，以致日常状态更缺少党内的批判性声音。

ANC作为执政党，组织和纪律性不够有力，大量贪腐滋生导致国家转型不利，这是公开的秘密，南非学者甚至批评说贪腐已经成为其"徽章"，而且这不是执政之后才有的问题，早在流亡时期就存在组织纪律性问题。有着"非国大良心"之称的前总统莫特兰蒂的名言"我们加入ANC不是为求富贵、而愿舍身成仁"，2007年被一位名为Smuts Ngonyama的政府发言人改为"我们加入ANC不是为了寒酸"；一位之前的ANC老战士在媒体上诚实地分享说，作为革命时期很多时间"浪费在"流亡斗争中的党员干部，"自觉"利用手里特殊的政治和斗争网络来"追赶"和弥补经济和生活上的好处。① 这种"牺牲感"往往成为他们贪腐的合法化理由，尽管青年一代ANC领导人（青年团）没有机会同样"浪费青春岁月"，但也不乏富豪。2007年，全国执委会接纳的一位新委员（名字是Tony Yengeni），是2001年曾因为贪腐被拘捕并囚禁的党员——在他被判刑的法庭上，一些位阶很高的ANC党员高声唱斗争歌曲表达不满，还向法官竖中指表达蔑视。所有这些不当行为，连同这位有罪在身、但后来反被选入执委会的ANC党员，居然没有受到纪律委员会的任何公开通报批评和谴责，显然是向公众发出了"ANC的党员是永远有组织支持"的信息，不管其多么贪腐。②

新政府把反腐败作为国家战略，依照宪法建立了保护公民民主权利、监督国家财政的执行、维护国家利益的机构，也制定了一系列预防和打击腐败的法则，实行政务公开、透明、保障公民的知情权、监督权和参与权，但是仍然存在全国性协调结构和机制有待健全，以及相关专业人员缺乏等

---

① Robin Renwuck, *Mission to South Africa: Diary of a Revolution*, Johannesburg: Jonathan Ball, 2015, p. 175; B. Gilder, "Tackle all Dimensions of Corruption," *Sunday Independent*, 12 August 2012, 转引自 Prince Mashele & Mzukisi Qobo, *The Fall of ANC Continues*.

② Prince Mashele & Mzukisi Qobo, *The Fall of ANC Continues*, pp. 75–85.

诸多不足。^①及至时任总统祖马多轮被传唤等丑闻连续爆发，所谓"南非腐败第一案"，ANC 在世界和在公众心中已经名声扫地了。^②这种整个执政党的腐败对于国家的最大影响，最糟糕的就是祖马时期的"国家俘获"——国家公共资源被大规模转移到古普塔家族手中；一家白人公司为了获得舒服的政府合同而贿赂非国大官员、直通祖马本人。^③南非学者评价说，ANC 在南非公众心目中作为"国家救赎者"的光环逐渐褪去了；非洲晴雨表 2011年民调则显示，祖马时代，民众第一次将贪腐与犯罪、贫穷和住房选为国家四大首要问题，严重性甚至超过艾滋病和贫困——2024 年同样调查显示，民众对贪腐的担忧增加，仅次于失业和电力不足。^④有南非国家心灵之父之称的图图大主教早在 2013 年（也就是祖马当政时）就宣称，再也不会投票给 ANC 了。很多对于 ANC 越来越失望的民众，除了诉诸选票，还采取了很多其他非正式方式来"惩罚 ANC"，比如不参加投票，或者组织小型反对政府公共服务不力的游行、抵制电子收费等形式。

（二）ANC 影响力收缩与其他政治力量崛起

ANC 宣称的社会改造理想是给予之前被歧视性制度受害的广大民众应得的权利和福利，与其新自由主义政策实际效果之间的矛盾不断加剧，于是，国家民主政治的天平逐渐倾斜，原来 ANC 占据重心的位置，逐渐移向新的政党、新的劳工联盟和法庭斗争。随着 ANC 合法性的衰落，其他反对党的崛起，特别是在青年人中间影响增加，选举已经不能再保障 ANC 与等待兑现诺言的人民进行议价，因为在选民眼里，他们的美好承诺因屡屡不能兑现而失去了理想的光环和吸引力。ANC 党内派系斗争明显，而且民

---

① 杨立华：《南非的反腐败战略和机制初探》，《西亚非洲》2006 年第 3 期，第 26—30 页。

② 刘中伟：《祖马腐败案的演变与影响》，《亚非纵横》2012 年第 3 期；Mark Gevisser, "'State Capture': The Corruption Investigation That Has Shaken South Africa," Guardian, July 11, 2019, http://www.theguardian.com/news/2019/jul/11/state-capture-corruption-investigation-that-has-shaken-south-africa, last visit, July-02-2024.

③ Adriaan Basson & Pieter H du Toit, *Enemy of People: How Jacob Zuma Stole South Africa and How the People Fought Back Paperback*, Jonathan Ball Publishers, 2017.

④ Prince Mashele & Mzukisi Qobo, *The Fall of ANC Continues*, p. 85；非洲晴雨表网站，http://www.afrobarometer.org.

主传统逐渐让位于对于领导人的闭环忠诚，导致党内一些核心领导人物也退出了，如 2008 年被祖马排挤下台的前总统姆贝基，组建了人民大会党（Congress of People）；原青年联盟领袖马勒马（Malema）被开除后组建明显民粹主义性质的经济自由斗士（EFF）党，吸引了很多原本被忽略缺少政治热情的青年、矿工和被边缘化的城市穷人；同时，其持续强调"5 万白人家庭及其托管者仍然占有 80% 土地"、将致力于对于大多数失地者给予赔偿以真正结束历史性的种族主义不公等激进土地政策，也获得了乡村地区的支持。[①] 与此同时，非国大长期联合执政的工会大会被很多新兴工会抱怨太亲近 ANC、也开始分裂并削弱执政联盟。[②] 此外，一些期待更加负责任的领导者的黑人选民，也会转而投票给之前主要代表白人资本利益的民主联盟（DA），特别是在其长期执政的西开普地区。更让 ANC 元气大伤的，是 2023 年成立的由前总统雅各布·祖马为党魁的民族之矛党（Umkhonto we Sizwe，简称 MK 党），这名字本是 ANC 在种族隔离时期军事分支的称号——尽管 ANC 申诉，宪法法院判决该党仍可使用该名称。2024 年初次参选，该党竟然获得了 14% 的议会选票，宣布抵制大选结果后、MK 又改口进入议会反对党议席。

更为复杂的政党生态下，关于国家道路选择的论争和其他公共政策一样已经常态化，在堆积如山的种种社会问题面前，执政者都必须通过政策和其他工具进行干预，只是不同政党主张的优先领域有所差异。2024 年 7 月大选后团结政府组阁后，极具动员力的 EFF 和 MK 党都成为反对党，很可能出现政策方向不一的僵局，因为团结政府本身涵纳了多个政党而存在协作上的巨大挑战。很多南非学者担心，新自由主义尽管被无数次批评，南非有可能和世界上其他"民主国家"一样，继续让这种已经失败了的范式仍然稳坐主导地位，毕竟非国大此前执政已经显示出在"发展型国家"方

---

① Sithembile Mbete, "The Economic Freedom Fighters: South Africa's Turn Towards Populism?", *Journal of African Elections,* June 2015; Mbuyiseni Quintin Ndlozi, *Under the ANC blacks will never get their land back - EFF,* 07 September 2013, http://www.politicsweb.co.za/politicsweb/view/politicsweb/en/page71619?oid=403340&sn=Detail&pid=71619, access July 1, 2024. 71

② Martin Plant, "South Africa's emerging new left: the birth of a new socialist party," https://martinplaut.com/2014/01/27/south-africas-emerging-new-left-the-birth-of-a-new-socialist-party/, July 20th, 2024.

面心有余力不足的处境，更不用说完成国家经济自由、更具包容性发展的重任。EFF 和工会组织的诉求，是目前还对于新自由主义政策构成挑战的力量，比如其批评这种模式下的低工资、收入不均、城市贫困和糟糕的社会服务，其通过街头、媒体和议会平台的行动，尽管常常表现得很戏剧化，但仍然对执政党构成压力、发挥类似于"牛虻"的作用。其不足之处在于，尚需能力提升，以高质量的智力投入来提供更有力的政策论述和政党组织模式，以在南非国家政治生态中做出更大贡献，最终助力南非国家突破畸形发展结构性困境、提升发展速度以便实现最大多数人受益的包容性增长。

艰难的经济结构转型：打破恶性循环的努力

作为中等收入国家，在遭遇 2008 年全球金融危机引发的大衰退之后，南非经历了十多年经济的停滞。实际上，南非在 1994 年建立多党民主选举制度最初的几年，取得了了不起的成就，表现在为大多数人口提供基本服务、扭转种族隔离制度造成的糟糕的宏观经济指标等。但是，摆脱大多数人的贫困和低就业状态，需要转向可持续的包容性增长，必须调整根本经济结构，而迄今为止这种转型还表现得时断时续、颠簸起伏，特别是在有望带来大量就业机会的制造业上进展甚微。相反，新自由政策之下，早熟型的去工业化持续发生，严重影响了经济转型发展的长期目标和潜力。尽管有些领域取得了相对的成功，但发展制造业、多样化生产活动、发展国内供应链的任务乏善可陈，主要是因为工业基本盘薄弱、融入全球价值链和第四次工业革命技术的程度较低，整体上工业的增长和升级受制于低水平的投资，更大的包容性和环境可持续的需求同时如箭在弦，共同构成南非结构转型的最大挑战。

（一）去工业化明显：自由市场经济迷思的幻灭

作为小型开放经济体，南非的关键问题是工业政策如何能够保证免受国际市场价格震荡对本国经济的影响，包括支持和保护本国国际竞争力不足的民族工业（比如矿业相关的下游金属制造业、塑料制造品等）免受进口产品的冲击。20 世纪 90 年代以来，不断拓展的贸易自由化和与国际市场的融合，虽然增加了进出口贸易，但消极影响就是，传统上一直是南非获得利润的主要来源的制造业受冲击明显——本国需要的制造业货物的 1/3 来源于进口（2019 年），制造业雇佣人数有所增长的只有三个部门，即焦煤和石化炼油品（这个部门本身就是高度资本密集型的，使用的雇佣人口本来就非常有限）、塑料制品和机械设备，其余所有制造业部门的绝对雇佣数量都出现下降，制造业对于经济增长的贡献逐年下降，从 2001 年的 0.7% 下降到 2013 年的 0.1%，更重要的是，2008 年经济危机开始一年内，制造业就甩出去了 20 万个工作机会。[①]

南非经济学家认为，这足以证明 20 世纪 90 年代末以来选择的新自由主义路线的失败。[②] 同样，南非贸工部的研究报告认为，种族隔离政权结束以来，因为整体工业多样化投资不足，形成低利润率、低附加值以及就业率的明显下滑——这都是去工业化的典型特征；在整体经济构成中，制造业和农业所获固定投资低的趋势尤为明显，投资只在资本密集型的矿业开采一直有缓慢增长。对此，很多南非学者智库认为，根源于 ANC 政治领导人与经济精英之间达成的结束种族隔离政权的"政治解决"（political settlements）交易，因为此后采取的新自由主义正统政策和制度，正是加速去工业化的原因，而公司和工业的重组过程中，没有能够形成可持续增长所需要的良性投资——利润循环。[③]

去工业化趋势其实始于 20 世纪 80 年代初期，因为除了重工业的"矿业-能源复合体"以外，种族隔离政权无力打造其他国际上有优势的制造业，[④] 所谓种族隔离政权时期的"低人权优势"打造了 70 年代南非经济奇迹

---

① Antonio Andreoni, Pamela Mondliwa, Simon Roberts, and Fiona Tregenna, "Framing Structural Transformation in South Africa and Beyond," p. 9.

② 同上。

③ Pamela Mondliwa and Simon Roberts, "The Political Economy of Structural Transformation: Political Settlements and Industrial Policy in South Africa," In: *Structural Transformation in South Africa: The Challenges of Inclusive Industrial Development in a Middle-Income Country*, eds. by: Antonio Andreoni, Pamela Mondliwa, Simon Roberts, and Fiona Tregenna, Oxford: Oxford University Press, 2021, pp. 312–336.

④ B. Fine, and Z. Rustomjee, *The Political Economy of South Africa: From Minerals-energy Complex to Industrialisation*, NY: Routledge, 1996.

的说法^①其实很难成立。此外，当时的种族隔离政权日益加深的政治经济危机表现为，随着公共和私营投资的减少，主导经济的重要企业的利润率都在下降。^②80 年代末，主要的大企业联合体开始寻求能够恢复其市场利润率的政策，而且首先就是最大化其在国内外重构资本的自由。^③大企业争辩的焦点就是，有效资本分配和高额固定投资，不能通过国家分配的方式进行，而必须通过深化新自由主义信条下英美方式的资本市场来达成，让利益相关者和贷款方能够在市场上自由形成资本分配的战略。^④为此，大资本尝试多条路线来努力合法化这个目标，包括无休止地游说 ANC 高层领导人和制定经济政策的官员，^⑤以及不断发动有关"自由市场受益无穷"的意识形态宣传攻势；《黑人经济赋权法案》公布后，大资本立即向有重要影响力的政治人物转移资产，令这些人成为高杠杆化的第一代黑人经济赋权交易受益者。

此外，新自由主义政策直接导致了前文所述姆贝基副总统将重建与增长计划取消、代之以"增长、就业和重新分配战略"（Growth, Employment and Redistribution Strategy）。南非学者最近的研究作品认为，姆贝基自己因为在西方学习而受其影响是一方面因素，当时很多并非扎实的实证研究基础之上的学术成果也扮演了政策推手的作用——这些成果往往出于意识形态原因，建议南非政府保障资本密集型投资、消减而不是鼓励非技术性劳工就业的生产，并扩大市场开放。然而，这些举措并没有带来期待中私人

---

① 秦晖：《南非的启示》，江苏文艺出版社，2013 年。

② M. Morris, "State, capital and growth: the political economy of the national question," In S. Gelb (ed.), *South Africa's Economic Crisis,* Cape Town: Zed Books, 转引自 Antonio Andreoni, Pamela Mondliwa, Simon Roberts, and Fiona Tregenna eds., *Structural Transformation in South Africa: The Challenges of Inclusive Industrial Development in a Middle-Income Country*, Oxford: Oxford University Press, 2021.

③ N. Zalk, "The things we lost in the fire: the political economy of post-apartheid restructuring of the South African steel and engineering sectors," Unpublished PhD thesis, Department of Economics, School of Oriental and African Studies, University of London, 2017, 转引自 Antonio Andreoni, Pamela Mondliwa, Simon Roberts, and Fiona Tregenna eds., *Structural Transformation in South Africa: The Challenges of Inclusive Industrial Development in a Middle-Income Country.*

④ South African Foundation, *Growth for All: An Economic Strategy for South Africa*, Johannesburg: South African Foundation, 1996.

⑤ M. Spicer, "Government and business—where did it all go wrong?" *Business Day*, 15 November 2015, 转引自 Antonio Andreoni, et. Al., eds., Structural Transformation in South Africa。

投资涌入、大量刺激出口导向型制造业的结果，该战略承诺的 60 万个工作机会当然也没有实现。[1]

实施"增长、就业和重新分配战略"的战略意图是，引导国内公司从面向国内市场高利润率的生产、转向没有那么高利润的国际市场出口的生产，以此来发展国内价值链、带动下游产业以便带来大量劳力就业，因为基础化工业被认为对工业化至关重要；作为引导杠杆的贸易自由化政策，制造业平均关税从 1990 年的 28% 降至 2004 年的 8%，远远超过了 1993 年 WTO 对南非加入时所提出的标准。[2] 企业对此采取的对策是，广泛采取离岸外包的形式、即向周边国家进行转移，劳工上则大量引入周边国家的临时工，对南非本土本来受限于教育水平和技能只能从事半技能制造业工作的劳工造成了雪上加霜的影响，实际上大大弱化了对工人的法律保护。[3]

南非政府的大规模快速自由化、融入国际市场的另一个政策期待是，发挥刺激竞争、约束大型国内公司的作用；结果是，国际竞争和开放性并没完成去垄断化的目标，经济仍然高度集中在大资本手中，而且《竞争法》保证了种族隔离时期的垄断不被追究，大集团只需要简单解散并进行重组，即从种族隔离政权时期由创始家族掌控转向了有影响力的国际化投资股东——按照新自由主义政策拥趸者的设计，资本账户的自由化和离岸上市，会有助于南非吸引外来直接投资，获取廉价的国际资本来国内投资；然而，离岸上市只为大型公司提供了国际化扩张的平台，并没有获得投资来助益期待中的制造业多样化成长，南非经济实际上发生了工业内部的控制，即上游高成本定价影响下游产品的国际竞争力，并以此保证高水平利润率。[4]

（二）引入工业化政策：曲折走向发展型国家的结构转型

根据联合国工业发展组织（United Nations Industrial Development Organization）

---

[1] Nimrod Zalk, "Structural Change in South Africa: A Historical Sectoral Perspective," p. 38.

[2] R. Davies, *The Politics of Trade in the Era of Hyperglobalisation: A Southern African Perspective*, Geneva Switzerland: South Centre, 2019.

[3] F. Tregenna, "How significant is the intersectoral outsourcing of employment in South Africa?" *Industrial and Corporate Change*, 19 (5), 2010, pp. 1427–1457.

[4] Antonio Andreoni, et. Al., "Framing Structural Transformation in South Africa and Beyond," p. 191.

的定义，结构调整是一个长期复杂的历史过程，涉及一个经济体部类构成的变化，也涉及一个国家的生产组织、制度和政治经济等广阔社会领域的变化。工业发展和结构转型密切相关，因为工业主导的发展才可能是通向包容性和可持续结构转型的关键推动力。[①] 从国际发展视角看，千年发展目标的焦点是"作为减贫的发展"，而可持续发展目标则更强调"以结构转型为目标的发展"，强调更加整体的视角，将"生产和工作带回到发展议程中"，而不是强调环境保护社会目标与工业化的对立。[②] 韩国成功的工业化经验和中国作为最大工业国在减贫方面取得的巨大成就，都是推动了国际发展话语转向的经验基础。作为中等收入国家，南非面临很多挑战，特别是寻找机会向全球价值链高端攀升，同时符合自己本国的经济状况并跟上科技变化的趋势。[③] 和其他许多发展中国家一样，南非的双重结构问题是，既要应对极端贫富差距和高比例人员无业和失业的包容性挑战，也要转型相对单一和外部需求（原材料为主）来主导本国生产的结构，急迫需要利用工业政策和多元经贸伙伴关系来实现跳脱困境、逃离早熟去工业化的陷阱。

新南非第一次提出振兴制造业、矫正经济结构的努力，是非国大组建政府之前就设计了的重建与发展计划，意在通过大规模投资来解决社会和基础设施滞后、促进社会经济发展的需求。[④] 如前所述，1996 年开始 GEAR 新政策，新自由主义观念遏制了公共固定投资，使得重建与发展计划不可能得到实现，甚至拖累与之相关的钢铁和工程建设部门也很疲弱。本书下篇会专门讨论的电力危机的成因，恰是政府因为新由主义政策而贻误了专家早就提出的迭代升级老发电厂和国家电网主张的时机。这一时期的南非商业精英，自信既有的铁路、电力和港口设施优良，因循欧洲人开始的以

---

① UNIDO, "Industrialization as the driver of sustained prosperity," Vienna: UNIDO, 2020, https://www.unido.org/industrialization-driver-sustained-prosperity, accessed June 20th 2024.

② A. Andreoni and H.-J. Chang, "Bringing production transformation and jobs creation back to development," *Cambridge Journal of Regions, Economy and Society*, 10(1), 2017, pp. 173–187.

③ A. Andreoni and F. Tregenna, "Escaping the middle-income technology trap: A comparative analysis of industrial policies in China, Brazil and South Africa," *Structural Change and Economic Dynamics* 54, 2020, pp. 324–340.

④ N. Zalk, "The things we lost in the fire: the political economy of post-apartheid restructuring of the South African steel and engineering sectors."

出口农业初级产品和半加工矿产品与世界交换的主业，大运输公司从利润的角度考虑，当然都愿意支持大宗原材料和初级加工品，而不是多样制造业货物出口，以致单元港口运输长期维持着相比于其他发展中国家高出许多的价格。[①] 因为吸引到的投资十分有限，拓展多样化制造业部门、面向出口的战略也被束之高阁。总之，新自由主义政策显然再次固化和加深了经济结构的外部依附性特征，而这种外部性恰恰是 2008 年以来导致其陷入停滞的原因。

21 世纪以来，执政党对于发展道路的认知发生了明显变化，ANC 内部出现了两种主张，第一种是寻求学习东亚干预式政策，以扭转去工业化趋势及其相关的工作机会骤减的问题；第二种则主张国家重新调整和强化其采购、发放许可证和规范化力量。政府更晚才反思 20 世纪 90 年代以来的教训，意识到公共投资对于吸引私人投资至关重要，[②] 加之筹备举办 2010 年世界杯迫在眉睫，且电力供应等经年累积的问题迫在眉睫，长期被新自由主义政策所抑制的公共投资方才得以重回增长轨道。

姆贝基在任后期已经意识到了更多国家干预的必要性，他开始在讲话中提出南非必须转型为"发展型国家"，但实质性的举措迟迟没有出台。[③] 直至 2007 年，南非政府才正式引入工业政策，就在祖马勉强获得 ANC 各派联合支持、取代姆贝基的政治变动的风口浪尖，内阁第一次出台了正式的、涵盖后种族隔离时代方方面面的发展需要的《国家工业政策框架》（2007 National Industrial Policy Framework，NIPF）[④]，核心目标就是指导和促进整个政府扭转去工业化的不利局面，发展多样化制造业。根据南非贸工部当时的研判，南非陷入了"没有足够的生产部门支撑经济、但是信用和

---

① Ports Regulator, cited in Department of Trade and Industry, *Concept note: placing structural transformation at the centre of economic revival under the new dawn*, Department of Trade and Industry, 76 Republic of South Africa. Pretoria: DTI, 2018, p. 58.

② South Africa Government, *State of National Address 2011*, http://www.info.gov.za/events/2011/ sona / sona_ in_ numbers. htm.

③ Michael Allen, *Democracy and Modernity in Southern Africa: Development or Deformity*? Ithaca, NY: Cornell Institute for African Development, 2018.

④ Department of Trade and Industry, 'National Industrial policy framework,' Republic of South Africa, Pretoria: DTI, 2007.

消费却在增加的不可持续性"发展方式，[1] 因此必须采用支持性的宏观经济政策、提升工业金融（包括通过发展银行 IDC）、使用公共采购的杠杆工具等促进实体经济。于是，新的工业政策框架之下，汽车业在《汽车生产发展计划》（Automotive Production Development Programme，APDP）的支持下，成为重工业以外的领跑出口部门；成衣业则在《成衣和纺织业竞争力计划》（Clothing and Textile Competitiveness Programme，CTCP）支持下，稳定了 20 世纪 90 年代以来大规模裁员的局面。农产品加工业、金属和机械、电影、商业等都获得了不同程度的发展支持。[2]

工业政策虽一定程度上成功扭转了之前深度去工业化的趋势，但现实执行层面的困境是，国有企业（SOCs）和宏观经济政策不够给力，没有论述清晰提升黑人经济赋权政策与宏观经济政策之间的关联。另外，资金短缺和财政政策迟滞，也经常拖累意在促进结构转型的工业化政策实施的步伐，比如国家财政用了 5 年时间才开始实施内阁制定的"政府采购必须来自本国制造业"的规定。此外，祖马执政期间，快速增加的贪腐和治理不善进一步制约了结构转型的步伐，国家电力系统的恶化尤其严重，也就是说，在祖马雄心勃勃准备振兴制造业以创造就业机会之际，南非深陷电力不足谷底——据标准银行时任总经济学家 Goolam Ballim 测算，电力短缺对 2015 年国民经济生产总值造成了 1 个百分点的拖累，这一重大的损失意味着国家持续 4 年一直会被锁定在低度增长中。[3]

结构变迁是一个复杂的过程，经济的重新组织和构造，既需产业部门调整生产方式和生产关系，也要在更广阔的社会层面发生，甚至是一个国家深层整体政治经济的变迁，所以需要对每个国家进行具体的语境分析，也要分析该国与变迁当中的国际背景是如何互动的。结构转型研究的整体性综合分析框架，应该包括学习过程、发展能力、技术变迁、经济和这个社

---

[1] Department of Trade and Industry, 'Industrial policy action plan 2010/11–2012/13', Republic of South Africa, Pretoria: DTI, 2010: 4.

[2] Nimrod Zalk, "Structural Change in South Africa: A Historical Sectoral Perspective," p. 43.

[3] Nimrod Zalk, "Structural Change in South Africa: A Historical Sectoral Perspective," p. 30; Terence Creamer," Electricity woes to lock SA into Low-Growth Path, Bank warns", https://www.engineeringnews.co.za/ article/electricity-woes-to-lock-sa-into-low-growth-path-bank-warns-2015-02-10, last visit July 1, 2024.

会更广阔的政治经济动力，因为转型是一个历史的变迁过程，全球化的和本地的经济动力都在塑造新的经济结构。在转型过程当中，工业部门中创造有效的劳动力就业机会以及经济多样化，是政治经济和社会动力的核心变化关键指标，反过来又促进了经济转型。制造业部类如果成长为增长的核心引擎，需要实现规模增加、实践中不断学习的能力、更大的组织和发展技术的能力以及更加平衡的收支能力；同时，不同部类和产业部门上下游之间需更容易实现联结。技术进步对于整体经济的重要性则主要表现为技术和组织变化，特别是数字化以及垂直地融入全球价值链中，都引起了工业领域的变革。

国家从推动变革开始、到最终影响广阔的经济变化过程当中扮演着关键角色，因为政府和公共制度往往创造了新的市场，往往是解决结构调整问题的关键，比如说协调生产性资本和直接需求扩张之间的互相依赖关系。政府也扮演着平衡各种竞争性的要求、在不同的生产性组织、群体和社会部门之间分配这些创造性价值的角色。最后，政府通过给不同选民群体分配资源、形成对经济结构的刺激性机制，从而推行工业政策，并规范竞争和市场权力集中的问题，这些都是国家扮演的关键角色。

振兴工业化、同时外交转向更多与发展中国家合作作为摆脱结构困境路径的共识，体现在南非政府工作的方方面面。2011 年，祖马政府推出了《国家发展计划》（National Development Plan，NDP），被南非精英广泛欢呼为"终于使得南非能够与其他积极进取的发展中国家伙伴等量齐观"的重要政策工具，向世界宣示其位置、也表达其全面的自我认知和研判选择的自我发展道路。文件中，整个第七章都是关于南非的外交政策，但其出发点被广泛解读为只是从国家经济利益作为考量，重要的智库学者对这种自私的"经济决定论"进行了批评。[1]

拉马福萨总统继承了"发展型国家"概念，2020 年底公布了《经济恢复和重建计划》（Economic Recovery and Reconstruction Plan），[2] 开门见山就指

---

[1] Eddy Maloka, *When Foreign Becomes Domestic*, Johannesburg: Ssali Publishing House, 2019, Chap. 5.

[2] 参见南非政府网，https://www.gov.za/sites/default/files/gcis_document/202010/south-african-economic-reconstruction-and-recovery-plan.pdf，accessed 30 June 2024.

出，南非经济前十年增长乏力，成为纠正历史不公正、减贫和提升就业的最大障碍。新总统提出，需要大力推进经济外交，募集更多外来直接投资、以提振多样化工业。具体相关努力非常明显，比如疫情期间各种穿梭行动来促进疫苗在南非落地生产，整体上对于国家的引导是转向经济结构调整的方向。从时机上来看，遭遇新冠疫情长期破坏作用的打击和国家电网从 21 世纪第一个十年已经暴露出来的重重问题，成为掣肘以再工业化战略变革经济结构战略效能的主要因素。

南非"三农问题"的解决：现代化转型提升之路

传统上，人们倾向于将现代经济发展，尤其是工业化理解为从低生产率的农业活动领域转移出资源、转向更高生产力的制造业和城市服务业的过程。实际上，美国经济学家阿林·杨格 1928 年作品则强调从原料生产者到最终产品消费者过程中间经过了特殊复杂的活动，也就是说，经济发展不在于是否在工厂进行生产，而在于劳动分工复杂程度、即生产的迂回曲折（roundabout）性决定了技术的变迁和财富积累。[①] 今天，工业和农业的分野再不能等同于经济发展程度，很难简单地依据加工或不加工农产品二分法判断获得附加值的多寡，二者在市场上的区别不再明显，部分原因就是农业应用复杂技术、从而转变了生产结构，也具备了工业能力提升的性质，也就是说，这才是转向高生产力的关键，是包括传统农业在内各部类的转型发展之路。

1994 年至今，南非农业生产仍然没有摆脱种族隔离制度遗产，即前文提到 1910 年《土著土地法》以来形成的肤色基础上"二分的世界"：白人农场主经营高度商品化、机械化的商业农业，构成农业总产值 90% 以上；而作为隔离制度时"保留地"制度遗产的黑人小农，在贫瘠的土地上仍然主要从事自给自足的维生农业生产活动。南非学者 2021 年一份应用农业研究

---

① Allyn A. Young, "Increasing Returns and Economic progress," *Economic Journal,* Vol. 38, No. 152 (Dec., 1928), pp. 527–542.

报告指出，这些黑人小农已经不是铁板一块，其中正在分化出一些以种植玉米和畜养牲畜的"崛起小农"，他们明显的快速发展改变了以往的消极景象，证明政府下一阶段的土地分配政策过程中应给予更多的技术和金融扶植。[①]

与此同时，尽管南非可耕地面积为 12%，但农业产值占 GDP 比率仅为 2.8%（2022 年），远低于非洲国家平均水平，而且南非城镇化率已经高达 68.82%（2024 年），远高于非洲国家 45% 的平均水平。一些最新研究成果或许有助于理解为什么更高城镇化、更少农业产值——如前文所述，多项调查显示，民众更忧心失业、贪污等问题，同时，0% 的南非人口认为土地是国家首要问题！说明快速城镇化以来，乡村地区等待土地分配、来通过从事农业生产获得发展的人更少了，更多南非人依赖人口占比并不高的商业农场主来获取粮食，以机械化和规模化经营来扩大生产、提高收益显然是该国农业必需的走向。总之，单纯还历史以正义、归还非洲人土地所有权问题可能难以解决南非的"三农问题"，土地历史不公问题也是需要在提高农业产量、提升南非农业发展和整体全球竞争力的转型发展的过程中得以解决，也才能最终落实民众生活的改善和平衡肤色差距。[②]

变革性的经济活动已经出现在农业、制造业和服务业互相交叉的地方，三者间界限越来越模糊，反映出农业生产本身随着商品化动力在经历工业化变迁，与之前制造业作为关键部门的传统特征很不相同，生产技术的应用和组织形式、包括生产的数字化，都意味着杨格教授所谓更加复杂和"迂回"的工业组织形式。新的业态模式中，知识密集型越来越重要，尤其在生产相关的商业服务，如设计和售后服务方面，新鲜水果出口就是这样一个近年来呈现出不错势头的行业。2013—2019 年全球水果出口贸易达

---

① 蒋和平等：《南非农业》，中国农业出版社，2021 年，第 12 页；Siphe Zantsi, Kandas Cloete & Anke Möhring, "Productivity gap between commercial farmers and potential emerging farmers in South Africa: Implications for land redistribution policy", *Applied Animal Husbandry Rural Development*, Vol.14, 2021, pp. 22–31.

② Mari Harris, "0% of South Africans regard land as most important issue to them personally - Ipsos", 11 February 2015, https://www.politicsweb.co.za/news-and-analysis/0-of-south-africans-regard-land-as-most-important-#google_vignette, last visit July 3rd, 2024；刘海方、刘歆颖：《土地为何成为津巴布韦的政治命门？》，《土地与政治》中文导论，社会科学文献出版社，2018 年；Jeffrey Herbst & Greg Mills, *How South Africa Works And Must Do Better*, cha.3.

到 920 亿美元，增长了 26%，南非同期的新鲜水果出口占全球出口的份额为 3%（与整个非洲贸易在全球中所占的份额持平），但实际上某些单项产品表现更好，比如其柑橘类出口位居世界第二位，仅次于西班牙，2018 年达到全球出口量的 10%。[①]

南非学者智库称之为"新鲜工业"（industrialization of freshness），即通过科研技术（包括投入、生产、包装、储存和市场与物流分发各个环节）来提升水果的新鲜品质和保质期，被认为有很大潜力帮助解决国家收支平衡压力，对于解决农村地区的就业问题也有很大潜力。持续性的全过程技术革新是进入市场和保证及时、灵活而且升级供应链的关键，是实现转型（向更高生产力的经济活动）、获得农业更高附加值的根本保障机制。农业体系需要资本密集型才能够保持生产力，同时要和其他经济部门更深融合才更有生产力。[②] 整体上，相对于其他同样的水果出口竞争对手国，南非的水果出口总篮子的构成还相对比较单一，例如，出口到中国内地和香港的南非水果增长迅猛，从 2001 年出口总值的 3.4% 增长到 2018 年的 12%，但柑橘类水果占到了 85%，南非看重中国这个消费活力仍然在不断释放的市场，正在努力探索更加多样化的产品进入。[③]

南非"新鲜工业"的进展显示，农业仍然是很多缺少制造业的非洲国家的主打经济活动，实现工业化和结构转型之路不仅仅是增加制造业，而是如何从休戚相关的基础农业生产活动开始的问题。南非的经历也可以为其他非洲国家以农业为杠杆撬动经济发展提供参照——建立工业能力、利用必要的技术转化来生产高质量、高附加值的出口水果，而国家持续的支持显然至关重要。随着比较优势去国家化的特点，全球价值链越来越成为塑造新的赢家和输家的关键。[④] 南非作为中等收入国家，充分挖掘自然条件

---

① Christopher Cramer and Shingie Chisoro-Dube, "The Industrialization of Freshness and Structural Transformation in South African Fruit Exports", In: *Structural Transformation in South Africa: The Challenges of Inclusive Industrial Development in a Middle-Income Country,* eds. by A. Andreoni, et. al., Oxford: Oxford University Press 2021, p. 122.

② FAO, "The future of food and agriculture: trends and challenges," Rome, 2017.

③ Christopher Cramer and Shingie Chisoro-Dube, "The Industrialization of Freshness and Structural Transformation in South African Fruit Exports," p. 129.

④ R. Baldwin, *The Great Convergence: Information Technology and the New Globalization,* Belknap Press: An Imprint of Harvard University Press, 2016.

禀赋来推动农业生产获取新技术、向更高全球价值链爬升，也是以农业为杠杆撬动其他经济相关部门发展和转型的一条潜在通道。当然，如阿卡贝和林毅夫老师论述，诸多复杂条件影响着一国的农业生产，除了农耕气候条件和气候变化及国内政治和政策，还需考虑国家基础设施的生态体系、能够带来日益增长回报的知识生产、全球价值链活力和权力关系等等。[①]

工作机会何处来？政企协调、教育培训并重

祖马政府曾经颁布主要依靠吸引直接投资来创造工作机会的《新增长路线》战略，认为经济年增长率应该维持在 6%—7% 以实现可持续发展，且 2020 年前应创造 500 万个工作机会来满足降低失业率的需求；也正是在这个时期，南非开始对中国提出需要更多投资帮助其创造就业机会的要求。该战略受挫后，2011 年《国家发展计划》出台，提出了由服务于国内市场的中小型企业到 2030 年前新增 1100 万个就业机会的战略，因为国家发展的核心问题在于"太少人工作、而大多数群体所进入的教育体系质量堪忧"；而且连同这两个方面的 9 大主要挑战，应该进行"综合治理，而且重中之重就是增加就业和提升教育质量，否则这两者的失败就是满盘皆输的信号。"[②]

如前文所述，各个行业在创造就业方面的表现都差强人意。首先，矿产品原材料和初级矿业加工产品仍然占南非出口贸易额的 2/3；近 140 年的开采历史至今，矿业要求更多资本密集型投入以提升技术，这同时意味着该部门更少的工作机会，比如金矿是南非仅次于铂的第二大矿业，1980 年代中使用 54 万工人，到 2012 年则只剩下 13 万工人，2022 年则只剩下 9.5 万工人。与此同时，尽管股东结构日益国际化，矿业仍持续主导南非整体经济，因其在制造业投资和附加值生产中仍占比很高，其下游工业使用其产品时不得不接受这些重工业产品施加的垄断性价格——这对于能够带来更多就业机会的多样化制造业产生了连带制约影响，加之投资乏力和日益

---

① A. Oqubay and J. Y. Lin (eds), *The Oxford Handbook of Industrial Hubs and Economic Development*, Oxford: Oxford University Press, 2020, pp. 77–97.

② NDC, *National Development Plan 2030*, pp. 3–4.

走低的利润率及国内需求较小等原因，制造业长期相对疲软，远没有能够满足人口迅速增长背景下对工作机会的需求。[①]

南非与亚洲四小龙以制造业引领增长的模式形成了鲜明对照：整个正式就业分布中，南非公共部门扩张仍非常明显，2019 年占到总就业人数的 20%；新增主要岗位中的 89% 是来源于承包或外包工作为主的服务业，是典型的早熟去工业化的特征。2000—2017 年，高工资者和低工资者的收入都有增长，说明了劳工市场的最低工资制度发挥了效力；而中间阶段工人的工资不升反降，呈现出与发达国家相近的特征，说明不平等在加剧。[②]

中小企业推动的新增就业机会，对于南非可持续的经济提升是至关重要的。一般中低收入国家中的自主创业比例都在 30% 左右，而南非企业家自主创业的比例出奇地低，只有 10% 左右，一般认为，这是立法和管理障碍造成的。[③]另外，其他中观和宏观因素也制约着南非自主创业和中小企业的发展，比如新冠疫情实际上非常严重地暴露出社会基础设施和经济基础设施都严重不足的弊端，制约了中长期可持续发展和包容性增长目标的实现，也影响短期刺激就业和经济增长的实现，包括走出疫情阴影的步伐缓慢。[④]另外，南非的非正式部门相对于其他发展中国家很小，这个领域只有 20% 就业人数，不足全球水平的一半，大体相当于非洲平均水平的 1/3。南非国家发展规划部已经意识到非正式部门对于创造就业的潜在巨大贡献，期待 2030 年左右有 200 万非正式部门的就业机会，也就是 66% 就业机会的增长将来源于此，然而现行国家和地方政策都还对非正式部门抱持比较冷淡、甚至敌意态度，也反映出各个部门之间政策和实施层面都缺乏协调。

总之，帮助青年失业和无业人口获得必需的教育并能够就业，事关南非如何、何时彻底摆脱黑白"两个国家"的二元困境。必须通过有针对性地

---

① McCulloch, J., Miller, P. "A Most Modern Industry: The Migrant Labour System and Crisis Management", *Mining Gold and Manufacturing Ignorance*, Palgrave Macmillan, Singapore, 2023, pp. 29–54; Nimrod Zalk, "Structural Change in South Africa: A Historical Sectoral Perspective," p. 45.

② Greg Mills et al., eds., *Better Choices: Ensuring South Africa's Future*, Johannesburg: Picador Africa, 2022, p. 75, p. 76.

③ Ibid, p. 81.

④ Mzukisi Qobo, Mills Soko & Nomfundo Xenia Ngwenya eds., *The Future of the South African Political Economy Post-COVID 19*, p. 5.

助力种族隔离被边缘化和歧视性制度受害的人群，使之从获得政治权利走向实现经济自由，比如种族隔离时期被困在班图家园、不允许进入城市的乡村女性，这是南非走出之前白人种族掠夺性畸形现代经济结构、实现包容性可持续转型发展的关键。①具体而言，就是前文所引 2030 年国家发展规划（NDP）的判断，如果没有受益于政府及时的"教育结合工作机会"的综合治理方法，20 世纪 90 年代中期，开始涌入城市、引起快速城镇化的女性和乡村青年人口，就将长期成为南非高失业率的组成部分。新南非政府意识到，改善教育体系是国家生死存亡的问题，是打破贫困代际传递的唯一手段，其投入到教育中的费用占 GDP 比重高于美、英、加拿大、韩国等发达国家、更在非洲国家中名列前茅，如 2020—2021 财年达 18.9%。②然而，尽管钱花得不少，教育产出还存在不能满足市场需求的巨大问题，政府依然需要在加大针对性投入、着眼于长期比较优势的培养方面下功夫。例如，南非政府的宏观经济规划中不断把第四次工业革命作为时代前提和工业化发展的自我定位方向，但是各级政府多年来推行很多培训技能和促进就业的项目显示，在面向未来的人才队伍培养方面的意识还不足够，传统技能培训居多，数字技术的重要性没有明显体现，例如，2023 年刚刚公布的由小企业发展部实施管理的"黑人城镇与乡村地区企业支持项目"（Township & Rural Entrepreneurship Programme），包括面包房、肉铺、裁缝、自动机车维修、个人看护、洗浴和餐饮厨艺，但遗憾的是，尚且没有任何数字概念和相应创业项目激励机制。③

如前文所述，常规观念上一般把南非制造业就业机会少归因于工会组织强大、劳工保护过度，实际情况往往比此解释更为复杂。20 世纪 90 年代末，南非本土大企业确实出现了向海外投资倾向，动因包含对冲国内复杂

---

① Imraan Valodia, "SA needs a game-changer to fix joblessness crisis", 22 July 2024, https:// www.wits.ac.za/news/latest-news/opinion/2024/2024-07/sa-needs-a-game-changer-to-fix-joblessness-crisis.html.

② Jeffrey Herbst & Greg Mills, *How South Africa Works And Must Do Better*, p. 143, p. 191; Statistics South Africa, "Government spending breaches R2 trillion", https://www.statssa.gov.za/wp-content/uploads/2022/12/FinPic2.jpg, accessed July-02-2024.

③ TREP, http://www.dsbd.gov. za/programme/ township-and-rural-entrepreneurship-programme, accessed 20 June 2024.

劳工关系的考虑，但也出于很多其他政策推动。中小企业似乎多少患有"雇佣恐惧症"，想方设法不使用雇员，而近年来更出现很多使用自动化机械和人工智能取代人工的趋势。长期从事相关问题研究的南非学者认为南非严苛的劳工法不可能改变，但南非政府应该区别对待不同地区和行业，"至少在乡村地区应该有别于城市"、以保证中小企业真正如政府预期发挥增加就业的作用；同时也根据大量企业的经验，提供成功解决劳资矛盾的三条经验：1. 企业经理与员工规律性举行直接面对面、没有第三方参加的会面；2. 企业应该宣布员工职业升迁的清晰路线图，特别是吸引青年雇员；3. 建立直接基于工作表现、人人可及的激励机制。①

---

① 2023 年 7 月 30 日，北京大学中关新园，笔者团队对于金山大学 Garth Shelton 教授的访谈；另参考 Jeffrey Herbst & Greg Mills, *How South Africa Works And Must Do Better*, pp. 87–88。

第三章

追求"更好世界"的南非全球外交：
革故鼎新促转型发展

刘海方

新冠疫情和俄乌冲突以来，世界巨变，巴以冲突更是折射出西方发达国家主导的国际政治经济旧秩序深埋的不合理性。长期祭起民主、自由、人权的道德旗帜美化掩盖的西方国家，此时纷纷举起大棒，挥舞指向那些没有跟他们站在一起的南方小国——此种令人愤怒和不齿的双重标准，掩饰不住其深层对所尽力维系的"西方文明优越"的旧世界秩序被打破的恐惧。长期被压制剥削和边缘化的全球南方，往往成为这个群魔乱舞时代里改变的力量，公开质询或鞭策不合理的秩序，也在西方旧秩序的灰烬中撷取、保留、延续着人类文明的希望之火种。2023年底，南非站出来，向国际法院提交诉讼申请，指控以色列违反《防止及惩治灭绝种族罪公约》规定的义务，侵害加沙地带的巴勒斯坦人，犯下了"种族灭绝罪"，证据就是蓄意和有系统地剥夺了加沙各地平民生存所不可或缺的物品（断电断水、毁灭家园、控制粮食和药品进入），完全符合公约定义。尽管美国、英国等西方政府对此都公开反对，批评南非是"胡说八道"，西方世界内部的很多评论家却认为应该给南非"热烈的掌声"，因为不仅仅是把以色列对加沙地区巴勒斯坦人所犯罪行的严重程度昭告天下，也把这个世界等闲视之为"正常"的弱势群体被强势群体摧残践踏的"群体灭绝"现象拿出来供全人类再次讨论，特别是因为很多这些距离我们并不遥远的20世纪发生的历史不公（比如德国人屠杀纳米比亚赫雷罗人、英国疯狂镇压肯尼亚人民族独立运动所进行的集体屠杀），尚未得到正视、纠正和重建。[1]南非此举的意义，不仅仅是为巴勒斯坦人发声，也是对人道主义和世界和平的捍

---

[1] Margeret Kimbeley, "South Africa's case at ICJ als expose US and the West", *Black Agenda Report*, 17th Jan. 2024, https://www.blackagendareport.com/south-africas-case-icjalso-exposes-us-and-west, 2024-07-02.

卫，是当下的人类如何为未来更合理公正的世界秩序而做出的努力，因而堪称世界垂范。

然而，混乱之下，世界仿佛重回无休止纷争的蒙昧时代和丛林状态，现实主义学派主导了世界政治的解释权，完全不相信以南非为代表的南方国家能够发挥任何作用，南非在国际法院诉以色列一案，在世界观察家那里不仅仅被忽略、甚至也被蔑视和嘲笑为"蚍蜉撼树"。很少有人认真追问，为什么不是其他大国或者周边利益更休戚相关的国家，而是距离巴勒斯坦遥远的南非发出这样的正义之声？少有人从长远视角分析此举对正在破碎的世界重建所发挥的作用和意义，更少有人去审视南非在国际秩序大变局和全球多重危机背景下积极进取、努力参与解决热点和长期难点问题的决心、韧性和创造性贡献。

南非与西方的关系：革故篇

民主政权成立三十年来，南非在国际秩序中的首要任务是完成从作为西方布局在非洲大陆的"前哨阵地"向"我是非洲人"的重大转型，这一身份认同转化，是一项系统工程，尽管艰难，但对南非的意义重大。

（一）站在反暴力最前沿：为全球南方国家代言

2023 年 11 月 21 日，南非作为轮值主席国召集金砖国家就巴以冲突举行特别视频峰会，这是金砖国家首次因为一个国际热点话题而单独举行峰会，总统拉马福萨在主持讲话中，指责以色列在加沙犯下"战争罪行"，呼吁"立即实现加沙全面停火"，并部署联合国部队"监督停火和保护平民"。他呼吁，"让这次会议成为我们共同努力、结束这一历史不公正的号角"①，表达

---

① President Cyril Ramaphosa, "Extraordinary Joint Meeting of BRICS Leaders and Leaders of invited BRICS Members on the situation in the Middle East, virtual, 21 November 2023," South African Government, https://www.gov.za/news/speeches/president-cyril-ramaphosa-extraordinary-joint-meeting-brics-leaders-and-leaders, 2024-4-30.

了南方国家主动对重大国际事务发声并积极参与的自主态度和强烈愿望。[①]

至 2023 年 12 月底，以色列对于加沙地带进行的封锁已经导致民不聊生，断水、断电，而且无辜地在炮火轰炸中丧命。国际社会中许多国家纷纷指责以色列对于加沙地区的非人道主义行为，南非则率先以加沙人民遭受种族灭绝、以色列违反联合国《防止及惩治灭绝种族罪公约》为由，向联合国国际法院提起诉讼并要求以色列停止在加沙的行动、开启和平谈判。联合国国际法院于 2024 年 1 月 26 日裁定以色列在加沙的行动为种族灭绝，但没有要求以色列停止在加沙的行动，也没有强制执行南非的要求。南非政府对国际法院的判决表示欢迎，认为宣读判决即意味着指控具有合法性，而以色列必须停火。在官网上，南非政府公布了 7 份向国际法院提交的控诉以色列在加沙地区种族灭绝行径的声明，而其发布的有关以色列的所有声明高达 29 份，表现出南非在此事上的认真和决心。南非对于以色列的起诉彰显了其运用非暴力的法律途径维护世界和平的决心，而由来自不同国家法律体系下的法官组成的联合国国际法院一致通过了对以色列的裁定，也是对现存西方主导的国际秩序中不公正现状的一次撼动。

南非宣布将举行金砖国家领导人巴以问题特别视频峰会后，以色列宣布召回驻南非大使，南非议会投票赞成关闭以色列驻南非大使馆，暂停与以色列的一切外交关系直到巴以双方停火。这意味着以色列与这个在非洲大陆最大的经贸伙伴的贸易和合作都按下了暂停键，南非无疑为自己对于国际秩序重建所做出的努力牺牲了双边关系和直接的经济利益。南非外长庞多尔（Naledi Pandor）女士个人和家人甚至已经受到了以色列情报人员的恫吓威胁，尽管这位历经了南非反种族隔离斗争的老部长不断地在各种场合发言"南非不能停下来，应该无所畏惧，继续推动这项重要的工作"。[②]

除了南非政府官方的种种作为，值得注意的是，对于加沙人民悲惨

① 黄培昭等：《金砖国家就巴以问题共同发声》，《环球时报》2023 年 11 月 22 日，查询时间：2024 年 5 月 10 日。
② SABC, "SA Foreign Minister accuses Israel of intimidation," http://web.sabc.co.za/sabc/home/channelafrica/news/details?id=cee3d6e5-1ba8-4822-bf40-0795097de46d&title=SA%20Foreign%20Minister%20accuses%20Israel%20of%20intimidation#:~:text=South%20Africa%27s%2-0%28SA%29%20Foreign%20Minister%20Naledi%20Pandor%20has,and%20human%20rights%20violations%20against%20Palestinians%20in%20Gaza.

遭遇的密切关注，更来自南非社会，呼吁停火和诉讼以色列的主张也很大程度上是社会各界的共识。作为南非主流报纸、最有影响力的英文报纸之一——《星报》(The Star)，从一开始就持续跟踪巴以冲突进展，用大量的文字描述并以真实的视频、图片报道巴以冲突地区的真实现状，发表了许多看法，体现了南非社会对于巴以冲突的真切关心，显现了支持和影响南非政府外交政策的主要民意基础。① 值得一提的，作为一个面向极为多元社会的老牌报纸，南非《星报》的立场在巴以问题上呈现出与南非政府的立场态度和诉求的高度一致，更表明了主流民意对南非政府作为"全球南方"一员积极参与国际事务、匡扶正义的支持，这是研究南非政策走向不可缺失的视角。

迄今为止，尽管美西方仍然选择继续坚持支持以色列，但越来越多的南方国家发声反对以色列的种族灭绝行径、跟随南非、加入南非向国际法院起诉以色列在加沙实施种族灭绝的诉讼，如尼加拉瓜、哥伦比亚、土耳其等。②

南方国家还采取了对以色列实施经济制裁、与以色列断绝外交关系等等举措。外溢效应也影响至发达国家，2024 年 2 月末，美国军人阿伦·布什内尔（Aaron Bushnell）在以色列驻美国使馆门外的自焚唤醒了更多人，全美多所名校爆发示威游行，支持巴勒斯坦、反对以色列、要求大学立即切断与供应以色列武器的大公司的肮脏交易；社会公众也纷纷上街，反对政府对以色列的支持、呼吁政府不要再继续助纣为虐的声音越来越响亮。其他西方国家的大学也纷纷响应，西方社会乃至整个国际社会对以色列的怒火都被点燃了，停火止战的压倒性呼声倒逼美西方政府改变立场。联合国人权理事会通过决议，要求追究以色列可能犯下的战争罪，而除美国之外联合国安理会成员也对停火达成共识。

---

① 参见《星报》线上版，https://thestar.zinioapps.com，查询时间：2024 年 4 月 29 日。

② 参见沈建：《尼加拉瓜申请加入起诉以色列案》，《参考消息》，2024，https://baijiahao. baidu. com/s?id=1790401393891409551&wfr=spider&for=pc，查询时间：2024 年 5 月 12 日；International Court of Justice, "Declaration of Intervention Filed by Colombia," 2024, p. 8; 杨雪蕾：《土耳其将向国际法院指控以色列 "种族灭绝"》，《参考消息》，2024.https:// baijiahao.baidu.com/s?id=1797909994836274882&wfr=spider&for=pc，查询时间：2024 年 5 月 10 日。

南非诉讼，是最早在国际法理层面做出的努力，激发了世界各方的反战努力，汇聚起来共同推动了国际社会形成在这个地区热点问题上的是非立场，支持事件向更加公正合理方向转变。正如 2024 年 4 月庆祝民主转型三十周年活动中，南非文化体育部部长兹兹·柯德瓦不无自豪地说，"今天的南非站在反对针对加沙人民被施加暴力的最前列；南非一直是建议以和平方式解决巴以冲突的"。[①] 值得追问的是，在国际上那么多利益相关者行为体中，为什么是南非首先站出来做出了诉讼以色列的举动、而不是实力政治视角下更强大并预期更少受到实际利益损失的国家，或者与加沙地区的巴勒斯坦人更加血脉相连的其他阿拉伯国家呢？

实际上，在 10 月 7 日新一轮加沙战事升级之前，如时任南非国际关系与合作部副部长阿尔文·博特斯（Alvin Botes）在 2023 年 3 月在《星报》上发表文章所示，强烈指责以色列由来已久对巴勒斯坦的压迫，称"南非有义务根据其外交政策维护最高人权标准"，有义务发声并采取行动，确保以色列对其违反国际法、国际人道主义法和人权法的行为负责。[②] 这样的立场表态，需要从新南非转型以来的外交政策主张来理解，即维护南方国家利益、维护公平正义、重视南南合作。2006—2009 年首份外交战略计划的出台，就是应对全球化形势下非洲和发展中国家面临的被边缘化的挑战。[③] 据此战略，在南非的外交版图上，构成全球南方国家主体的非洲大陆和"非洲议程"，是南非外交政策的中心。[④] 长期从事相关问题研究、先后出任拉马福萨总统顾问和现任驻世界贸易组织大使的库柏教授认为，南非很早就意识到本国的经济增长与非洲大陆的密切关系，因此一直寻求借助金砖国家的帮助，推动大陆基础设施建设和一体化，共同寻求更大的发展空间、实现

---

① South African Government, "Speech by Minister N.G. Kodwa on the occasion of Freedom Month launch, Freedom Park, 9 April 2024 Freedom Month 2024 launch," https://www.gov.za/news/ speeches/ minister-zizi-kodwa-freedom-month-2024-launch-09-apr-2024, 2024-4-30.

② Alvin Botes, "*South Africa has an obligation to uphold highest standards on human rights as per its Foreign* Policy," IOL, https://www.iol.co.za/news/politics/opinion/south-africa-has-an-obligation-to-uphold-highest-standards-on-human-rights-as-per-its-foreign-policy-81add6fe-1652-4f32-b711-94da6e495e71, 2023-04-29.

③ 杨立华：《列国志·南非》，社会科学文献出版社，2010 年，第 509 页。

④ 南非国际关系与合作部：《国家利益框架文件》，https://dirco.gov.za/national-interest-framework-doc/. 最后访问 2024-05-04.

联合发展。[①] 加入前和加入后，南非一直将金砖国家组织作为全球南方国家问题最重要的舞台，积极推进非洲议程纳入金砖国家组织的议程中；[②]2023年轮值主席国期间，更是成功推动金砖扩容、吸纳埃塞俄比亚和埃及为新成员。[③]

南非为全球南方国家权益发声和捍卫的另一个平台是二十国集团（G20）。作为其中唯一的非洲国家成员，南非一直代言非洲大陆，积极寻求增加非洲国家的席位。[④] 针对诉讼以色列案，时任外交部长纳勒迪·庞多尔在 G20 外长会议上解释说，南非此举是为了更公正和公平的国际秩序，而国际法院恰恰应该成为解决此类问题的首选国际机构，以此为重申这些信念的机制平台；南非的行动受到一些国家的嘲弄和美国、以色列的打压，是因为国际上普遍对于国际法及其执行机构存在偏见，认为其根本无法惩罚违法的大国及其盟友，几十年来有罪不罚正是今天加沙悲剧的原因。因此，南非呼吁，作为全球治理改革最急迫的行动之一，就是加快改革国际法及其机构，让弱者得到保护、让有罪者伏诛。[⑤]

（二）入非门户？——有勇气对美国战略说不

南非追随英国参加了两次世界大战。进入冷战时代，南非白人政府自认为担负着在非洲土地上保留欧洲文明的责任，与英美国家保持紧密关系，

---

① Mzukisi Qobo, "Unpacking South Africa's BRICS in Africa equation," *SAIIA*, 2013, https:// saiia. org.za/research/unpacking-south-africa-s-brics-in-africa-equation/, 最后访问 March 12, 2024。

② 参见拙文《非洲与金砖国家：期待另一个世界》，载《中国国际战略评论 2013》，世界知识出版社，2013 年，第 238—253 页。

③ 南非学者积极看待此举，认为最重要的是可以增加外来投资，帮助南非渡过经济停滞以及其他连带社会危机，参见 Luvuyo Mncanca, "How can South Africa from the BRICS expansion," *university of cape town, case of writing center*, https://uct.ac.za/casewritingcentre/blog/opinion-how-can-south-africa-benefit-brics-expansion, 最后访问 April 03, 2024。

④ 欧亚：《南非国际组织公共外交》，《公共外交季刊》2015 年第 4 期，第 48—54、125 页。

⑤ South African Government, "Minister of International Relations and Cooperation of the Republic of South Africa During the G20 Foreign Ministers Meeting, Agenda item B: Global Governance reform," https://www.gov.za/news/speeches/minister-naledi-pandor-g20-foreign-ministers-meeting- global-governance-reform-22-feb, 2024-05-06 最后访问。

站在资本主义阵营一边。[①] 南非国际事务研究所 1968 年发表的题为《南非作为中等强国角色》报告中，提出了坚定支持西方阵营、争取国际社会的支持等四大目标，特别提到与美国基于历史亲缘性、在冷战中共同扮演着"应对非洲大陆风起云涌的解放运动"和"苏联渗透"的现实密切合作关系（而美国的两面性或虚伪性也恰体现在其在表面制裁南非的同时、长期保持了第一大投资国和第二大贸易国的地位）。新南非成立以来，民主政府外交的首要任务是重新定位身份，即摆脱自己作为西方在非洲前哨基地的形象，通过对追溯共同历史、血缘和殖民以来苦难历史的回顾，重建与其他非洲国家的互相认同，明确南非与非洲国家站在一起的立场，获得非洲其他国家认可的同时，重建非西方的非洲身份，也成为国家安全感的本体根基。[②] 关于南非强调自己的非洲人认同的表达，被南非学者广泛接受的最美文字，是前总统姆贝基 1996 年发表的"我是一个非洲人"的演讲诗作，"我们是谁？我们是非洲人，我们是一个非洲国家，我们属于多元化的地区，我们是大陆的组成部分"。[③] 诗文强调了南非骨子里的非洲属性，与非洲伙伴具有共同的历史和宿命，不仅仅是同胞（fellows），还是家人、是兄弟姐妹。[④] 作为非洲复兴的倡导者，姆贝基推动"非洲发展新伙伴计划"落地，建立了一系列相关机构来推动非洲一体化进程，还批准了"非洲复兴国际合作基金"，作为南非对非洲国家进行援助与国际合作的机制。

从新南非筹备成立，美西方就表现出极大热忱，将南非视为非洲大陆中最重要的国家，是民主制度的范例，更是其资本进入南部非洲、开拓市场和潜在大获其利的门户，同时因而争相提供援助，一时呈现"没有马歇尔的马歇尔计划"的热闹景象。[⑤] 然而，得到国际社会一致尊重、在西方也大受欢迎的曼德拉，对西方国家的态度则并非简单迎合和拥抱，而是相对

[①] 沈陈：《南非外交转型及对中南关系的影响》，《复旦国际关系评论》，2016 年第 1 期，第 113—129 页。

[②] Jesley Masters, et. al. eds., *South African Foreign Policy Review: Ramaphasa and a New Dawn for South African Foreign Policy*, Pretoria: AISA press, 2022, p. 44.

[③] T. Mbeki, "I am an African," 1996, https://www.sapeople.com/video/i-am-an-african/，参见 Mokhoathi, J., "'I am an African': A Philosophical Enquiry of Identity and Culture," *Journal of Black Studies*, 53(1), 2022, pp. 92–108, https://doi.org/10.1177/00219347211047874.

[④] Jesley Masters, et. al. eds., *South African Foreign Policy Review: Ramaphasa and a New Dawn for South African Foreign Policy*, pp. 28–29.

[⑤] 杨立华：《列国志·南非》，社会科学文献出版社，2010 年，第 512—513 页。

审慎，更强调独立自主，比如美国 1996 年提出的资助"非洲危机反应部队"的提议就遭到抵制，而且南非对美西方蜂拥而入的贷款和资本采取了极其认真的审查态度。[1]

流亡期间曾经主管非国大宣传和外交事务的姆贝基，谙熟"西方和东方的政治、经济和外交"，继承了曼德拉时期立足非洲的政策基础，虽然外交政策以西方为重点，但强调全方位外交、力主改革南北关系、倡导南南合作。[2]多边舞台上，新南非积极参加美西方主导的国际组织和会议，在这些平台为非洲和其他南方国家的利益鼓呼，比如在受邀参与八国集团峰会上呼吁免除非洲债务。早在 2002 年的世贸组织会议上，南非就同时对欧盟和美国的贸易保护主义进行抨击，并倡议发展中国家联合起来取消最不发达国家出口产品关税；2001 年初，南非甚至提议建立"南方八国首脑会议"（G-8 South），形成发展中国家的共同声音。对于"9·11"以后美国在全球推动的反恐战争，南非公开提出质疑，不给予美国参加阿富汗战争的航空母舰在南非港口的停靠权；[3]并明确提出必须有不可辩驳的证据才能够采取军事打击行动，即便打击也必须有明确目标、不伤及平民，且必须在联合国协调下进行；姆贝基进而在 2003 年 2 月议会发表的国情咨文中，完整阐述了南非 21 世纪的和平发展主张。[4]美国入侵伊拉克前，已然卸任总统的曼德拉仍然高调发声谴责，甚至声言愿意以一己血肉之躯去前线"阻止好战的小布什"派去的战车。[5]

时隔不久的 2003 年 7 月，尽管南非社会各界有 1 万多人在美国使馆外发起抗议示威的声浪，政府还是给到访的美国总统小布什以盛大的礼遇。南非政治评论家认为，政府此举的"实用主义超过了意识形态"，因为互有需求：随着南非影响力上升，美国将其地位提升到"外交政策的战略伙伴水平"。[6]具体而言，美国的战略需求，既有前文所述政治需求，又有经济需求，南非是美国直接投资和贸易的重要伙伴，特别是战略性矿产资源考

---

① 杨立华：《列国志·南非》，社会科学文献出版社，2010 年，第 512 页。
② 同上注，第 515 页。
③ 同上注，第 564 页。
④ 杨立华：《列国志·南非》，社会科学文献出版社，2010 年，第 515—516 页。
⑤ 笔者对刘贵今大使的访谈，2016 年 5 月 4 日，北京大学。
⑥ 杨立华：《列国志·南非》，第 564 页。

虑非常突出，比如铂的需求日益扩大，是其美国制造替代石油的内燃机燃烧电池的刚需，而南非铂储藏量占世界的 70%，也是其外汇收入的第一来源。南非优质的不锈钢材技术和产品也是美国环保型汽车油箱的材料选择。[①]

但是，在实用主义支持下的双边关系背后，南非对于美西方的认知却并非外交礼仪那样光鲜亮丽，特别是从姆贝基到现在经历了 21 世纪复杂而急速的国际国内变迁，南非深层的对美西方认知，有变化也有一以贯之的部分。外交与国际合作部发表的 2018—2019 年度报告中，甚至将祖马政府时期与美西方关系描述为与日俱坏，拉马福萨总统上任前，已经名存实亡。[②] 表现之一就是自从祖马时期，南非外交部长都对西方大国表现冷淡，拉马福萨总统时期情况有增无已，他任命的庞多尔女士这位 ANC 老资格党员为外交合作部长，相比于前任西苏鲁部长，更加热切地推动南非主动参与全球事务、更多贡献于全球转型日程，而且越来越对西方主导的国际等级制度嗤之以鼻。[③]

当然，经历了祖马时期的"漫长小冰河期"，美国对于 2018 年拉马福萨就任总统、从而改善双边关系还是充满期待的。此际，美国最重要的智库外交关系委员会（CFR）评价双边关系是正确的，但是并不友好。[④] 6 个月后，美国驻南非使馆就发表了一份题为《南非国别整体战略》（Integrated Country Strategy: South Africa）的文件，提出美国与南非可以形成覆盖经济、政治、社会、安全所有领域的战略伙伴，双方可以"共同改善双边关系、服务于共同的利益，但这需要我们的南非合作伙伴彻底改变思维模式"。[⑤]

新南非成立以来的 30 年里，美国已经意识到，限制双方关系的最大障

① 杨立华：《列国志·南非》，第 565—566 页。

② DIRCO, Annual Report 2018/19, Pretoria: DIRCO, 2019, p. 47, https://www.gov.za/documents/department- international-relations-and-cooperation-annualreport-20182019-23-oct-2019-0000 (Accessed 24 May 2024).

③ Jesley Masters, et. al. eds., *South African Foreign Policy Review: Ramaphasa and a New Dawn for South African Foreign Policy*, p. 33.

④ J. Campbell, "U.S.–South Africa bilateral relationship faces difficult road ahead," Council on Foreign Relations, 22 May 2018, https://www.cfr.org/blog/us-south-africabilateral-relationship-faces-difficult-road-ahead, accessed 12 April 2024.

⑤ USMSA (US Mission South Africa), "Integrated Country Strategy: South Africa," 22 August 2018, p. 2, https://www.state.gov/wp-content/uploads/2019/01/South-Africa.pdf, accessed 12 April 2024.

碍就是"三观不合"[①]，南非强调的是正义、人道主义和公平的世界观（just, humane and equitable），[②] 是双方在古巴、伊朗和利比亚等美国视为敌人的这些国家上立场不同的根本原因——南非与这些国家都是友好伙伴，且一直是巴勒斯坦的高调支持者。一直偏袒以色列的美国对此当然是耿耿于怀，因此才一手持大棒、一手持胡萝卜，要求南非改变其思维方法，希望其"浪子回头"、回归西方阵营。为此，美国时任国务卿也算苦心孤诣：南非尚未宣布完全结束疫情管制举措的 2022 年，就两次到访展开"魅力外交攻势"，2022 年 8 月访问南非之际又隆重宣布了新的"美国对非战略"；2022 年联大期间，又邀请了南非总统访问美国，并于当年年底举办美非第二届峰会论坛。从南非方面来看，也重视对美国的关系，特别是商业界，正如前任南非外长庞多尔所强调，商界对美国的重视是来自南非方面对于双边关系的强大现实利益基础，毕竟美国是南非对外投资的重要目的地，达到总额的17.4%。[①]

然而，美国将南非拉拢到自己阵营和羽翼之下的一厢情愿难以实现，俄乌冲突的爆发再次分裂了国际社会，特别将一直交好俄罗斯的南非推到美国的对立面，紧张状态中两国不断唇枪舌剑。本来，中、俄、南非三国2023 年 2 月举行的海上联合军事演习，已经令美国非常不爽；5 月，美国驻南非大使公开指责南非向俄罗斯运送武器，因为缺乏证据而不得不以其公开道歉而收场。2023 年内，拜登并没有履行访非诺言，但却高调为"洛比托走廊"计划大造声势，同时邀请了安哥拉总统访问美国，借以表达其"对非洲倾其全力"、帮助"非洲成功才是世界的成功（拜登在 2022 年美非峰会语）"的决心。及至 2024 年，美国显然放弃了将南非作为其在大陆支点国家

---

① 这里是借用常常用来分析婚姻中男女关系的世界观、人生观和价值观的网络流行语。卡赞斯坦教授（Peter J. Katzenstein）认为，尽管随着非西方国家影响力上升，西方 vs. 非西方二元对立的国际关系二分法是有害的，应该通过共同知识（common knowledge）的视角去理解各自的"三观"，即宇宙观、本体论和道德性的相同和相异之处，参见 Peter J. Katzenstein, "The Second Coming? Reflections on a Global Theory of International Relations," *The Chinese Journal of International Politics*, Volume 11, Issue 4, Winter 2018, pp. 373–390.

② "Why Ramaphosa is meeting with Biden this week," – BusinessTech, https://businesstech.co.za/news/government/624913/why-ramaphosa-is-meeting-with-biden-this-week/, access 2 July 2024.

① "Why Ramaphosa is meeting with Biden this week" – BusinessTech.

的想法，肯尼亚总统鲁托受邀访问白宫，并被捧上"唯一非北约盟国战略伙伴"地位，显然是对本来冀望颇多的南非过于失望才去另觅新欢、寻找大陆上其他同盟伙伴；与此同时，美国议员则多次讨论取消南非的"非洲增长机会法案（AGOA）"成员资格，特别是南非将以色列告到国际法院的事件后，跨两党议员正式向议会提交了重新审查"两国关系"、取消南非所受到的优惠待遇的提案。①

祖马和拉马福萨两任政府之交，很多南非人也充满了与西方关系回暖的期待，以为拉马福萨可以一改加入金砖国家组织以来对美西方的冷淡疏远，特别是考虑到他本人正是南非新旧政权交替之际代表 ANC 与白人精英集团的谈判高手、而其后也长期深入商界耕耘。然而，与预期大相径庭的是，南非日益明确了与美西方大国的割席立场，这主要是因为新冠疫情全球大流行以来的创伤经历和其对西方大国骨子里面的大家长制做派和自私自利本性的再一次清醒认知。② 在新冠疫情暴发后，面对发达国家纷纷切断防疫物资供应链和攥紧疫苗知识产权的自私自利，③ 南非与其他兄弟国家共同感受到了受制于工业能力不足和卫生医疗系统脆弱的短板，痛下决心重新振兴工业和建设卫生系统；同时，为应对眼前困境，南非总统以非盟轮值国主席身份出面邀约协调其他非洲国家立场，通过二十国集团等平台争取缓债协议、组织防疫物资和疫苗的统一采购系统，以此支持整个非洲大陆国家和民众的抗疫需求，因为单一国别人口虽有限难有国际市场吸引力，但合在一起却构成 14 亿人的大市场。2021 年底，南非科学家追踪发现了奥密克戎变种并将其基因排序公之于众，但招致了北方国家立即停飞和关闭国门的

---

① Hajar Meddah, "US Congress introduces bill to review relations with South Africa following 'politically motivated' ICJ case", https://mg.co.za/politics/2024-02-10-breaking-us-congress-introduces-bill- to-review-relations-with-south-africa-following-politically-motivated-icj-case/#:~:text=A%20 bill%20has%20been%20 submitted%20to%20the%20United, Israel%20has%20committed%20acts%20 of%20genocide%20 against%20Gaza, 2024-02-23.

② Ronak Gopaldas, "Global south: moving off the menu and to the table?" 03 April 2024 in *ISS Today*, https://issafrica.org/iss-today/global-south-moving-off-the-menu-and-to-the-table.

③ 发达国家在疫苗上的所作所为被描述为"疫苗种族隔离制度"（vaccine apartheid），参见 Simar Singh Bajaj, Lwando Maki & Fatima Cody Stanford, "Vaccine apartheid: global cooperation and equity," published: February 23, 2022, https://www.thelancet.com/journals/lancet/article/PIIS0140-6736(22)00328-2/fulltext.

冷漠待遇（包括电话冷漠地通知总统本人不必前往西非访问、因欧洲已禁止南非飞机的做法）——这新一轮的孤立和排斥，沉重打击了自视为国际好公民的南非，没想到善意之举却实际上成为"对于南非基因排序能力和发现新变种病毒科研能力的惩罚"。①2022 年联大会议期间顺访美国以及 11 月到英国访问参加英王登基典礼以后，拉马福萨总统迄今没有访问过美西方国家，非国大研究所人员认为这是以此表达对美西方的失望和不满。②

2023 年 6 月，南非总统携手其他 7 国非洲领导人，出访乌克兰与俄罗斯开展调停，上演了美国国务卿所谓"走出菜单、走上餐桌"（off the menu, to the table）、以集体行动方式"问鼎"世界难题的决心和勇气。③2024 年大选后成立新的民族团结政府，此前主张交好美欧、脱离金砖国家的民主联盟（DA）也进入联合组建的内阁，很多中国学者对此表示担忧，认为中南合作甚至金砖国家组织的发展都会因此受到挑战，甚至巨大的破坏。笔者对此保持审慎乐观，因为新内阁的外交部长人选是新生代左翼，是当时带领南非法律界专家到海牙国际法院去起诉以色列的司法部长；DA 虽然会在议会和内阁中施加决策影响，但不至于反转之前 ANC 政府既定的对西方兴利除弊、对新兴市场国家和东方伙伴积极拥抱的外交政策走向。

长期以来，国际观察家们往往从实力政治视角出发，将南非视作类似加拿大、北欧国家等的中等强国，认为其没有能力来驱动政策改变、以支持那些迫切需要结构调整的国家，最多是集合一些小伙伴，扮演一种危机处理的角色，并在发达国家需求的基础之上，扮演"非洲门户"的角色，即让南非成为大国进入非洲的政治和经济的通道。④国家体量和能力的局限、

---

① 拉马福萨总统 2021 年 12 月 6 日在塞内加尔举行的非洲和安论坛（Dakar International Forum on Peace and Security in Africa）高级别研讨会上的讲话，特别批判了西方对非掩藏不住的大家长制方式，并痛切表达了希望其暂时放开知识产权允许非洲国家生产疫苗而不得的愤懑。https://www.facebook.com/PresidencyZA/videos/president-cyril-ramaphosa-participating-on- high-level-panel-discussion-duringda/266713262103648/，2024-07-01.

② Interview to Thabile Lenkwane, political analyst of ANC Caucus, Beijing, May 25ᵗʰ, 2024.

③ 参见拙文《危机与豹变：大变局下求索中的非洲》，载《危中有机：大变局下的非洲》，商务印书馆，2023 年。

④ M. Qobo, "Chasing after shadows or strategic integration? South Africa and global economic governance," in *South African Foreign Policy Review*, Volume 1, 2012, eds. by C. Landsberg & J. A. van Wyk, Pretoria: AISA and IGD.

相对较短的国际平台经历，都意味着当下南非很难成为其他南方国家转型的杠杆，但正如国际法庭起诉事件所示，其对于南方伙伴国家的启发和示范作用是必须被研究关注的，因为从全球秩序转型视角来看，南方国家的崛起并不是重新演绎西方崛起历程中各自武装、以战争争霸的逻辑，既有的全球南方历史路径显示，"亚非大陆，甚至普遍的全球南方国家的民族独立和追求发展之路，无时无刻不依赖于彼此关照、团结互助和互相的启迪学习"。①

数个世纪以来，无数学人呼唤更加平等的国际关系的到来，或曰南方与北方关系的变革，而早在欧洲大举向世界扩张征服之际，当时的学人亚当·斯密就在其名篇《国富论》中，讨论了掠夺式资本主义国家以不受处罚的暴力横行世界的现状；但斯密也在书中写道，世界终将达成平等，就是被征服的小国不断地学习、以其具备足够的勇敢和力量、因而获得相互尊重和敬畏的独立国家身份之时。②笔者因而认为，在北方的全球统治地位密不透风的时代，南非的国际角色也许确实难以扭转乾坤；但不应该拘泥于北方国家历史经验基础上形成的"中等强国"理论来研判其全球角色，尤其不能简单判断其扮演美国"门户"的角色定位；时移世易，南非自己选择了调整国际角色，其在南方国家中的引领示范作用和其自我看重的国际道德良心的角色在成长，而且明显伴随着21世纪的第二个十年已经非常明显的整体"非西方的崛起"的背景，符合斯密所谓的"勇敢和力量"成长型国家，其重要贡献体现在引领全球南方国家调校与西方世界数个世纪根深蒂固的"种族的、不平等的国际关系"上。③

---

① 参见拙文《南南合流：非洲如何成为下一个亚洲》，《文化纵横》2024 年第 2 期。

② Adam Smith, *An Inquiry into the Nature and Causes of the Wealth of Nations*, Xi'An: Shanxi People's Publishing House, 2005 [1776]: 570.

③ 引自著名全球国际关系研究名家阿米塔·阿查亚教授 2024 年 12 月 6 日在北京大学做的题为"全球南方在复合世界中的地位"的演讲。在回应提问环节，阿查亚教授特别指出，全球南方国家的学者应该更多从关注和收集南方国家本身的实践来形成有力的去西方中心、去殖民化的、真正关于南方国家的理论。

从"自由世界"到"更好世界"：
桥接全球南方和北方

如果说西方从自我利益视角设计了南非的"门户"角色，南非则从全球南方、特别是非洲国家共同的利益视角看待自身国际地位，提出了"桥梁"（bridge building）这一更具自主性和能动性的定位。实际上，ANC从20世纪90年代开始执政，就一直倡导变革全球治理，倡导南非作为桥梁积极发挥保护其他非洲国家的"好伙伴"作用：首先是挑战和抵制"坏的北方国家"以人权和政治权利为口实压制南方国家，倡导经济和社会文化权利之间并非二元对立。2018—2019年度的文件表述中，南非外交和国际合作部明确了南非桥接全球南方与北方国家的功能：即帮助实现将北方国家的财富资源和影响力转移到全球南方国家，因而南非与北方国家的关系也就被定位为转型和变革促进，即从北方凌驾于南方之上的传统全球政治转向更平等的国际关系。[①]

南非定位自身为南北半球之间的"热忱的架桥者"，首先是因为"非洲议程"在其外交总版图中的天然地位，在与北方国家的交往过程中，同时强调相互关联的三重目标：1. 改革已经严重不合时宜的国际既有秩序和其现行治理体系；2. 通过参与和沟通解释，维持和密切与北方国家及其主导的国际治理体制的关系，纠正其对全球南方、特别是非洲国家的不恰当认知；3. 说服和吸引北方合作伙伴增加经贸合作，以促进非洲地区与全球更紧密的合作与连接过程中获得发展。以上三点，不仅仅是南非多个外交政策文件中清晰论述阐释的，也体现在其雄心勃勃努力推进的具体外交实践中——当然，现实实践中挑战重重，也时时暴露出南非外交能力的边界。

（一）本体安全观决定的改革国际秩序为目标

中国媒体中倾向简单地将南非（甚至所有非洲国家）与北方国家的关系都描述为依附关系，原因在于双方之间援助（特别是军事援助）形式的巨大

---

① DIRCO Annual Report 2018/19, p.103.

现金流。西方出于实用目标的财政支持，确实是双方关系的暧昧之处，需要理解的是南非自己如何看待这种关系。南非学者认为，南非并不追求根本改变与这些北方国家关系的性质，因为对北方国家一定程度的敌意和憎恨，恰恰是其国家本体安全感（sense of ontological security）的来源——其国家认同的基础，恰是作为西方身份的反面，所以维护这种此疆彼界反而是本体安全感的根本；[①]与南方国家共同的历史遭遇和为自由而斗争的荣誉感、尊严和英雄记忆，构成其本体安全感的另一方面，是其坚持南方国家间国际团结、将其作为外交优先项的基础，也因为南非作为最后获得自由独立国家的斗争中、获得过南方伙伴大量的善意支持，心存感激使南非一直致力于维护和强化与全球南方国家的关系。当然，对于非洲伙伴国家，在国际团结的历史和对以往支持的感激之外，南非还有一层地理文化的归属感，也是奠基南非本体安全感的来源。这一非洲性认同，既有共同的反帝反殖民含义，也有非洲精神价值体系的公社主义（communitarian）信仰的含义[②]，是相对于西方原子式的个人主义完全不同的宇宙观和本体观，也就是南非在其外交政策文件中不断阐述的乌班图精神。因为有这样的深层认知，南非总是不惮于公开对北方国家大加挞伐，尽管在国际舞台上高调反西方的立场可能会对其经济地位造成影响，包括在国际法院处理以色列问题等案例都是如此。

南非对国际秩序的认知始于对北方国家的认知，即前者是由原来的殖民大国设计的压迫性国际制度（包括联合国及其分支机构，如安理会、国际法院、布雷顿森林体制等），而种族隔离制度恰恰是一个从殖民国家滥觞开来的极端主义掠夺型国家机器。[③]自 1994 年转型以来，南非选择站队非洲，并不断建构强化全球南方国家身份，与对国际秩序的批判是一体两面，都是出于对北方国家殖民属性的认知，且在此基础上形成国际秩序改革者的自我定位和责任意识。1994 年重新被联合国接纳之后，南非就积极参加相

---

① Biaca Naude, "South African Foreign Policy and the Search for Ontological Security", *South African Foreign Policy Review: Ramaphasa and a New Dawn for South African Foreign Policy*, eds. by Jesley Masters, et. al., 2022, Pretoria: AISA Press, p. 31.

② L. Nathan, "Consistency and inconsistencies in South African foreign policy," *International Affairs* 81(2), 2005, pp. 361–372, p. 367, https://doi.org/10.1111/j.1468-2346.2005.00455.x.

③ Biaca Naude, "South African Foreign Policy and the Search for Ontological Security".

关国际组织的活动，在联合国大会及其下属委员会中发挥积极作用，主张多边国际合作，坚持联合国在多边体系中的中心作用，并倡导亟待改革联合国、以助力国际经济新规则的建立，使其更加公平合理，把发展纳入全球化进程，积极促进发展中国家在建立世界经济新秩序中发挥更大作用。[①] 从有"外交政策总统"美称的姆贝基时代开始，南非视进入多边组织为机会和战略，一直在国际平台上为整个非洲大陆和非洲人的发展与权利发声，其 2004 年第一次出台外交政策文件，也是随着南非出面召集建立"非洲发展新伙伴计划"、倡导"非洲复兴"，以及推动非盟成立而逐渐成型并表达为清晰的外交立场和原则的，也就是说，非洲议程从一开始就是南非外交政策的主要方面。[②]

南非驻外使团包括大使馆、总领馆和国际外交代表机构，共有 315 个，外交代表机构数量仅仅次于美国，[③] 体现了新南非成为重要国际行为体、发挥其贡献和作用的雄心：急切洗刷种族隔离政权时代千夫所指的他者形象，转型为积极承担国际道义责任、参与全球治理的区域性领导力量，而且一直通过国际组织提升在国际社会的存在感和影响力、为南非及整个非洲赢得更大发展空间[④]。必须强调的是，南非并非简单拥抱现行国际秩序，而是一直强调对其进行改革，正如长期在外交部任顾问的 Eddy Maloka 所言，西方和非西方国家的世界秩序观是针锋相对的，非西方倡导的"更好世界"（better world）与西方所奉行的"自由世界"大相径庭，因为前者的目标就是要变革世界秩序，是从西方的统治之下解放出来。[⑤] 改革既有国际秩序，使之向更加公平、更加有益于弱小国家发展和参与的方向，是南非外交政策的题中应有之义。

12 年间，南非 3 次当选和出任联合国安理会（UNSC）非常任理事国，

---

① 杨立华:《新南非 20 年发展历程回顾》,《非洲研究》, 2015 年第 1 卷, 第 81—97、283—284 页。

② L. Nathan, "Consistency and inconsistencies in South African foreign policy."

③ *The 20 Year Review South Africa*, "South Africa In The Global Arena", 11 March 2014, p.7, http://www. thepresidency-dpme.gov.za/news/Pages/20-Year-Review. aspx, 2024-07-01.

④ 欧亚:《南非国际组织公共外交》,《公共外交季刊》, 2015 年第 4 期, 第 48—54、125 页。DOI：10.16869/j.cnki.pdq.2015.04.009.

⑤ E. Maloka, *When Foreign Becomes Domestic,* Johannesburg: Ssali Publishing House, 2019, p. ix.

即分别在 2007—2008、2011—2012 和 2019—2020 年。有研究梳理了南非在任期内在该平台上的投票，发现与其宣布的对于世界和平的承诺是一致的，而且通过同步非盟的安全议程与联合国的议程，符合其维护女性、和平和安全（WPS）三原则；该研究发现，通过记忆、反思和学习第一、第二任期尚且青涩的国际舞台的成败经验，南非在第三任期中更加成熟，最优化地实现了其在多边外交舞台的目标。[①] 例如第二任期中，南非驻联合国大使改变了第一任期中简单地以南方国家身份或者人道主义原则为立场的投票方式，而悄然转变为一事一议的所谓关键平衡国（swing state）风格。[②] 比如在苏丹问题上，南非抵抗住德国和英国压力，团结其他非洲非常任理事国（科特迪瓦和赤道几内亚）形成了非洲统一声音。[③]

（二）积极协调金砖组织、建设性改革传统体制

特朗普就任总统以来，美国不断退出国际组织的举动在国际上引发的影响日益显著，南非代表在各种场合不断强调其国家立场是规则基础上的多边主义，深切忧虑单边主义对于国际社会的威胁，强调包括安理会在内的全球治理结构应该适应新现实进行改革。2018 年在阿根廷举行的二十国峰会上，南非强调致力于促进多边主义、国际法以及可持续发展、和平安全等议程。2019 年，庞多尔部长再次讲话表达对多边主义的信仰，称全球性的困难之际，彼此互相依存的国际社会必须选择多边主义，不能只顾寻

[①] S.Graham, "A Review of South Africa's Terms in the United Nations Security Council," *International Peacekeeping*, 30(3), 2022, pp. 283–307; G. de Carvalho, "South Africa proves its mettle on the UN Security Council," *ISS Today*, 22 July 2019, https://issafrica.org/iss-today/south-africa-proves-its-mettle-on-theun-security-council, accessed 13 August 2020.

[②] swing state, 更早之前主要用来指称美国大选中关键"摇摆州"。近年来，很多国际观察家也是用这个一般是指在联合国投票中既不明显偏向中、俄两国，也不简单站在代表西方阵营的美国和欧洲大国的立场上。这里的说法，取自南非智库布兰瑟斯特基金会 2015 年召集的有关南非、尼日利亚和肯尼亚三国在非洲大陆上所发挥的"关键平衡国"说法，参见其报告，Terence McNamee, *Harnessing the Power of Africa's Swing States:The Catalytic Role of Nigeria, Kenya and South Africa, 2016*, online: https://www.thebrenthurstfoundation.org/uploads/ e335e4fb-e07e-479d-a7b0-9072d24593f1.pdf, 2024-03-01.

[③] Jesley Masters, et. al. eds., *South African Foreign Policy Review: Ramaphasa and a New Dawn for South African Foreign Policy*, p. 46.

找自身狭隘的利益。① 外交与国际合作部在其 2020—2025 年战略中，也强调了南非遵从并致力于实施人权和人道主义责任。② 拉马福萨就任总统后的这些表态，表达了其对于美国及其主导的国际体制危机状态的担忧，也是出于对前任祖马总统在任时不那么强调国际秩序和国际原则、较少发声谴责违反人权现象的一个修补，有在国际社会重新树立南非道德形象的目标考虑。

重新介入并树立国际好公民角色的另一个案例，是南非是否退出国际刑事法院（ICC）争议。祖马总统在任上向国际法院提交了退出的议案（International Crime Bill），议案的内容是，南非希望依据国际习惯法来为国家元首保留外交豁免权，以便在非洲促进对话和冲突解决。③ 2017 年初，南非高等法院叫停了该提案，认为政府此举违宪，因为议会并没有批准政府的行动。祖马政府的退出议案激发了热烈争论，ANC 国际关系委员会负责人 Obede Bapela 认为，这是正确之举，南非应该选择更加适合非洲本土的司法机制，而不是国际法院；批评一方则认为，该提案所谓维护非洲主权的说辞是有问题的，因为实际上不是维护非洲人民的尊严与权利，而只包庇了非洲领袖和精英而已。拉马福萨接管政府以后，出于有违其倡导重新树立南非坚持多边主义、法治、良治的国际形象的目标，迄今没有再向国际法院提出此案。④ 坚持不退出的立场，也体现了非盟（AU）对国际法院的立场，即虽然同样对国际法庭迄今基本上只"拿非洲领导人开刀"多有批判，但仍通过合作来建设性地改革而不是拂袖而去（reform from within rather than through withdrawal）。⑤

---

① N. Pandor, "UNGA 74: Through our differences, we should find strength and not division," *Ubuntu* 19, 2019, pp. 26–29, http://www.dirco.gov.za/department/ubuntu/2019/ubuntu.html, accessed April 2, 2020.

② Jesley Masters, et. al. eds., *South African Foreign Policy Review: Ramaphasa and a New Dawn for South African Foreign Policy*, p. 46.

③ Quoted in P. Fabricius, , "Is Ramaphosa still kicking the ICC can down the road?", *ISS Today*, 15 November 2019, https://issafrica.org/iss-today/is-ramaphosa-still-kicking-theicc-can-down- the-road, accessed 15 May 2020.

④ The Guardian, "South Africa to Quit International Criminal Court," 21 October 2016, https://www.theguardian.com/world/2016/oct/21/south-africa-to-quit-internationalcriminal-court- document-shows, accessed 15 May 2024.

⑤ Jesley Masters, et. al. eds., *South African Foreign Policy Review: Ramaphasa and a New Dawn for South African Foreign Policy*, pp. 44–45.

  如上案例所述，尽管对联合国平台的全球治理功能有很多保留，南非利用其非常任理事国身份，作为非盟轮值主席和非洲发展新伙伴计划召集国积极协调另外两个非常任非洲国家代表，尽可能发出非洲共同声音。疫情期间，当时的另外两个非洲代表是埃及和塞内加尔，三国不断达成共识、保证联合国平台上"非洲优先化"的共同立场。2023 年 9 月非盟被接纳为正式成员之前，南非是二十国集团中唯一代表非洲利益的，虽然是规模有限的经济体，但代表非洲大陆参与全球最重要平台事关经济和金融的集体谈判，表达非洲立场和诉求非常关键。例如，特朗普任职后鼓动和掀起中美之间的贸易战，南非和非洲各国小经济体受到了更加明显的贸易保护主义连带影响，南非学者智库在此阶段不断呼吁非洲国家振兴数字化基础设施，应对可能受到的更多负面影响。[1]

  如南非代表团 2018 年发言所强调，南非在 G20 的立场一直是促进和强化非洲大陆与全球南方国家共同的利益，南非认识到，因为剥削性历史形成的南北结构性处境中，自身现实经济利益和长远发展需求更多与南方国家有一致之处，比如 2019 年在日本召开的 G20 贸易部长会议上，南非表达了使这个平台变成更加建设性对话机制的愿望，特别是贸易相关领域。南非进口额仍然远远大于出口额，所以期待通过与北方国家为主的贸易伙伴的更紧密外交协调来改善自己的国际贸易结构，以便提升出口，以此增加更多制造业工作机会，这是国家发展战略的重点。[2] 新冠疫情发生后，南非协调其他发展中国家成员的立场，取得的重大合作进展，就是达成了 G20集团下的债务减免协定（DSSI），允许 73% 的低收入国家可以重组债务，这大大减轻了这些国家抗疫的压力，比如赞比亚疫情出现后第一个对于欧债违约的国家，债务重组被视为对于承债非洲国家是有利的。[3]

  与北方伙伴的沟通交流中，就金砖国家组织进行解疑释惑也是南非认

---

[1] Mzukisi Qobo, *The Political Economy of China–US Relations:Digital Futures and African Agency*, Cham, Switzerland: Springer, 2022.

[2] South African Government News Agency, 'SA to use G20 Summit to promote country,' 29 November 2018, https://www.sanews.gov.za/south-africa/sa-use-g20-summitpromotecountry, 2024-07-01.

[3] D. Whitehouse, 'Zambia's default shows new approach needed for Chinese debt,' *The Africa Repor t,* 17 November 2020, https://www.theafricareport.com/50798/zambiasdefaultshows-new-approach-needed-for-chinese-debt/, last visit 2024-07-01.

为自己的职责和比较优势所系。南非加入金砖国家组织，体现了其成为地区动力中心的全球雄心。①但此举招致传统西方合作伙伴国家的种种怀疑和猜忌，不仅因为金砖国家组织作为崛起中的力量被视为对其主导的"自由世界秩序"的潜在挑战者，包括对联合国和二十国集团等既有多边体系中的代表，而且因为中国和俄罗斯，金砖国家也被视为一个反西方的建制。这些西方伙伴对南非是否会更加靠近金砖国家忧心忡忡，尤其是靠近中国和俄罗斯，因为反对种族隔离斗争时期延续至今两国都与 ANC 存在着密切往来。伴随着 2018 年中国与美国的贸易战、乌克兰危机以来俄罗斯与欧洲的竞争和紧张气氛加剧，很多西方政客向南非表达金砖国家会否成为一个更加紧密的小多边组织的忧虑。南非努力去平衡这些负面认知，强调金砖国家是潜在的改变全球公正和经济格局的一种手段，即金砖成员之间是更加实用主义的合作，且各成员国双边之间存在着很多竞争性利益；南非在对于整个金砖集团的贡献不在于经济的多少，而在于能够作为桥梁和对话开启者，官方发言人的表述就是，以其"原则性思维方式助力金砖国家更好参与到国际全球治理当中来"。②

总之，南非认为，其贡献的形式，就是协助金砖国家与传统国际体制的相互协调，比如 2018 年拉马福萨总统在约翰内斯堡召开金砖领导人会议期间，召集了一个非正式会议，讨论如何能促进与当年的 G20 会议的协调。南非认为，通过其组织的其他一些外交活动，促成金砖国家峰会与传统国际体制的对话、联系和协调，是非常重要的。③

（三）以俱乐部外交吸引北方投资并改变非洲形象

与北方国家及传统国际体系的另外一个重要目标还是急迫的经济发展需求。2018 年 6 月，拉马福萨赴魁北克参加第 44 届 G7 峰会，这是南非加

① Arina Muresan, 'South African Engagement in Club Governance: A Boon for Economic Diplomacy', in *South African Foreign Policy Review: Ramaphosa and a New Dawn for South African Foreign Policy*, p.285 .

② Arina Muresan, 'South African Engagement in Club Governance: A Boon for Economic Diplomacy', p.285.

③ Ibid.

入金砖国家后连续缺席 7 年（即加入到金砖国家组织的 2011 年开始）之后第一次参加；2019 年 8 月又到法国参加了第 45 届 G7 峰会，目标都是呼吁西方大国投资非洲，以支持非洲《2063 年议程》、实现第四次工业化革命带来的数字化转型目标。[①] 经济外交之余，拉马福萨也呼吁 G7 国家参与支持非洲的枪声沉寂和消除性别不平等行动。2021 年，在英国召开的第 47 届 G7 峰会上，拉马福萨主要代表非洲大陆要求发达国家豁免疫苗知识产权，以便非洲大陆上既有的 7 个可以进行药品生产的国家增加全球疫苗的生产，尽可能降低成本让非洲人获得疫苗可及性，而且更重要的是，让青年人可以留在大陆，而不是作为劳动力流失到别的国家去。类似地，与发达国家双边外交活动的议程，也主要体现在促进非洲的生产和经贸机会上，比如 2019 年，通过参加日本组织的东京国际非洲发展会议（TICAD），南非促进了与日本安倍政权的双边经济合作，获得柠檬的市场准入和扩大南非人受训额度两大成就，同时海洋产业和海洋环境保护合作方面也取得了进展。

南非与传统西方大国的合作也探索创新性的机制，比如德国前总理默克尔 2017 年主持二十国集团峰会时开创的契约非洲（Compact with Africa，CWA），拉马福萨总统同意南非与德国作为共同主席国，引领其他 12 个非洲国家代表参与该议程，意在以此获得更多对非洲必要基础设施发展的资金支持。契约非洲目标是携手"锐意改革型"非洲国家，通过持续改善宏观政策和商业金融条件来吸引更多私有投资者，特别是协调非洲开发银行和 IMF、世界银行，以获得更多投资伙伴对非洲的共同关注。世界银行 2023 年进行的评估报告中对此给予了高度评价，将突尼斯树立为改革的样板国家，并声称未加入的非洲国家也都纷纷要求获得这种"改革的技术援助"。[②] 但是，非洲学者评价认为，该协定比较偏向于让私营部门受益，对于非洲参

---

① Marcel Nagar, "The Art of Reconciling Power and Morality: South Africa's Norm Entrepreneurship Under Cyril Ramaphosa", in *South African Foreign Policy Review: Ramaphosa and a New Dawn for South African Foreign Policy*, pp. 70–73.

② 截至 2023 年，有 12 个非洲国家加入了这个倡议，如贝宁、布基纳法索、科特迪瓦、埃及、埃塞俄比亚、加纳、几内亚、摩洛哥、卢旺达、塞内加尔、多哥和突尼斯。目前该倡议迫切需要的是整合投资策略，特别是如何包容促进发展所必需的软性基础设施，如教育和职业项目。参见 The World Bank Group, *The G20 Compact with Africa Monitor Report*, 2023, Internet: www.worldbank.org, accessed July 4th, 2024.

与国能力成长的促进作用并不明显，原因是没有考虑到各个国别所面对的具体挑战，没有真正倾听非洲各方如何看待自身的发展问题，更没有邀请非洲方面参与并发挥能动作用，仍然是尝试从外部改变非洲财政和治理状况的倡议而已。南非原本设想通过加深与发达国家的合作来提升非洲的形象，但实际上作为共同主席国的领导作用甚微，顶多是鼓励和促进了对话，反而被非洲小国诟病是传染了西方大国的"俯视病"。[①]

拉马福萨总统上任以来，不遗余力地推动外来投资进入南非，认为基础设施应该是经济发展的主要推动力，私营部门和其他的投资者作为相互的补充。2018年第一次发表国情咨文讲话时，总统就提出了五年内吸引1.2万亿兰特外资的目标，但当年只有700亿进项；2019年国事讲话再次提出，为了刺激南非经济增长，应该获得3000亿兰特的外来投资；2021年的国事讲话则强调了基础设施建设为重点，也强调中小微企业可获益于大的投资价值链、增长潜力巨大。总之，经济外交是总统的主要工具，对外政策方向上积极树立南非是一个可靠的、能干的国际合作伙伴的形象，以积极吸引投资活动为重要的展示窗口，世界经济论坛非洲峰会（WEFA）就被南非视为这样的机会平台，南非甚至努力通过将金砖峰会主题与世界经济论坛对接的方式来促进两者的对话和接轨。[②]

世界经济论坛是难得的在发达国家成立、给予非洲关注的国际机构，被非洲领导人珍视为经济外交领域的最大平台，因为正如非洲学人所言，"（新冠疫情使得）非洲人幡然领悟，发达国家的问题才是全球的、其他的都只是地区问题"。[③]疫情发生前的10年当中，南非发挥其活跃的经济外交能力，主办了于2011、2013、2015、2017、2018、2019年六届世界经济论坛非洲峰会，倡导非洲强化制度、促进贸易和区域的经济整合，提升公私伙伴

---

① 研究者认为，即便从促进私有部门的角度来看，因为有不同的金融合作模式及其相应的融资结构（如equity，bond），千差万别，甚至有公共养老金和非营利的合作，体现在大、中小微企业上面的作用，都很难量化，很难看出其影响和贡献，参见Arina Muresan, "South African Engagement in Club Governance: A Boon for Economic Diplomacy," *South African Foreign Policy Review: Ramaphasa and a New Dawn for South African Foreign Policy*，第285页。

② Jesley Masters, et. al. eds., *South African Foreign Policy Review: Ramaphasa and a New Dawn for South African Foreign Policy*, pp. 289–290.

③ Ronak Gopaldas, "Global south: moving off the menu and to the table?", *ISS Africa*, https://issafrica.org/iss-today/ global-south-moving-off-the-menu-and-to-the-table, 2024-05-20.

关系（PPP），发展出更好的劳动条件、技能和国内的价值链。[①]2017 年厦门金砖峰会举办不久，南非立即在德班邀请加纳、卢旺达、肯尼亚、塞内加尔领导人来参加世界经济论坛非洲峰会，时任副总统的拉马福萨在这次会上强调，非洲应该在世界经济舞台上发挥更大的能动性；各国领导人都应该更积极地去鼓励人们从事经济活动，而且协助他们共同应对挑战，提供解决方案。因为其丰富的政治、经济和商务经验，拉马福萨代表了一种稳定的形象，给投资者信赖感，相信南非经济可以治理。[②]2018 年，紧随金砖峰会，世界经济论坛非洲峰会就在约翰内斯堡举行，主题也几乎相同，前者是"金砖国家在非洲：在第四次工业革命中共谋包容增长和共同繁荣"，后者为"第四次全球化：形成一个第四次工业革命时代的新全球框架"。桥梁的功能之一在于南非主办的非洲投资论坛上，比如 2018 年的这次论坛邀请了南非最重要的一些公司（比如 NEDBANK、ABSB、DBS）和一些金融机构，如非洲发展银行（AFDB）、非洲 50 基础设施基金、非洲进出口银行、非洲欧洲投资银行、非洲金融公司、南部非洲发展银行、东南部非洲贸易和发展银行，以及伊斯兰发展银行，论坛上签约的意向投资高达 66077 亿美元，举办论坛的直接收益为 469 亿美元，还将世界经济论坛和金砖开发银行的投资激励与投资项目合并在一起。各行各业的经济精英参加论坛，以便重建投资者的信心、促进包容性增长，特别是在第四次工业革命方面促进公私合作，提升非洲在整个工业生产制造业上面的能力。论坛的主题和分议题，都反映了非洲政治经济精英对第四次工业革命及其影响的关注、警醒和相应行动举措，并不落后于其他国家和地区。[③]2019 年世界经济论坛非洲峰会上，拉马福萨总统再次强调对非洲的崛起很乐观。

在世界经济论坛平台上推介旅游业也是南非经济外交战略的重点，如

① WEF, "WEFA: Achieving Inclusive Growth through Responsive and Responsible Leadership," 19 May 2017, http://www3.weforum.org/docs/WEF_AF17_Report.pdf, accessed April 2020 2024.

② Jesley Masters, et. al. eds., *South African Foreign Policy Review: Ramaphasa and a New Dawn for South African Foreign Policy*, p. 290.

③ 比如 2018 年论坛的重点是非盟《2063 议程》、非洲转型计划、2020 年枪声沉寂（包含雄心勃勃的制止非法武器交易）、帮助非洲初创性企业获得金融支持、帮助非洲数字化、帮助非洲电商发展，以及在生物多样性上让企业家参与进来。论坛还建立了防范气候或灾害的非洲风险与韧性政策平台，共同赋能私有部门，强化他们在公共安全、卫生安全方面的能力。

庞多尔部长所言，旅游业应该也是南非经济外交战略的重要着力点，因为旅游业所激发起来的兴趣，通常会意味着更多的投资机会随之而来，而旅游业很容易产生更多的就业机会。[①]但是该部长也承认，尽管南非在世界经济论坛上表现成功、贡献卓越，但并不期待马上有很多投资回报，只冀望这种主场经济外交能够让世界商业界更了解南非，尤其是其迫切应对挑战和改革的愿望。

在国内，南非这一取悦发达国家商界精英的经济外交努力也常常被称为俱乐部治理方式；尽管每年都有大规模的人来参加而显得重要性有所增长，但其实难以改变西方长期对非洲的蔑视和定见——而这恰恰是影响其达成获得更多直接投资目标的根本原因；南非参与世界经济论坛的更重要收益，毋宁说像在二十国集团和金砖国家中一样，表达了其改革不合时宜的国际秩序的愿望，南非代表多次在论坛上努力呼吁国际评级机构应该对南非手下留情，[②]因为北方商界精英对于南非投资信心的来源最重要的指标就是穆迪等机构的评级，这直接影响了南非政府提振并转型经济发展的步伐；而与此同时，南非往往面临更多的债务负担，特别是在全球经济不确定性、投资机会更少的这个时代。

综上所述，南非定义自身为南北架桥者的角色，其多重含义是：第一，作为经历西方殖民统治而恶性"癌变"的种族隔离制度的国度，南非终于建立为大多数人利益服务的民主国家，理应以全球南方国家的身份致力于改革现有不公正国际秩序；第二，为提升自身经济在全球市场中的份额、特别是创造就业机会以改善民生的经济外交目标，努力通过国际平台改善北方国家对非洲和南非的认知、博取更大投资；第三，因优越独特的位置，南非自认为可作为正在崛起的中等国家来代表南方国家的利益，与北方进行

---

① Arina Muresan, "South African Engagement in Club Governance: A Boon for Economic Diplomacy," *South African Foreign Policy Review: Ramaphosa and a New Dawn for South African Foreign Policy,* eds. by Jesley Masters, et. al., pp. 275–298.

② 前总统府部部长帕哈德先生在国际会议上的讲话（Essop Pahad , Veteran and former minister in the presidency, Speech over International Symposium entitled "BRICS-Africa: Cooperation: Progress, Prospects & Challenges", University of Johannesburg, August 29th, 2017）。在诸多挑战中，Pahad 先生认为最糟糕的问题就是国际评级机构不断下调南非的投资环境评级。同样的观点在近年来也出现在南非总统的讲话中，认为是对于南非和其他非洲国家最不公平的表现之一。

更好的谈判与合作，以此贡献于国际社会。[1] 客观而言，第一条改革国际秩序的目标，一定是长期而漫长的斗争，甚至很长时间可能都显得效果不彰，但南非在国际舞台上的优异之处在于表达立场、让南方国家集体声音被听到；后两者虽然主要发生在经济和社会领域，理论上似乎应更容易实现，但长期对非洲大陆的整体负面认知是殖民遗留问题的重要表现，根源于为证明殖民统治合法性而炮制的"科学种族主义"，在人类知识体系和当代大众传播深层中的认知遗毒深远，最终解魅可能只有非洲大陆在政治经济和文化上都更强大地傲立于世界之时。

特朗普第一任期以来、特别是新冠疫情和俄乌冲突爆发以来，许多国家在进入提振经济和改善民生的压力周期，显示出更为内向和民粹主义倾向，全球治理严重赤字，多边主义与国际机制承受着巨大的压力，美国本身尤其明显成为其口口声声宣扬的自由世界秩序的破坏者。[2] 南非似乎逆流而动，努力做出更多支撑摇摇欲坠的国际秩序的行动；批评者认为，这是因为过于迷恋作为取得和平民主变革的国际形象，因而承担了过多的国际责任以致资源过于分散。[3] 南非的能力固然受限于本国资源，与仍然明显拥有硬实力和话语权的北方国家对抗，难免是以卵击石，但通过积极参与还是有改变既定不平等国际秩序的意义，比如拉马福萨总统携手其他非洲国家领导人赴俄乌调解斡旋的壮举，虽未止战，但也难能可贵地让交战两国听到了非洲的呼吁与解决建议；尽管以色列在加沙的狂轰滥炸仍继续，这个国际社会长期的难题似乎永远无解——南非还是积极准备了长篇起诉文书，由多位可敬的法官义正词严在国际法院激辩陈述，这并非大费周章的激情表演，而是凭着理想主义的外交传统和热情参与，激励了无数国际社会公平正义的力量接续前行，这本身就是对于南非和非洲的国际形象和地

---

[1] Christopher Williams, "Conflicting Perspectives and Cooperative Connections: South African–US Relations during the Ramaphosa Administration", in *South African Foreign Policy Review: Ramaphosa and a New Dawn for South African Foreign Policy*, p.362 .

[2] K. Hopewell, 'When the Hegemon Goes Rogue: Leadership Amid the US Assault on the Liberal Trading Order', *International Affairs*, 96(5), 2020, pp. 281–303.

[3] Priyal Singh, "COVID-19 exposes the high cost of SA's foreign affairs", *ISS,* 06 October 2020, https://issafrica.org/iss-today/covid-19-exposes-the-high-cost-of-sas-foreign-affairs, accessed June-02-2024.

位的极大提升——其长期影响显然是撼动了之前铁板一块的西方阵营的立场，随着联合国通过承认巴勒斯坦为成员国的决定，多个拉美国家、甚至西班牙都纷纷加入在国际法院起诉以色列的行列，使之成为真正被千夫所指的对象，更证明了世界不再是只由偏袒以色列的美国一家说了算！

拥抱金砖国家并推动其议程非洲化：鼎新篇

南非政府 2011 年发表题为《建立一个更美好的世界：乌班图外交》的白皮书，开篇即明确提出，"基于南非解放的历史，新南非的对外交往将基于泛非主义和南南合作两大原则"。[①] 如果说，这是对于南非如何取得解放斗争历史的记忆和对于国际团结的坚持与背书，南非 2009 年设立意在增加与其他新兴市场国家接触与合作的经济发展部，则出于更加清晰的务实战略考量，是对 2008 年以来经济长期受到西方金融危机连带影响的反应和保护举措——现实的国际合作经历和处境，证明 1994 年以来倚重西方获得发展的道路之不可行，因而开始积极探索基于之前的政治团结基础上、与新兴经济体和全球南方的合作与发展。

（一）自由市场神话破灭：转向学习东亚的发展型国家

自 1994 年废除种族隔离制度、迈上建设种族平等、多元一体民族国家进程以来，南非构建了以宪法为核心的一整套法律体系，坚持平等、包容理念和政策，种族和解和经济稳定发展方面都获得了空前机遇，也取得了举世公认的社会进步（参见本书第二章）。[②] 经历了最初阶段的乐观发展，随着社会经济结构本身的演变和外部国际形势的变化，南非的发展面临着新的问题和挑战，如何解决种族隔离制度遗留的不平等、贫困和高失业率问

---

① "Building a Better World: The Diplomacy of Ubuntu," *White Paper on South African's Foreign Policy*, Final draft, May 14, 2011, p. 3.

② 杨立华：《新南非 20 年发展历程回顾》，《非洲研究》，2015 年第 1 卷，第 81—97、283—284 页。

题，从 21 世纪的第二个十年开始成为越来越严重的挑战，曼德拉等第一代领导人承诺的国家富裕、人人平等发展的社会理想的实现看起来遥遥无期。

这是因为，2008 年全球金融危机打断了 20 世纪 90 年代以来的经济增长。[①] 在自由市场经济理论指导下的经济政策虽然貌似如预期取得了稳定宏观经济的收效，但其对西方市场需求存在的外部依赖性是这种看似增长的经济隐藏着的深层脆弱性，在美国开始的外来金融危机面前暴露无遗：2003—2007 年间，南非经济年均实际增长率为 5%，2008—2012 年下降至 2%，此后再也没有重拾前期的增长势头，而社会救助虽然取得了阻滞贫困代际转移的明显成就，但还有 1600 万人口生活处于极端贫困状态（2009 年数据）。[②] 南非仍然急迫需要继续快速发展经济、使更多人得以改善生活，这同时事关政治社会稳定。

20 世纪 80 年代末，意识到白人种族隔离政权去日无多，大公司就开始了在接触和谈判中无休止地游说 ANC 高层领导人、发动各种关于英美式"自由市场受益无穷"的修辞和意识形态宣传。金融危机爆发以来传导给南非长期的经济停滞，自由市场学说尤其显得苍白无力，南非急于寻找新的发展道路，[③] 如外交事务顾问马洛卡博士所言，南非政府终于意识到，实际上并没有真正平等的"自由贸易，只有长期向西方利益倾斜的不对称全球经济秩序"。[④]

刚刚进入新世纪之交，ANC 就注意到了东亚特别是中国的发展，高层内部出现了寻求学习东亚的国家干预政策、以扭转南非去工业化的趋势和应对工作机会骤减问题的主张。筹备举办 2010 年世界杯之际，南非政府终于又开始增加公共投资。[⑤] 祖马总统在 2011 年的国情咨文中直接指出，南非"正在建设发展型国家，而不是福利型国家，因此社会救助要与经济活动和

[①] Greg Mills et al., eds., *Better Choices: Ensuring South Africa's Future*, p. 70.

[②] 南非政府网："Poverty trends in South Africa: An examination of absolute poverty between 2006 & 2015", https://www.gov.za/speeches/statistics-south-africa-poverty-trends-south-africa-22-aug- 2017-0000, accessed July-0-2024.

[③] 参见杨立华：《新南非 20 年发展历程回顾》。

[④] Eddy Maloka, *When Foreign Becomes Domestic*, Introduction.

[⑤] Nimrod Zalk, "Structural Change in South Africa: A Historical Sectoral Perspective", In: *Structural Transformation in South Africa: The Challenges of Inclusive Industrial Development in a Middle-Income Country*, pp. 41–42.

社区发展相联系,长期的目标是能够使受益者逐渐自力更生"①。国家更多干预的倾向日益明显了，长期在新自由主义经济学指导下羞于谈论的"计划"也开始逐渐进入日常治理。与以往工会组织从缺乏资源和种族隔离制度的遗产角度对南非经济自 2008 年以来的停滞进行诊断不同，2012 年 8 月，政府发表《国家发展计划 2030 愿景》，指出国家核心问题是失业率高居不下，而根源是政府能力不足以及广泛存在的庇护制度和裙带关系;《愿景》规划了 2014 年开始实施的经济发展五年计划，分阶段实现消除贫困、扩大就业并提高低收入群体的收益、重新强调基础设施发展对修复种族隔离制度造成的结构性破坏、均衡各地区发展的作用。② 值得分享的是，2018 年北京大学非洲研究中心接待了南非金山大学的学者访问团中，三位是时任总统顾问，他们要求的正是与北大学者深入研讨中国如何做国家发展规划的。

（二）南非巧搭金砖快车：经济目标驱动

在对外寻求合作方面，新兴市场国家和东亚被列为了南非重点伙伴对象。根据 2009 年初的计算，南非从欧盟和美国主要经济体的进口额降低了32.8%，③ 这一年中国也成为南非和非洲最大的双边贸易伙伴,这被认为是南非渡过这场西方金融危机的支撑。④ 祖马上任伊始，就先后对当时的金砖 4国展开了"外交访问攻势"，直至 2011 年成为唯一来自非洲大陆的成员国，以后南非没有再像之前那样年年作为观察员列席七大发达国家的峰会，等着大国们在茶歇时间"宣召觐见"、来参加一些点缀性议题的讨论活动。

就在这一年的金砖峰会上，南非被正式接纳为新成员国——因为这一次峰会的举办地是三亚，国际观察家们几乎千篇一律地将其解读为中国通

---

① South Africa Government, *State of National Address 2011*, http: / /www.info.gov.za/events/2011/ sona /sona_ in_ numbers. htm, accessed July-02-2024.

② National Development Plan 2030: Our Future - Make it Work, 2012. The document can be found on this website: https://www.nationalplanningcommission.org.za/Downloads/ndp-2030-our-future- make-it-work_0.pdf.

③ International Trade Centre, 2009, p. 4.

④ Phiwokuhle Mnyandu, *South Africa-China Relations: Between Aspiration and Reality in a New Global Order*, pp. 80–81.

过南非在非洲进行的战略布局、南非是做了中国的棋子。[①] 这显然是国际关系研究之失，是长期从实力政治出发、只关注有实力的大国行为体、而完全忽视甚至歧视小国能力的研究范式导致的误区。实际上，"心机颇深的祖马总统"[②]，是在访问了传统上与南非有特殊关系的俄罗斯、巴西和印度、并获得这几国支持后，才拿着这些筹码来到中国要求同样支持其加入金砖的表态的——毋宁说，金砖国家实现第一次扩容，主要是南非的国际战略布局的结果，将其解读为中国的战略，如果不说完全南辕北辙的话，至少是不准确的。

根据长期出任政府特别外交顾问的马洛卡博士的解释，2009 年祖马总统一上台，姆贝基时代的"非盟－非洲新伙伴关系（AU-NEPAD）中心主义"，就被"经济外交优先"所取代，成为南非外交政策的主导目标——尽管此前经济外交也包含在南非外交政策中，但从来不是中心地位。[③] 南非与南美洲、亚洲和非洲的贸易和投资活动都取得了很大进展，包括进行自贸区在内的谈判。金融危机爆发以来，南欧国家财政上沦落到被欧洲大国和IMF 宰制的现实，使得祖马非常专注于"国家利益"，不断谈论"向东（包括俄罗斯）看"；[④] 和其"不断强调南南国际团结，使得 2007 年原本已经成立的欧盟－南非战略伙伴关系日益经受挑战"[⑤]。类似地，虽然祖马任上几乎同期的是有着非洲血统的奥巴马，但南非与美国的关系也只能说有些微进展——2010 年在华盛顿举行了部长级战略论坛。与西方的合作绩效乏善可陈的同时，祖马的经济外交成果显著，主要是与金砖国家为代表的新兴市

---

① 殊不知新一阶段中国与其他非洲国家的紧密经贸关系早在中南 1998 年正式建交前已经有了很多跃进，更不必说 20 世纪 50 年代以来中国与各国的良好政治关系作为奠基。此类观察非常普遍，不一而足，参阅 S. Petropoulos, "Opportunities, Challenges and Prospects of South Africa in the BRICS", In *The European Union and the BRICS*, ed. by M. Rewizorski, Springer, Cham., https://doi.org/ 10.1007/978-3-319-19099-0_10; Alison Bradley, "China and South Africa: Emerging Powers in an Uncomfortable Embrace," *Journal of Contemporary China*, 25 (102), 2016, pp. 881–92, doi:10.1080/10670564.2016.1184900; Timony Shaw, "African agency? Africa, South Africa and the BRICS", *International Politics*, vol. 52, 2015, pp. 255–268, https://doi.org/10.1057/ip.2014.48.

② 钟建华，2017 年 11 月，北京大学燕京学堂讲座，《金砖国家与南非》。

③ Eddy Maloka, *When Foreign Becomes Domestic*, p. 32.

④ Ibid, chp. 3.

⑤ L. Masters and L. Hierro, (eds.), "Reviewing A Decade Of The EU-South Africa Strategic Partnership Workshop: Proceedings Report," *Friedrich-Ebert-Stiftung*, 21–22 July 2016，转引自 Eddy Maloka, *When Foreign Becomes Domestic*, p. 76.

场国家以及非洲地区伙伴的合作都取得了显著的增长。

（三）连接金砖国家与非洲的桥梁：促进共同利益

南非政府强调金砖国家为重点外交议程，特别是强调帮助金砖国家组织促进非洲和平安全、提升工业能力和经济一体化、助益以人为本的可持续发展的"非洲议程"，显示出道德性外交叙事策略。与此同时，南非也不断强调金砖国家组织的经济合作属性和南非能够为其增加规范性的贡献，如以人为本、在经济发展中坚持人权等，这被研究南非国家心态的学者 Biaca Naude 解读为"为了取得北方国家的理解、不至于过于从地缘政治的视角惹怒传统伙伴"——在这位学者看来，南非通过金砖国家组织与中俄交好并互相协调对外政策，可以帮助南非克服羞辱心理，不被视为病态贫困和无望的第三世界，更重要的是，南非也得以积极打造"崛起中国家"的形象，掌握自己在国际关系中的能动性，毕竟长久以来都是为殖民特权者所控制的。[①]

从实际需求而言，非洲大市场既是给金砖国家投资伙伴提供的机会，又是非洲国家从发达国家和国际经济体制很难获得的金融支持，借力这些新兴市场国家以加大其在基础设施领域的介入，能够为非洲下一个阶段的发展奠定基础。具体而言，新发展银行和紧急储备安排都是南非认为的合作重点，作为多元化投资和机制性的财政金融安排，帮助南非从新发展银行的非洲地区中心来服务于大陆的需求，让金砖更加助益南方国家的发展需求。1994 年南非与莱索托合作的高原水项目，长期需要资金来启动第二期的合作，2019 年终于获得了金砖新开发银行的贷款，成为该银行资金支持的第一个非洲项目。[②]2022 年，南非财政部提交的 11 个项目已经被新开发银行批准，额度达到 840 亿兰特，比如其中很大一笔是南非国家电力公司最急需的稳定其国家电网的资金。[③]2023 年金砖国家领导人第十五次会晤即

---

① Jesley Masters, et. al. eds., *South African Foreign Policy Review: Ramaphasa and a New Dawn for South African Foreign Policy*, pp. 70–74.

② NDB, "Projects: Lesotho Highlands Water Project Phase II," 2019, https://www.ndb.int/lesotho-highlands-water-project-phase-ii/, accessed 8 December 2023.

③ NDB (New Development Bank), "List of all projects: South Africa," 2022, https://www.ndb.int/projects/list-of-all-projects/?country_name=5, accessed 25 January 2024.

将举行前，新开发银行在南非国内债券市场首次发行了 15 亿兰特债券，成为继中国发行熊猫债后第二个发行本币债券的金砖国家。此次峰会落幕后不久，金砖新开发银行又向南部非洲开发银行（DBSA）提供 1 亿美元贷款，支持南非实施可持续基础设施发展项目（具体包括清洁和可再生能源）、社会基础设施（包括经济适用住房、学生宿舍和健康护理等）。

南非作为南部非洲共同体（SADC）轮值主席、环印度洋委员会（IOWA）主席以及成为联合国非常任理事国的时期，一直推动非洲议题，这与把非洲议题纳入金砖国家峰会议程是一致的。2013 年德班的峰会开始，南非政府就强调更加包容性地吸纳非洲进来，实现金砖国家组织的扩容，当时受邀参会的非洲领导人包含了安哥拉、科特迪瓦、埃塞俄比亚、埃及、塞内加尔和乌干达等。在这个伙伴关系的过程当中，南非再一次自我定义为桥梁，这一次是作为非洲和金砖国家之间的，宣称意在帮助彼此打造更加用心、更加注重细节的合作关系，不管在自然资源、银行财政和金融方面还是在交通运输网络建设方面。

关于连接非洲和金砖国家间的"桥梁"作用，有学者认为，南非的好望角连接两洋的天然地理优势，不是国际论坛上打拼而来的，与加入金砖国家组织没有关系；[1] 但也有南非学者批判说，BIRCS 只便利了更加有竞争力国家的制造业和工业品进入非洲国家，特别是中国和印度的更廉价产品逐渐取代南非的产品，南非的"桥梁"地位已名实不符，只是帮助外部力量来对抗南非自己的经济利益；[2] 更消极的观点认为，南非在金砖国家这样的机构中的代表"仅是象征性的，相当于无意义，除非南非能够真正影响其他非洲国家政府的行为"。[3]

在不乏争议的过程中，2023 年在约翰内斯堡峰会上，南非作为东道国迎来了另外两个非洲国家和其他地区重要力量一起加入金砖国家组织。宾

---

[1] Sören Scholvin& Peter Draper, "The Economic Gateway to Africa? Geography, Strategy and South Africa's Regional Economic Relations," *South African Institute of International Affairs*, September 2012, https://saiia.org.za/wp-content/uploads/2012/09/Occasional-Paper-121.pdf.

[2] Oliver Stuenkel, "South Africas BRICS membership: A win-win situation?" *African Journal of Political Science and International Relations*, Vol. 7, 2013, pp. 310–319, p. 318.

[3] Peter Fabricius, "What can President Ramaphosa do to establish South Africa as a viable African power?" *Institut für Internationale Zusammenarbeit*, 2020, p. 13.

士域集团的报告认为，南非总统为金砖扩容做出了重大贡献，如其所言，"金砖国家的价值早已超越了现有成员国的利益，因此，金砖国家必须与更多志同道合的国家发展伙伴关系，代表更多拥有不同政体、但共同向往更加平衡的国际秩序的国家群体"；① 南非的学者认为会议上很多资料印证了南非代表团推动非洲国家被接纳这一事实。② 当然，国际观察家们习惯性地从中国和俄罗斯两个大国的视角来看此次实现扩容对于这两者主宰世界、形成与美西方分庭抗礼的国际格局的动机；南非作为此次峰会东道国的能动性却少有关心；当然也有评论简单而偏颇从地区大国霸权的角度提出，南非不会心甘情愿主动把金砖成员国的资格拱手送给其他两个潜在的非洲竞争对手，从而失去自己的有利地位。③

实际上，如果从推动全球经济秩序更加平等化的角度考虑，南非本身加入金砖组织和南非助力其他非洲国家的收益都是明显的，因为都是帮助这些长期失声失语、被边缘化的非洲国家"具备了潜在可以改变、塑造国际体系的能力，这是单凭其本身的规模和实力难以企及的"。④ 作为金砖国家中唯一的非洲国家，南非此举可以巩固其为非洲发声的国际地位，证明其拥有足够的地区支持，可以代表非洲大陆的利益，并在 G20 等全球影响力论坛上推动非洲议程。⑤

南非学者认为，邀请其他非洲伙伴加入，是通过建立联盟战略在国际平

---

① Gordon Kgaugelo Letsoalo, Iris Sibanda, Itumeleng Mahabane, "BRICS Summit: The View from South Africa," *Brunswick Group*, August 2023, https://www.brunswickgroup.com/media/11222/southafrica_brics_083023_clean- 002.pdf, 2024-03-14; Cyril Ramaphosa, "South Africa's Foreign Policy and upcoming BRICS summit," August 20, 2023, https:// www.gov.za/news/speeches/president-cyril-ramaphosa-south-africa%E2%80%99s-foreign-policy-and-upcoming-brics-summit-20, 2024-03-14.

② Steven Gruzd, Gustavo de Carvalho, "The Quest for Global Influence", in "The BRICS Summit 2023: Seeking an Alternate World Order?", *Council on Foreign Relations*, 31 August 2023, https://saiia.org.za/research/the-quest-for-global-influence/.

③ Heather Ashby, et. al., "What BRICS Expansion Means for the Bloc's Founding Members,"*USIP*, August 30, 2023, https:// www.usip.org/ publications/2023/08/what-brics-expansion-means-blocs-founding-members, accessed May 5, 2024.

④ Luvuyo Mncanca, "How can South Africa from the BRICS expansion", *University of CapeTown,* https://uct.ac.za/ casewritingcentre/blog/opinion-how-can-south-africa-benefit-brics-expansion, accessed April 3, 2024.

⑤ M. Davies, "South Africa, the BRICS and New Models of Development," *Boao Review*, 25 November 2012 http://www. boaoreview.com/perspective/2012/1121/10.html.

台谈判中推进非洲共同的利益，与后种族隔离时期以来南非的长期外交政策战略是一致的。① 帮助非洲国家加入金砖国家组织，其目标一是彰显南非在国际上作为道德罗盘针和对抗世界上自私自利狭隘利益的原则与声音的形象；目标二是，如南非外交理事会的建议报告② 所言，是南非外交政策服务于解决国内针对其他非洲国家移民的"排外主义"浪潮问题的需要，即通过加强与非洲大陆各国的政治经济联系来改善南非民众（对其他非洲民众）的认知；③第三个目标则是，金砖扩容有助南非和非洲国家实现大陆自贸区建设。④

也不乏怀疑的声音，认为南非有意愿成为非洲霸主，至于能力能否足够强大到能够实现则是另一个问题。印度智库对此回应说，金砖扩容使得金砖国家组织成为发展中国家建立更多共识和对话性质的组织，世界应该乐见其成。⑤ 南非学者的回应则是，壮大金砖国家组织这样一个新兴经济力量，毋宁是一种让不公正的世界秩序获得改革的机会；同时对于其他弱国的提升推举，并不会淹没自己的重要性，如果想改变世界经济体制，让其能够更具有包容性，那就需要参与其中，才有望改变既得利益者和既有全球等级秩序的运转规则；而南非现在的战略就是尝试改善非洲整体的地位，通过经济、外交和改革的话语来提升非洲在世界上的位置，通过非洲大陆自贸区建设来进一步深化地区的整合，以撬动并释放非洲整体地缘经济活力，更进一步参与全球经济；其他非洲新兴力量静悄悄的崛起可能会影响甚至遮蔽南非本身的光辉，但南非在整个非洲大陆当中的形象会有提升，还会站在提升非洲整体地位斗争的一线，继续专注于促进与更多其他非洲

---

① Muzi Sipho Shoba, "South Africa's Foreign Policy Position in BRICS," *Journal of African Union Studies*, Vol. 7, Issue 1, April 2018, pp. 173–188.

② DIRCO, 'Media briefing on the Ministerial Panel Report,' *Foreign Policy Review*, 17 April, 2019, p. 11, *http://www.dirco.gov.za/docs/2019/foreign_policy_review_report0417*, 2024-07-01.

③ 南非外交理事会提供的这一视角非常有启发性，大规模提升本国与外来人口母国的政治经济联系，客观上也会影响本国民众对其认知的改善。全球化时代，对外来人口的排外情绪并非罕见，但政府的相关政策和正面积极引导教育民众，应该是最重要的。类似的，中国在广州出现了对非洲商户的不友好甚至歧视性态度和做法，在疫情期间表现明显；在同样有大量外来商户的义乌，因为整体对外来商户作用的认知不同而几乎看不到任何负面案例。

④ Steven Gruzd, Gustavo de Carvalho, "The Quest for Global Influence".

⑤ Navdeep Suri, Jhanvi Tripathi, "The World Should Welcome the New Kids on the Bloc", in "The BRICS Summit 2023: Seeking an Alternate World Order?", *Council on Foreign Relations*, 31 August 2023.

国家之间的关系，拓展非洲大陆更大的共同平台——这种与整个非洲携手的国际战略，并不妨碍南非自身的经济外交目标，因为其他非洲国家的发展只会是给南非自身带来更大的合作互利的前景。[①]"独行快，众行远"，这与第一代非洲领导人恩克鲁玛所说，"非洲整个大陆的解放，才是加纳最终的解放"的道理相同，恰恰是南非的"乌班图"外交的哲学体现，即"我因我们而存在"。

南非的对非发展型外交：实践与挑战

尽管近年来南非近 80% 国际贸易额度是发生在与大陆以外的五个商业伙伴之间，即依次为中国、德国、美国、英国和日本，但从趋势上来看，随着大陆自贸区建设和非洲内部其他贸易障碍的逐渐消除，南非与大陆的经贸关系仍将进一步增加，2023 年南非的所有出口价值中，非洲大陆占比已经达到 29%，进口额为 8%，博茨瓦纳、斯威士兰、莱索托、毛里求斯、莫桑比克、纳米比亚、津巴布韦等国长期具有重要性。[②]然而，在南非政府的战略规划中，非洲大陆的战略意义远不仅限于经济外交。

（一）对非洲大陆贸易和投资齐头并进

南非与非洲大陆的经济交往，主要得益于其临近性和南非的相对贸易竞争优势。在地区范围内，南非是最复杂的非洲经济体，制造业、商业和资本对于非洲大陆市场的进入都很庞大、很深入，比如南非的标准银行，和其大型超市 Shoprite 一样，在很多非洲国家都随处可见，当然，在地理上，南非远离任何其他大型的非洲经济体或者快速增长的地区，也意味着南非的经济进入还以南部非洲地区为主。2008 年之后，随着国际全球金融危机发生，南非经济下行速度明显高于其国际贸易伙伴，从非洲的进口也下降

---

① Arina Muresan, "South African Engagement in Club Governance: A Boon for Economic Diplomacy."

② South Africa Exports, https://tradingeconomics.com/, accessed April 3, 2024.

了；但南非兰特的贬值意味着南非货物更有竞争力，而且，2008 年南部非洲共同体自贸协定达成，85% 货物是零关税的激励下，南非与其他南部非洲伙伴的贸易量快速增长，一直都保持着南非整个贸易额的 10% ～ 20% 的水平。南非整体国际贸易有赤字，进口多于出口；对于非洲大陆，南非却一直保持着贸易顺差，主要是能够出口其工业制成品和有附加值的货物，这是南非商品唯一一直保持着持续竞争优势的市场，是其活力、竞争力的重要来源，但也是招致很多其他非洲国家不满的根源——南非之于周边地区的外交目标，被视为主要是服务于出口南非商品的目的。

作为回应，南非贸工部部长罗伯特·戴维斯于 2017 年 2 月在接受访谈时说，非洲国家与南非的商贸合作有着积极意义，可以促进大陆的一体化和工业化，而且数据显示，南非与一些非洲国家的贸易平衡正在发生变化。[①]南非在非洲大陆的对外投资影响很大，连续多年投资额仅次于马来西亚，在发展中国家中排名第二，高于中国，在南部非洲的额度相当于英国与美国的总和。[②]如前文所述，随着 1994 年以来南非在全球经济中的自我定位变化而开始的出口导向战略，对外投资于周边地区，服务于大企业在南非政府跨国政策指导下寻求更廉价劳动力的需求。目前，南非的投资仍然主要集中在周边的南部非洲共同体国家，额度占南非总对外投资总数的 26%，另外有 11% 分布在大陆其他国家。南非政府实施积极支持对外投资政策，不仅减少交易控制，也实施各种激励机制来支持，比如，因新冠肺炎疫情损失了大量工作岗位的南非，2022 年在德班举办了非洲旅游展，与以往主要招揽非洲大陆以外的游客不同，这次展览主要吸引消费能力提升的非洲人——旅游局负责人道出了现实需要："疫情令我们都谦卑下来，意识到我们（政府部门）是多么需要私营部门。"[③]

---

① Interview to Robert Davies, 2017, Chatham House, 转引自 Christopher Vandome, "South Africa's Economic Diplomacy in Africa," pp. 253–274。

② P. Mthembu, "South Africa as a Development Partner: An Empirical Analysis of the African Renaissance and International Cooperation Fund," *The Palgrave Handbook of Development Cooperation for Achieving the 2030 Agenda*, eds. by S. Chaturvedi, et al., Palgrave Macmillan, Cham, 2021, https://doi.org/10.1007/978-3-030-57938-8_26, accessed 5 May 2024.

③ 参见拙文《被忽视的自强大陆——多重危机中的非洲能动性》，《文化纵横》2022 年 8 月。

（二）乌班图外交：以"更好的非洲"为目标

近年来，大陆上若干其他非洲国家纷纷快速崛起，南非自身经济则从2008年经济危机以来陷入停滞，虽有相对发达的制造业基础但已经不是大陆上最大的经济体，这无疑限制了其作为地区领头羊的合法性；更重要的是，南非的"非洲议程"也饱受质疑，常常被其他国家视为服务于自身经济利益之举——南非向大陆市场的经济活动，很多是由大型的康采恩和国有企业所推动的，他们与非洲国家政府间以及南非政府本身之间有错综复杂的关系，也往往成为疑虑的起点，让东道国民众常常回想起种族隔离制度时期，而且南非公司占非洲500强公司的30%（2021年根据营业额排行），几乎所有重要私营公司和国有公司都榜上有名，其中有一半都在非洲大陆地区有其布局，这些南非公司在非洲东道国的经营行为，往往也成为南非声誉受损的原因，也影响了南非经济外交的效用。[①] 南非政府也被指责对其他非洲国家居高临下、在给出建议时"颐指气使、自以为是"，特别是姆贝基时代。[②]

南非的地区领导角色，体现为前文讨论过的12年间3次当选和出任联合国安理会（UNSC）非常任理事国角色，也体现在二十国集团中代表和维护非洲国家以及其他南方国家的利益（如前文提到的推动减免债务协议的达成）；南非还主动参与和设计、推动"议程非洲化"的方式把金砖国家组织作为非洲国家谋求发展的主要平台和机会；[③] 此前，南非还发起成立了很多地区和次地区组织，如今天已经纳入成为非盟的发展机构的"非洲发展新伙伴关系（NEPAD）"，也推动了20世纪60年代成立的"非统组织"转型

---

① Christopher Vandome, "South Africa's Economic Diplomacy in Africa," pp. 253–274; Jo-Ansie van Wyk, Lesley Masters, and Philani Mthembup, "South African Foreign Policy, COVID-19, and Health Diplomacy: Sunset or a New Dawn?" pp. 196–216.

② Suzanne Graham, "To Be or Not To Be? Is South Africa a Good International Citizen?" *South African Foreign Policy Review: Ramaphosa and a New Dawn for South African Foreign Policy*, pp. 38–60.

③ 参见拙文《非洲与金砖国家一起期待另一个世界》，载《中国国际战略评论2013》，世界知识出版社，2013年。

为"非洲联盟（AU）"，而且持续作为主要财政支持方（提供 AU 所需 15%的预算）和泛非议会（Pan-African Parliament）与 NEPAD 的预算，也为 15国构成的南部非洲共同体（SDAC）承担 20% 的日常运转经费。[①] 疫情期间，南非轮值非盟主席国时，面对突然而至的全球大流行和北方国家对于防疫物资和疫苗实施的自私保护行径，南非推动了大陆统一采购系统；俄乌冲突导致粮食供应链断裂，引发绝大部分非洲国家的生活必需品物价高居不下，南非总统率领其他 6 国领导人勇敢地走进俄罗斯和乌克兰，郑重地提出解决世界热点难题的非洲方案。

实际上，早在 2011 年南非发表题为"建设更好世界：乌班图外交"的外交政策白皮书里，就开宗明义地指出，"南非自身对于更好世界的追求，与更好世界里更好非洲的追求是一而二、二而一的关系"；"地区和大陆的整合是政治团结和社会经济发展的基础，也是南非繁荣和安全的根本，因而非洲大陆和地区仍然是其外交的中心"。[②] "更好非洲"的具体建设目标有如下 7 个：1. 经济和地区整合；2. 发展和平关联；3. 民主提升；4. 致力于冲突预防和和平解决；5. 地区大陆和全球层面参与并促进多边机制；6. 发展和平的地区和大陆伙伴关系；7. 良治和人权。[③]

南非政府 2011 年发表的由国家发展计划委员会制定的 2030 年愿景中，明确提出作为国家发展远景实现的目标之一，就是从地缘战略和身份认同视角，要增加与南共体国家以及整个非洲大陆的贸易份额，分别从 7% 增加到 25%、从 15% 增加到 30%。[④] 拉马福萨总统上任总统以来，增加了对于非

---

① N. Grobbelaar & Y. Chen, "Understanding South Africa's Role in Achieving Regional and Global Development Progress," *IDS Policy Briefing 64*, Brighton: IDS, 2014, https://www.ids.ac.uk/publications/understanding-south-africas-role-in-achieving-regional-and-global-development-progress/, accessed 5 May 2024.

② DIRCO (Department of International Relations and Cooperation), *Building a Better World: The Diplomacy of Ubuntu. White Paper on South Africa's Foreign Policy*. Pretoria: DIRCO, 2011, pp. 20–26, https://www.gov.za/sites/default/files/gcis_document/201409/foreignpolicy0.pdf, accessed 5 May 2024.

③ Ibid.

④ National Planning Commission, "Advisory on NDP Implementation Priorities for The 2024-2029 MTDP", https://www.nationalplanningcommission.org.za/assets/Documents/ NPC%20Advisory%20on%20NDP%20Implementation%20Priorities%20for%20the%202024- 2029%20MTDP%20September%202024.pdf, p.20, accessed 5 May 2024.

洲的访问，比如 2019 年 12 月访问几内亚、多哥和加纳，来加速经贸投资，这些都是南非公司活动较多的国家，似乎显示出其外交首选项还是经济外交，特别是贸易关系；值得注意的是，携手非洲伙伴国家"促进公正和良政"也是南非总统访问的要点，显示政治经济并重的外交目标。[①] 根据 2024 年 6 月末新任命的外交部长的发言，南非与非洲国家建立了 46 项双边协议机制，其中 12 项属于总统级别，以此保证面对各项事关双边、多边以及全球的重大事项，南非能够及时与非洲伙伴国家进行通畅无阻的交流互动。[②]

（三）对非外交的挑战："道德领导力"与人口流动

从自身发展经验、对发展的愿景的角度出发，南非也建立了相应的政策工具箱，以南南合作方式的发展援助来促进与非洲国家的关系，比如 2009 年建立的南非发展伙伴署（South African Development Partnership Agency，SADPA）和非洲复兴与国际合作基金（African Renaissance and International Cooperation Fund，ARF）。在南非外交领域颇有影响力、被认为帮助政府形成更加清晰外交政策论述的学者 Chris Lansberg 认为，随着南非"发展型国家"的自我定位，应该也在外交政策领域清晰表达出"发展型外交政策"，因为"非洲的状况与南非的贫穷和不平等还有很多共性，因而南非的外交政策界应该广泛结交国际社会，无论是富裕的工业化北方，还是发展中的南方国家，并着意向其讲述非洲的和南非本身的情况"[③]。也就是说，随着南非在非洲大陆经贸介入越深，南非政府开始刻意追求用国际发展合作的政策工具，树立在非洲大陆上促进人权、民主和可持续发展捍卫

---

① R. Patel, "Ramaphosa on three-nation West African tour," *Inside Politics*, 4 December 2019, https:// insidepolitic.co.za/ramaphosa-on-three-nation-west-african-tour/, accessed 30 April 2024.

② Address by the Minister of International Relations and Cooperation, Mr Ronald Lamola (MP), Symposium with South African Institute of International Affairs on South Africa's Foreign Policy, held at the Cape Town International Convention Centre on 11 July 2024, https://dirco.gov.za/wp-content/ uploads/ 2024/07/Symposium-With-South-African-Institute-Of-International-Affairs-On-South-Africas-Foreign-Policy.pdf, accessed July 14th, 2024.

③ N. Grobbelaar, *Rising Powers in International Development: the State of the Debate in South Africa*, IDS Evidence Report 91, Brighton: IDS, 2014.

者的形象。^①南非的国际发展援助，主要用以促进与非洲大陆国家的关系，也有对于亚洲和拉丁美洲国家提供的少量援助，侧重于推动发展中国家的民主和善治进程、解决和预防冲突、促进人力资源开发和人道主义援助，同时，南非也因为快速成长为发达国家备受关注的"新援助国"而由此获得三方合作机会，包括多边机构合作来共同对非洲提供援助。^②

作为积极的规范创新和推行者（norm entrepreneur），南非在拉马福萨总统上任以来，积极热诚地打造"国际好公民"的国家形象，以此来获取更多投资和国际经贸合作，以便加快国家发展，约翰内斯堡大学非洲外交与对外政策博士后研究员 Marcel Nagar 认为，南非这种"道德领导力"不仅止于非洲。^③显然，首先应该从非洲大陆视角评估南非这种通过外交提升国际地位和经贸发展的成效。南非通过非洲发展新伙伴关系开始倡导实施的非洲互查机制（African Peer Review Mechanism），如今已经被纳入到非盟层面、成为非洲国家互相监督良政的主要机制，是南非作为规范创造和推行者的一个成功案例。

值得一提的是，南非积极进取型的外交政策，也意味着经常有求于非洲伙伴国家支持其进入并领导国际组织，比如南非 12 年内 3 次当选联合国安理会非常任理事国席位，南非政府推举的精英目前或曾经领导国际原子能署（IAEA）、国际劳工组织（ILO）、非盟委员会主席等职位，最晚近的案例是南非人出任刚刚成立的非洲大陆自贸区秘书处的总干事。南非因此也难免招致大陆上一些同样雄心勃勃的对手国家心生不满，甚至公开表示反对，尼日利亚就曾经公开指责南非不是真正的非洲国家，而是代表了更亲西方的势力。南非也不得不更加注意自己的外交表达以应对这些情绪，比如策略性地调整了之前叙事上有关"代表非洲的行动"，转而使用"为促进非洲利益和全球南方的利益"；实际行动上，南非开始更多地参与维和

---

① P. Mthembu, "South Africa as a Development Partner: An Empirical Analysis of the African Renaissance and International Cooperation Fund."

② 王妍蕾：《南非的国际发展援助》，《东岳论丛》2013 年第 8 期，第 172—175 页。

③ Marcel Nagar, "The Art of Reconciling Power and Morality: South Africa's Norm Entrepreneurship Under Cyril Ramaphosa," pp. 61–84, p. 70.

行动等。[①]

　　同样影响双边关系的，是南非棘手的处理境内非洲大陆移民的问题。南非不遗余力地推动大陆自贸区的签订，拉马福萨总统个人甚至高调倡导这是大陆新黎明的到来；但是南非迄今并没有签署其项下的人员自由流动协议，原因就是其已经成为非洲最大的移民接受国（南非统计部官网显示，2021 年数字是 290 万，2019 年曾经高达 400 万）和难以计数的非法入境人员——在多年经济停滞、失业率不断攀高（2024 年全国平均为 32.9%，青年人高达 45.5%，而 2021 年曾经高达 64%）的背景下，焦虑工作机会被外来人口抢夺的民众形成了多轮排外浪潮（如 2008、2019 年）。从事相关研究的南非学者智库认为，有政党和政客刻意在大选和地方选举过程中散布民粹主义和仇外言论，也是激发排外行动的主要原因。[②]

　　如前文所言，社会中出现排外情绪和行为，是民族国家主导的现代性世界政治中经常发作的病症，绝不是南非独有。欧洲国家近年来普遍出现的右翼政党卷土重来，跟针对境内大量来自南方国家的移民或者难民有直接的关系，德国进入议会的右翼政党德国选择党，甚至公开打出"孩子还是要我们自己生"的竞选口号。南非的排外主义顽疾，也与南非种群之间暴力战争形成现代国家的路径直接相关——阿非利卡人领袖率众一路逃离英国人控制的沿海地区、深入内陆建立起共和国的过程，都是暴力驱逐当地的黑人民众，比如恩德贝莱人就被迫向北退到今日津巴布韦境内，被多次暴力排外针对的津巴布韦人正是这些恩德贝莱人的后裔。南非建立起世界第一大黄金储藏国声誉的过程，也发生了无数次黑人、阿非利卡人和英国人之间的混战、直到前文所述 1910 年两个白人群体媾和成立了排除黑人所有政治权利和福祉可能的南非联邦。1994 年的南非，仿佛当年的淘金热一样，

---

　　① Jo-Ansie van Wyk, "South Africa's Candidature Diplomacy," *South African Foreign Policy Review: Ramaphasa and a New Dawn for South African Foreign Policy*, eds. by Jesley Masters, et. al., pp. 299–300.

　　② Khangelani Moyo and Franzisca Zanker, *Political Contestations within South African Migration Governance*, Freiburg, Germany: Arnold Bergstraesser Institute, 2020; Khangelani Moyo, "South Africa Reckons with Its Status as a Top Immigration Destination, Apartheid History, and Economic Challenges," *Migration Policy Institute*, November 18, 2021, https:// www.migrationpolicy.org/article/ south-africa-immigration- destination-history, accessed 13 July 2024.

瞬间吸引了大量其他非洲国家公民入境寻找发展机会。早在 20 世纪 90 年代末就发生了排外现象，南非政府官员们记录、并开始邀请有关学者智库对此进行系统调查研究。[①]2008 年，在以反对种族隔离制度的活动著称的亚历山大棚户区（township，即贫民窟——原来在隔离制度时建立的给黑人工人居住开始的简陋住宅区），2 周内发生了 60 人死亡、700 多人受伤、10 万多人流离失所的重大排外浪潮，因为时任总统姆贝基最初没有认为这么严重，当成偶发的零星犯罪行为，后来被广泛责备应对不力。[②]

南非政府 2015 年针对民众对于外来人口的民意调查，显示了令人惊讶的结果，63% 的南非人认为移民引发犯罪，44% 的说移民会带来疾病，64% 的说外来人会用尽南非的资源，而且不同族群的相关认知比例大体一致。[③]根据既有的研究，其他后殖民国家同样出现了对于他者的不宽容和将本国问题推给外来人口的"替罪羊心理"，卢旺达、科特迪瓦都曾经出现类似情况——努力推动国民超越传统族裔界限的认知、建设共同体成员和归属意识的国家，其过程中往往容易同时出现排外主义心理和行为。有人称此为全球南方国家的民主乱象、是民主与日常暴力并存，但实际上与殖民过程脱离不开干系，歪曲的发展模式以及排他性的政治安排，歪曲塑造了历经这些历史过程的民众对外来人口作为"他者"的思想。[④]南非民主政权自建立以来，包容性的制度和政策是很明显的，但"民族国家"制度与生俱来的难题就是：如何界定南非人、谁是享有责任也有义务的公民权持有者、如何平衡保护本国公众和开放性要求、如何面对那些来寻找机会的"他者"外人——不论是其来自北方国家、还是来自全球南方伙伴国家。

2019 年排外发生后，拉马福萨总统和时任庞多尔外长分别向受影响人士所来自的国家表达了道歉，但批评家们纷纷指出，南非政府没能回答南非社会为什么会对其他国家非洲人存在敌意。排外的发生和官方不情愿的道歉，显示了全球化对南非作为民族国家的国际形象和外交关系造成的破

---

① Evan Lieberman, *Until We Have Won Our Liberty, South Africa after Apartheid,* pp. 235–237.

② Hashi Kenneth Tafira, *Xenophobia in South Africa: A History*, Palgrave Macmillan imp 2018, p.237.

③ Ibid, p. 66.

④ Ibid, p. 47.

坏性影响，这种破坏未来数年仍可能发生，使南非与周边非洲国家之间的关系因此而日渐复杂。①更为重要的是，南非政府需要承认，当代所有国家的发展都涉及引智，2011 年政府终结了移民许可配额制，转变为确认关键或特许技术人才分配工作签证制度，构成了一定管理障碍。2017 年，南非发布了《国际移民白皮书》，承认国际移民对于南非经济的积极贡献，此举被视为积极防范排外主义的举措之一。

全球利益与国家利益之间的南非当代外交

拉马福萨总统上任以来，力图扭转祖马在任时期更加关注自我利益的外交倾向，转向重建南非积极热情的"国际好公民"形象，认为这不是宣扬一国价值观优越于其他人，或者贩卖全球道德优越名片，而是自觉而有意识地动员广泛的社会讨论并以此影响国家的外交政策制定和决策，国家因此而确信自身追求的国家利益与全球利益完美合拍。②2018 年 9 月 24 日庆祝曼德拉百年诞辰日之际，南非利用作为安理会轮值主席而推动其成为联合国"曼德拉国际日"，继承曼德拉为公正和平的世界而努力的遗产，将2019—2028 年定义为"曼德拉和平十年"。这种善用历史资源、重建南非道德主义国家形象、塑造南非是国际事务主要行为体的努力，被作为社会建构主义理论好案例广泛使用，显示南非能够以娴熟的软实力手段实现经济外交的目标。③

显然，南非并非只在狭隘的国家经济利益的自我驱动力下展开外交行动，如上所述，这在疫情期间至今都体现得非常明显。2020 年在轮值非盟主席国期间，南非通过致力于人权公正、良政和民主规范以及枪声沉寂三个主题，来推动整个非洲大陆形成社会经济发展的稳定环境、有效精准落实大陆自贸区以提升大陆的整合、以互查机制来促进民主良政。本着其倡

---

① Bianca Naude, "South African Foreign Policy and the Search for Ontological Security," p. 21.

② Marcel Nagar, "The Art of Reconciling Power and Morality: South Africa's Norm Entrepreneurship Under Cyril Ramaphosa," pp. 61–84.

③ Ibid, p. 63.

导的规则基础上的公正而公平的世界秩序的原则，南非设立了3.21亿兰特的紧急应对基金来领导非洲合作，共同应对疫情，以后还设计了经济刺激计划来支持疫情中和疫情后的大陆经济发展，这都是令国际社会肃然起敬的强大领导力的表现。南非领导下的非盟成员国间的多边主义团结，与疫情期间各大国普遍更加内向和自我关照的表现形成鲜明对照（同一时间内欧盟成员国明显的单边主义和自私自利使其主席冯德莱恩女士甚至要对没有能做出更多的支持和协调进行公开道歉）。

南非的外交经常被其国内学者批评为在务实的经济外交和以价值和规则的倡导者来提升其国际形象之间摇摆。从南非在以巴冲突上的立场上可以看出，南非在外交上更重视后者、并视其为立身之本，至少当下拉马福萨任总统是如此。2018年，南非开始公开谴责以色列针对巴勒斯坦人的行动，国内包括执政党ANC和更激进的经济自由斗士都多次公开游行支持巴勒斯坦人民的斗争，显示了跨党派和颇为广泛的民意基础的对于国际团结的重视，也是对曼德拉精神遗产的继承。尽管南非是以色列在非洲最大的经贸伙伴，早在2019年，南非就将其驻以色列使馆降级为联络处；2023年10月以色列对加沙地区的狂轰滥炸升级以后，南非迅速断绝了与以色列的经贸往来，并如前文所示，12月中旬做出了向国际法院提交以色列进行大屠杀的议案（虽然当时最大反对党民主联盟不同意南非政府此举）。南非政府对此的解释是，与呼吁联合国安理会向更加民主化方向改革的要求一样，是出于推动全球转型、建立让所有国家受益的目的。显然，与其在金砖国家组织中的"非洲优先"目标一样，体现了通过促进南南合作、在大陆上提升自我形象、打造作为非洲与金砖国家的桥梁的目标，也是出于以自身为桥、促进南方国家与北方合作的自我功能定位。可以说，在革故（改造旧国际秩序、改变北方国家对非认知）和鼎新（重视南南合作、特别是金砖国家和非洲大陆伙伴，以此作为突破其结构性困境、建立国际形象的道路）两个方向的外交努力背后，是南非30年来自我国际地位和角色的探索实践，在认知调整的过程中，逐渐坚定南方国家的定位，且对于作为代言人角色乐此不疲，甚至不惜损失某些国家现实经济利益。

2019年以来，中、俄、南非三国在金砖国家机制下举行军演（Mosi Exercise），很多西方观察家惊呼南非"军事效忠发生改变"——确实南非以往大块军事战略合作伙伴关系都是与北约国家之间的，特别是因为在辎重装备和标准上都更加一致；但是南非学者并不同意将这种军事合作行动简单视作南非加入非西方伙伴阵营的表现，而认为这是其更加务实的战略选择，扩大合作伙伴范围服务于南非外交政策目标和军事发展的要求，力求在更多元的合作伙伴、多样的学习经历中成长。[①] 狭隘的地缘政治竞争视角，只会看到大国的竞争，所以只从南非选边站队的角度来看待这一动向，看不到南非是在更加有自我意识、更加独立自主地拓展外交合作版图。

---

① P. Fabricius, "South Africa's military drills with Russia and China raise eyebrows," *ISS Today*, 29 November 2019, https://issafrica.org/iss-today/south-africas-military-drillswith-russia-and-china-raise-eyebrows, accessed 15 May 2024.

下篇　可持续性视角下的
　　　中国-南非合作研究

第四章

中-南全方位合作惠及南非
可持续发展的重要领域

中南友好的核心起点是共同的反帝反殖历史；当代紧密合作的目的，则意在推进全球国际经济和政治体系改革。

中国的经济奇迹和 8 亿人摆脱贫困对于南非来说具有重大的启发意义。南非当代的梦想是经济快速增长、克服贫困，因此，"一带一路"倡议在南非被视为通往繁荣的"快车道"。

中-南合作全景扫描：进入"黄金时代"

〔南非〕加思·谢尔顿著　刘海方译

自 1998 年正式建立外交关系以来的 25 年里，中南关系得到了显著加强。目前，中国是南非最大的双边贸易伙伴，也是南非最大的投资国之一。中南两国拥有一系列共同利益，最重要的是希望重构布雷顿森林体系、建设更加公平公正、均衡稳定的全球金融体系。中南"全面战略伙伴关系协定"的签署，体现了双方广泛的共同利益和目标，该协定确认了双方在广泛的双边和多边活动中扩大和深化经济与政治合作的共同意愿。积极友好的中南交往，建立在两国共同利益和目标的基础上。

坚实的友谊和深度的互动，预示着中南合作充满希望，将进入一个新的"黄金时代"，未来的 25 年将更有价值、更有意义、更加互利。

（一）过去二十五年的合作的积极成果

第一，贸易：中国是南非最大的贸易伙伴（2023 年超过 240 亿美元）。南非是世界上主要的原材料生产国之一，在过去 25 年里，中国一直是这些原材料的最大消费国之一。

第二，高层合作促成了中南新时代全方位战略合作伙伴关系。

第三，合作机制：促使中南合作取得如此多积极成果的机制包括以下方面：

人文交流：智库交流、学生交流；

中–南工商论坛：有助于促进商业合作；

执政两党的关系：中国共产党与南非执政党非国大和南非共产党（SACP）有定期而密集的交流，为两国之间持久真诚的友谊奠定了基础；

国家双边委员会：双方外交官定期会面，促进共同利益，分享观点；

双边经济和贸易联合委员会：监测和促进双边贸易；

联合工作组：促进合作，提出新的合作途径；

中非合作论坛：中南两国通过密切合作，共同推动非洲大陆发展；

"一带一路"倡议：南非已签署协议，期待在扩大基础设施建设方面开展广泛合作；

基础四国集团机制：南非与中国和其他（印度、巴西）新兴经济体国家密切合作，推动环境公正转型。

金砖国家组织：中南双方都积极支持和推动金砖国家加强和扩大合作。

《十年战略合作计划协议（2020—2029）》：2020 年签署，概述了双边扩大商业合作的许多机会，协议的重点是经济合作、文化和体育交流，以及媒体合作新计划。

（二）中南合作的重点：解决青年失业问题

影响中非和中南关系的一个关键问题就是，为什么非洲和南非的青年失业率很高？

中非合作的下一个"黄金25年"将由南非青年塑造。面向未来，中南合作要以青年为重点。非洲约占地球表面积的20%，拥有超过14亿人口，其中许多人年龄在25岁以下。在人口方面，非洲是世界上最年轻的大陆，也是最需要青年发展和培训的大陆。到2050年，非洲人口预计将达到25亿，快速增长的人口的发展需求对其决策者和政府都构成了非常重大的挑战。

有利的条件是，非洲拥有占世界60%的可耕地（其中大部分尚未完全开发）、世界30%的制造业所需的核心矿产储备和占世界12%的石油。到2034年，非洲的适龄劳动人口将超过中国或印度。然而，非洲国民生产总值只占全球的3%，占全球贸易的3%左右，贸易主要集中在初级商品和自然资源上。

非洲为全球工业化和财富创造提供了必不可少的原材料，却在经济发展和商业方面大大落后于其他地区；非洲推动了世界各地的工业革命，却没有推动大陆本身的，其结果是大陆缺乏发展、经济增长缓慢、持续贫困和非常严重的青年失业。

目前，南非的整体失业率约为30%，而一些报告显示，25岁以下人群的失业率超过50%。因此，在南非创造就业机会，特别是为青年创造就业机会的挑战，对于长期繁荣至关重要，而且日益紧迫。

（三）促进南非经济增长

影响中南关系的一个关键问题是，为什么南非的经济增长持续缓慢？

大多数发展理论家都会同意，创造就业和繁荣的最佳方式是通过工业化。工业化，加上吸引外国投资、保护市场、提高生产率和注重国际贸易，是国内生产总值增长和创造就业机会的关键。正如卡尔·波兰尼（Karl Polanyi）在他的著作《大转型》（*The Great Transformation*）中所指出的那样，机械（工业化）的引入对于创造现代市场经济和产生有效的物质生产可以解决人类的问题，对转型人类当下的文明进程至关重要。

二战后的"亚洲四小龙"、特别是中国，通过注重工业化和出口，创造了经济快速增长的奇迹。在哈佛大学出版社出版的《四小龙——亚洲工业化的扩展》一书中，傅高义详细记录了东亚经济的成功。对于全球工业化趋势和聚焦于全球贸易而言，南非（以及整个非洲）远落于后。非洲国民生产总值增长缓慢有很多原因，[①] 其中包括：

- 过度依赖大宗商品出口；
- 缺乏足够的培训和教育，导致生产力低下；
- 缺乏基础设施（和电力供应）；
- 经济（工业）政策没有将发展作为优先项；[②]
- 不友好的商业环境；
- 国内外投资水平低；
- 非竞争性的经济体。

非洲各国政府充分认识到目前的挑战，并了解工业化和创造就业机会的迫切需要，但一直未能将发展的愿望转化为将提高经济迅速增长的适当经济政策和具体行动。

世界银行题为"东亚奇迹"的研究，有些政策在现代世界经济增长走向成功的过程中至关重要，比如经济特区。非洲虽然建立了经济特区（SEZs），但它们并没有吸引大量投资，实际上创造的就业机会也很少。因此，经济增长仍然缓慢，政府债务持续扩大。南非一直无法吸引大量外国直接投资到经济特区，国内对经济特区的投资也依然低迷。南非的经济增长今天徘徊或低于 1%，未来 5 至 10 年几乎没有快速增长的前景。南非需要在未来 20 年保持 5%—6% 的持续增长率，才能够应对当前的挑战并解决青年失业问题。

非洲作为后来发展者，需要快速能够迅速实现工业化，缩小与其他社会的发展差距。[③] 许多学者指出，如果制定正确的政策并忠实执行，非洲将

---

① Moletsi Mbeki, *Architects of Poverty*, Johannesburg: Picador Publishing, 2009.

② Elly Twineyo-Kamugisha, *Why Africa Fails: The Case For Growth Before Democracy*, Cape Town: Tafelberg, 2012 .

③ Greg Mills, *Why Africa is Poor and What Africans Can Do About It*, Penguin Books, 2012.

有巨大的增长和繁荣潜力。[①]

现在很清楚，贫困不是不可避免的，与经济发展有关的大量知识现在已经可以广泛使用。[②]中国的经济奇迹使8亿多人口摆脱了贫困，开辟了富裕和美好生活的道路。非洲需要充分了解中国的成功，并在适当的时候吸取必要的经验教训。[③]至少在短期内，非洲需要中国的、也需要其他解决方案来应对青年失业的挑战。

（四）中南合作促进青年就业

教育是你可以用来改变世界的最有力的武器。

——纳尔逊·曼德拉

全球发展倡议（GDI）为促进非洲经济发展和青年就业提供了全面的框架和灵感。GDI 可以引领中非合作走向共同发展、共同繁荣，在这方面，GDI 提出了下列适合促进非洲青年发展的指导方针：

- 创新——需要新的想法来促进青年的发展；
- 以行动为导向——将发展战略转化为务实行动；
- 优先扶贫，以提升边缘化社区；
- 合作重点是推进 2030 年可持续发展目标。

展望未来，我们面临的挑战是确定具体行动和方案，将其纳入 GDI、中非合作论坛和"一带一路"框架，推动中非关系发展，以促进青年的发展，

---

① Vijay Mahajan, *Africa Rising: How 900 Million African Consumers Offer More Than You Think*, Pearson Publishing, 2008; Acha Leke, *Africa's Business Revolution—How to Succeed in the World's Next Big Growth Market*, Harvard Business Review Press, and Kingsley C. Moghalu, *Emerging Africa*, Penguin Books, 2018.

② Jeffrey Sachs, *The End of Poverty—How We Can Make it Happen in Our Lifetime*, Penguin Books, 2005; Jakkie Cilliers, *Africa First—Igniting a Growth Revolution*, Jonathan Ball Publishers, 2020.

③ Greg Mills, et. al., *Making Africa Work—A Handbook for Economic Success*, Cape Town: Tafelberg, 2017.

这是中南关系的一个核心问题。

南非和中国在一系列外交机制上有着卓越的合作、友谊和团结，包括中非合作论坛、"一带一路"倡议、金砖国家（巴西、俄罗斯、印度、中国和南非），以及众多双边合作协议和战略伙伴关系。此外，中非人文交流发展良好，为非洲青年发展提供了新知识和新思路。中南两国在青年发展和就业等领域互利合作潜力巨大。

（五）关于与中国合作促进青年发展和就业的建议

困难中蕴藏着机会。

——阿尔伯特·爱因斯坦

今天的职场是变动不居的，不断向新的和不同的方向发展，所需要的技能和知识可能还不存在。这种充满挑战的环境要求年轻人具有创造力，为其选择而进行探索，并广泛发展一系列可转移的技能。因此，重要的是要广泛地考虑选择就业，并对可能的职业或工作机会持现实态度。

——开普敦大学就业服务中心

所以，关键问题在于，中国这样的外部参与者如何促进南非青年的发展？

我们要开辟中非合作的新前景，扩大贸易和投资，分享减贫和消除贫困的经验，加强数字经济合作，促进非洲青年创业，促进中小企业发展。

——习近平主席《治国理政》第四卷

据此，对中南合作以促进青年发展的具体可能的建议方案是：

- 鲁班工坊：在许多非洲国家，职业培训而不是学术研究，可能更适合促进发展和为青年创造就业机会。

- 学位生：在中国的学术机构研究，每年有数千名非洲人在中国学习。这一进程无疑使非洲青年受益。

- 信息通信技术/数字培训：华为公司已经在南非积极培训年轻人计算机编程和信息通信技术应用。

- 绿色技术为就业提供了许多新的机会，太阳能电池板安装是一个新的和不断增长的经济活动，可以为年轻人提供就业机会。

- 减缓气候变化：任何有助于减少气候损害的商业活动都具有巨大潜力。在这方面，循环回收活动也提供了许多新的就业机会。

- 支持中小企业创业（非正规经济）：在南非，大约20%的劳动力受雇于非正规经济。[1]扩大非正规经济的项目可能会有所帮助。

- 农业现代化：许多非洲农民参观了中国不同地区的实验性的农场。这些访问有助于非洲的农业生产进程，并且可以扩大。

- 旅游业：会说普通话的非洲导游可以在扩大中国到非洲的旅游业方面发挥重要作用（孔子学院或许可以在他们的课程中加入这一点）。

- 参与蓝海经济：非洲海岸线丰富的海洋资源为渔业和相关活动提供了新的合资机会和就业机会。

　　我建议，在下一届中非合作论坛宣言中，甚至可以考虑直接将解决青年培训和就业问题的具体计划和想法纳入（可以列入10个促进非洲青年发展的新项目）。

　　人文交流：鼓励智库合作，促进青年发展。定期召开智库会议可以产生促进创造就业的新想法。

　　摆脱贫困：习近平主席所著《摆脱贫困》提供了丰富的减贫、创造就业和促进经济增长的知识，非洲青年应该学习这本书，以获得如何克服贫困的灵感和新想法。

---

① Greg Mills, *Better Choices—Ensuring South Africa's Future*, Picador Publishers.

- 赋能年轻女性：青年发展计划应特别关注提升年轻女性并将她们纳入劳动力队伍。
- 释放非洲人的才智：实施非洲青年才俊特别计划，将有助于培养卓越人才和创业精神。私营公司经常抱怨大学没有培养出企业界所需的人才。因此，许多公司建立了自己的培训项目来填补空缺。"对人才发展的明智投资"可以对生产力和产出产生重大影响。

（六）克服瓶颈、拓展中南合作的可能解决方案

商务方面的瓶颈和可能的解决方案（基于南非本地的知识和顾问的建议）如下：

- 签证：金砖国家应考虑为成员国提供特殊签证；
- 黑人经济赋权法：商业顾问可以提供帮助；
- 复杂的劳动法：法律顾问可以提供建议；
- 活跃的工会：与工人和工会保持良好的关系；
- 投资政策——加强与地方政府的合作；
- 个人安全：与当地社区建立积极的关系；
- 电力供应：安装替代能源供应系统；
- 运输挑战：与运输供应商密切合作；
- 经济政策的不确定性：政策是否促进了经济增长？是的，但速度缓慢。

展望：前进之路

每年有成千上万的非洲人访问东亚，学习东亚经济成功的经验。

——奥巴桑乔

我们拥有克服贫困和失业的知识、经验和技术。总的来说，现代世界比人类历史上任何时候都更加富裕、繁荣和充实。那些尚未参与成功现代化进程的人将是明天的成功故事。[①]

——奥卢塞贡·奥巴桑乔

中南友好合作在双边合作、中非合作论坛和"一带一路"框架下根基牢固。本文包含的许多建议符合中非合作论坛目前与非洲积极合作中的九大项目。扩大以青年为重点的项目和计划，将为未来25年加强中南战略伙伴关系、迈向共同繁荣的未来做出重要贡献。通过我们的辩论、知识分享和头脑风暴，我们可以化障碍为进阶之石，建设我们梦想的共同繁荣的未来。

---

① Olusegun Obasanjo, *The Asian Aspiration—Why and How Africa Should Emulate Asia*, Picador Publishers.

中南合作促进非洲大陆自贸区建设：
认知、实践与前景

何则锐

2023 年 8 月 22 日至 24 日，第十五届金砖峰会在南非约翰内斯堡召开。作为轮值主席国，南非将峰会主题确定为"金砖与非洲：深化伙伴关系，促进彼此增长，实现可持续发展，加强包容性多边主义"。拉马福萨总统表示："非洲自贸区的成功需要对基础设施进行大规模投资，建设道路、港口、铁路、能源和电信网络，促进工业化和贸易，金砖国家对非合作将为非洲提供重要的基础设施与发展融资，推动非洲大陆自贸区建设，为非洲发展创造重大机遇。南非在不断增长的非洲市场中居有重要位置。南非拥有多元化且成熟的经济。南非拥有非洲最先进的工业创新和制造基地，深厚的本土资本市场和强大的金融体系，世界一流的基础设施，丰富的自然资源，成熟的产业集群和完善的投资激励措施，为新兴国家对非投资提供了可观的利润空间。"[1]

近年来，南非日益关注南南合作对于非洲大陆自贸区建设的作用，积极推动新兴国家以非洲大陆自贸区建设为契机加强对非合作，助力非洲可持续发展。其中，作为非洲最大的贸易伙伴国与重要的投资国，中国在推动非洲大陆自贸区建设中的角色尤其受到南非关注。通过金砖国家、中非合作论坛等平台，中南不断深化基础设施、工业化乃至粮食安全、绿色转型、数字经济、公共卫生等方方面面的合作。中南合作对于非洲可持续发展的意义已受到学界的关注。一些学者认为，南非在中非发展合作中积极扮演了"桥梁"作用，通过引领非洲一体化进程与国际对非南南合作，推动了南非与非洲工业化进程与共同可持续发展。[2]另一些学者也对中南共促非

---

[1] The Presidency, "Address by President Cyril Ramaphosa at the BRICS Business Forum Leaders' Dialogue," https://www.thepresidency.gov.za/speeches/address-president-cyril-ramaphosa-brics-business-forum-leaders%27-dialogue，查询时间：2023 年 8 月 25 日。

[2] 刘海方：《金砖与非洲：期待另一个世界》，载王缉思主编：《中国国际战略评 2013》，世界知识出版社，2013 年，第 238—263 页；徐国庆：《金砖国家德班班峰会：非洲发展（转下页）

洲可持续发展的实践进行了反思，认为中南对非贸易投资与发展合作存在复刻南北依附关系的可能，且南非政策理念与执行能力间的落差、官方政策与社会舆论的失衡等也影响了对非合作的效率。因此，中南合作必须始终围绕非洲关键需求，致力于提升国家能力建设，真正实现南南合作的共赢结果。[①]

笔者希望以非洲大陆自贸区建设为切入点，探讨中南合作如何持续推动非洲可持续发展进程。首先，将在非洲一体化与南南合作的背景下探讨中南伙伴关系的源起。其次，梳理中南推动非洲大陆自贸区建设的实践，聚焦于非洲工业化与基础设施等关键领域产生的丰硕成果。最后，探讨中南

（接上页）的新机遇》，《西亚非洲》2013 年第 3 期，第 1—17 页；卓振伟、罗建波：《南非的对外援助：身份定位与战略选择》，《西亚非洲》2021 年第 5 期，第 103—129 页；杨立华：《南非的民主转型与国家治理》，《西亚非洲》2015 年第 4 期，第 133—160 页。Phiwokuhle Mnyandu, *South Africa-China Relations: Between Aspiration and Reality in a New Global Order*; Liu Haifang, "South Africa and China: Solidarity and Beyond," in Adekeye Adebajo, Kudrat Virk, *Foreign Policy in Post-Apartheid South Africa: Security, Diplomacy and Trade*, I. B. Tauris, 2018, pp. 375–392; Muzi Shoba, Oliver Mtapuri, "An Appraisal of the Drivers Behind South Africa and China Relations," *African Identities*, 2022, pp. 1–17; Candice Moore, "Thabo Mebki and South Africa's African Identity: A Review of 20 Years of South Africa's Africa Policy," *African Identities*, Vol.12, Nos. 3–4, 2014, p. 371–389; Chris Landsberg, "The Concentric Circles of South Africa's Foreign Policy under Jacob Zuma," *India Quarterly*, Vol.70, No.2, 2014, pp. 153–172; Mpumelelo Kansas Mkhabela, Christopher Changwe Nshimbi, "Post-Apartheid South Africa and African Continental Integration: The Contribution of South African Multinational Corporations to Integration in Africa," *Journal of African Business*, 2023, pp. 1–22; Jeremy Stevens, "Manufacturing for Intra-Africa Trade: A Focused Response to China's Dominant Position in Africa for South Africa," in Chris Alden, Yu-Shan Wu, *South Africa-China Relations: A Partnership of Paradoxes*, Palgrave macmillan, 2021, pp. 120–122; Chris Alden and Yu-Shan Wu, "Leadership, Global Agendas and Domestic Determinants of South Africa's Foreign Policy Towards China: The Zuma and Ramaphosa Years," *Ibid.*, pp. 37–63.

[①] Eddy Maloka, *When Foreign Becomes Domestic: The Interplay of National Interests, Pan-Africanism and Internationalism in South Africa's Foreign Policy*; Adekeye Adebajo, "South Africa in Africa: Messiah or mercantilist?" *South African Journal of International Affairs*, Vol.14, No.1, 2007, pp. 29–47; Mzukisi Qobo, "Refocusing South Africa's Economic Diplomacy: The 'African Agenda' and Emerging Powers," *South African Journal of International Affairs*, Vol.17, No.1, 2010, pp. 13–28; Brendan Vickers, "Richard Cawood. South Africa's Corporate Expansion: Towards an SA INC. Approach in Africa," in *Foreign Policy in Post-Apartheid South Africa: Security, Diplomacy and Trade*, pp. 131–152; Christopher Vandome, "South Africa's Economic Diplomacy in Africa,"; Maria Nkhonjera, Simon Roberts, "Regional Integration and Industrial Development in Southern Africa: Where Does South Africa Stand?" in Daniel D. Bradlow and Elizabeth Sidiropoulos, *Values, Interests and Power: South Africa Foreign Policy in Uncertain Times*, Pretoria: Pretoria University Law Press, 2020, pp. 145–152.

在推动非洲大陆自贸区建设中面临的挑战，以及在新的全球与区域环境下，中南合作应当关注的新机遇。

（一）中南合作推动非洲大陆自贸区建设的背景与认知

非洲大陆自贸区建设是非洲为摆脱在经济全球化中日益边缘化的困境，谋求向全球价值链上游攀升的集体努力。非洲大陆自贸区建设预计将极大提升区域内贸易投资与互联互通水平，加强非洲对国际投资的吸引力，促进非洲经济可持续增长。随着新兴国家对非贸易投资与发展合作的扩展，南南合作对于非洲大陆自贸区建设的意义不断增强。在这一背景下，基于泛非主义与国内经济发展需求，南非扮演了积极促进金砖国家对非南南合作的重要桥梁角色，中南合作对于非洲发展的促进作用尤其明显。中国是非洲最大的贸易伙伴与重要投资国，中南具有促进非洲可持续发展的共同理念，非洲大陆自贸区建设为中南合作推动非洲发展提供了新的机遇。

1. 非洲大陆自贸区建设：携手共同向全球价值链上游攀升

自 20 世纪 90 年代以来，随着冷战结束与经济全球化的加速，全球价值链日益扩展，将几乎所有国家与地区囊括其中，世界经济的相互依存度也日益提升。然而，全球价值链对世界各国与各地区的影响是不均衡的。信息通信技术的变革与知识经济的蓬勃为发达国家的经济增长提供了新机遇，使其继续巩固在全球价值链的上游地位，一些发展中国家，如中国、印度、巴西等，通过经济市场化改革与政府主导的产业政策承接了来自发达国家的产业转移，有力提升了本国工业化水平，使其从全球价值链的底部不断向中上游攀升。然而，其他发展中地区，如撒哈拉以南非洲，尽管并未缺席全球价值链建设，但被继续锁定在能源与原材料提供者的底层位置，工业化进程迟缓，经济增长未能带来脱贫、降低失业率、基础设施建设等民生福利的根本提升。非洲经济在全球价值链中被进一步边缘化。[①] 与此同时，由于非洲经济增长高度依赖外部需求，更易受到全球价值链波动的冲击，非

---

① Malte Brosig, *Africa in a Changing Global Order: Marginal but Meaningful?* Switzerland: Palgrave Macmillan, 2021, p. 29.

洲经济的脆弱性也进一步提升。

为了扭转非洲在全球价值链中的不利地位，非洲各国自 20 世纪 90 年代起也通过重启非洲经济一体化进程来提升工业能力、减少外部依赖、促进自主发展。区域经济一体化是发展中地区向产业链上游攀升的重要方式。许多发展中国家由于国内市场狭小，缺少经济发展所必要的资本、市场、资源与劳动力。区域经济一体化可以形成规模经济效应，通过整合各类生产要素激发经济增长的潜能。譬如，东盟（ASEAN）与南方共同市场（MERCOSUR）有效提升了东南亚与拉美地区的工业化水平。非洲大陆自贸区建设是非盟《2063 年议程》的旗舰项目之一，也是非洲一体化的最新成果。非洲大陆自贸区建设旨在改变非洲各国高度依赖对外贸易而基础设施与工业化投资不足的困境，整合非洲大陆广阔的市场、丰富的自然资源、充沛的劳动力储备与各国发展经验等，激发非洲自主发展的潜力。2018 年 3 月，非洲 44 国领导人齐聚卢旺达首都基加利，签署《非洲大陆自由贸易区基本协定》。2019 年 5 月 30 日，第一阶段协议生效并于同年 7 月启动实施程序。2021 年 1 月 1 日，非洲大陆自贸区正式实施，90% 的非敏感产品将于 2025 年前实现自由流动。① 截至 2023 年 11 月，非盟 54 个成员国已加入非洲自贸区协定，其中 47 国已在国内层面获得立法通过。

非洲大陆自贸区建设主要分为两个阶段：第一阶段主要围绕货物贸易、服务贸易与争端阶段机制展开谈判，第二阶段则包括投资、竞争政策、知识产权、数字贸易及贸易中的女性与青年等议题。截至目前，第一阶段的全部内容已完成谈判，第二阶段的投资、竞争政策与知识产权议定书也已在 2023 年 2 月召开的第 26 届非盟峰会上获得通过。具体而言，非洲大陆自贸区建设的主要目的在于，其一，大幅降低成员国间的关税壁垒与非关税壁垒，解决各次区域经济一体化进程不平衡与成员国身份重叠的问题，预计至 2040 年将非洲区域贸易占对外贸易的比重从 18% 提升至 50%；其二，促进非洲各国间的跨国投资与国际对非投资，通过提升各国贸易开放度、基础设施与营商环境提升投资吸引力；其三，推动区域价值链的深化与工业

---

① 刘海方：《非洲重回世界中心还是大国在非洲的博弈——从全球对非峰会外交说起》，载王缉思主编：《中国国际战略评论 2019》（上），世界知识出版社，2019 年，第 159 页。

化进程，发挥各成员国间的比较优势，减少低层次的同质化竞争，通过规模效应促进非洲本土产业的发展。[①]

与此同时，非洲大陆自贸区建设也需要国际发展合作的支持。投资不足是非洲工业化面临的首要困境。一方面，国际对非投资无法满足非洲发展需求。非洲开发银行（AfDB）的数据显示，非洲基础设施每年都面临 600 亿—1000 亿美元的资金缺口。[②]另一方面，由于腐败与政治不稳定等因素，非洲本土资本大量流失。联合国 2030 年可持续发展目标 17 指出，"重振可持续发展全球伙伴关系"，通过南北、南南、三方合作等多种方式为发展中国家提供筹资、技术、能力建设、贸易支持。

在推动非洲工业化与基础设施建设等方面，南南合作的作用不断凸显。南南合作是指两个及以上的发展中国家分享知识、技能、资源与科技以协作促成各自及共同能力发展目标的合作。以尊重国家主权与自主权、不附带任何条件为指导原则，以共赢为目标。[③]相比于南北援助，南南合作的优势在于双方都是发展中国家，对于发展中的各种问题拥有切身体会，因而更了解发展中国家的现实需求。[④]随着 20 世纪 90 年代以来中国、印度、巴西等一批新兴国家的出现及广泛参与国际发展合作，南南合作获得了新的动力。一方面，新兴国家对非贸易投资兴趣显著提升，这主要源于非洲不断增长的消费市场与营商环境的改善。新兴国家在非洲国际贸易与投资中的份额不断扩大，从 1994 年占非洲对外贸易的 4.6% 上升至 2008 年的 19.2%。2021 年中国与印度分别为撒哈拉以南非洲第一、第二大出口市场（占比分别为 17.31% 与 6.41%）以及第一、第三大进口来源国（占比分别为 18.79%

---

① 朴英姬：《非洲大陆自由贸易区：进展、效应与推进路径》，《西亚非洲》2020 年第 3 期，第 104—111 页。

② 袁立、李其谚、王进杰：《助力非洲工业化——中非合作工业园探索》，中国商务出版社，2019 年，第 10—11 页。

③ UN. Secretary-General, "Framework of operational guidelines on United Nations support to South-South and triangular cooperation," *UN Digital Library*, March 14, 2016, https://digitallibrary.un.org/record/826679?ln=en [2024-2-24].

④ Chris Alden, Folashade Soule-Kohndou, "An Overview of International Development Cooperation and The Innovation of South-South Development Cooperation Towards 2030," in FCSSC, *Changing Roles of South-South Cooperation in Global Development System: Towards 2030*, 2017, pp. 5–6.

与 7.84%）。[①]21 世纪以来，中国对非投资流量整体呈增长趋势，从 2003 年的 7500 万美元增长至 2021 年的 50 亿美元。与此同时，美国对非投资流量却从 2009 年的 104 亿美元急剧下降至 2013 年的 15 亿美元，此后仍缓慢下降，甚至多年出现负增长。[②]新兴国家对非贸易投资的迅速增长为非洲发展提供了更广阔的资金来源与技术支持，减少了非洲对于传统援助国的依赖，也为非洲各国提供了更多发展模式的参考。

另一方面，新兴国家也将非洲视为改革全球治理的重要伙伴。2009 年金砖国家机制的成立是南南合作的重要里程碑，是发展中国家扩大在全球治理中话语权的集体努力。随着 2011 年南非加入金砖国家，非洲发展也成为金砖合作的重要议题。金砖国家对非洲发展的关注是其推动全球治理改革的题中应有之义，只有真正扩大非洲国家对全球治理的主动参与，尊重非洲发展意愿、注重非洲能力建设，南南合作推动全球平等、可持续伙伴关系的宗旨才能得以实现。[③]正如《新时代的中非合作》白皮书指出，中非合作将为世界发展与合作树立典范："中非合作兴，则南南合作兴。中非双方发展好，世界会更好。新时代的中非合作是中非双方实现共同发展的必由之路，将为构建更加紧密的中非命运共同体奠定更加坚实的物质基础，也将为促进发展中国家群体性崛起、推动国际力量对比向更加均衡的方向发展注入强劲动力。"[④]

2. 南南合作与非洲发展：南非的桥梁角色

作为长期位居非洲经济体量第一与工业能力最强的国家，南非在全球对非南南合作中扮演了重要的桥梁角色。首先，这一桥梁角色基于南非对泛非主义的认同与引领非洲发展的历史使命。[⑤]《乌班图外交：南非外交白

---

① 参阅世界银行数据，https://wits.worldbank.org/countrysnapshot/en/SSF, 2024-05-30。

② 参阅约翰霍普金斯大学中非研究数据，https://www.sais-cari.org/chinese-investment-in-africa, 2024-05-30。

③ 刘海方：《金砖与非洲：期待另一个世界》，载王缉思主编：《中国国际战略评论 2013》，世界知识出版社，2013 年，第 243 页。

④《新时代的中非合作》, November 26, 2021, https://www.gov.cn/zhengce/2021-11/26/ content_5653540. htm, 2024-05-30。

⑤ Candice Moore, "Thabo Mebki and South Africa's African Identity: A Review of 20 Years of South Africa's Africa Policy," *African Identities*, Vol.12, No. 3–4, 2014, p. 372.

皮书》指出，基于乌班图精神，南非认识到世界各国的相互依存性，并因此将泛非主义与南南团结作为南非外交两大支柱性认同，呼吁用合作与伙伴关系取代冲突。[①] 姆贝基政府认为，作为非洲最发达的经济体与民主转型的成功案例，南非有责任引领非洲发展。[②] 在"非洲复兴"（African Renaissance）思想的指引下，南非积极推动"非洲发展新伙伴计划"（NEPAD）与"非洲互查机制"（APRM）的制定与实施，强调发展与善治（good governance）关联；[③] 促成 2002 年非统组织（OAU）向非盟（AU）的转型以加强泛非机制对非洲复兴的领导能力；积极参与科摩罗、布隆迪、刚果（金）、达尔富尔等非洲各地区的冲突斡旋与战后重建，巩固非洲和平与民主化进程。

其次，南非的桥梁角色也源于国内经济发展的需求。《国家发展计划》指出，尽管自 1994 年以来南非的贫困率持续下降，人均国民收入有所上升，但南非依旧是一个高度不平等、贫困泛滥、就业不足的社会。南非是全世界基尼系数最高的国家，一半人口至今仍生活在贫困线以下。[④] 巨大的社会不平等制约了南非经济发展，导致了需求不足，犯罪率上升，基础设施投资不足，使得国际对南贸易与投资意愿下降，形成恶性循环。[⑤] 因此，祖马政

[①] DIRCO, *Building a Better World: The Diplomacy of Ubuntu: White Paper of SA's Foreign Policy*, 2011, pp. 3–4. 乌班图是新南非立国的思想基础，强调个体的存在建立在集体或社会的存在之上，个人与集体是共生关系。正是基于乌班图精神，新南非在国家建构中强调宽容、多元与共识，在对外政策上追求尊重、平等与合作，参见李安山：《乌班图：国家建构与非洲团结的精神基础》，《中国社会科学学报》2023 年 3 月 16 日，第 4 版。

[②] 钟伟云：《姆贝基非洲复兴思想内涵》，《西亚非洲》2002 年第 4 期，第 15—17 页；ANC, "Developing a Strategic Perspective on South African Foreign Policy," *South African Journal of International Affairs*, Vol.5, No.1, 1997, pp. 176–180.

[③] Tony Karbo, "The AU New Partnership for Africa's Development (NEPAD): The Next 10 Years," in Tim Murithi, *Handbook of Africa's International Relations*, New York: Routledge, 2014, p. 63；卓振伟、罗建波：《南非的对外援助：身份定位与战略选择》，《西亚非洲》2021 年第 5 期，第 111 页。

[④] Phiwokuhle Mnyandu, *South Africa-China Relations: Between Aspiration and Reality in a New Global Order*, pp. 98–101；根据 2023 年南非国家标准，月均收入低于 1058 南非兰特（约 55.23 美元）被认为贫困。Statista, "National poverty line in South Africa as of 2023 (in South African rand)," October 10, 2023, https://www.statista.com/statistics/1127838/national-poverty-line-in-south-africa/, 2024-03-14.

[⑤] Liu Haifang, "South Africa and China: Solidarity and Beyond," in Adekeye Adebajo, Kudrat Virk, *Foreign Policy in Post-Apartheid South Africa: Security, Diplomacy and Trade,* London: I. B. Tauris, 2018, p. 380.

府自 2009 年上台以来，便将促进包容性发展经济作为执政的首要任务，以"发展型国家"为理念，强调政府在促进经济发展与扭转社会不平等中的有为角色；学者智库不断建言，认为南非的对外政策必须紧密服务于国内经济发展需求，通过高效的经济外交扩展海外市场，促进国际对南投资；[①] 同时，南非也应转变以西方为中心的国际经贸关系，更加关注非洲经济一体化以及新兴国家对非合作。[②]

在非洲区域内，南非将国际合作的重点从民主、人权转向了经济一体化与务实经济合作。[③]2010 年，祖马在非洲发展新伙伴计划下推动设立"总统基础设施优先发展倡议"（PICI），将加强基础设施联通视为拉动非洲经济增长的火车头。截至 2020 年，该倡议宣布已支持了非洲各地多个公路、铁路、管道、光纤联通项目。[④]此外，南非还积极推进南部非洲关税同盟（SACU）与南共体（SADC）经济合作的制度化，推动南共体与东南非共同市场（COMESA）以及东非共同体（EAC）整合为三方自贸区（TFTA），以跨国基础设施联通、地区市场整合、共同货币为发展目标。自非洲大陆自贸区建设以来，拉马福萨总统强调，南非经济增长的关键一环是推动区域及非洲经济整合，南非的工业战略在于加强与南部非洲及整个大陆的经贸投资联系。[⑤]

在全球层次上，南非积极推动新兴国家对非贸易投资与南南合作。首

---

① Chris Landsberg, "The Concentric Circles of South Africa's Foreign Policy under Jacob Zuma," *India Quarterly*, Vol. 70, No. 2, 2014, pp. 155–157.

② Mzukisi Qobo, "Refocusing South Africa's Economic Diplomacy: The 'African Agenda' and Emerging Powers," *South African Journal of International Affairs*, Vol. 17, No. 1, 2010, pp. 20–22.

③ Eddy Maloka, *When Foreign Becomes Domestic: The Interplay of National Interests, Pan-Africanism and Internationalism in South Africa's Foreign Policy*, Ssali Publishing House, 2019, p. 51.

④ 截至 2020 年，"总统基础设施优先发展倡议"宣布支持了跨撒哈拉高速公路、金沙萨—布拉柴维尔路桥联通、阿比让—拉各斯高速公路、维多利亚湖—地中海水陆联运、肯尼亚拉穆港—南苏丹—埃塞俄比亚交通走廊、纳米比亚国际物流中心、尼日利亚—阿尔及利亚天然气管道、大陆宽带与光纤互联、达喀尔—巴马科公路、铁路联通、南部非洲公路、铁路及相关基础设施走廊、苏丹萨瓦金港口等多个项目，参见 AUDA-NEPAD, *Presidential Infrastructure Champion Initiative (PICI) Report*, 2020, pp. 18–29.

⑤ The Presidency, "State of the Nation Address by President Cyril Ramaphosa," June 20, 2019, https://www.gov.za/news/speeches/president-cyril-ramaphosa-state-nation-address-2019-20-jun-2019, 2014-01-22.

先，南非凭借其优越的地理交通条件、良好的营商环境与广泛的全球商业网络，致力于吸引新兴国家对非贸易投资取道南非，推动南非经济发展并进而带动非洲发展。[①]其次，南非积极推动新兴国家对非发展合作，希望代表非洲参与全球治理体系变革。[②]2011年，南非成为金砖国家（BRICS）正式成员国。祖马总统指出，南非与非洲的繁荣越来越与金砖国家相关，南非的加入与金砖国家对非贸易投资的增长将有助于减少南非与非洲的发展赤字。[③]2013年，《德班宣言》宣布支持非洲一体化进程，在非洲发展新伙伴计划的框架下支持非洲国家的工业化进程与基础设施建设。[④]2018年，《约翰内斯堡宣言》充分意识到实现非洲工业化、落实非盟《2063年议程》的必要性，赞赏非洲大陆自贸区建设。[⑤]

实际上，传统上以西方为中心建立的南非国际经贸关系网络近10多年已在悄然变化，中国等新兴市场国家的权重显著上升。在新兴国家对非合作中，南非尤其关注中国的作用。21世纪以来，中非贸易额增长了20余倍，中国自2009年以来稳居非洲第一大贸易伙伴地位；中国对非投资增长了80倍，成为国际重要对非投资国，其重点投资领域主要在基础设施与工业。南中关系建交以来更是迅速发展：2010年，两国宣布建立全面战略伙伴关系，南非也是最早和中国签署"一带一路"政府间合作谅解备忘录的非洲国家，中南贸易约占中国对非贸易的五分之一，南非也是中国投资最多

---

① Soren Sholvin & Peter Draper, "The Gateway to Africa? Geography and SA's Role as an Economic Hinge Joint Between Africa and the World," *South African Journal of International Affairs*, Vol. 19, No. 3, p. 382; Brendan Vickers, "Richard Cawood. SA's Corporate Expansion: Towards an SA INC. Approach in Africa," in *Foreign Policy in Post-Apartheid South Africa: Security, Diplomacy and Trade*, pp. 139–140.

② 刘海方：《金砖与非洲：期待另一个世界》，载王缉思主编：《中国国际战略评论2013》，世界知识出版社，2013年，第241页。

③ The Presidency, "Address by President Jacob Zuma to the plenary of the third BRICS leaders meeting, Sanya, Hainan Island, People's Republic of China," April 14, 2011, https://www.gov.za/news/speeches/address-president-jacob-zuma-plenary-third-brics-leaders-meeting-sanya-hainan-island, 2024-03-10.

④《金砖国家领导人第五次会晤德班宣言》，February 21, 2022, http://brics2022.mfa.gov.cn/chn/hywj/ldrhwcgwj/202203/t20220308_10649253.html，2023-08-20。

⑤《金砖国家领导人第十次会晤约翰内斯堡宣言》，February 21, 2022, http://brics2022.mfa.gov.cn/chn/hywj/ldrhwcgwj/202203/t20220308_10649243.html，2023-08-20。

的非洲国家，有 150 余家各类中资企业入驻南非，累计投资总额存量达 250 亿美元，为南非当地创造了约 40 万个就业岗位。[①]

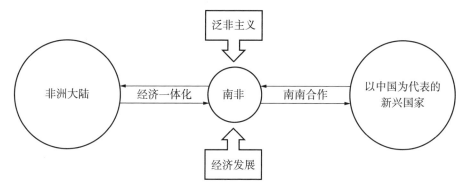

图 4-1　南非发挥新兴国家对非南南合作桥梁作用图示

资料来源：笔者自制

　　南非长期致力于推动中国对非发展合作。2015 年，在中非合作论坛约翰内斯堡峰会上，祖马总统表示，中非合作与《2063 年议程》的目标一致，南非尤其希望加强与中国在工业化与基础设施建设等方面合作以提升非洲的经济活力和人民生活水平。[②]2018 年，在中非合作论坛北京峰会上，拉马福萨总统指出，非洲大陆自贸区的建立将进一步提升非洲工业化水平和全球竞争力，通过投资非洲工业，中国企业将从这一广阔的市场获得丰厚的回报。[③]2021 年，在第八届部长级会议上，拉马福萨总统再次呼吁中国投资者抓住非洲大陆自贸区的宝贵机遇，加大对非港口、铁路、能源、水利等关键基础设施投资，继续推进非洲人力资源开发和技术转让，扩大非洲产品和服务对华出口，促使中非合作论坛成为拉动非洲发展的重要引擎。[④]

①　根据笔者 2022 年 10 月 2 日对中国驻南非大使馆经贸参赞薛东先生线上访谈整理。

②　祖马：《南非共和国总统祖马阁下在中非合作论坛约翰内斯堡峰会开幕式上的讲话》，载《中非合作论坛约翰内斯堡峰会文件汇编》，世界知识出版社，2016 年，第 59 页。

③　拉马福萨：《南非共和国总统拉马福萨阁下在 2018 年中非合作论坛北京峰会开幕式上的讲话》，载《中非合作论坛北京峰会文件汇编》，世界知识出版社，2020 年，第 95 页。

④　中华人民共和国驻南非共和国大使馆：《拉马福萨总统在中非合作论坛第八届部长级会议开幕式上的讲话》，November 30, 2021, http://za.china-embassy.gov.cn/chn/znzfgx/202111/t20211130_10459160.htm，2023-08-30。

中国同样重视非洲大陆自贸区的发展前景。《中非合作2035年愿景》指出，中国将积极参与非洲大陆自贸区建设。在中非合作论坛第八届部长级会议上，习近平主席宣布《2035年愿景》首个三年规划的"九项工程"，其中，贸易促进工程提出将为非洲援助实施10个设施联通项目，同非洲大陆自贸区秘书处成立中非经济合作专家组以支持自贸区建设。① 因此，在这一基础上，中南围绕非洲大陆自贸区建设展开合作，聚焦于区域工业化与基础设施建设，中南合作已取得了丰富的实践成果。

（二）中南合作推进非洲大陆自贸区建设的实践

非洲大陆自贸区建设为中南合作提供了新的广阔机遇。早在非盟《2063年议程》中，区域产业价值链建设与跨境基础设施联通已经列为最紧要的行动目标。② 中南合作也首先聚焦于这两个领域：首先，通过提升南非工业对区域经济的引领能力与加大对其他南部非洲国家的工业化投资，中南合作有力推进了区域工业化与价值链建设；其次，双方也围绕跨境基础设施互联互通展开合作，依托南部非洲发展银行、金砖开发银行等机构支持区域基础设施发展计划，在能源、道路、港口等方面已取得了丰富成果。

1. 推进区域工业化与价值链建设

如前文所述，区域价值链建设是非洲工业化的重要途径，也是非洲大陆自贸区建设的重要使命。在南部非洲，区域价值链建设仍然相对滞后。除南非外，南部非洲国家的工业能力均较为薄弱，原材料与能源出口是国民经济收入的主要来源，各国间的经济互补性不强。然而，南非较强的工业能力也长期未能充分发挥带动区域价值链建设的引擎作用。一方面，各类关税与非关税壁垒的存在长期制约了南部非洲各国间的贸易与投资往来，使得区域内贸易投资在包含南非的所有南部非洲国家中占比都非常低；另一方面，非洲国家也多次批评南非支持本国商品与市场的扩张是经济"霸权"

---

① 习近平：《让中非友好合作精神代代相传、发扬光大》，载《习近平谈治国理政》（第四卷），外文出版社，2022年，第447页。

② AU, "Agenda 2063 The Africa We Want," *AU*, June 10, 2013, https://au.int/Agenda2063/popular_version, 2024-02-24.

行为，这是因为南非在与区域其他国家的贸易中长期处于顺差地位，且主要进口燃料、原材料，而出口高附加值工业品——南非工业品对其他非洲国家的本地产业造成了冲击，导致其企业破产与劳动力失业；①而南非政府也多次被批评短视地用非关税壁垒保护本国贸易与投资，淹没了引导地区价值链建设的长远考虑。②

随着非洲大陆自贸区建设的推进，越来越多的声音要求南非着眼于长远利益，推动区域价值链建设：首先，南非应加强自身工业能力对区域经济发展的引领作用，因为南非工业化水平的提升不仅有益于解决本国青年失业与不平等问题，还将产生广泛的地区辐射效应——南非作为南部非洲最重要的工业中心，不断吸引着周边国家的移民劳工（2020年，自其他南共体来南非的移民约162万，占移出总数的23%），③将为数目庞大的移劳群体提供更多的就业机会，相应侨汇也将造福于母国经济社会发展；其次，南非还应加大对其他南部非洲国家的工业投资，充分发挥南部非洲国家间的经济互补性，促进南非与地区工业可持续发展与经济结构优化。④2003年，南共体提出了为期15年的"区域发展战略指导规划"（RISDP），将减贫、地区一体化、地区均衡发展、融入大陆与全球经济、可持续发展以及性别平等作为主要目标，⑤在此框架下南共体自贸区于2008年成立。2015年以来，南共体根据规划落实情况进行了调整，并在2020年提出《2050年愿景》，正式形成了以"基础支柱+三大核心支柱+交叉领域"的发展框架。其中，和平、安全与良治是基础支柱，工业发展与市场整合、基础设施发展

---

①　Brendan Vickers, Richard Cawood, "SA's Corporate Expansion: Towards an SA INC. Approach in Africa," in *Foreign Policy in Post-Apartheid South Africa: Security, Diplomacy and Trade*, pp. 136–137; Adekeye Adebajo, "South Africa in Africa: Messiah or mercantilist?" *South African Journal of International Affairs*, Vol. 14, No. 1, 2007, p. 40.

②　Maria Nkhonjera, Simon Roberts, "Regional Integration and Industrial Development in Southern Africa: Where Does South Africa Stand?" in Daniel D. Bradlow and Elizabeth Sidiropoulos, *Values, Interests and Power: South Africa Foreign Policy in Uncertain Times*, Pretoria: Pretoria University Law Press, 2020, pp. 154–155.

③　Migration Data Portal, "Migration Data in the Southern African Development Community," May 31, 2023, https://www.migrationdataportal.org/regional-data-overview/southern-africa, 2024-01-22.

④　Christopher Vandome, "South Africa's Economic Diplomacy in Africa," p. 269.

⑤　SADC, *Summary of the Regional Indicative Strategic Development Plan*, 2003, p. 3.

与区域一体化、社会与人力资源发展是三大核心支柱，减贫、性别平等、技术进步、环境保护、私营部门发展、数据共享等构成交叉领域。[①]《2050年愿景》旨在深化区域价值链建设，尤其是农业加工、矿产加工、医药制造等高附加值产业的优先发展。许多学者指出，南非应抓住机遇扩大对南部非洲的工业投资，为南非产业转型提供支持。譬如，提升南部非洲各国的矿产加工能力将推动南非矿业机械的出口，促进赞比亚的饲料加工业发展将降低南非家禽养殖业的成本，减少南部非洲各国对加工食品进口的依赖。[②]

在以上两方面，中南合作均已产生了丰富的成果。在提升南非工业能力方面，中南加强产业合作，推动中国企业对南高质量产业投资。当前，中国经济发展正经历结构性调整，随着国内生产要素成本上升，许多出口导向型、劳动密集型的制造企业开始将工厂移向生产成本低、临近消费市场的枢纽，特朗普鼓动贸易战以来，特别是新冠疫情和俄乌冲突以来等急剧变化的地缘政治下，非洲市场的蓬勃发展，使得中国企业日益重视南非的桥梁作用，寻找在南投资机会。[③] 早在双方建交之前，海信集团等中资企业便已在南非投资设厂，而中非发展基金于 2009 年入驻南非后，带动了越来越多的中国企业对南非和其他非洲国家的投资。中国企业对非投资有力提升了南非工业化水平与能力建设，创造了大量就业岗位并积极承担社会责任。譬如，海信集团在家电生产中推动了节能技术转移与本地化管理，90%雇员来自当地，创造了超 2700 个就业岗位，还与当地高中合作建设"海信南非技术研发培训基地"，帮助青年掌握电子科技、软件、电器设备控制等方面技能。一汽南非的本地化制造率达到 70%，带动了上下游产业发展，当地员工比例为 97%，职业培训与发展一直是该企业的重要责任，2014 年

---

① SADC Secretariat, *Southern African Development Community (SADC) Vision 2050*, 2020, pp. 2–8.

② Maria Nkhonjera, Simon Roberts, "Regional Integration and Industrial Development in Southern Africa: Where Does South Africa Stand?" pp. 145–152.

③ Jeremy Stevens, "Manufacturing for Intra-Africa Trade: A Focused Response to China's Dominant Position in Africa for South Africa," in Chris Alden, Yu-Shan Wu, *South Africa-China Relations: A Partnership of Paradoxes*, London: Palgrave Macmillan, 2021, pp. 120–122; Phiwokuhle Mnyandu, *South Africa-China Relations: Between Aspiration and Reality in a New Global Order*, p. 153.

设立一汽南非公司责任基金来持续支持当地教育发展。[①]

中南利用南非在区域内广泛的贸易投资网络开展产业投资，将能源、矿产、制造及农业加工的跨境价值链建设作为地区优先发展目标，促进了其他南部非洲的工业化。[②]南非对外投资的26%集中于南部非洲地区，[③]其国有企业与私营企业均为对非投资的重要力量，涵盖航空、能源、铁路、制造、采掘、农业、电信、金融、零售领域。[④]跨国企业在推动非洲区域经济发展方面贡献良多，譬如，南非标准银行（Standard Bank），2005年建立合作与投行部（Corporate and Investment Banking Division），负责促进非洲国家间贸易往来，使标准银行融入区域经济一体化进程。标准银行还为MTN[⑤]、Shoprite[⑥]等南非跨国企业及其他非洲国家的企业提供了便利的融资渠道。标准银行各地区业务的标准化，不仅推动了区域内金融标准的统一，还早在21世纪初便促成了银行业务电子化、区域业务联网等新技术的应用。Shoprite早在1995年便已进入了赞比亚市场，其海外零售门店为南非商品创造了庞大的市场，带动了南非制造业发展与区域物流基础设施的建设。该大型商超为降低经营成本也进行本地采购，从而促进了当地的生产与就业。[⑦]南非政府一直鼓励企业促进当地能力发展，2016年发布了《南非企业在非洲其他地区经营时的良好商业实践指南》，呼吁企业在投资中遵循与南非国内法、当地法规及国际标准一致的良好商业行为（参见表4-1）。

[①] 中非发展基金：《南南合作在行动：投资合作促进非洲可持续发展》，2020年，第27—31页。

[②] The Presidency, "State of the Nation Address by President Cyril Ramaphosa," June 20, 2019, https://www.gov.za/news/speeches/president-cyril-ramaphosa-state-nation-address-2019-20-jun-2019, 2014-01-22.

[③] Christopher Vandome, "South Africa's Economic Diplomacy in Africa," p. 255.

[④] Brendan Vickers, "Richard Cawood. SA's Corporate Expansion: Towards an SA INC. Approach in Africa," pp. 139–140.

[⑤] MTN集团是南非最大的电信运营商，总部位于约翰内斯堡，其业务覆盖南部、西部、东部非洲多国，在伊朗、阿富汗也有电信业务。

[⑥] Shoprite是南非最大的零售与快餐企业，在南非、纳米比亚、莱索托、斯威士兰、博茨瓦纳、莫桑比克、马拉维、赞比亚、安哥拉、马达加斯加、刚果（金）、加纳拥有零售业务。

[⑦] Mpumelelo Kansas Mkhabela, Christopher Changwe Nshimbi, "Post-Apartheid South Africa and African Continental Integration: The Contribution of South African Multinational Corporations to Integration in Africa," *Journal of African Business*, 2023, pp. 8–15.

表4-1 《南非企业在非洲其他地区经营时的良好商业实践指南》十二条原则

原则一	与南非国内法规、当地法规及国际良好商业标准保持一致，不参与违反市场公平竞争原则的行为，配合当地市场管理部门推进与保护消费者利益
原则二	遵循联合国全球契约组织（UN Global Compact）对于企业可持续发展的相关倡议
原则三	尊重人权，不介入当地冲突，不支持交战中的任何一方
原则四	保障劳工权益，禁止一切形式的强迫劳动、童工以及就业歧视
原则五	推进企业治理，企业的非财务信息应定期、高质量地向社会公开报告
原则六	履行环境保护与可持续经营责任，保障当地民众的安全与健康
原则七	确保职业场所的安全与雇员健康
原则八	促进当地市场与价值链的发展
原则九	承担企业的社会责任，投资应促进当地社会与环境的可持续发展，为减少当地浪费与污染，提升教育与社会服务质量提供帮助
原则十	鼓励雇佣当地劳动力、职业技能培训与技术转移
原则十一	避免介入腐败或非法活动
原则十二	依法纳税

资料来源：The DTI, *Guidelines for Good Business Practice by South African Companies Operating in the Rest of Africa*, 2016, pp. 7–10.

中国工商银行与南非标准银行集团的合作是中南共同推进地区产业投资的重要案例。2007年10月25日，工行与标银集团达成股权交易和战略合作协议，工行收购了3.05亿股普通股，占标银集团已发行股份的20%，成为最大单一股东。[①] 工行在南非标银集团总部设立代表处，标银集团也

---

① 詹向阳、邹新、马素红：《中国工商银行拓展非洲市场策略研究——兼谈后金融危机背景下的中非金融合作》，《西亚非洲》2010年第11期，第26页。

在北京设立办公室。两行希望通过常态化合作鼓励更多对非制造业投资来发展当地价值链、推动更多非洲产品出口，尤其是农产品的对华出口。[①] 两行战略合作 15 年来，推动了在非洲近 30 个国家超 200 亿美元的投资，为 15 个非洲国家的 3500 多家中国商贸公司、中小企业以及国企提供了各种支持，其中绝大多数为私营公司，投资行业和领域非常广泛，大大加强了中非技术与产能合作。[②] 仅 2022 年，两行促成的中非贸易额便达 6 亿美元。2023 年 8 月，两行续签了为期 5 年的战略合作伙伴关系协议。[③] 具体合作方式包括，以"贸易＋金融"方式引导中资企业进入中非合作战略性领域，以及共同向中资企业推介非洲投资机遇、搭建对非投资桥梁，如"津巴布韦－中国商贸论坛"、举办"四川企业走进非洲金融服务专场研讨会"、参与南非国家的"品牌南非"等。[④] 此外，两行还共同举办"中非百家讲坛"系列线上研讨会，为中资企业讲解非洲形势，帮助中资企业赴非投资兴业，内容涉及中非宏观经济发展、中非发展合作、非洲安全态势、人民币在非洲的国际化、南非劳动法的经济文化解读等高度相关的议题。其三，两行还积极促进非洲对中资企业的了解，向非洲多国推介中国产业投资带来的机遇，如 2023 年庆祝两行合作 15 周年为契机，在乌干达、肯尼亚、坦桑尼

---

① 李连星：《"请继续投资非洲"——专访南非标银中国区负责人杜安德（André du Plessis）》，《中国投资》2023 年第 10 期，第 82—89 页。

② Bill Blackie, "Africa and China driving and redefining 21st century growth together," June 20, 2023, https://www.standardbank.com/sbg/standard-bank-group/news-and-insights/whats-happening/ news/africa-and-china-driving-and-redefining-21st-century-growth-together, 2024-03-17; Standard Bank Group, *Environmental, Social and governance report 2022*, p. 6；标银集团：《中国工商银行携手标准银行集团服务中资企业客户力促中非经贸合作》，March 3, 2024, https://mp.weixin.qq.com/s/ V1clm-Qifq95rTdjf_kqnA, 2024-03-17。

③ 标银集团：《标准银行与中国工商银行共庆合作 15 周年，再签 5 年协议共同推动中非贸易发展》，August 24, 2023, https://mp.weixin.qq.com/s/aHB4qDRRBAS1DJmuUFqLFQ, 2024-03-17。

④ 参见姜建清：《十六次金融境外并购》，北京：中国金融出版社，2023 年，第 154 页；唐溪源：《产业金融深度融合赋能优质非洲制造——专访南非标准银行中非业务客户经理周蓓》，《中国投资》2023 年第 8 期，第 44—46 页；标银集团：《津巴布韦－中国商贸论坛成功举行，标银中非贸易解决方案受关注》，June 8, 2023, https://mp.weixin.qq.com/s/ CobBikUtdzpQ9uPeRUu-jg, 2024-03-17；标银集团：《标银集团助力四川企业拓展非洲市场》，December 1, 2023, https://mp.weixin. qq.com/s/cueNpRxuV8DJ_ATvYLqsSw, 2024-03-17；标银集团：《南非与非洲广东商会携手合作，加强投资和贸易关系》，March 6, 2024, https:// mp.weixin.qq.com/s/-IzHbqqZiOAGm6g6XFHG0w, 2024-03-17。

亚、莫桑比克、安哥拉、津巴布韦、马拉维分别举办了"中国日"等活动。^①最后，也是最重要的，两行还积极推动非洲非资源类产品对华出口，通过国际进口博览会、中非经贸博览会等平台为非洲产品打开更广阔的国际市场，来自加纳、肯尼亚、莱索托、尼日利亚、南非、坦桑尼亚、乌干达、赞比亚等国的农产品企业得以把包括咖啡、茶叶、坚果、蜂蜜、香料、博士茶、芝麻、大豆等优质农产品行销到中国；^②推介形式还包括葡萄酒品鉴对接会、^③中非水果坚果供需对接会等，南非、肯尼亚、加纳、坦桑尼亚等非洲各国出口商得以与中国水果坚果采购企业得以直接在线磋商。^④

2. 基础设施建设与区域互联互通

区域互联互通也是非洲大陆自贸区建设的重要任务。然而，长期以来，南部非洲各国基础设施建设的滞后与相互隔绝阻碍了区域内及区域间贸易的进行。2009 年 4 月，南共体与东共体（EAC）、东南非共同市场（COMESA）三方联盟启动了"南北走廊"计划（North-South Corridor），致力于加强成员国间公路、铁路、港口、航空设施的互联互通与共同管理维护，提升关口基础设施水平，简化通关流程。^⑤2012 年，南共体启动了"区域基础设施发展优先计划"（RIDMP），将能源、交通、电信、采矿、跨境水

---

① 标银集团：《标银集团"中国日"活动在非洲三国齐开，成果丰硕》，October 27, 2023, https://mp.weixin.qq.com/s/wKVJp0_ADeW7I4xi4_IEGg, 2024-03-17;《一周三国，标银集团东非"中国日"活动成果丰硕》，March 30, 2023, https://mp.weixin.qq.com/s/2YNZrpxe2vwZ3Q0DsBiFWA, 2024-03-17;《王贺军大使出席中国工商银行与标准银行集团合作十五周年庆暨莫桑比克标准银行"中国日"商务论坛》，October 12, 2023, https://mp.weixin.qq.com/s/hWGYvBaA3ErO7ELKeeGihA, 2024-03-17。

② 标银集团：《标银集团连续三届带领非洲企业参加中非经贸博览会》，July 13, 2023, https://mp.weixin.qq.com/s/u_XWDSUKBXUIX9NkEKInaQ, 2024-03-17; 标银集团：《连续六年上"进"——标银集团 2023 进博之旅圆满收官》，November 15, 2023, https://mp.weixin.qq.com/s/c9D5fXWvMCy22pbza5X2kQ, 2024-03-17; Bill Blackie, "Africa and China driving and redefining 21st century growth together," June 20, 2023, https://www.standardbank.com/sbg/standard-bank-group/news-and-insights/whats-happening/news/ africa-and-china-driving-and-redefining-21st-century-growth-together, 2024-03-17.

③ 标银集团：《中非葡萄酒品鉴对接会在广州成功举行》，July 13, 2023, https://mp.weixin.qq.com/s/G9-vNUdgxcJlwHhy8ROtTw, 2024-03-17。

④ 标银集团：《2023 中非水果坚果供需对接会成功举办——架金融桥梁助供需对接》，November 2, 2023, https://mp.weixin.qq.com/s/UcZ1Y4mGR9EpkOFEi8Xc2Q, 2024-03-17。

⑤ Trade Mark Southern Africa-COMESA, EAC, SADC, *Infrastructure Components of the North-South Corridor*, 2012, p. 4.

利以及自然保护区建设作为南共体《2027 年基础设施愿景》（Infrastructure Vision 2027）优先发展领域。①

南非是南部非洲基础设施建设的主要支持者。南部非洲发展银行（DBSA）是南非支持非洲基础设施建设的重要金融机构，能源、通信、交通是该银行的主要投资领域。如图 4–2 所示，其投资支持的南部非洲（除南非以外）能源项目约占其投资总额的 73%。表 4–2 显示了该行 2022—2023 年参与投资的最新项目，包括纳米比亚基础设施融资、坦噶尼喀湖码头交通能力升级、斯威士兰小农灌溉设施与大坝建设、安哥拉水电站能力提升、南共体能源投资、南共体天然气、铁路、邮政联通项目。

表 4-2　南部非洲开发银行参与南非以外项目（2022—2023）

项目名称	国家 / 地区	合作机构
纳米比亚 PPP 项目准备基金（成立中）	纳米比亚	纳米比亚开发银行（DBN）
坦噶尼喀湖码头交通项目	赞比亚、坦桑尼亚、刚果（金）	东南非刚果管理联合会（PMAESA）
马普托河低地小农灌溉与 Mhlathuzane 大坝项目	斯威士兰	斯威士兰政府
安哥拉 Laúca 水电第三阶段机电项目	安哥拉	安哥拉政府
南共体天然气联通项目（GMP）	南共体	莫桑比克国家油气公司（ENH）、工业发展公司、南共体秘书处及各成员国政府
南部非洲能源投融资项目（SAPP）	南共体	南共体各成员国政府
南部非洲铁路联通项目	南共体	南部非洲铁路联合会（SARA）
南部非洲邮政联通项目	南共体	南部非洲邮政联合会（SAPOA）

资料来源：DBSA, *Integrated Annual Report 2022, Integrated Annual Report 2022.*

---

① SADC, *Regional Infrastructure Development Master Plan Executive Summary*, August 2012, p. 4.

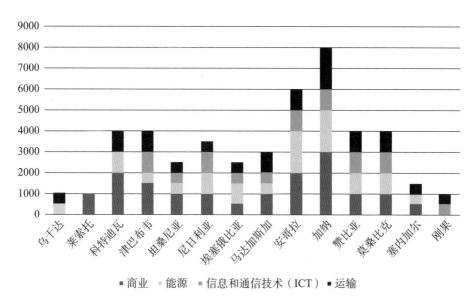

图 4-2　南部非洲开发银行投资于南非境外的项目（截至 2023 年 3 月，单位：百万兰特）

资料来源：DBSA, *Integrated Annual Report 2023*

　　中南在南部非洲基础设施建设方面也开展了广泛合作，主要体现在双方通过金砖新开发银行作为主要平台的支持作用。新开发银行于 2014 年设立，致力于为成员国的可持续发展项目提供融资，在南非开设了该行针对非洲大陆的分支，目前，该银行已投资和待审批的南非项目涉及金额约在 430 多亿兰特，成为南非转型发展中基础设施领域重要融资来源，范围覆盖能源、交通、水利等领域的基础设施建设。作为南部非洲最重要的贸易枢纽，南非道路、港口基础设施条件的改善将为整个南部非洲的对外贸易带来便利，也将进一步提升南共体内部贸易的水平。[①] 与此同时，如前文论述，南非志在发挥熟悉非洲大陆和有长期合作网络的优势来沟通金砖国家与非洲的"桥梁"作用；南非智库最近也呼吁，金砖新开发银行应将其投资范围扩展至整个非洲大陆，设立非洲－金砖国家跨境基础设施发展基金，与非洲大陆自贸区议程更加紧密地对接，以弥补自 2008 年金融危机以来国

---

① Soren Sholvin & Peter Draper, "The Gateway to Africa? Geography and SA's Role as an Economic Hinge Joint Between Africa and the World," *South African Journal of International Affairs*, Vol. 19, No. 3, pp. 389–390.

际货币基金组织对非洲基础设施投资关注的下降，真正履行推动南北均衡发展、变革全球治理体系的使命。[①]

表4-3　金砖新发展银行支持南非项目（2016年4月—2023年7月）

项目名称	借款方	批准时间	金额	性质
南非国家电力公司电网建设	南非国家电力公司（Eskom）	2016年4月	28.8亿兰特	主权
德班港集装箱码头扩建与现代化改造	南非铁路网公司（Transnet）	2018年5月	35亿兰特	非主权
温室气体减排及新能源发展	南部非洲发展银行（DBSA）	2018年7月	3亿美元	非主权
南非国家电力公司Medupi电站环保改造	南非国家电力公司（Eskom）	2019年3月	4.8亿美元	主权
莱索托高地水利设施二期工程	跨卡利登隧道管理局（TCTA）	2019年3月	32亿兰特	主权
清洁能源投资	南非工业发展公司（IDC）	2019年3月	11.5亿兰特	非主权
南非国道升级改造项目	南非国家公路局（SABRAL）	2019年9月	70亿兰特	非主权
清洁能源储能电池项目	南非国家电力公司（Eskom）	2019年12月	60亿兰特	主权
南非国道维护项目	南非共和国	2020年12月	10亿美元	主权
南非铁路物流网升级项目	南非国家公路局（SABRAL）	待批准	175亿兰特	主权
南部非洲发展银行可持续基础设施投资项目	南部非洲发展银行（DBSA）	待批准	1亿美元	非主权
南非城市水供应与水清洁项目	南非共和国	待批准	10亿美元	主权

资料来源：New Development Bank

[①] Issac Khambule, "BRICS, the New Development Bank and African Development," in Funeka Y. April et al.(eds.), *BRICS in Africa Promoting Development*? Cape Town: HSRC Press, 2023, pp. 90–92.

（三）中南推动非洲大陆自贸区建设的前景展望

当前，非洲大陆自贸区建设不断深化，在逐步落实各项已有谈判成果的同时，还在持续推进有关数字贸易与青年、女性参与的谈判，为中南推动非洲大陆自贸区建设提出了新的挑战，也创造了新的机遇。遭逢世界百年未有之变局，非洲大陆的发展面临多重挑战，中南共同作为引领全球南方发展的国家，应该不断扩展合作领域，回应非洲发展的现实需求。其次，非洲发展的关键在于人的发展，要求中南合作聚焦社会民生，提升人的能力是关键，同时针对非洲往往是"弱国家"的特点，需要帮助促进公民社会的活力与韧性。再次，许多非洲国家的产业升级与营商环境改善推动非洲以更加积极的姿态融入全球价值链建设，在全球治理中的话语权也不断增强，要求中南始终保持包容开放态度，巩固推动非洲大陆自贸区发展的全球伙伴关系。

1. 世界大变局下的非洲发展与中南合作的新议程

近年来，非洲发展面临多重危机与挑战。世纪疫情、俄乌冲突、地区动荡对非洲大陆自贸区建设持续构成冲击。新冠疫情造成的公共卫生危机以及经济停摆对经济高度外向性的非洲造成了巨大冲击，致使 2020 年非洲经济中断了 21 世纪以来的持续增长趋势而衰退 2%。俄乌冲突对能源与粮食高度依赖进口的非洲产生了深刻延宕，在多国引发了民众不满与街头抗议。[1] 新冠疫情、能源危机、粮食危机叠加气候变化等因素加剧了萨赫勒及大湖区的地区动荡，阻碍了生产生活秩序的恢复，形成恶性循环。[2]

与此同时，数字经济与能源转型成为非洲最重要的议程，因为在第四次工业革命背景下，这些领域有望助力非洲打破长久以来的结构困境、同时实现跃进式发展。数字贸易已经成为当前非洲大陆自贸区谈判的重要议题，非盟及非洲各国政府高度重视数字经济发展，该产业正逐渐兴起、增长势头

---

① 刘海方：《被忽视的自强大陆——多重危机中的非洲能动性》，《文化纵横》2022 年第 4 期，第 46 页。

② 托马：《新泛非主义与非洲能动性——多重危机背景下非洲的和平安全治理》，载《危中有机：大变局下的非洲》，商务印书馆，2023 年，第 177 页。

也很强劲。2019—2022 年，非洲新增了 1.6 亿互联网用户，使用人数提升至 2.87 亿。① 数字经济不仅为经济发展开拓了新领域，还创造了新的就业岗位，扩大了政府的税收来源，是减少贫困的新杠杆。当然，当前非洲的数字经济发展仍远低于世界平均水平，数字监管能力更有待提升。② 能源转型方面，非洲同样拥有巨大潜力，是全球可再生能源最丰富的地区之一，其太阳能资源约占全球比例的 60%。然而，目前仅有约 1% 的非洲太阳能资源获得了开发，投资不足是其主要原因。③ 非洲的可持续能源开发不仅可以提高电力普及，服务于工业化进程，还可以为应对气候变化做出突出贡献。

因此，在推进非洲大陆自贸区建设方面，中南合作不仅应继续聚焦于传统的交通和工业化基础设施建设领域，同时应大力推动向公共卫生、粮食安全、数字经济、能源转型等新领域的扩展。2021 年中非合作论坛第八届部长级会议上制定的《中非合作 2035 年愿景》覆盖贸易促进工程、投资驱动工程、卫生健康工程、减贫惠农工程、数字创新工程、绿色发展工程，与事关非洲转型发展的重点议程已经高度相关；2024 年中非合作论坛暨北京峰会行动计划通过的"中非携手推进现代化十大伙伴行动"中，更将文明互鉴、产业链合作、互联互通、发展合作、卫生健康等十大领域作为了合作重点。④ 南非的可持续发展也同样面临着公共卫生、粮食安全、数字经济、能源转型等领域的挑战，也是南非加强国际合作的重点关切，目标的高度契合，有望带来高质量合作成效。

疫情和俄乌冲突以来的急剧变化时代，中南合作探索互联互通的领域正不断扩展，公共卫生、数字经济和绿色金融领域的创新型探索实践越来越多，例如疫情期间，"非洲疫苗非洲造"方向的中南联合研发、合作建厂、

① The World Bank, "Digital Transformation Drives Development in Africa," January 24, 2024, https:// www.worldbank.org/en/results/2024/01/18/digital-transformation-drives-development-in-afe-afw-africa, 2024-03-14.

② 牛东芳、沈昭利、黄梅波:《中非共建"数字非洲"的动力与发展路径》,《西亚非洲》2022 年第 3 期, 第 67—75 页。

③ IEA, "Africa Energy Outlook 2022 Key Findings," June 22, 2022, https://www.iea.org/reports/africa-energy-outlook-2022/key-findings, 2024-03-14.

④ 习近平:《同舟共济，继往开来，携手构建新时代中非命运共同体——在中非合作论坛第八届部长级会议开幕式上的主旨演讲》, November 29, 2021, https://www.gov.cn/xinwen/2021-11/29/content_5654846.htm, 2023-03-14; 新华社,《中非合作论坛—北京行动计划（2025—2027）》, http://big5.www.gov.cn/gate/big5/www.gov.cn/yaowen/liebiao/202409/content_6972589.htm, 2024-09-14。

授权生产与标准互认；[①] 华为在数字转型过程中发挥的基础设施贡献涉及方方面面，如携手南非邮电部在约翰内斯堡设立的非洲首家信息通信技术创新体验中心，与多家南非大学合作推动的云计算、大数据、通信设施建设。华为也助力南非电信增强南非网络覆盖和移动用户连接速度的努力，[②] 以及拉马福萨总统出席揭幕仪式的华为南非创新中心等都非常及时且重要。[③] 在能源转型领域，中国企业携手多家国际金融机构，正不断加大对南非新能源企业的投资力度，主要用于对南非及整个非洲大陆可再生能源发电与社会项目的融资，推广太阳能和储能解决方案，缓解本地电力短缺的急迫情况，有望危中有机、快速助力实现长远的能源转型需求；[④] 中南也在金砖国家、中非合作论坛框架下探索新的绿色金融工具，中国进出口银行、中国银行约堡分行、交通银行约堡分行以及中国建设银行约堡分行均积极参与了其中。[⑤]

2. 以人为本的发展彰显中南合作的包容性

非盟《2063 年议程》指出，非洲的发展必须以人为本，必须依靠非洲人民的潜力，其中，非洲儿童、青年与妇女的权利尤其应受到保障。[⑥] 青年与女性发展也是非洲大陆自贸区谈判现阶段关注的重点。如何使得各类发展议程真正提升非洲民生福祉、满足社会需求，是非洲各国、非盟乃至国

[①] 新华网：《专访：金砖框架下中国南非疫苗合作将造福非洲——访科兴公司南非合作伙伴卢莫乐仕集团首席执行官克莱因》，June 20, 2022, http://world.people.com.cn/n1/2022/0620/c1002-32451243.html, 2024-01-21。

[②] 华为：《华为非洲首家 ICT 创新体验中心揭幕》，July 21, 2016, https://www.huawei.com/cn/news/2016/7/feizhou-guojia-shoujia-ict-chuangxin-tiyan-zhongxin, 2023-12-17；标银集团：《31 亿兰特！标银集团和中国工商银行联合为 Telkom 提供融资》，October 12, 2023, https:// mp.weixin.qq.com/s/hrycYUyzxkHim4cB1fNq0g, 2024-03-17。

[③] 华为：《南非总统拉马福萨为华为南非创新中心揭幕》，July 14, 2023, https://www.huawei.com/cn/news/2023/7/southafrica-innovation-centre, 2023-12-17。

[④] Li Yijun, "Strengthening the BRICS Financial Cooperation Mechanism: Promoting Pragmatic Development," in *BRICS in Africa Promoting Development?* pp. 108–109；标银集团：《标银集团向中国建材国际南非公司提供 6 亿兰特可持续融资解决方案》，January 11, 2024, https:// mp.weixin.qq.com/s/mIyRjRZHZyrz1lXKojvtkA, 2024-03-14。

[⑤] 标银集团：《标银集团成功完成 4 亿美元可持续发展挂钩银团定期贷款》，December 21, 2023, https://mp.weixin.qq.com/s/yj_J7SKoBzelQauN_oBrZw, 2024-03-14。

[⑥] AU, "Agenda 2063 The Africa We Want," *AU*, June 10, 2013, https://au.int/Agenda2063/popular_version, 2024-02-24。

际发展合作伙伴不断探索的问题。结构调整计划（SAP）对民生的忽视造成了灾难性结果，使得非洲贫困率不降反增，社会福利制度衰败，教育、医疗等公共基础设施建设严重滞后，限制了非洲人力资本的发展，加剧了社会动荡以及人才流失。联合国于 2000 年制定的千年发展目标，终于引导国际治理将发展对象从专注于新自由主义所谓的经济结构转向了人本身，将减贫、教育普及、性别平等、公共卫生、环境治理等社会因素纳入衡量发展的标准；①联合国 2030 年可持续发展目标的出台则更加突出了政策制定与执行能力对落实以人为本新发展理念的重要性。②

与此同时，以人为本的发展理念也要求真正保障民众参与到发展议程的制定中。譬如，非洲发展新伙伴计划虽是非洲各国领导人对于 21 世纪非洲发展模式取得的共识，但同时也被批评为过于"精英主义"，没有与非洲民众充分协商，却在西方主导的达沃斯经济论坛上首先公布——符合了西方的期待，但并不一定适合非洲的发展需求。③2017 年 1 月，在第 28 届非盟峰会上，卢旺达总统卡加梅向大会提交了"关于非盟制度改革建议的报告"，指出由于非盟各部门与委员会间的权责不清晰以及非盟发展议程不聚焦，非盟对非洲大陆发展的领导力持续下降，与非洲民众的需求脱节；非盟必须扩大青年、女性及私营部门代表对非盟机制的参与，加强行政透明与数据公开，更加聚焦于与民生需求相关的议题。④

在南非国内，许多批评者认为南非对外政策依非国大高层的政治取向而定，决策的个人化特点突出，却长期忽视了社会的广泛参和国内经济发

① 周玉渊：《从被发展到发展：非洲发展理念的变迁》，《世界经济与政治论坛》2013 年第 2 期，第 56 页。

② Peter K. Arthur, "The African State and Development Initiatives: The Role of Good Governance in the Realization of the MDGs and SDGs," in Kobena T. Hanson et al., *From Millennium Development Goals to Sustainable Development Goals: Rethinking African Development*, New York: Routledge, 2018, p. 14.

③ Phiwokuhle Mnyandu, *South Africa-China Relations: Between Aspiration and Reality in a New Global Order*, pp. 74–75; Tony Karbo, "The AU New Partnership for Africa's Development (NEPAD): The Next 10 Years," in Tim Murithi, *Handbook of Africa's International Relations,* NY: Routledge, 2014, pp 68–70.

④ Paul Kagame, *Report on the Proposed Recommendations for the Institutional Reform of the African Union*, 2017, p. 18.

展的需求，政治稳定的诉求超过了对社会民生的关注。①经济发展滞缓使得国内排外主义情绪甚嚣尘上，暴力排外事件频发，矛头直指外籍非洲劳工，指责他们抢走了有限的公共资源与就业岗位。②南非拥有非常活跃的公民社会。新南非成立以来，公民社会发展取得可观成就，非政府组织（NGO）大量活跃于教育、医疗与社会领域，一些组织已自发参与到国际合作中，促成了非洲复兴基金（ARF）项目在非洲其他地区的落实。近年来，南非政府日益重视政府与公民社会在国际合作中的协同，提出建立南非发展伙伴关系署（SADPA）以整合分散在政府各部门中的国际合作网络，通过政府社会合作充分利用国际资本与技术，造福于南非与非洲发展。③然而，在具体实践方面，由于政府各部门利益多元性，以及国家社会关系的复杂政治斗争，南非发展伙伴关系署的构想依然停留在纸面上。

如何围绕民生发展、扩大社会参与和民众收益，是提升中南合作质量的重要方面。中南合作日益关注扩大公民社会的参与。金砖国家与中非合作论坛都重视并不断提升人文交流。《金砖国家峰会约翰内斯堡宣言》指出，青年、妇女是实现可持续发展目标上的推动力与关键角色。2023年8月，南非国际关系与合作部组织了"金砖国家走基层"活动，邀请了金砖国家和非洲商界、学界百余位代表参加，加强金砖合作与公民社会的切实联系。④人文交流也是共建中非命运共同体的题中应有之义与持久推动力。⑤在这一理念下，中非合作论坛建立了中非青年志愿服务论坛和中非妇女论坛机制，促进中非社会与民众的相互了解。⑥与此同时，中南合作还更加聚

① Eddy Maloka, *When Foreign Becomes Domestic: The Interplay of National Interests, Pan-Africanism and Internationalism in South Africa's Foreign Policy*, pp. 74–75.

② 梁益坚、刘国强：《褪色的彩虹：南非排外行为解析》，《西亚非洲》2019年第5期，第85—87页。

③ Neissan Alessandro Besharati, *South African Development Partnership Agency (SADPA): Strategic Aid or Development Packages for Africa? SAIIA Research Paper*, 2013, p. 15.

④ 中华人民共和国驻南非共和国大使馆：《李志刚公使出席第四次金砖国家走基层活动》，July 11, 2023, http://za.china-embassy.gov.cn/dshdxwfb/202307/t20230711_11111582.htm, 2024-03-14。

⑤ 习近平：《构建更加紧密的中非命运共同体》，载《习近平谈治国理政》（第三卷），外文出版社，2020年，第449—450页。

⑥ 习近平：《让中非友好合作精神代代相传、发扬光大》，载《习近平谈治国理政》（第四卷），外文出版社，2022年，第448页。

焦于"小而美"民生项目，通过政府与企业、社会组织的合作使得中南合作真正满足社会民生需求。

3.非洲能动性增强与中南合作的开放性

近年来，非洲自主能动性获得空前发展，正以更加积极的姿态参与全球价值链建设与全球治理。许多非洲国家自21世纪以来实现了经济的中高速增长，通过学习"发展型国家"经验，有力推进了本国基础设施与营商环境的改善，在全球营商环境指数、经济自由度指数以及全球竞争力指数上的排名迅速提升，而经济自2008年以来几乎停滞的南非在大陆上的优势和吸引力已不再显著。这些国家像南非一样，也表达了连接非洲与国际市场的桥梁作用的愿望，实际上取得的引领区域价值链建设、进而刺激本国与区域经济可持续发展的成效也都很明显，例如摩洛哥在西北部非洲地区、毛里求斯在东南非及印度洋沿海地区、卢旺达在东部非洲地区等等，各有千秋。

表4-4　非洲部分国家营商环境、经济自由度、全球竞争力指数排名

	全球营商环境排名	经济自由度指数排名	全球竞争力排名
毛里求斯	13	19	52
卢旺达	38	135	100
摩洛哥	53	101	75
肯尼亚	56	121	95
突尼斯	78	150	87
南非	84	111	60
赞比亚	85	152	120
博茨瓦纳	87	36	91
埃塞俄比亚	159	156	126
尼日利亚	131	125	116
科特迪瓦	110	91	118

资料来源：World Bank, Heritage Foundation, World Economic Forum

在北非地区，摩洛哥大力投资丹吉尔地中海港及达赫拉港，力图成为

非洲大西洋沿岸的航运枢纽，同时，摩洛哥致力于改善营商环境，通过《工业加速发展计划》，以优惠税收政策吸引法国、德国等欧洲国家就近进行产业转移，雷诺总部已在摩洛哥、标致雪铁龙已设厂，摩洛哥取代南非成为非洲最大的汽车制造国；[①] 此外，摩洛哥还是仅次于南非的非洲第二大本土投资国，其金融、电信企业也在中、西部非洲拥有广泛的投资网络与本地化经验。[②] 近年来，埃及也日益融入非洲自贸区建设，邀请非洲多国元首参加了在沙姆沙伊赫举办的非洲贸易和投资论坛；[③] 在东非地区，肯尼亚正成长为在东部区域内、甚至整个非洲大陆上都具有竞争力的新桥梁，东非 80% 的国际贸易取道蒙巴萨港，内罗毕是东非最重要的航运枢纽，肯尼亚的营商环境也有很大改善，尤其是政府大力推动的科技投资成为经济新增长点，[④] 可口可乐、雀巢、喜力等公司已选择将其区域总部设在内罗毕。[⑤] 在西非地区，尼日利亚的经济快速增长，基础设施条件改善，庞大的市场为国际资本提供了新的机遇；南部非洲，毛里求斯正凭借其稳定的政治环境与开放的经济发挥越来越大的金融与信息枢纽作用，[⑥] 毛里求斯还是第一个与中国签署自贸协定的非洲国家，2021 年 1 月 1 日已正式生效。

正如蒂莫西·肖（Timothy M. Shaw）所论，越来越多的非洲国家试图在本地区治理中扮演更加积极能动的角色，其能动性首先体现在政策创新意愿和能力的不断增强、积极探索适应本地区需求的治理模式，引导外部行为体参与治理而非受其主导；其次，地区合作的领域不断扩展，从政府间贸易协定向供应链合作、基础设施建设、技术转移等领域深化；再次，政

---

① Tina Hahn et Georgeta Vidican Auktor, *Industrial Policy in Morocco and Its Potential Contribution to a New Social Contact*, 2018, German Development Institute, p. 26.

② Mhammed Echkoundi, Hicham Hafid, *L'Afrique est mon continent: Le Maroc, acteur majeur de la coopération Afro-Africaine*, Casablanca: Edition la Croisée des Chemins, pp. 67–85.

③ 郝诗羽、段九州：《塞西执政以来埃及的非洲政策取向与变化》，《西亚非洲》2020 年第 3 期，第 129 页。

④ Meg Whitman, "Why Africa, Why Kenya?" April 25, 2023, https://ke.usembassy.gov/why-africa-why-kenya-2/, 2023-08-29.

⑤ Brendan Vickers, "Richard Cawood. SA's Corporate Expansion: Towards an SA INC. Approach in Africa," p. 138.

⑥ Sören Scholvin, "Rebalancing Research on World Cities: Mauritius as a Gateway to Sub-Saharan Africa," in Sören Scholvin et al, *Value Chains in Sub-Saharan Africa: Challenges of Integration into the Global Economy*, Switzerland: Spinger, 2019, pp. 215–216.

府、企业与社会合力推进经济与社会治理的势头不断扩大，地区合作的行为体更加多元。① 如何理解这种方兴未艾的非洲新地区主义、尊重非洲国家的治理意愿、满足非洲地区经济整合的新需求，并相应建立更包容的合作机制、协调经济与社会效益，既是长期作为非洲治理"领头雁"的南非需要考虑的，也是对有志于扩展对非南南合作的新兴国家、特别是中国提出新的要求。

另外，非洲各国也拥有了越来越丰富的国际发展合作经验，南非不再是全球治理与国际发展合作中唯一代表非洲的声音。长期以来，南非都是全球治理参与最广泛，最具国际影响力的非洲国家。南非是 G20 和金砖国家中唯一的非洲国家，一直呼吁两个国际组织将非洲发展作为其首要议程。② 近年来的热门国际景观是，自从 2006 年中非峰会为非洲各国参与国际发展合作提供了机制化平台的示范效应后，各类以非洲大陆整体为合作对象的论坛机制，如欧盟－非盟峰会、美非峰会、印非峰会、土耳其－非洲峰会等层出不穷，非洲各国获得了更多直接参与国际发展合作的机会；2023年，埃及与埃塞俄比亚得以成为金砖峰会正式成员国，而 G20 峰会也吸纳非盟成为正式成员，南非不再是这些机构中唯一的非洲代表，国际社会将听到更多来自非洲的声音、看得到更多非洲智慧参与到国际事务和国际治理中。现实层面，这对于南非都意味着提升与非洲各国的沟通协调能力，以推动非洲大陆自贸区建设为标的共同争取国际发展伙伴、深化发展合作。

结　语

非洲大陆自贸区建设是非洲各国谋求自主可持续发展的集体努力，内涵不仅是各类关税与非关税壁垒的消除，更意味着基础设施与营商环境的日益优化、工业化与人力资本的提升，建设大陆自贸区将有望使得非洲成

---

① Timothy M. Shaw, "African Agency? Africa, SA and the BRICS," *International Politics*, Vol. 52, No. 2, 2015, pp. 259–261.

② Biswa Nath Bhattacharyay. "South Africa's Development Cooperation: Trends, Prospects and Challenges," in FCSSC, *Changing Roles of South-South Cooperation in Global Development System: Towards 2030*, 2017, pp. 365–366.

为全球经济增长的新引擎。非洲大陆自贸区建设也为中南合作提供了宝贵的历史机遇。南非正处于解决国内社会发展不平等、推动经济结构转型的关键时期。在泛非主义认同与国内经济发展需求的双重推动下，南非致力于扮演国际对非贸易投资与发展合作的桥梁，加强与新兴国家在非洲发展方面的合作成为 10 余年来南非对外政策的焦点，其中，南非尤为关注中国的角色。中国经济结构调整与产业转移的需求，以及中南推动非洲可持续发展的共同愿望，促使两国在非洲大陆自贸区建设上展开了广泛合作。

当前，中南合作主要聚焦于工业化与基础设施建设这两个非洲大陆自贸区建设的关键领域，着力推动南部非洲区域价值链建设与互联互通水平。首先，在工业化方面，中南致力于加速南非产业升级，提升南非工业对区域经济的引领能力，同时，中南共同加大对其他南部非洲国家的工业投资，提升各国产业互补性与区域价值链整合，减少对外部市场的依赖；其次，双方也围绕跨境基础设施互联互通展开合作，依托南部非洲发展银行、金砖开发银行等机构支持区域基础设施发展计划，在能源、道路、港口等方面已取得了丰富成果。

展望未来，非洲大陆自贸区建设正在进入新阶段，在落实已有贸易、投资、争端解决、知识产权协议的同时，还在大力推进数字经济、青年与女性参与等领域的谈判。与此同时，全球变局下非洲面临的公共卫生、粮食安全、能源安全、地区动荡、气候变化等多重危机以及数字转型、能源转型的新机遇，为中南合作提供了更加广阔的空间。中南合作若要真正践行南南合作的共赢宗旨，则首先必须始终围绕非洲大陆自贸区建设与非洲可持续发展的关键需求，不断拓展合作新领域；其次，中南合作应不断增强包容性，探索"小而美"项目，鼓励公民社会，尤其是青年与女性积极参与合作议程的制定与实施过程；最后，非洲正以更加积极的姿态参与全球价值链建设与全球治理，在非洲能动性不断提升的背景下，中南合作应不断增强开放性，欢迎更多非洲与全球发展伙伴共同致力于非洲的可持续发展。

南非的电力危机及可再生能源
视角下的潜在解决方案
——兼论中国的角色

姚　航

2023 年 2 月 9 日，由于长期的电力短缺和不同等级减载限电计划的施行，南非政府宣布该国能源部门进入"灾难状态"：定义为"灾难状态"的主要原因是以此给予国家行政部门更多自主权以提高行政效率，尽快解决 2022 年以来南非面临的又一次电力危机。随后，南非政府又设置专门统筹管理国家电力供给工作的"电力部长"，经过约两个月的努力，南非于当年 4 月初宣布解除了此次电力危机造成的"灾难状态"。

在南非电力公司（Eskom）针对限电计划设置的专门网站上，详细列出了被分为 8 个等级的减载限电计划执行标准，其中第八级也就是最高级别的限电标准，意味着需要削减多达 8000 兆瓦的容量，也就是消费者预计在 4 天内最多经历停电 12 次，每次时间长度为 4 小时，[①] 这一计划表展示了南非公民自 2007 年以来开始经历的频繁断电成为生活常态。这种为保证必要供电的正常稳定、以削减普通用户需求的方式带来的大范围长时期停电，给南非国民经济造成了灾难性的影响，明显限制了国家的经济增长速度；加上 2020 年开始波及全球的新型冠状病毒疫情带来的经济和社会压力，南非原本已经缓慢的经济发展势头更加滞重，GDP 增速更明显下行，如图 4–3 所示，进入 21 世纪以来，南非增长速度最高值出现在电力危机暴露前的 2006 年。

频繁的断电给南非带来的不仅有对宏观经济的负面影响，还有诸多社会问题。一方面，限电措施在南非的社会舆论中，引起了大范围关于南非政府以及南非电力公司内部存在的严重系统性腐败的讨论，进而也大大削弱了民众对执政党非国大的执政能力的信心，给非国大的执政前景蒙上了阴影，非国大的主要竞争党派民主联盟（DA）和经济自由斗士（EFF）不

---

① Eskom, "Interpreting Loadshedding Schedules", https://loadshedding.eskom.co.za/ LoadShedding/ ScheduleInterpretation, 2023-08-29.

断以此为攻击非国大的口实，在刚刚举行的 2024 大选已经构成史无前例的
挑战。

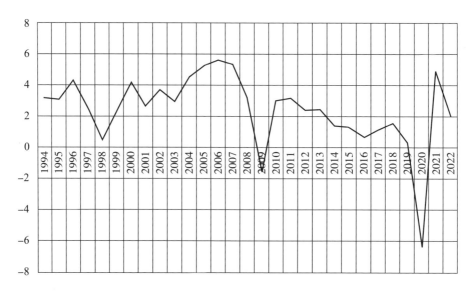

图 4-3　南非 GDP 年增长率（单位：%）

资料来源：World Bank Open Data, "GDP growth (annual %)-South Africa," https://data.worldbank.org/
　　　　　indicator/NY.GDP.MKTP.KD.ZG?locations=ZA。其中 2006 年为 5.6%，最低值出现在
　　　　　2020 年，当年为 –6.3%

　　另一方面，由于电缆频繁被盗和开关多次断电对电力系统造成的损耗，
按时停电却难以保证准时恢复供电的现象时有发生，进一步加剧了限电和
停电问题所带来的影响。再加上私人独立发电系统 ① 成本较高，中下层民众
和公共部门难以负担，也给维持正常工作和生活带来了挑战。很多民众因
此呼吁，应该放松国家对电力的监管，引导更多民间和私营部门力量进入，
以加快电力供应系统的扩容进度。

　　针对南非电力 10 余年危机带来的影响，众多学者对此进行了多次讨
论，其中有两种主要观点：一部分学者认为，旷日持久的电力危机给南非

---

　　① 大部分公共场所和富裕家庭会通过自费安装太阳能发电系统等方式，建立独立的私人
供电系统，减少对国家电力系统的依靠，以维持正常的生产经营活动和保证日常生活。

带来了包括粮食产量降低[①]、生活成本增加[②]、能源密集型产业陷入困境[③]等负面影响。当然，也有学者乐观地认为，电力危机有利于南非实现减排目标，推动可持续发展进程，并通过推动能源结构转型发展可再生能源，这将给南非带来多方面收益——其中最直接的是实现减排目标，提升国际形象，吸引更多针对性的国际投资；[④]能源结构的多样化和可再生能源产业的发展等基础设施建设，不仅能够给南非创造更多的工作机会，也能减少女性在家庭中的压力从而提升女性就业率。[⑤]一项关于普马兰加省低收入地区（KwaZamokuhle）的能源替换工程的追踪调查显示，尽管天然气作为燃煤的替代能源受到欢迎，但由于居民对火电的偏好，频繁的大规模停电问题也阻碍了"煤改电"这类推动清洁能源项目的开展。[⑥]总之，电力危机带来的负面影响是多方面的，但危中有机，摆脱危机造成的困境也能够给南非提供新的发展方向和动力。

（一）电力危机的历史成因

国家电力公司运转不利，经常被简单粗暴地认为是南非电力陷入困境的根源，即便电力公司确实是相关主要行为体，仍需要深入探究问题形成的政策背景和更复杂的国内国际大环境。南非电力危机的本质，是现有供电系统发电能力不足、与国内生产生活日益增长的需求之间的矛盾。从历

---

① Rim Berahab, "The energy crisis of 2021 and its implications for Africa," *Policy* 1967, 2022.

② Benedict B. Ateba, Johannes J. Prinsloo & Remigiusz Gawlik, The significance of electricity supply sustainability to industrial growth in South Africa. Energy Reports, 5 November 2019, 1324–1338. https://doi.org/10.1016/j.egyr.2019.09.041.

③ Jackie Dugard, "Urban basic services: Rights, reality, and resistance," in Malcolm Langford (ed.), *Socio-Economic Rights in South Africa: Symbols or Substance?* Cambridge University Press, Cambridge, 2013, pp. 275–309.

④ I. Pretorius, S. J. Piketh, and R. P. Burger, "The impact of the South African energy crisis on emissions," *WIT Trans. Ecol. Environ* 198, 2015, pp. 255–264.

⑤ Taryn Dinkelman, "The effects of rural electrification on employment: New evidence from South Africa," *American Economic Review* 101.7, 2011, pp. 3078–3108.

⑥ Bopaki Phogole, Clare Kelso, and Kristy E. Langerman, "The effectiveness of household energy transition interventions in a coal-using community on the South African Highveld," *Energy for Sustainable Development* 71, 2022, pp. 1–12.

史和现实出发，厘清其起因和演变过程，是总结经验教训、寻找解决当前危机的前提，也可以避免重蹈覆辙。

实际上，2008年电力危机刚刚出现时，Kate Bayliss 的研究作品即提出，危机根源于20世纪90年代初开始的旷日持久且过程艰难的电力重组和私有化计划，而直接原因恰恰就是随新自由主义政策而来的基础设施领域投资空白、设备高负荷、维护成本增加、人员短缺等一系列问题相互交织形成的恶性循环。[①]2020年的一份研究同样也认为，国家电力公司不断上升的成本、违规的采购行为、不断恶化的债务情况和低下的投资新基础设施的能力，阻碍着南非提高电力供给能力。[②]综合现有研究成果可以发现，电力危机首先是宏观政策转向新自由主义政策的恶果。过去失败的经验证明，放松国家对电力系统的管控、单纯依赖吸引私营部门等外部资金进入，并非解决南非电力压力的良药。这种竭力阻止公共部门资金远离发电设施建设项目、以促进私营部门参与的政策，直至2002—2006年还在实施，导致南非在长达5年时间里发电能力领域的新建设投资降至零，[③]加之当时的私营部门缺乏兴趣，国家电力公司因而错失了有效扩充发电能力的时机。

南非电力出现危机，也有其复杂的历史和社会背景，理解其成因需要追溯到20世纪80年代南非的种族隔离时代后期。种族隔离时期的南非因其受到国际社会的经济制裁，为保证国家经济的平稳顺利运行，独立建立了相对完整的国家工业体系，但这样的工业系统并不足够发达和高效，1994年南非重新融入国际市场后立即显示出国际竞争力的不足。尤其是电力方面，1985年以前在政府大力扶持下，南非在充足的煤炭资源基础上兴建了许多燃煤发电厂，当时是充足且廉价的电力供给，但对应的是只为当时的工业生产和白人区生活提供保障。此后，特别是1994年重回国际社会获得一大波国际援助和投资热潮以来，南非吸引了大批包括铝、铁冶炼等工业产业的进入，都产生了对电力需求的大幅上升；与此同时，在原本过

---

① Kate Bayliss, "Lessons from the South African electricity crisis," *Development Viewpoint* 3, 2008.

② Andrew Bowman, "Parastatals and economic transformation in South Africa: The political economy of the Eskom crisis," *African Affairs* 119.476, 2020, pp. 395–431.

③ Kate Bayliss, "Lessons from the South African electricity crisis," *Development Viewpoint* 3, 2008.

于充足的电力供给的时代，南非公民缺乏应有的节能意识，养成了不良的用电习惯，以至于其更加难以适应需要开源节流的电力危机时代下的生活。

南非种族隔离时期规划建设的最后一个燃煤发电厂，也是电力危机前兴建的最后一个大型发电厂，1996 年正式并入国家电网投入使用。在此后的十余年快速发展过程中，新南非政府没有再新建任何大型发电设施。尽管在此期间，曾有来自南非国内外的专家学者对电力危机的出现做出过数次预警，也提出了相应的建议，但由于非国大党政府对种族隔离时期遗留的发电系统信心十足，这些建议并未受到重视。最终，随着工业生产规模扩大和社会生活水平提高，电力需求不断随之增长，电力缺口逐步显现（见图 4-4）。2008 年，南非开始面临电力危机的考验，并被迫实行限电政策以维持国家基本电力供应。

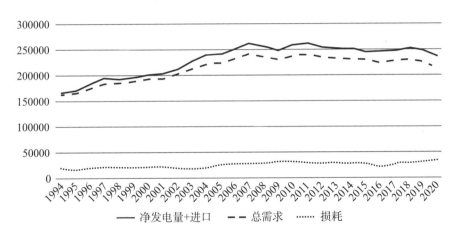

图 4-4　南非电力供需情况（单位：百万千瓦时）

资料来源：UN Data, "Total electricity: South Africa," 2023.01.05, http://data.un.org/Data.aspx?q=electricity&d=EDATA&f=cmID%3aEL

其次，现存发电系统设施老旧，图 4-4 也显示了大量的耗损问题，已经不得不进入分批退役阶段。尽管南非电力公司（Eskom）为弥补供电能力不足带来的电力缺口，将早期兴建的燃煤发电厂设计和使用寿命延长为 50 年，但仍有很多建造时期过早的老旧设备无法继续使用。参考各发电设施的建设时间，预计从 2019 年起将会有大量燃煤发电厂逐步退出发电系统，按原计划，到 2030 年前后，现有发电厂将仅剩两个新建项目可以维持生产。考虑到新建供电设施和完善电力系统速度较慢，南非将在较长一段时间内存在电力供给缺口。目前 Eskom 不仅尽力尝试延缓现存发电站的退役时间，也通过技术革新，重启早已于 20 世纪 90 年代退役并封存的 Komati、Camdan 和 Grootvlei 三座老旧发电站。以 Komati 发电站为例，该电站始建于 1961 年并于 1966 年全面投入运营，在 1990 年被完全封存后，于 2011 年再次全面恢复使用，最终在世界银行的能源转型项目支持下于 2022 年 10 月 31 日又一次停止运行。[①] 但尽管如此，到 2050 年 Eskom 也将因老旧发电设备退役损失约 35000 兆瓦的燃煤发电能力（见图 4-5）。

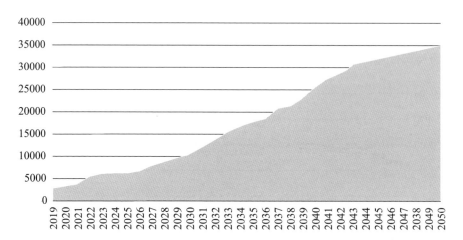

图 4-5　Eskom 因燃煤发电厂退役累计减少的发电能力统计（单位：兆瓦）

资料来源：Department of Mineral Resources and Energy, "Integrated Resource Plan 2019," https://www.energy.gov.za/IRP/2019/IRP-2019.pdf

　　南非唯一一座核能发电站（Koeberg）也存在类似问题。这座核能发电站的设计和建造年限同样很早，按照最初方案将于 2024 年达到设计寿命上限。但为保证国家电力系统的发电能力，且丰富南非能源组合形式，延长核电站的工作年限，维持核电供给技术和核电站的存在是南非目前的必然选择。

① World Bank, "Factsheet: Eskom Just Energy Transition Project in South Africa," June 5, 2023, https://www.worldbank.org/en/news/factsheet/2023/06/05/factsheet-eskom-just-energy-transition-project-in-afe-south-africa last accessed: 2023-08-13.

第三，南非政府难以在电力供给侧履行基本职能，及时填补电力缺口。尽管非国大政府长期因电力供给不足而受到多方指责，但实际上政府也曾对南非电力公司 Eskom 和国家电力系统的管理运行方式进行过多次改革和拆分，以促进私营部门的参与，然而未能按计划吸引所需投资，激活国家电力部门的发展。因此，南非目前的电力危机在一定程度上也表明，作为发展中国家的南非鼓励私营部门投资电力行业的努力成功难度较大，需要政府和国家公共事业单位持续扩大公共投资，承担电力供给责任，以维持和扩大电力容量。[1]

除国内问题影响之外，南非还面临着自主设置的碳减排目标带来的国际问题。在相应的国际压力下，南非已经无法继续发展煤电，必须寻求新的技术突破和电力供给方式。但长期以来，煤炭都是南非能源系统的支柱，燃煤发电厂发电能力约占装机总容量的 70%，如图 4–6 和表 4–5 所示。

图 4-6　南非各类型能源发电量图（单位：GWh）

资料来源：根据国际能源署数据绘制

---

① Kate Bayliss and Ben Fine, eds., *Privatization and Alternative Public Sector Reform in Sub-Saharan Africa*, London: Palgrave MacMillan, 2008.

表 4-5　南非各类型能源发电量表（单位：GWh）

年份（年）	煤	核能	水力	石油	生物燃料	风能	太阳能光伏与热能
1990	155926	8449	2851				
1995	173160	11301	1803	391			
2000	193419	13010	3934		307		
2005	229073	11293	4199	78	267	12	
2010	242001	12099	5067	197	203	34	
2015	228572	12237	3729	183	298	2500	2136
2020	211738	9903	6239	322	350	5937	5031

资料来源：International Energy Agency, South Africa, https://www.iea.org/countries/south-africa

　　为满足国际社会对南非责任的期待，南非政府在 2019 年发布的《电力综合资源规划》（Integrated Resource Plan，IRP）中提出，"到 2030 年实现电力组合的长期多样化，并致力于减少能源部门的碳足迹，同时满足不断增长的能源需求,确保社会经济公正过渡"①。结合南非现有燃煤发电厂的设计和投入运营年代考虑，如果希望实现大幅减少碳排放，就必须削减燃煤发电的比例。但近年来，随着电力危机的出现，南非发电总量远低于需求总量，其应对乏力的状态被讥讽为以"躺平"的方式"成功实现了碳减排"。尽管符合国际期待，对南非来说却并非良性。如图 4–7 能源强度统计图所示，南非单位国内生产总值（GDP）所需消耗的能源不仅远高于世界水平，甚至也高于撒哈拉以南非洲国家和南部非洲国家的平均水平。这也说明，即便在区域或次区域范围内，南非要真正实现满足可持续发展要求的碳减排目标，仍存在诸多挑战。首先就是无法再依赖迅速恢复和扩大现有燃煤发电能力，因为来自国际社会关于碳减排目标的压力仍然是南非保证稳定电力供应的阻碍。

---

　　① Department of Mineral Resources and Energy, "Integrated Resource Plan 2019," https://www.energy.gov.za/IRP/2019/IRP-2019.pdf last accessed: 2023-08-13.

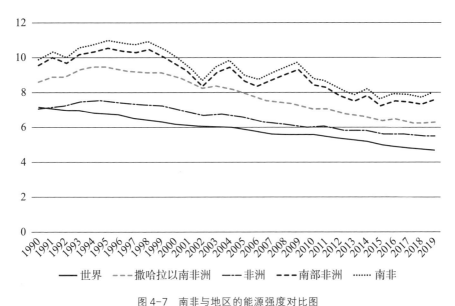

图 4-7　南非与地区的能源强度对比图

资料来源：International Energy Agency, SDG7 Database, https://www.iea.org/data-and-statistics/data-product/sdg7-database。能源强度即每单位 GDP 的能源使用量，是评估国家或地区的能源强度能够衡量经济能源效率的关键指标（SDG7.3）

　　南非急迫需要向清洁能源转型。根据联合国在 2021 年给出的关于能源贫困的定义，即"没有足够的能源来改变生活，无法获得清洁的烹饪燃料，或者说根本就没有任何能源"[1]，尽管南非长期以来都以矿产资源丰富著称，但在 10 余年间频繁出现的电力危机，以及随之而来不同等级的限电措施，似乎使其逐渐陷入了能源贫困之中。与此同时，截至 2020 年底，南非的煤炭探明储量为 98.93 × 108 吨，仅占世界总探明储量的 0.9%，储产比只有 40 年，[2] 这对于将煤炭作为能源系统支柱的南非来说，如果无法及时对能源结构进行调整，电力危机并不会是终点，能源贫困和能源危机终将无法避免。

---

①　United Nations, "Damilola Ogunbiyi: Ending energy poverty saves lives and the planet," https://www.un.org/en/climatechange/damilola-ogunbiyi-ending-energy-poverty, last accessed: 2023-08-13.

②　BP, "BP.Statistical Review of World Energy 2020," June 2020, https://www.bp.com/content/dam/bp/business-sites/en/global/corporate/pdfs/energy-economics/statistical-review/bp-stats-review-2020-full-report.pdf, last accessed: 2023-08-13.

（二）提振国家电力公司效率：失败的新自由主义改革

南非政府和国家电力公司一直在试图解决职能缺失和效率低下等问题。自 1994 年以来，南非公共企业部已经对国家电力公司和电力部门进行了两次大规模的改革。第一次开始于 20 世纪 90 年代初的改革，因面临国内和国际利益集团的多重阻碍而被迫停止，以维持电力供应部门的正常运转，保障社会稳定；第二次大规模改革于 2019 年正式启动，但目前的改革进度远落后于计划，至今仍在进行中。

对南非国家电力公司进行的第一次大规模改革发生在 2001 年。这一次改革原计划拆分 Eskom 的三项核心业务：发电、输电和配电，通过合作和制约，意在实现部门间互相监督，增加电力系统的透明性，提升 Eskom 的经营能力。其中，配电系统会被进一步拆分重组为 6 家配电公司，分别由南非国家电力公司和各市政府运营，[①] 以促进市场竞争，提高私营部门参与度。但由于立法的复杂性和资产所有权转让程序的困难，这一庞大的改革计划最终变得漫长而艰难，[②] 直到 2005 年仅成立一家公司，并最终解散。改革受挫后，并无太大实质性变革的 Eskom 及其管理体系，维持了较长时间的制度稳定，图 4–9 展示了在此期间相对稳定的电力系统的治理结构。[③]

为解决困扰南非长达 10 余年的电力危机，南非政府 2019 年开始启动对电力系统进行第二次大规模改革。但根据公共企业部发布的《电力供应部门改革路线图》中对改革进程的要求，此次改革原本计划于 2022 年底结束。改革后，Eskom 成为控股公司，现有发电、输电和配电业务将拆分为 3 家独

---

① South Africa Government, Eskom Conversion Bill (2001), https://www.gov.za/sites/default/files/gcis_document/201409/b16-010.pdf, last accessed: 2023-08-23.

② Roger Southall, "The ANC, Black Economic Empowerment and state-owned enterprises: a recycling of history?" in Sakhela Buhlungu, John Daniel, Roger Southall, Jessica Lutchman (eds.), *State of the nation: South Africa 2007*, Cape Town: HSRC Press, , 2007, pp. 201–225.

③ Marie Blanche Ting and Rob Byrne, "Eskom and the rise of renewables: Regime-resistance, crisis and the strategy of incumbency in South Africa's electricity system," *Energy Research & Social Science* 60, 2020, 101333.

立核算的全资子公司，形成全新的电力市场体系和运行机制。[1]改革后的电力供应部门运行结构如下图 4-8 所示，这与第一次大规模改革规划十分相似，甚至与 1998 年公布的《能源政策白皮书》"将 Eskom 重组为独立的发电

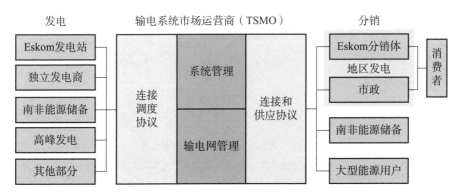

图 4-8　改革后的电力供应行业结构示意图

资料来源:《南非电力供应部门改革路线图》

和输电公司并建立独立配电分销商"[2]的计划类似。但明显缓慢的改革进度和 2023 年长期维持中高级减载限电措施的现实证明，至少目前来看，2019年改革仍旧没有真正扭转南非目前的电力危机局面。

如前所述，南非政府和国家电力公司一直在试图解决电力危机，但爆发于 2022 年的又一次严重的电力危机显示，南非政府仍有着不可推卸的责任。在危机出现后的 10 余年间，政府从多元化电力供给结构、促进私营部门参与、发展节能环保技术等多方面，持续制定和修正了多个发展规划和行动计划，但不幸的是其执行效率极低。对比 2010 年与 2019 年南非发布的两次《电力综合资源规划》中的数据（见图 4-10、图 4-11），计划任务的实际执行能力仍然远远不足，到 2019 年，实际发电能力建设远未达到预期水平。总之，因政府相应职能长期缺位，南非目前运营的很多发电厂早已超负荷

---

[1] South Africa Government, Roadmap for Eskom in A Reformed Electricity Supply Industry, https://www.gov.za/sites/default/files/gcis_document/201910/roadmap-eskom.pdf, last accessed: 2023-08-18.

[2] South Africa Government, Energy Policy White Paper (1998), https://www.gov.za/sites/default/files/gcis_document/201409/whitepaperenergypolicy19980.pdf, last accessed: 2023-08-18.

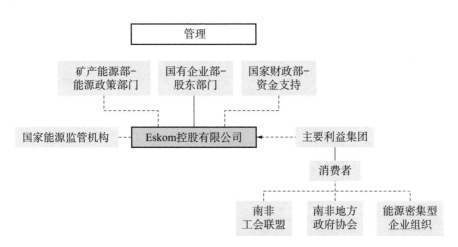

图 4-9　南非电力系统制度性治理结构

国有企业部对 Eskom 正式负责，这类正式关系用实线表示。虚线代表对 Eskom 的影响。较暗的虚线表示正式的政府结构（DOE、National Treasury 和 NERSA）的影响，较暗的虚线表示利益集团的影响。资料来源：南非政府网

超年限，设备老旧、维护不当、管理低效、项目周期长以及线缆偷窃等问题频出。

　　以 2021 年建成并开始全面运行的两座大型燃煤发电厂 Medupi 和 Kusile 为例，在规划中，这是两个能够大幅扩充南非电力供给能力的重点项目。但在执行过程中，不仅建造时间严重超期、建造成本也远高于预算，两座发电站的实际发电能力未能达到设计的 4300 兆瓦的最大发电能力，而且 Medupi 的 4 号机组在整体投入运营当年的 8 月 9 日就因爆炸受损，高额的维修费用和可以预见的长期停产，给南非的电力系统造成了又一次重大损失。

　　电力危机带来的影响由此在局部地区显得尤为严重。城市周边民众聚居区存在严重的电力短缺现象，这既是历史遗留问题，也是政府职能缺位问题。1986 年以来，不论是前国家党政府还是非国大政府，都没有为这些居民点建立起必要的基础设施和相应的电力能源系统，居民的能源贫困状况长期未能得到改善。[①]用电需求密集的部分地区也存在极大的供电缺口，

———————

　　①〔南非〕S.泰列伯兰奇：《迷失在转型中：1986 年以来南非的求索之路》，董志雄译，民主与建设出版社，2015 年。

不仅电网老旧，又长期缺乏维护。同时，发电密集区和用电密集区之间存在较大的空间距离，很难在全国范围对电力进行有效调配，这也加剧了局部地区的电力短缺带来的挑战。

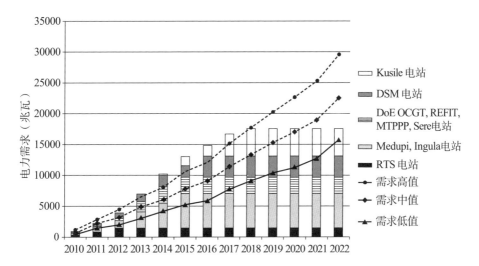

图 4-10　IRP 2010 中预期建设各项目发电量增长情况（单位：兆瓦）

资料来源：Department of Mineral Resources and Energy, "Integrated Resource Plan 2010," https://www. energy. gov.za/IRP/irp%20files/INTEGRATED_RESOURCE_PLAN_ELECTRICITY_2010_ v8.pdf

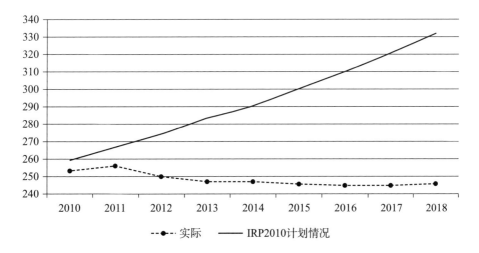

图 4-11　2010—2030 年 IRP 预期发电量与实际发电量（单位：亿千瓦时）

资料来源：Department of Mineral Resources and Energy, "Integrated Resource Plan 2019," https:// www. energy.gov.za/IRP/2019/IRP-2019.pdf

以上从历史和现实、国内和国际多方面，对南非面临的严重电力危机出现的复杂成因进行了分析。总结而言，种族隔离制度时期的建设规划不再适应今天的需求，新南非政府低下的行政效率和治理能力不足加速了问题的恶化，发展清洁能源的国际责任和压力则进一步限制了南非提高电力供给能力的可选项。这并非国家电力公司或矿产能源部等某一责任方的某次失误带来的偶然性危机，而是综合了历史与现实多重原因形成的积重难返的局面，所以也很难通过艰难推进且道路漫长的国家电力公司改革去真正解决，也因此需要在引入私营部门和改革制度之外，寻求更多解决问题的可能。目前来看，发展可再生能源或许是南非电力危机的一种潜在最优解决方案。

（三）可再生能源作为电力危机解决方案的潜力

能源贫困与经济贫困因其紧密的相互关系，常常相伴而生。国际能源署也表示，"能源危机几乎是非洲国家的常态，能源贫困严重制约着非洲的经济发展"[①]。因此，即使长期作为非洲经济的"领头雁"，在陷入电力危机以来，南非国家经济发展状况日益不乐观。摆脱电力危机困境，重新走上经济健康发展的道路，提高城乡家庭电力的可及性，解决长期存在的电力危机和能源贫困，是南非必须完成的重要任务。其中最行之有效、也最具发展潜力的解决方案就是发展和利用可再生能源，这不仅与 2015 年联合国发布的可持续发展目标中第七项"确保人人获得负担得起、可靠和可持续的现代能源"相匹配，也符合南非自身拥有充足且可及的太阳能、风能等可再生能源发展优势条件。

南非在能源结构多样化和可再生能源的发展与利用上起步较早。早在 2002 年 8 月南非就已发布了《可再生能源白皮书》，提出大幅提升可再生能源对最终能源消耗的贡献[②]，如 2012 年将增加 10000 吉瓦时（GWh），主

---

① International Energy Agency, "Africa Energy Outlook: A Focus on Energy Prospects in Sub-Saharan Africa," https://webstore.iea.org/weo-2014-special-report-africa-energy-outlook, last accessed: 2023-08-18.

② 可再生能源总容量和发电量等于生物能、水电（包括抽水蓄能）、陆上和海上风能、太阳能光伏、太阳能 CSP、地热和海洋技术的总和。

要来自生物质能、风能、太阳能和小规模水电。[1] 随着南非电力短缺问题的日益加剧，2010 年南非矿产资源和能源部公布的《电力综合资源规划（2010—2030）》中，进一步明确了可再生能源的发展方向和发展目标，在经济成本略有上升的前提下，提出来 2019 年实现新增风电装机容量 4500 兆瓦、新增太阳能装机容量 600 兆瓦的目标；然后在 2019—2030 年将新增可再生能源装机容量扩大到 7200 兆瓦，同时将燃煤发电比例下降至 45%，[2] 以尽早实现碳达峰和碳中和。在 2019 年公布的最新版《电力综合资源规划 2040（2019）》中，南非政府则计划，随着燃煤发电厂的大规模退役（到 2040 年总计 28GW，到 2050 年总计 35GW），再加上严格实施的排放限制政策，到 2040 年，煤炭对南非能源供应的贡献将不到总量的 30%，到 2050 年将低于总量的 20%。[3]

南非电力危机带来的减载政策使得南非作为国际资本投资目的地国的形象大打折扣，多年来已经成为像安全问题一样困扰和阻碍外来投资进入的障碍。加之南非政府本身财政困难，电力公司 Eskom 本身更无法独立为大规模煤炭开采提供资金来增加发电，而私营部门、国际发展金融机构和地方银行也不愿再为南非的煤炭提供资金。[4] 因此，为鼓励和刺激私营部门参与投资可再生能源发电项目建设，南非政府于 2011 年正式开放可再生能源独立发电商采购计划（Renewable Energy Independent Power Producer Procurement Programme，简称 REIPPPP），并已经完成了六轮招标工作，[5] 截至 2021 年，第一至四轮中标的 92 个项目中已有 85 个正式投入运营，为国家电网提供了 71073 吉瓦时的可再生能源。[6]

[1] Department of Minerals and Energy, "White Paper on the Promotion of Renewable Energy and Clean Energy Development: Part one Promotion of Renewable Energy," https://www.gov.za/sites/default/files/gcis_document/201409/rewp2208022.pdf, last accessed: 2023-08-19.

[2] Department of Mineral Resources and Energy, "Integrated Resource Plan 2010," https://www.energy.gov.za/IRP/irp%20files/INTEGRATED_RESOURCE_PLAN_ELECTRICITY_2010_v8.pdf, last accessed: 2023-08-19.

[3] Department of Mineral Resources and Energy, "Integrated Resource Plan 2019," https://www.energy.gov.za/IRP/2019/IRP-2019.pdf, last accessed: 2023-08-19.

[4] International Energy Agency, "World Energy Investment 2023," https://iea.blob.core.windows.net/assets/8834d3af-af60-4df0-9643-72e2684f7221/WorldEnergyInvestment2023.pdf, last accessed: 2023-08-19.

[5] 第 5 轮和第 6 轮招标结果分别在 2021 年和 2022 年公布。

[6] Julia Evans and Onke Ngcuka, "Power Crisis: How the ANC's years-long delays on renewables plunged SA into darkness and scuppered plan to end blackouts," *Daily Maverick*, 2023.01.28, https://www.dailymaverick.co.za/article/2023-01-28-how-the-ancs-years-long-delays-on-renewables-plunged-sa-into-darkness-and-scuppered-plan-to-end-blackouts/, last accessed: 2023-08-19.

　　然而，迄今为止，南非的能源结构并没有出现大幅度向可再生能源的转型。虽然南非制定了一套详细的可再生能源发展方案和政策支持体系，但如图 4-12 所示，从最初的发展规划制定和发布至今，可再生能源在南非的能源结构中仍不占优势地位。直到 2019 年，现代可再生能源占国家最终能源消费总额的比例仍较低，不仅低于世界平均水平，也低于撒哈拉以南非洲和整个南部非洲地区国家的平均水平。在优化能源消费结构、丰富电力供给来源上，南非仍有很长的路要走。

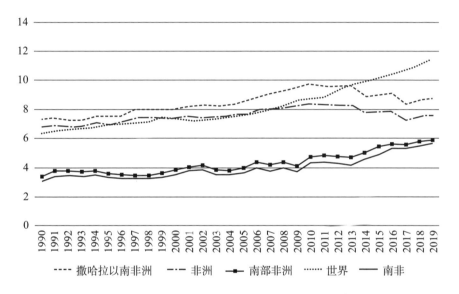

图 4-12　最终能源消费总额中现代可再生能源占比

资料来源：BP, "Statistical Review of World Energy 2022 – all data, 1965–2021," https://www.bp.com/content/dam/bp/business-sites/en/global/corporate/xlsx/energy-economics/statistical-review/bp- stats-review-2022-all-data.xlsx；南非的可再生能源（可再生能源包括水力、固体生物燃料、液体生物燃料、沼气、现代生物质能、风能、太阳能、地热、潮汐/波浪/海洋和可再生城市废物。它不包括传统的生物质）占最终能源消费总量（代表最终消费者在所有能源使用中使用的能源）的比重（SDG7.4）。

　　南非拥有巨大的发展可再生能源的潜力。以太阳能光伏发电潜力和风能发电潜力为例，结合下图可以发现，整个西部地区都具有极大的太阳能光伏发电潜力（见图 4-13），沿海地区不同高度等级下均拥有较高水平的风力密度，这证明了南非拥有较强的风电发展潜力（见图 4-14、4-15、4-16[①]）。

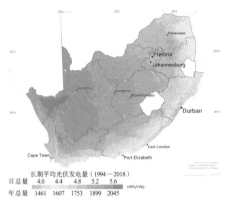

图 4-13　南非光伏发电潜力地理分布图
资料来源：2020 The World Bank, Source: Global Solar Atlas 2.0, Solar resource data: Solargis.

图 4-14　南非风力密度地理分布图（200M）

图 4-15　南非风力密度地理分布图（50M）　　图 4-16　南非风力密度地理分布图（10M）

　　优越的自然条件和巨大的潜力，都意味着南非可以通过可再生能源的发展来优化国家电力供应系统结构、解决能源危机。不仅如此，参考世界其他国家的发展经验可以发现，促进可再生能源消费同样有利于推动国家

---

① 这三幅图均来自 E. C. Merem, et al., "The Evaluation of Wind Energy Potentials in South Africa," *Energy and Power* 12.1 (2022): 9–25。

经济增长。2017 年一份针对黑海和巴尔干地区实证研究表明，发展中国家也可以实现可再生能源与经济增长之间的正相关关系。[①] 提高可再生能源消费在能源总消费中的比例，能够在缓解电力危机的同时，为南非提供更多就业岗位，也促使经济更快回到正常发展的道路上。长期以来，政府的政策支持和国际组织的资金投入显示，南非已经走在这一发展方向上，加之随着国际社会对可持续发展目标和清洁能源不断加强，南非有望尽早完成能源转型和结构优化，不仅能完成政府自主设置的减排责任，也符合国际社会对南非的期待。[②]

实现供电能力提高和能源结构优化，推动南非电力生产去中心化也是一种选择。丰富太阳能自然资源条件、尤其是南非较高的太阳能光伏发电能力，加上太阳能发电系统的采购难度相对较小，需求技术水平较低，安装和使用难度适中，也给南非国内家用太阳能发电系统的安装与使用提供了良好的条件。实际上，南非能够负担太阳能家用发电系统的消费者，已经开始了寻求独立发电和储电的探索。通过对构成太阳能发电系统（第 85 章商品及其项下光伏电池等商品）进口商品数据的分析可见（图 4–17），南非进口这部分商品的峰值与该国几次电力危机发生的时间相近，其中尤以光伏电池类商品（编码为 854140）交易最为明显。在第一次电力危机发生的 2007—2008 年，就已经开始出现光伏电池及其他相关种类商品的进口规模增加的现象；此后在 2013—2014 年又一次电力危机期间达到了更高峰值，2019 年末到 2020 年初的商品进口规模再次出现了明显的回升，而疫情之后的 2022 年，电力危机再一次将太阳能发电系统商品的进口规模提升到接近 2013 年的峰值水平。[③] 以此可以推断，南非已经实现了家庭太阳能发电系统

---

① Emrah Koçak and Aykut Şarkgüneşi, "The renewable energy and economic growth nexus in Black Sea and Balkan Countries," *Energy Policy* 100, 2017, pp. 51–57.

② 南非目前正持续受到三个主要能源转型促进项目的资金支持：国家电力公司公正能源转型项目（Eskom Just Energy Transition Project, EJETP），气候投资基金加速煤炭转型投资计划（The Climate Investment Funds Accelerating Coal Transition Investment Plan），公正能源转型伙伴关系（The Just Energy Transition Partnership, JETP），共计将获得 105 亿美元资金支持。资料来源：World Bank, "Factsheet: Eskom Just Energy Transition Project in South Africa," June 5, 2023, https://www.worldbank. org/en/news/factsheet/2023/06/05/factsheet-eskom-just-energy-transition-project-in-afe-south-africa 最后访问日期：2023-08-22。

③ 除第 85 章及 850131 类商品有关于 2022 年进口情况数据外，其余两类商品 854150 和 854140 缺失 2022 年统计数据。

的自发使用，加之太阳能自身具有的可再生能源属性，探索去中心化供电和储电，或许也能够成为减轻国家公共部门供电压力和优化国家能源结构的方向之一。

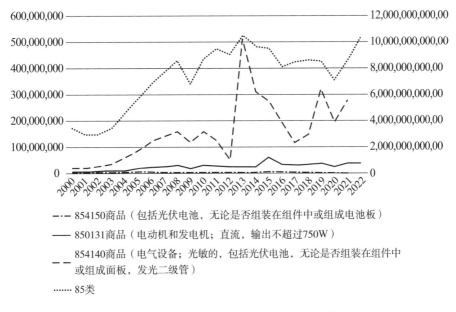

图 4-17 2000—2022 年南非各类太阳能发电产品进口情况

资料来源：UN Comtrade Database, https://comtradeplus.un.org/

维护和完善国家电网的完整性也是实现和保障南非长期能源安全的另一重要前提。南非现有的国家电网系统设施较为老旧，输电能力十分有限，且频繁出现故障，这些都使国家电力资源分配更加不均，加剧了电力危机造成的影响，但维护电网的工作仍未真正受到南非政府的重视：一方面，虽然政府多次出台文件，推动完善和升级南非国内输配电线路，但相应项目建设进展仍十分缓慢，输配电线路在大规模频繁的停电限电下依旧故障频现；另一方面，由于电力公司常年亏损，国家财政压力也在不断增加，政府规划的预留资金受到大幅削减，完善和全面电网升级规划也往往难以整体保留实施。比较 2010 年公布的《2010—2019 年输电发展规划》与 2023 年公布的《输电发展规划》中的"专项投资规模"部分，能清晰地看到，尽管线路如此重要，Eskom 却在最晚近的规划中实际上降低了输配电线路优化升级工作的重要性：2010 年版原计划"2011 年至 2015 年期间需要名义投资

873 亿兰特，到 2020 财政年度结束，名义投资将增加到 1750 亿兰特"[1]；但是，新规划中，则表述为"考虑到长期的不确定性，在未来五年集中实施对保证供给安全极其关键的项目。通过系统分析，将对约 2890 公里超高压线路和 60 台变压器的进行维护和更新，到 2027 财年需要 722 亿兰特的资本投资"[2]。完善和升级南非国内输配电线路，仍应是南非在接下来的一段时间内必须逐步推行和发展的重要工作。只有输配电线路足够完善、先进且覆盖全国，才能将点状散落在各地的新建发电站连接起来，成为国家长期能源安全的有力保障。

南非电网还在通过与独立发电商采购项目合作的方式缓慢更新和完善过程中。2011 年，南非政府发布可再生能源独立发电商采购计划，要求项目开发商在建设光伏电站时，需要承担电站并网联接工程费用，但并网联接部分资产所有权归属南非电力公司；开发商拥有两种选择：一是自建后移交；二是委托南非电力公司建设。[3] 这是将独立发电商所提供能源并入国家电网，以发展和完善国家电力系统的重要策略。

（四）中国参与解决南非电力危机的机遇与挑战

2010 年 8 月，在祖马总统访华期间，中国与南非两国元首共同签署了《中华人民共和国和南非共和国关于建立全面战略伙伴关系的北京宣言》，将中南双边关系提升为全面战略伙伴关系。[4]2023 年 8 月 22 日，应南非共和国总统西里尔·拉马福萨邀请，中华人民共和国主席习近平对南非共

---

[1] Eskom: Transmission development plans, "Transmission ten years Development Plan 2010 to 2019," https://www.eskom.co.za/wp-content/uploads/2021/08/TransDevPlan2010_20192.pdf, last accessed: 2023-08-18.

[2] Eskom: Transmission development plans, "Transmission Development Plan 2023–2032," https://www.eskom.co.za/wp-content/uploads/2023/01/Transmission_Development_Plan_2023%E2%80%932032_Rev1.pdf, last accessed: 2023-08-23.

[3] Eskom: Transmission development plans, "Transmission ten years Development Plan 2011 to 2020," https://www.eskom.co.za/wp-content/uploads/2021/08/TDP_v6_lowres2.pdf, last accessed: 2023-08-23.

[4] 中华人民共和国外交部：《南非：双边关系》，http://switzerlandemb.fmprc.gov.cn/web/gjhdq_676201/gj_676203/fz_677316/1206_678284/sbgx_678288/, last accessed: 2023-08-23。

和国进行国事访问期间，双方签署《中华人民共和国和南非共和国联合声明》，提出积极构建高水平中南命运共同体的新高度，能源安全问题纳入重点合作项目之中，两国计划通过多平台多方式、共同推动技术交流与项目投资合作。

中国与南非开展可再生能源合作有巨大的内生动力。政治上，由于两国在可再生能源领域的合作完全建立在相互尊重、平等互利的基础上，而无任何附加政治条件。这一领域的合作为中南双边关系的发展提供了新动能，既能促进中南政治互信提升，拓宽两国合作领域，又能加速"南南合作"进程，改善新兴国家对发达国家长期以来存在的不对称依赖关系。借助可再生能源合作，中国与作为非洲关键国家的南非建立了良好的合作关系，也为进一步在非洲其他国家开展类似合作提供了良好范例。

经济上，中国与南非是平等互利的伙伴关系。南非完善而活跃的国内市场，和以可再生能源独立发电商采购计划为代表的支持政策，都为中国企业投资南非工业产业提供有力保障。同时，可再生能源行业作为技术密集型行业，能够给中南合作双方带来更多附加收益，例如，知识溢出效应带来的技术转移、发电厂等设施建设过程中充足的工作岗位、和通过技术培训培养的熟练技术工人等。而且，南非作为撒哈拉以南非洲地区的新兴大国，具有地区辐射带动作用，无论是寻求向周边国家购电，还是持续向外售电，都能够逐渐带动周边地区的经济发展和技术升级。

从现实因素考虑，两国在电力领域合作互补性强，合作潜力巨大。南非目前以火电为主的发电结构，跨区域输电模式和正在推进的能源结构优化举措，都与中国有着较大的相似性。中国在可再生能源发电领域的发展现状优势明显，2021 年太阳能光伏发电量为 327 亿千瓦时，占全球总量的 31.7%，风力发电量为 655.6 亿千瓦时，占全球总量的 35.2%，均位于全球首位。[①] 结合前文对南非可再生能源发展潜力的分析，中南两国在这一领域优势互补，通过开展合作实现经验和技术交流共享，能够有利于双方发展。

---

① BP, "Statistical Review of World Energy 2022 – all data, 1965–2021," https://www.bp.com/content/dam/bp/business-sites/en/global/corporate/xlsx/energy-economics/statistical-review/bp-stats-review-2022-all-data.xlsx, last accessed: 2023-08-21.

从国际层面考虑，将两国国家能源转型与可再生能源国际合作结合，既符合完成两国自主制定的节能减排目标的需要，也回应了国际社会对新兴国家所应承担的国际责任的期待。发展可再生能源利用技术是应对气候变化等国际环境问题的重要环节之一，合作开发有助于塑造中国与南非的国际形象，明确两国在新能源问题上的态度和立场，也能争取更多的参与能力和话语权，更好维护两国的发展利益。

总之，中南可再生能源合作在政治层面有助于构建新型国际关系，在经济层面可以实现互利共赢、优势互补，在国际层面能够改善两国的国际形象，中国与南非进行可再生能源合作是中南发展战略合作伙伴关系的必然选择。

但值得分析的是，中国企业及其产品目前尚且不是南非国家电力公司寻求投资与合作的主要对象。如图 4–18 所示，除接受来自国际组织为实现可持续发展目标支持国家电力公司能源转型的资金和贷款外，来自美国（44%）、德国（14%）和南非（8%）等 10 余个国家的百余家企业持有 Eskom 公司的债券，总额约为 2.5 亿美元。从图 4–19 中也能发现，Eskom 接受的银行贷款则同样主要来自美国和南非国内，中国只是为其提供了规模相对较小的一部分资金用于 Eskom 的日常运营和设备维护。因此，也必须承认，从作为产业内巨头国家电力公司的资金来源看，中国与南非两国之间的能源合作，尚且没有充分激发出应有的合作潜力，南非 Eskom 公司依然保持着传统上依赖北方国际合作和资金技术支持的特点，其绝大部分投资都来自欧美国家，其中尤以美国跨国公司为主，这类逐利性外部资本的注入，也是导致南非原本因国内利益集团绑定而进展缓慢的电力系统改革复杂艰难的深层原因。

深入推动中南两国能源电力合作，因此需要在当前的国际合作结构下探索新的合作方向和合作角度。南非当前仍在持续的电力危机证明，仅提供资金支持并不能顺利解决南非面临的问题，不仅是因为南非政府和国家电力公司在发挥各自职能上存在缺陷，也是因为长期拘泥于投入大量资源和技术延长传统能源系统寿命的路径依赖。南非政府尝试同中国加深在可再生能源领域项目和技术合作，也是期待为解决电力危机提供了整体能源转型的新思路、新路径。

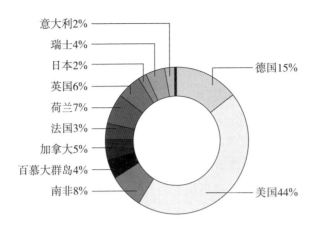

图 4-18　Eskom 投资主要来源地情况统计

资料来源：Global Coal Exit List, Eskom Holdings Soc Ltd, https://www.coalexit.org/company/eskom-holdings-soc-ltd

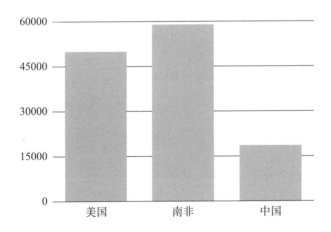

图 4-19　Eskom 贷款主要来源地情况（单位：百万美元）

资料来源：Global Coal Exit List, Eskom Holdings Soc Ltd, https://www.coalexit.org/company/eskom-holdings-soc-ltd

　　同时，需要指出的是，虽然目前中国在投资和贷款项目上并不具有优势，但与中国的合作在南非各界看来都具有独特性。一方面，如南非电力部长 Kgosientsho Ramokgopa 2023 年发言指出，尽管西方国家也向南非提供资金帮助其摆脱对化石燃料的依赖、发展可再生能源，但只有中国是唯一愿意无条件援助南非的国家。同样，反对党议员对来自中国的合作和"无条件"资金也并无激烈反对，而是持观望的谨慎态度。[①]另一方面，一些南非学者已经表达了与中国合作缓解电力危机的呼吁，因为中国既是世界上最大的太阳能和其他可再生能源设备生产国，又是迄今为止最大的可再生能源的实践者，中国在电力行业的实力以及现有的技术和规模优势，都给南非带来了更强的合作信心和解决危机的希望。

事实也证明了中南两国合作拥有巨大的发展潜力和空间，两国能源合作数十年来成果显著。政府间达成了一系列合作协议，建立了相对完善的合作机制，为合作项目推进提供有力支撑。2010年，两国政府签订《关于能源领域合作的谅解备忘录》，[②]支持双边能源合作。2015年12月，中国政府公布了第二份《中国对非政策文件》，其中要求以"绿色、可再生"的原则创新中非能源合作模式，推进包括水电、风能和太阳能在内的可再生能源开发合作，促进非洲可再生能源的就地合理开发利用。[③]同时，中国国家电网公司和Eskom签署协议，建立战略合作关系，合作内容涵盖输配电、可再生能源项目开发、特高压和智能电网技术开发与应用、技术培训等多个领域。近年来，两国能源领域合作往来更加密切，"中国－南非新能源投资合作大会"2023年在南非约翰内斯堡成功举办，国家能源集团与南非国家电力公司同年也再次签署推进传统及可再生发电领域战略合作的谅解备忘录。

在两国政府鲜明合作意愿前提下，中国与南非的能源合作在项目层面已经有多渠道多种形式。例如，国电龙源公司2013年参与了南非可再生能源独立发电商采购计划，成为首家中标的中国企业；中国国家开发银行2015年向Eskom提供了45亿美元贷款支持两座燃煤发电厂的建设；亨通集团成功收购南非电缆第一大品牌阿伯代尔公司（Aberdare），并投资建设

---

① Kate Bartlett, "South Africa Looks to China to Shed Light on Power Crisis," 2023.6.27, https://www.voanews.com/a/south-africa-looks-to-china-to-shed-light-on-power-crisis/7154861.html, last accessed:2023-08-23.

② 中华人民共和国外交部:《南非：双边关系》, http://switzerlandemb.fmprc.gov.cn/web/gjhdq_676201/gj_676203/fz_677316/1206_678284/sbgx_678288/, last accessed:2023-08-23。

③ 中华人民共和国外交部:《中国对非洲政策文件》, 2015年12月5日, http://russiaembassy.fmprc.gov.cn/ziliao_674904/zt_674979/ywzt_675099/2015nzt/xzxffgcxqhbh_684980/zxxx_684982/201512/t20151205_9281983.shtml, last accessed:2023-08-23。

3 个电缆厂；[1]2018 年，中国风电企业金风科技在南非中标可再生能源采购计划第四轮中装机容量约 150MW 的项目；2023 年，中国能建国际集团、葛洲坝集团携手南非当地合作伙伴以及法国电力新能源公司，合作签署了 115 兆瓦光伏项目总承包合同。[2]

由此可见，中南可再生能源领域合作进展良好。从制度上看，中国不同于南非的任何其他合作伙伴，中南合作没有任何附加政治条件，同为重要世界南方国家，合作项目发挥了南南合作典范的作用。从合作项目进展上看，中南合作也并非中方企业单向获利，无论是电缆制造还是基础设施，都在南非国内实现了落地和发展，通过投资设厂和项目建设，不仅满足了电力部门的发展需要，也为南非公民提供了不少就业岗位。再者，中国企业在南非示范了独特的中国速度，例如对比第四轮其他中标项目仍在建设当中的进度，金风科技建设的项目早已投入运营并实现了并网发电。总之，中南合作符合双方共同的期待，对两者都带来了切实的利益，合作潜力巨大。

结　语

电力危机已经困扰南非政府和民众 10 余年，在地区冲突频发的国际背景下，南非持续面对经济发展和气候变化挑战；解决电力危机带来的多重负面影响，化危为机，给该国带来了不小的挑战，却可能会给南非提供新的发展方向和动力。南非正加快推进能源转型，中南可再生能源合作具有广阔的发展空间和巨大的潜力。本章通过梳理南非政府 20 余年的相关政策文件及数据资料，厘清电力危机的形成与发展走向，提出南非应摆脱过于依赖北方合作者的传统路径，增加与中国在可再生能源等领域合作，或能成为走出电力危机的新出路。

中国南非可再生能源合作是可持续的，也是前景广阔的。南非乃至非

---

[1] Aberdare, "About Us," https://www.aberdare.co.za/about-us/, last accessed: 2024-03-10.

[2] Goldwind, https://www.goldwind.com/en/news/focus-article/?id=592373226760484864, 2024-03-10; IPP Projects, "Project Database", https://www.ipp-projects.co.za/ProjectDatabase, last accessed: 2024-03-10.

洲大陆都蕴藏着发展可再生能源的巨大潜力和切实需求，中国则在过去的
10余年间确立了在光伏、风电等多个可再生能源利用领域的领先地位。双
方这一极具互补性的优势条件，使得中国南非双赢合作具备很高可能性。
在南非优越的自然条件下，加之共同的政策激励，来自中国的先进技术和
充足的投资能够发挥引擎作用，推动两国共同获益，实现持续的自发合作，
不仅可以刺激南非可再生能源行业更加蓬勃发展，支持低碳发展战略的实
现，也能直接创造更多的就业机会、改善居民的生活条件；同时，中国企业
也能在南非的广阔能源市场上实现新的增长，进一步夯实国际竞争力，同
时扮演促进两国人文交流、推动友好关系深入发展的角色。

实现良好且可持续的中国南非可再生能源合作，也必须正确认识和应
对潜在的挑战。南非与中国差异巨大，从市场规则、法律体系到社会组织
和文化习俗，都有着很大的区别。为降低投资风险，推动合作顺利进行，避
免误解甚至摩擦的产生，既需要中国企业自己做好进入南非前的全面调研
和充分准备，又需要两国政府提供适当的培训和引导，多方共同努力，实
现共赢合作。

展望未来，在输配电、可再生能源开发、国家电力系统管理、技术培训
等多个领域，中南两国将有更加紧密、良好的合作，以可再生能源发电合
作项目为契机，推动更高质量的中南命运共同体的建设。

中南科技人力资源合作

——跨国技术转移与能力建设的联合探索

王进杰　彭高杲

近年来，随着世界科技全球化的发展，用科技促进经济发展和人的能力建设成为国际共识。国与国之间通过科技合作，直接或者间接地实现了技术转移，将工艺、技能和系统的服务知识，通过各种途径向技术需求方转化，[①] 从而提升了工业化思维水平，为经济发展储备了优质人力资本，赋能人的能力建设，这也逐渐成为世界各国科技发展的战略选择。较之中国与欧美科技合作的相对成熟体系而言，中非科技合作虽然历史不短，但是受到非洲国家基础设施薄弱、自然环境限制以及政治环境不稳定等多重因素的影响，中非科技合作的效果仍不明显，亟待提出新的合作模式和发展规划。

南非在非洲大陆是一个有着巨大影响力的国家，其在经济、贸易、学术、科研、基础设施、人才培养等方面，不论是与中国还是其他非洲国家合作，都具有举足轻重的作用。本研究立足于中南科技人力资源合作，主要采用访谈法和多案例法展开研究，从中南科技人力资源合作的形式多样性出发，通过分析科技人才培养的多种合作机制，探索技术转移和能力建设的联合路径。

（一）科技与人力资源国际合作的重要性

著名经济学家、哲学家阿马蒂亚·森于1997年提出"可行能力"（Capability Approach）的概念。他认为，实现福祉取决于人们能够做什么、能够成为什么样的人、能够拥有什么样的生活。经济发展的基本目的是扩大人类可以自由选择的权利，所以经济发展应该关注人类的能力和选择，

---

① 中国科学技术部：《关于印发国家技术转移示范机构管理办法的通知》，2007年，https://www.most.gov.cn/xxgk/xinxifenlei/fdzdgknr/fgzc/gfxwj/gfxwj2010before/201712/t20171222_137075.html，查询时间：2023年9月1日。

即人们能够实现自己价值的机会和条件。[1] 能力被视为获得真正机会的关键因素。[2] 评估个体的能力水平不应仅仅依赖于其资源财富或主观幸福感，而应该从衡量其是否具备过上幸福生活的能力角度出发。人们不应强加特定的美好生活概念，而应关注个体的能力，核心重点应是通过这些能力可以选择多样化的生活方式。[3]

科学技术具有生成性和变革性，通过这两个特点，它们直接实现能力的提升。[4] 科学技术在促进能力建设的过程需要政府、产业和教育等领域相互作用和合作，以促进知识创新和社会进步。在三螺旋理论中（Triple Helix Theory），G 代表政府 Government，U 代表教育 University/Education，I 代表产业 Industry（见图 4-20）。[5] 政府、教育和产业都扮演着重要的角色，技术创新是将科学与工业结合起来的机制，而政府行为又使这三者产生有机联动，形成一种有效循环关系。政府和科技基础设施之间的交互关系主要通过政府为后者分配资金，政府和生产结构之间的关系基本依靠双方利用现存知识并将其融入生产体系中的能力，科技基础设施和生产结构之间的关系是最难确立的，主要通过人员交流即职业变动来维系与强化它们之间的关系。[6]

在三螺旋理论中，政府将决策权下放给地区和地方当局以及其他行为体的合作。行业既注重内生创新，又注重转移。以大学为代表的教育机构在社会中扮演着创新的角色，积极参与转化研究、创业培训和社区发展，

---

[1] Amartya Kumar Sen, "Human Capital and Human Capability," *World development*, 25, no. 12, 1997, pp. 1959–1961.

[2] Alexander Kaufman, "Capabilities and Freedom," *Journal of Political Philosophy*, 14, no. 3, 2006, pp. 289–300.

[3] Ingrid Robeyns, "The Capability Approach in Practice," *Journal of Political Philosophy*, 14, no. 3, 2006, pp. 351–376.

[4] Marco J. Haenssgen and Ariana Proochista, "The Place of Technology in the Capability Approach," *Oxford Development Studies*, 46, no. 1 , 2018, pp. 98–112.

[5] Henry Etzkowitz and Loet Leydesdorff, "The Triple Helix—University-Industry-Government Relations: A Laboratory for Knowledge Based Economic Development," *EASST Review*, 14, no. 1, 1995, pp. 14–19.

[6] 宋霞：《"萨瓦托三角"创新模式的运行机制及历史地位》，《拉丁美洲研究》2021 年。

以及传统的任务。[①] 如果这三个利益相关者能够共同合作，就能达到平衡，形成中心区域的发展模式，为企业家精神、创新创业和竞争力的提升创造有利的环境。有研究发现非洲一些国家的劳动力存在过度教育的问题，这表现为劳动力不是缺乏知识，而是缺乏与行业需求相匹配的知识和技能，造成了"人才支持缺失"（intellectual support scarcity）的局面，导致了 U 圈（University/Education）未能够足够发展起来支持工业的推进。[②] 就本研究而言，中南合作中虽然存在基础设施和人力资源缺乏的短板，但在双方政府支持下，正在展开教育端的合作，而且产业支持与企业后续联动中已经开始挖掘当地的需求与资源优势，优势互补正在形成，在建设人的能力中显示出彼此的成就。因此，本章聚焦的重点是中非在人才培养领域的作为，是产业之间的正在展开的人力资源合作和科技赋能。

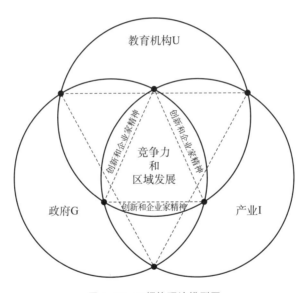

图 4-20　三螺旋理论模型图

① James Dzisah, "Mobilizing for Development: Putting the Triple Helix into Action in Ghana," *Theory and Practice of the Triple Helix Model in Developing Countries,* NY: Routledge, 2011, pp. 146–160.
② 哈巍、林璐:《我国政产学研协同创新的三螺旋模式及多重演化路径》,《高等教育研究》, 2023 年 9 月 11 日, https://mp.weixin.qq.com/s/mPV6u5A0VOdMlDMz9WQOCg, 查询时间: 2024 年 1 月 30 日。

（二）中国开展对非科技和人力资源合作的时代背景

当前，后疫情冲击、俄乌冲突等国际关系风险因素使得中国在平等和多边维护平等和多边国际秩序的同时，以创造就业、提升人力资源质量为基础的经济发展成为首要任务，这也成为中国对外科技援助及合作转型升级的契机。当前国际政治经济大环境面临经济全球化放缓，大国竞争加剧等挑战。经济层面，国际金融危机爆发后，西方国家出现了明显的逆全球化倾向，其结果很有可能使今后各国的经济发展更趋于内向，不仅高端制造业要留在本土，中低端制造业也要本土化。[①] 政治层面，随着中国的崛起，大国竞争成为美国外交战略的重要关切点，从奥巴马政府到特朗普政府再到现在的拜登政府，"重返亚太""印太战略"等提法反映了美国旨在与中国展开地缘政治竞争的意图。贸易战和"2021美国创新与竞争"法案等都释放了美国在科技领域遏制中国的信号。[②]

在这样的国际大环境下，非洲进入了重要的历史发展时期。它不仅需要克服后疫情困境，稳定民生，更需要通过科技和数字技术来提振经济。同时，非洲国家加强了对非洲能动性的强调，希望自主发展，摆脱外部干预，"非洲问题非洲解决"的呼声日益高涨。非洲发展新伙伴计划在这个背景下应运而生，力图通过加强能动性和区域合作来重新夺回非洲对自身发展的自主权。[③] 2021年1月1日，非洲大陆自由贸易区（AfCFTA）正式生效，非洲成为拥有世界上最大自由贸易区以及拥有超过14亿人口巨大市场的大陆。瞄准第四次工业革命，发展科学技术，利用教育与技能培训，开发人力资源潜力，收获人口红利，成为许多非洲国家的发展优先项。

---

① 李义虎：《无政府、自助，还是人类命运共同体？全球疫情下的国际关系检视》，澎湃新闻，2020年，https://www.thepaper.cn/newsDetail_forward_8485799，查询时间：2023年8月10日。

② The White House, "Statement of President Joe Biden on Senate Passage of the U.S. Innovation and Competition Act," https://www.whitehouse.gov/briefing-room/statements-releases/2021/06/08/statement-of-president-joe-biden-on-senate-passage-of-the-u-s-innovation-and-competition-act, accessed 2023-08-21.

③ 周玉渊：《非洲世纪的到来：非洲自主权与中非合作研究》，社会科学文献出版社，2017年。

2020 年开始肆虐全球的新冠疫情终结了非洲近半个世纪的增长，也加深了人们对非洲债务危机的担忧，非洲的平均债务与国内生产总值之比在中短期内预计将上升 10 到 15 个百分点。① 疫情也加速了非洲政府、企业与社会数字化工作、生活方式的速度，刺激了一系列数字化创新的出现。例如非洲电商 Jumia 开始线上提供可负担的食品和卫生必需品、推行非接触送货和在线支付等措施，Jumia 目前在 14 个非洲国家经营多个在线网站。② 作为数字科技领先的南非，在过去 10 年间成立的 AI 人工智能公司就有 173 家。这些疫情期间涌现出的科技创新证明了非洲电子技术的发展潜力。③

改革开放 40 多年来，中国的国际科技合作事业蓬勃发展，在世界经济和创新格局的深度调整下，中国在对外援助和合作上大力推进科技创新合作，其中科技人力资源的合作是"一带一路"科技合作的重要基石。中国积累的大量职业技术和科技人才，能够为非洲国家提供更具借鉴意义的发展经验。与非洲国家相比，中国科技创新资源丰富，在装备制造、空间技术、农业、减灾防灾、生命科学与健康、能源与环境和气候变化等领域形成的技术优势和人才储备，为深化中非合作、推动传统产业优势产能合作向科技新产能合作转型提供了人力资源的保障。④

在这个大背景下，中非双方科技合作日益紧密，由最初的科技援助逐步向科技合作转化和过渡，签署了多个双边科技合作协定，政府间科技合作机制也在许多国家建立，合作领域包括农业、工业、生物、医药卫生、信息通信等多个领域，合作形式多元多样，为提升非洲的人力资本与人的能力发展路径做出贡献。

---

① African Development Bank, "African Economic Outlook 2021," https://afdb-org.cn/wp-content/uploads/2021/05/AfDB21-01-AEO-main-English-highlights-1.pdf, accessed 2023-09-01.

② Jack Bright, "African e-commerce startup Jumia's shares open at $14.50 in NYSE IPO," https://techcrunch.com/2019/04/12/african-e-commerce-startup-jumias-shares-open-at-14-50-in-nyse-ipo/, accessed 2023-09-01.

③ Tracxn, "Artificial Intelligence Startups in South Africa," https://tracxn.com/explore/Artificial-Intelligence-Startups-in-South-Africa, accessed 2023-09-01.

④ 央广网:《习近平在中非团结抗疫特别峰会上的主旨讲话（全文）》，2020 年，https://baijiahao.baidu.com/s?id=1669770180782146519&wfr=spider&for=pc，查询时间：2023 年 8 月 1 日。

（三）中非科技人力资源合作现状

作为重要的资本要素之一，对科技人力资源进行投资，提升地区人力资本水平对国家及其社会的商业水平和人民生活水平都具有重要意义。[①] 广义科技领域包含了所有高等教育的专业学科。较狭义的科技领域包括自然科学、农业科学、医药科学、工程与技术科学以及部分人文与社会科学领域。狭义理解认为科技领域仅包括自然科学、农业科学、医药科学、工程与技术科学。[②]

当前中非科技人力资源合作正处于一个新的发展阶段，科技创新合作为两国发展提供了新的增长动力。南非学者对 1975—2017 年中非学者合作的科技论文发表及合作专利的研究发现，中非间的科学技术研究合作在 2000 年后有所增长，并在 2009 年后迅速增长，其中与南非、埃及的合作多于与其他非洲国家。[③] 另外，中国支持非洲发展教育，旨在提高全体非洲人特别是妇女、儿童和青年的教育水平，培养各领域的青年领袖和高素质技术人才。在中国的非洲留学生比例逐年大幅度提升，从 2003 年的 2000 人左右，到 2018 年将近 10 万人，成为仅次于法国的非洲留学生最多的国家。[④]

在中非科技人力资源合作的政策和倡议发展方面（见表 4–5），北京 2000 年部长级会议提出设立"非洲人力资源开发基金"，逐步增加奖学金投入，帮助非洲国家培训各类专业人才。2007—2009 年的北京行动计划首次提出在"非洲人力资源开发基金"基础上加大投入，为非洲国家提供各类

---

① Jens M. Unger, Andreas Rauch, Michael Frese, and Nina Rosenbusch, "Human Capital and Entrepreneurial Success: A Meta-analytical Review," *Journal of Business Venturing*, 26, no.3, 2011, pp. 341–358.

② 杜谦、宋卫国：《科技人才定义及相关统计问题》，《中国科技论坛》2004 年第 5 期。

③ Mammo Muchie and Patra Swapan, "China–Africa Science and Technology Collaboration: Evidence from Collaborative Research Papers and Patents," *Journal of Chinese Economic and Business Studies* 18.1, 2020, pp. 1–27.

④ Center for Strategic and International Studies (CSIS), "Winning the Great Power Education: Revamping the U.S. Approach to Education Exchange," 2021, https://www.csis.org/analysis/winning-great-power-education-revamping-us-approach-education-exchange, accessed 2023-08-23.

培训机会，并鼓励双方高等院校开展交流与合作。[①] 中非间科技合作关注的行业一开始是在农业和通信基础建设行业，后来逐渐增加了航天、人工智能等高新技术领域。之后的沙姆沙伊赫行动计划（2010—2012 年）提出向非洲国家派遣 50 个农业技术组，为非洲国家培训 2000 名农业技术人员，并将为非洲国家援建的农业技术示范中心数量增至 20 个，同时继续办好已经建立的援非农业技术示范中心。[②]

表 4-5 中非科技人力资源合作倡议的演进与内容的丰富细化

时间	倡议	内容
2000 年	部长级会议提出设立"非洲人力资源开发基金"	增加奖学金投入，帮助非洲国家培训各类专业人才
2007—2009 年	北京行动计划	在"非洲人力资源开发基金"基础上加大投入，为非洲国家提供各类培训，并鼓励双方高等院校开展交流与合作
2010—2012 年	沙姆沙伊赫行动计划	向非洲国家派遣农业技术组，为非洲国家培训农业技术人员，并将为非洲国家援建农业技术示范中心。中非高校 20+20 合作计划
2013—2015 年	北京行动计划	在联合国教科文组织信托基金框架下，每年提供 200 万美元，用于支持非洲的高等教育。"非洲民生科技行动"，举办适用技术及科技管理培训班，开展科技园区发展的经验交流
2016—2018 年	南非约翰内斯堡行动计划	支持非洲国家改造或新建更多的职业技术培训设施，设立区域职业教育中心和若干能力建设学院，培养职业和技术人才，提供来华培训名额，帮助青年和妇女提高就业技能

---

① 国复咨询：《从承包商角度看历届中非论坛要点与本届展望》，2018 年，https://www.goalfore.cn/a/2206.html，查询时间：2023 年 8 月 30 日。

② 中非合作论坛：《沙姆沙伊赫行动计划（2010 至 2012 年）》，2009 年，http://www.focac.org/chn/zywx/zywj/200911/t20091112_7875842.htm，查询时间：2023 年 8 月 24 日。

续表

时间	倡议	内容
2019—2021 年	北京行动计划	实施头雁计划，为非洲培训精英人才，提供政府奖学金名额和研修培训名额，继续实施"中非高校 20+20 合作计划"，搭建中非高校交流合作平台。"先进适用技术与科技管理培训班""国际杰出青年科学家交流计划"与"藤蔓计划（国际青年创新创业计划）"，开展"非洲青年科技人员创新中国行"活动

　　2013—2015 年的北京行动计划提出，中方将在联合国教科文组织信托基金框架下，每年提供 200 万美元，用于支持非洲教育发展项目，特别是支持非洲的高等教育。接着，2016—2018 年的南非约翰内斯堡行动计划提出，中方将支持非洲国家改造现有的或新建更多的职业技术培训设施，在非洲设立一批区域职业教育中心和若干能力建设学院，在非洲当地培养 20 万名职业和技术人才，提供 4 万个来华培训名额，帮助青年和妇女提高就业技能，增强非洲自我发展能力。[1] 最新的北京行动计划（2019—2021 年）提出，中方将实施头雁计划，为非洲培训 1000 名精英人才，为非洲提供 5 万个中国政府奖学金名额、5 万个研修培训名额，同时继续实施"中非高校 20+20 合作计划"，搭建中非高校交流合作平台。[2]

　　中国科技部是开展科技合作的主要部门，也是举办针对发展中国家短期科技培训的主要中方政府单位。发展中国家技术培训班是科技外援工作的重要组成部分。根据科技部资料显示，在 2006—2018 年累计举办的培训班有 557 个，培训内容和领域分布如表 4-6 所示。[3]

―――――――――

① 谷婧：《观中国："数字丝路"让沿线国家用上"电子钱包"》，2022 年，https://baijiahao.baidu.com/s?id=1731989124870387369&wfr=spider&for=pc，查询时间：2023 年 8 月 25 日。

② 新华社：《中国代表呼吁支持呵护非洲青年成长》，2019 年，https://baijiahao.baidu.com/s?id=1646339374396806441&wfr=spider&for=pc，查询时间：2023 年 8 月 19 日。

③ 中华人民共和国科学技术部、国际合作司、中国科学技术交流中心：《聚合作，谋发展，促共赢——科技部发展中国家技术培训班 30 周年》，2020 年。

表 4-6　2006—2018 年科技短期培训班领域及数量

领域	培训班数目	占比
农业领域（含林、牧、渔业）	207 个	37%
资源环境领域	143 个	26%
信息技术与先进制造领域（如卫星技术、铁路建设技术、遥感技术等）	88 个	16%
医疗卫生及其他民生领域	71 个	13%
科技政策和管理领域	48 个	8%

　　中非人力资源合作并不是建立在对不同层次教育进行回报率分析进而确定援助侧重点，而是更加侧重于高等教育和职业教育培训，并且在实践上体现出以大学等教育机构为主要实施方的合作伙伴模式。[①] 对比世界各国，英国采用线上的形式远程开展高等教育合作，[②] 巴西政府向非洲高等教育部门投资，资助巴西 20 所大学与非洲进行项目制合作，[③] 德国同样以国家为主导，资助学术组织与非洲的高等教育运营合作等。[④] 中非教育合作模式虽然并未过多关注对基础教育和尖端科研项目的投入，虽然不是着眼于教育的连续性和整体性民众的受益，但在中国职业教育走出去和非洲青年技能培训需求的大背景下，中非教育与人力资源开发合作呈现出注重职业培训的倾向。[⑤] 聚焦于与工业直接接轨的职业技能，重点突出、实效性强，有助于技术转移，快速提升非洲国家特定领域的科技水平。这使得非洲国家可以在较短的时间阶段内获取自主培养人才的能力，满足当地发展需要，

---

　　① 高喜军：《"一带一路"背景下职业教育"走出去"路径探究》，《北京教育（高教）》2022 年第 8 期。

　　② Perraton Hilary, "National Developments and International Cooperation in Distance Education in Commonwealth Africa," *Distance Education: New Perspectives*, 1993, pp. 250.

　　③ Carlos RS Milani, Francisco C. Da Conceição, and Timóteo S. M'bunde, "Brazil's International Educational Cooperation in African Countries: A Case of 'Graduation Dilemma'?" *International Affairs* 93, no. 3, 2017, pp. 661–679.

　　④ Christel Adick, "Germany's Higher Education Cooperation in Africa Between Aid and Trade," *ZEP: Zeitschrift für Internationale Bildungsforschung und Entwicklungspädagogik* 42, no. 2, 2019, pp. 4–10.

　　⑤ 王进杰：《中非合作为非洲青年点亮希望之灯》，《神州学人》2024 年第 1 期，第 46—51 页。

减少对外部援助的长期依赖。中方高职院校逐渐扮演起越来越重要的角色。[1] 中非合作职业院校既开展面向非洲民众的上岗指导和技能培训，也面向非洲民众开展正规教育以提升其学历层次，贴近本土地区的社会需要设置专业。

高职院校还与企业合作，建立职教联盟模式。2018 年 1 月，教育部中外人文交流中心与南非高等教育和培训部工业和制造业培训署以及中南两国相关政府、院校、企业等 58 家单位，共同发起成立了"中国－南非职业教育合作联盟"。[2] 2020 年 11 月，由湖南外贸职业学院牵头的"中非经贸合作职业教育产教联盟"成立。该联盟依托长期落户湖南的中国－非洲经贸博览会、湖南自贸区和湖南国际商务官员研修基地三大平台，目前拥有国内优质职业院校 49 所、中国路桥集团等对非合作龙头企业 49 家、三甲医院 3 所、非洲湖南商协会等成员单位。[1] 2021 年 5 月 22 日，中非职业教育联盟成立大会暨联盟第一届理事会全体会议在济南顺利召开，联盟成员单位包括 70 多家中方高职院校、企业机构以及 20 多家非方高教机构。这也进一步形成了高职院校、地方企业、地方政府对非合作的"集聚效应"。[4]

（四）中国与南非的科技人力资源合作

2000 年中非合作论坛成立以来，南非一直是论坛的重要支持者和参与者，曾经以东道国身份轮值非方主席国、主持召开 2015 年中非峰会。两国于 2000 年成立两国委员会，在核能、科技、文化、教育、旅游等领域达成了 50 多项合作协议。作为金砖国家的重要成员国，南非对中国和其他金砖国家在加强多边合作、促进经济繁荣等方面的重要意义越发凸显。与此同

---

[1] 王琪:《高职院校服务企业"走出去"的现状、问题与优化策略》,《职业教育》（下旬刊）, 2020 年第 9 期, 第 29—31 页。

[2] 中非（南）职业教育合作联盟, http://csatveca.ccit.js.cn/lmgk/lmzc.htm, 查询时间: 2023 年 8 月 30 日。

[1] 新华网:《中非经贸合作职业教育产教联盟成立》, 2021 年, http://www.hn.xinhuanet.com/2020-11/22/c_1126770734.htm, 查询时间: 2023 年 8 月 23 日。

[4] 唐金花:《我国高职教育对非洲合作模式研究——以浙江省为例》,《黑龙江高教研究》2016 年第 5 期。

时，两国经济关系充满活力，中国已连续 14 年成为南非最大的全球贸易伙伴。南非于 2015 年加入"一带一路"倡议，此后双边合作更是突飞猛进，尤其在贸易领域进展突出。贸易往来反过来又带动了更多的中国企业赴南非投资，截至 2021 年底，中国企业在南非投资超过 250 亿美元，为当地创造了 40 多万个就业机会。[①] 此外，中南双方还建立了涵盖教育、文化、卫生、青年、妇女、智库等领域的高层人文交流机制，南非学者评价中南两国迎来了合作的"黄金时代"。[②]

1. 南非科学技术与经济实用技术领域的发展现状

作为撒哈拉以南非洲具有领导力的大国，南非具有重要的政治地位和战略意义，是非洲大陆上最重要的国家之一。南非是非洲大陆上最富有的矿产资源国家之一，拥有丰富的金、钻石、铂金、煤炭、铁矿石等矿产资源，这些资源的开采和出口对南非的经济发展贡献巨大。历史上，南非充分利用矿产资源出口优势，大力发展国内经济，在非洲率先实现了工业化和现代化，在经济、科技、文化和教育等领域都处于领先地位。此外，南非与世界各国保持着广泛的经贸和政治联系，发挥着重要的纽带作用，是非洲大陆上最重要的金融、贸易和运输中心之一。其港口和机场设施十分先进，为非洲的经济发展提供了重要支持和保障。此外，南非还是非洲大陆上最重要的政治和外交中心之一，是非洲联盟的成员国和非洲大陆自贸区的倡导者之一。根据最新的全球竞争力报告，南非在全球竞争力排第 61 名，在非洲排第二名，仅次于博茨瓦纳（第 59 名）。[③] 南非的创新能力也十分突出，在科学发表、专利应用和科研机构能力方面都在全球排第 40 名左右。[④]

近年来，在金融危机的加剧下，南非经济发展面临着严峻的挑战政治

① 《经济日报》:《中国与南非建交 25 周年——中南互利合作"一加一大于二"》，2023 年，https://baijiahao.baidu.com/s?id=1753951943880701387&wfr=spider&for=pc，查询时间 2023 年 8 月 24 日。

② 加思・谢尔顿:《南非学者：中国与南非关系步入"黄金时代"，未来 25 年更值得期待》，2023 年，https://export.shobserver.com/baijiahao/html/638727.html，查询时间：2023 年 8 月 24 日。

③ *World Competitiveness Ranking 2023 Results*, 2023, https://www.imd.org/centers/wcc/world-competitiveness-center/rankings/world-competitiveness-ranking/2023/#2023-results, 2023-09-08.

④ 中华人民共和国商务部:《2019 年度全球竞争力报告各国（地区）得分及排名表》，2019 年，http://www.mofcom.gov.cn/article/i/dxfw/nbgz/201910/20191002902920.shtml，查询时间：2023 年 8 月 24 日。

和经济治理呈现二元化结构，国家财富积累不足，导致非国大最初许诺以确保南非历史上受损害的广大非白人群体的福利和公平的期待远未实现，南非债务与 GDP 之比从 2008 年的 23.6% 上升至 2023 年的 71.4%，能源公用事业债务也超过 4000 亿兰特，约合 250 亿美元。[①] 另外，南非大型企业对就业岗位创造的贡献较低，而可以提供更多就业机会的小微企业却没有受到重视。南非税收规模和体系的缩小，加之高失业率，教育研发投资减少等问题，进一步阻碍了政策的实施和国家的发展。[②] 在人才培养方面，南非大学按照规定必须招收一定比例的本地学生，尤其重视黑人女性学生的比例，优质资源向之前种族隔离政权时代的弱势群体的过度倾斜，造成了南非公立大学的毕业生的能力与实际人才市场需求不匹配的恶性循环——"因为这些学生基础较差，高校和企业难以按照正常标准要求他们，实际上造成教育质量的逐渐下滑"。[③]

尽管存在诸多政治和经济社会压力与挑战，南非政府一直高度重视科技人力资源的培养，制定了各种计划与政策推进当地人力资本存量的提高。南非科学与创新部以及高等教育与培训部是南非最重要的科技人力资源培训部门。《国家发展规划 2030（NDP2030）》以及《2010—2030 年南非人力资源发展战略（HRD–SA）》提出了该国近些年重要的科技人力资源培养政策。特别是《国家发展规划 2030》确立了南非的长期发展目标以及三个重要的优先发展方向：（1）通过较快的经济增长以促进就业；（2）提高教育质量、技能发展和创新；（3）提升国家能力建设以发挥发展、转型的作用。

南非也十分注重第四次工业革命带来的发展机遇，并为此成立了第四次工业革命总统委员会，加大力度培养更多胜任数字化工作的劳动力。

---

① 观点来自南非金山大学治理学院院长 Dr Mzukisi Qobo 2023 年 1 月 20 日在《南非治理、国际关系及其可持续发展》线上论坛上做的题为 "Governance Economic Realities, Reforms, and Global Positioning" 的发言。

② 观点来自南非金山大学公共政策高级讲师 Dr Kagiso TK Pooe 2023 年 1 月 20 日在北京大学非洲研究中心和北京大学国际合作部合作举办的《南非治理、国际关系及其可持续发展》线上论坛上做的题为 "Searching, Learning and the Unfinished Governance Reform Narrative: South Africa at 30" 的发言。

③ 观点来自南非科学院院士、南非大学刘歆颖教授 2021 年 10 月 4 日在北京大学非洲研究中心举办的题为《中非经贸合作可持续性》线上研讨会上做的题为《南非招生中的性别与基层培养问题》的发言。

2013 年，南非内阁批准了名为"我们的数字未来"的 ICT 研究发展和创新路线图。该路线图确定了包括宽带服务和基础设施在内的发展战略。在这些发展政策的推动下，南非国家创新体系在 1996—2016 年取得了重大进展，学术出版物的数量增长了 3 倍。[①] 2018 年，时任南非通信部部长强调，要在 2030 年之前对 100 万年轻人进行数据科学和相关技能的培训，以建立一支有能力的第四次工业革命的人才队伍。[②] 2019 年，南非政府通过了新的《科学技术与创新白皮书》，强调加大科技创新的开放程度，10 年内将研发投资额度提高到财政预算的 1.5%，并通过改善企业研发激励措施、对公共科技创新加大投入、扩大吸引外国资金，以及增加国外实习和培训机会等方式来实现该目标。[③]

2. 中南科技人力资源合作

当前，世界经济在深度调整中艰难复苏，新一轮全球技术和工业革命蓄势待发。以科技创新为支撑的国家创新竞争力已成为各国关注的焦点。金砖国家人口占世界人口的 42%，贡献了全球 18% 的 GDP，17% 的研发投入，27% 的科学论文发表在国际期刊上，是国际经济合作的重要力量，也是最具活力和前景的新兴经济体之一，是世界新兴经济体的主要代表。[④] 特别是在 2008 年全球金融危机之后，金砖国家以其快速的复苏和发展而备受世界关注，这与发达经济体令人不安的情况形成了鲜明对比。

作为金砖国家的南非，与中国的科技合作硕果累累。中南两国政府在 1999 年签订了《中南科技合作协定》，成立了中南政府间科技合作联合委员会。自此，中南双方在矿产、能源、交通、天文、考古、传统医药等领域合

---

① Mammo Muchie and Swapan Kumar Patra, "China–Africa Science and Technology Collaboration: Evidence from Collaborative Research Papers and Patents," *Journal of Chinese Economic and Business Studies*, 18.1, 2020, pp. 1–27.

② 观点来自华为南非代表处公共关系高级经理韦健洲先生在北京大学非洲研究中心 2021 年 9 月 30 日举办的题为《中非经贸合作可持续性》线上研讨会上做的题为《华为在南非人才生态的贡献》的发言。

③ 北京大学国内外科研动态：《南非发布新版〈科技创新白皮书 2019 版〉》，https://www.research.pku.edu.cn/gnwkydt/1302727.htm，查询时间：2023 年 8 月 25 日。

④ 亚历山大·索科洛夫、赵锡军：《金砖国家综合创新竞争力发展报告》，2017 年。

作不断深化，特别是平方公里阵列射电望远镜大科学工程的合作。[①] 由南非等国家参与的平方公里阵列射电望远镜项目是非洲的科技旗舰项目，被认定为人类有史以来建造的最大射电望远镜，是一部超越国界的全球大科学装置，将会参与推动全球制造、通信、计算、能源等一系列产业的迅速发展。中国是该项目国际联盟的主要参与者之一，项目的首台天线样机来自中国。中南以该项目为核心目标，还成立了双边计算天体物理学联合中心，投入科技资源，加强双方在天文学领域的科研能力和设施，长期稳定开展天文学研究方面的合作和青年科技人才的培养交流。中南两国科技部又于2023年签署科技减贫合作协议《中华人民共和国科学技术部与南非科学与创新部关于开展科技减贫合作的谅解备忘录》。协议中表示，中南将通过开展联合研发和技术转移、共建科技减贫合作网络、实施科技减贫合作项目、共建科技减贫产业技术示范园等方式，加强在科技减贫方面的合作。[②] 下面的案例一即以中南农业技术示范中心为研究对象。2023 年 9 月，中国南非科技协会成立，并在南非约翰内斯堡举行了第三届旅南非华人科技大会，进一步深化了中南科技创新合作关系，服务构建高水平的中南命运共同体（中南科技人力资源合作重要节点见表 4–7）。[③]

表 4–7　中南科技人力资源合作的平台细化与机制化完善过程

时间	名字	内容
1999 年	中南科技合作协议与科技合作联合委员会机制	两国建交第二年签订科技合作协议，建立了科技合作联合委员会机制，也开启了双边国际合作项目，中国方面由科技部进行征集，每两年征集一次，每次支持 15 个项目，为双方研究人员往来交流提供方便

① 中华人民共和国驻南非共和国大使馆：《中南双边科技合作掀开新篇章》，2018 年，http://za.china-embassy.gov.cn/dshdxwfb/2018/201812/t20181229_10406730.htm，查询时间：2023 年 8 月 24 日。

② 中华人民共和国驻南非共和国大使馆：《中南科技部签署科技减贫合作协议》，2023 年，http://za.china-embassy.gov.cn/zngx/202308/t20230810_11125306.htm，查询时间：2023 年 8 月 24 日。

③ 《科技日报》：《进一步深化中南科技创新合作关系——中国南非科技协会在约翰内斯堡成立》，2023 年，http://www.stdaily.com/index/kejixinwen/202309/4d7de6e139af442d988c9ca9ebd72e0a.shtml，查询时间：2023 年 9 月 13 日。

时间	名字	内容
2017年	中南高级别人文交流机制	是中国与非洲国家建立的首个高级别人文交流机制，涵盖了双方在教育、文化、科技、卫生、青年等诸多领域的合作，旨在为发展和丰富现有的双边、多边合作交流机制与项目而创造新的机遇
2017年	中国-南非青年科学家交流计划	中国科技部党组书记、副部长王志刚和南非科技部长纳莱迪·潘多共同签署了《关于实施中国-南非青年科学家交流计划的谅解备忘录》，实施中南青年科学家交流计划，资助对方青年科研人员来本国开展短期研究工作，加强科技人员交流往来
2018年	中国-南非职业教育合作联盟	由教育部中外人文交流中心与南非高等教育和培训部工业和制造业培训署以及中南两国相关政府、院校、企业等58家单位在中国常州共同发起成立。联盟旨在推动中南职教合作，深化产教融合，创新技术技能人才培养模式
2018年	中南矿产资源开发利用联合研究中心	中国与南非建立首个政府间的联合研究中心，中南矿产资源开发利用联合研究中心，致力于加强中南两国在采矿、选矿、环保和能源材料等领域的学术交流和人才互访，共同促进联合研究和成果转化，推动两国矿业领域的科技创新合作，于2019年入选首批国家"一带一路"联合实验室
2020年	中国南非跨境科技孵化合作项目	是推动中国南非科技园区合作的重要载体，以西安联才工坊孵化器与南非创新港为载体，打造联合研发、成果转化、市场推广、投资并购等业务的跨境服务体系，促进双方企业、机构及创新资源在双边市场落地和发展
2023年	中国南非科技协会成立	旨在更好地为双方的科技合作做出贡献，进一步促进高校、研究机构与企业之间的合作，促进双方技术交流和推广
2023年	中国-南非科技减贫研讨会暨科技减贫人才培训班	中国农村技术开发中心联合南非科学与创新部指定的科技减贫牵头单位——南非人文科学研究理事会主办中国-南非科技减贫研讨会暨科技减贫人才培训班。700余名南非科研人员、农业技术人员、农业合作社等经营主体线上或线下参加培训班

续表

时间	名字	内容
2023 年	习近平同南非总统拉马福萨会谈	签署两国关于共建"一带一路"、新能源电力、农产品、经济特区和工业园区、蓝色经济、科技创新、高等教育等领域多项双边合作文件。承诺继续加强在科学技术、绿色发展等重点领域合作。中方承诺将继续支持南非应对能源安全挑战，包括发电和输电基础设施方面
2023 年	中南科技部签署科技减贫合作协议	中国科技部与南非科学与创新部签署《中华人民共和国科学技术部与南非科学创新部关于开展科技减贫合作的谅解备忘录》，中南将通过开展联合研发和技术转移、共建科技减贫合作网络、实施科技减贫合作项目、共建科技减贫产业技术示范园等方式，加强在科技减贫方面的合作。中国科学院空天信息创新研究院与南非航天局签署有关合作谅解备忘录

民间的科技人力资源合作与交流也是中南合作的重要组成部分。自1999 年两国签订《中南科技合作协定》以来，中国的多家高校、科研机构、高科技企业与南非的组织机构牵手，在电信、能源、医药健康、金融、交通、教育等各个领域积极合作，产出大量科技创新重要成果，提升两国，尤其是南非的科技能力建设发展（中南科技人力资源民间合作交流典例见表4-8）。在能源领域，中国国电龙源南非公司与当地合作伙伴成功中标南非能源部组织的第三轮可再生能源德阿风电项目，安装与使用中国的新能源技术，大大缓解了当地的电力短缺问题。在医药健康领域，华大集团与南非医学研究理事会共建基因组学中心，助力多种疾病诊疗，传统中医企业同仁堂也早于 2016 年在南非开设 6 家分店，与南非约翰内斯堡大学签署战略合作协议，成立针灸专业，传播中医文化。在通信领域，华为公司是南非通信基础设施建设的主要合作方，他们在南非设立了首家创新中心，为当地中小企业提供技术孵化平台，并以此为平台，为南非培训千余名信息通信技术人才，推动南非及非洲信息通信技术发展。与此同时，还有中南林业联合研究中心、中国南非钛白粉 EPC 项目、中国－南非流域生态安全国际联合实验室等重点合作项目。在下文的案例中，我们选用中国国电龙源

南非公司和华为公司作为研究中国企业科技人力资源"走出去"、中南民间合作的典型代表，分析他们的技术溢出方式。

表 4-8　中南科技人力资源民间合作交流典例

时间	名字	内容
2013 年	德阿风电项目	中国国电龙源南非公司与当地合作伙伴参与了南非能源部组织的第三轮可再生能源项目招标，成功中标德阿风电项目。这是中国在非洲第一个集投资、建设和运营为一体的风电项目
2016 年	中南双边计算天体物理学联合中心	中国科学院天文台和南非夸祖鲁大学双方代表签署了关于进行科技合作及建设计算天体物理学联合中心的谅解备忘录。为推进南非正在建设的世界最大射电望远镜阵列项目做出贡献，并为中南双方未来在天文学领域开展更多合作打下基础
2017 年	同仁堂-约翰内斯堡大学合作	同仁堂与南非约翰内斯堡大学签署战略合作协议，成立针灸专业，于 2019 年底招生。通过开办课程等方式，培养中医人才，加快中医文化在非洲普及，让非洲人民尽快享受到优质的中医服务
2020 年	华为 -Rain- 金山大学 5G 实验室	中南科技和数字经济领域合作重要成果，是中南通信基础设施合作向产业链上游延伸的成功例证，是产学研结合、探索解决南非本土问题的创新方案，在 5G 应用开发方面具有重要的示范引领作用
2021 年	中南林业联合研究中心	比勒陀利亚大学的林业与农业生物技术研究所、中科院国家真菌重点实验室和国家林业局桉树研究开发中心，建立了长期的研究与博士培养合作机制，联合开展森林保护和林木育种研究工作
2023 年	中国南非首签钛白粉 EPC 项目	南非尼安扎公司与中国化学旗下东华工程科技股份有限公司签署 8 万吨 / 年硫酸法钛白粉项目 EPC 总承包合同。成为南非第一套现代化的硫酸法钛白粉装置，也将是非洲唯一的钛白粉项目

续表

时间	名字	内容
2023年	华大-SAMRC基因组学中心	华大集团与南非医学研究理事会共建基因组学中心，助力多种疾病诊疗。华大提供了相关设备和培训支持，以确保该中心的正常运转
2023年	中国-南非流域生态安全国际联合实验室成立	由浙江师范大学、西开普大学、开普敦大学合作共建，旨在发挥中国南非三个高校的学科优势，围绕全球气候变化背景下中国和南非面临的流域生态环境治理方面的核心问题，从流域系统角度出发，开展多学科交叉协同研究，统筹流域生态系统各要素的保护和修复，实现流域高质量发展

　　从教育与人力资本提升的角度来看，南非是非洲大陆开设孔子学院最多的国家，从2004年设立第一所孔子学院至今，南非已经建立了6所孔子学院和3所独立孔子课堂。[1] 2018年1月，教育部中外人文交流中心与南非高等教育和培训部工业和制造业培训署以及中南两国相关政府、院校、企业等成立"中国-南非职业教育合作联盟"，后更名为"中非（南）职业教育合作联盟"。南非的华人企业家、研究人员也是中南科技人力资源合作的重要力量，他们不仅是南非当地人力资源教育培训的重要实践者，也是积极参与推动中南人文交流合作的纽带，在职业教育合作和人才培养中发挥了重要作用。2019年，南非在华留学生人数已经突破3000人，是5年前的7倍多，其中绝大多数是自费留学生。[2] 此外，中国文化与国际教育交流中心还同南非教育培训署签订合作协议，为南非基础教育部培训100名教师，结束后到职业中学和公立中学任教，形成"百校千人"的合作模式。[3]

　　① 海外网：《在非洲，中文被称为"改变前途命运的语言"》，2019年，https://baijiahao.baidu.com/s?id=1648627659812938464&wfr=spider&for=pc，查询时间：2023年8月24日。
　　② 中华人民共和国驻南非共和国大使馆：《驻南非使馆为2019年度政府奖学金获得者赴华留学送行》，2019年，http://za.china-embassy.gov.cn/dshdxwfb/2019/201908/t20190816_10406511.htm，查询时间：2023年8月24日。
　　③ 观点来自中国文化与国际教育交流中心陆志雷博士2021年10月4日在北京大学非洲研究中心举办的题为《中非经贸合作可持续性》线上研讨会上做的题为《在中国文化与国际教育交流中培养人才》的会议发言记录。根据陆博士，该合作项目意在建成100所中国和南非学校之间的合作关系，推动学生实习。

3.中南科技人力资源合作对南非技术的提升

中南科技人力资源合作，大大助力的南非技术能力的提升，具体表现在以下农业、清洁能源与电子通讯等领域。

案例一：农业案例

作为第一产业，农业是国民经济的基础，是最基本的物质生产部门。农业技术提升会大幅增进农作物生产率，提高农民的技能水平和知识储备，扩展农民个体的选择能力，减少对自然资源的过度依赖和破坏，促进当地可持续发展。

中国－南非农业技术示范中心是中非合作论坛项目，意在通过对小农户提供支持、培训相关官员与高等教育培养，提升南非的人力资源水平，带动能力建设。中南农业技术示范中心的 2007 年完成可行性研究，选址在自由州中部省份的加里普大坝，2009 年开工建设，2011 年竣工，中国农业发展总公司是中国政府指定的执行机构，在技术合作阶段管理该中心，其旗下的中国农业国际开发有限公司承担了中心的实际运营责任；南非国家农业、林业和渔业部与自由州共同作为技术合作方。[①]

中南农业技术示范中心的重点之一是淡水养殖。中国淡水鱼类研究中心派遣水生专家提供技术支持与培训，南非自由州省选择了三个类别的受培训人员：小农户、推广官员与政府官员以及技术人员。从 2014 年中南开启技术合作，已经举办了 9 期培训班，165 名学员参加了培训，以政府支持的渔业小农户为主，也有自由州不同地区的推广官员和技术人员（65 人）。此外，该中心还与自由州立大学合作，为大学生提供讲座和培训课程，课程结合了课堂教学和实地考察等不同形式。[②] 根据参训人员反馈，受培训者学习到了水温和水质因素对鱼类生长速度的影响，产量显著增加，培训有效推动了当地的农业发展。但是，该项目同样面临一些困难，反映了中非技术转让过程中普遍的短板：首先，农民难以获得培训中心所教技术的必要工具与材料等，部分技术难以在当地渔场实施；其次，中国水产专家与

---

① Jiang Lu, Harding Angela, Anseeuw Ward, and Alden Chris, "Chinese agriculture technology demonstration centres in Southern Africa: the new business of development," https://agritrop.cirad.fr/582983/1/ATDC%20Paper.pdf, 2023-08-24, accessed 2023-08-26.

② 同上。

当地受训人员之间存在沟通障碍；此外，专家们很难彻底解释清楚养鱼的技术细节，特别是针对此前没有养鱼经验或相关知识的受训者。

中南农业技术示范中心的另一个优秀成果是菌草技术转移。菌草技术是中国在推进减贫脱贫过程中摸索出的一项成功实践，该技术通过"以草代木"栽培食用菌，解决了"食用菌生产必靠砍伐树木"这一世界难题。中国与南非 2004 年签订并实施菌草技术转让与产业化扶贫合作协议。[①] 中国专家为当地小农户建立"10 平方米菇农场"，每年可以生产 1.2 吨蘑菇。整个菌菇生产的环节，拆分为几个步骤方便易学容易操作，受益者很容易上手并获得经济回报，认为中国农业专家"教会我们种蘑菇，给我们带来福音！"[②] 该菌草技术研究培训中心截至 2023 年已经为当地农民提供了 200 多个固定工作岗位，培训学员 507 人，使 1 万多户家庭从中受益。[③] 南非《独立报》报道称，中国菌草技术转让有效地培育了贫困人口的内生动力，有利于最大限度地减少贫困的再次发生，对当地人尤其是当地妇女意义重大。[④]

总之，既有农业领域科技人力资源合作已经取得了提升技术以减贫发展的成果。中国可以利用自身丰富的实践经验，联合当地政府力量普及新技术的教学覆盖范围，加大对南非农业农村的科技支持力度，特别可以结合硬件投资，因地制宜、广泛地提升推广农业知识和应用技术。当然，实践过程中能力提升仍然是重要问题。

案例二：清洁能源领域

中国企业在中南科技人力资源合作中发挥着重要作用。近年来，越来越多的中国企业到南非投资建厂，直接或者间接开展技术转让，传递生产经

---

① 中国新闻社:《东西问丨林冬梅：菌草何以成为中非农业交流重点项目？》，2023 年，https://baijiahao.baidu.com/s?id=1747383481684676272&wfr=spider&for=pc，查询时间：2023 年 8 月 24 日。

②《湖南日报》:《走进非洲种下"幸福草"——"绿色使者"林冬梅和菌草的故事》，2023 年，https://new.qq.com/rain/a/20230711A09TMR00，查询时间：2023 年 8 月 26 日。

③《人民日报》:《菌草技术助力非洲可持续发展"中国菌草是我们的'幸福草'"（新时代中非合作）》，2023 年，https://baijiahao.baidu.com/s?id=1761415374812081127&wfr=spider&for=pc，查询时间：2023 年 8 月 26 日。

④ IOL, "China's Juncao technology alleviates poverty in Africa," 2023, https://www.iol.co.za/business-report/ending-poverty-in-china/features/chinas-juncao-technology-alleviates-poverty-in-africa-ee84c069-55af-4f12-b9a9-710f6bc72f1a, accessed 2023-08-26.

验，为南非带来急需的技术和资金，带动当地工厂提高劳动生产率，改善居民生活水平，提升民众的整体福祉。中国驻南非使馆提供的数据显示，截至2021年底，中国企业对南非累计投资超过250亿美元。[①]

南非高度依赖煤炭等传统能源，常年面临能源危机的挑战，电力短缺情况非常严重。如上一章显示，政府实施的多种限电举措对人民生活与国民经济都造成了较大损害，2023年2月，南非总统甚至不得不宣布因电力危机进入"灾难"状态。南非亟须引进新技术，改革供能结构，缓解电力短缺问题。

2013年，中国国电龙源南非公司与当地合作伙伴参与了南非能源部组织的第三轮可再生能源项目招标，成功中标德阿风电项目，这是中国在非洲第一个集投资、建设和运营为一体的风电项目，选址于北开普省德阿镇附近，2017年11月项目顺利竣工并投产发电。[②]龙源通过在南非投资与建设风能发电设备，安装由中国国电联合动力生产的1.5兆瓦风机163台，一方面实现了风电项目开发与自主制造风电设备的联合"走出去"，另一方面为南非提供了大量可再生能源，缓解了当地的电力短缺问题，协助当地政府履行《巴黎协定》规定的减排节能职责，相当于节约了20多万吨标准煤，减排了70万吨二氧化碳。[③]每年可提供7.6亿兆瓦时清洁电力，可满足当地30万户家庭的用电需求，极大地促进了该地区的社会和经济发展。[④]

其次，该企业在南非广泛地使用当地设计与施工企业，雇用当地施工、管理及运行维护人员，为当地提供了超过1000多个就业机会。这些在龙源公司就业的当地人经过系统化、标准化的培训，增进了对能源行业专业知

---

① 《经济日报》：《中国与南非建交25周年——中南互利合作"一加一大于二"》，2023年，https://baijiahao.baidu.com/s?id=1753951943880701387&wfr=spider&for=pc，查询时间：2023年8月26日。

② 新华社：《中国首个在非洲投资建设运营的风电项目投产发电》，2017年，http://www.81.cn/gjzx/2017-11/18/content_7831656.htm，查询时间：2023年8月26日。

③ 新华社：《中国风电技术助力南非绿色转型》，2023年，https://baijiahao.baidu.com/s?id=1772619293128915726&wfr=spider&for=pc，查询时间：2023年8月26日。

④ IOL, "Harnessing the wind: China's Longyuan wind power projects lighting 300 000 homes in South Africa," 2017, https://www.iol.co.za/news/south-africa/harnessing-the-wind-chinas-longyuan-wind-power-projects-lighting-300-000-homes-in-south-africa-1643b92d-11c5-4792-9043-e3032b07a266, accessed 2023-08-26.

识的了解，学习技术，获取一线的新能源工作经验，有效提升了有关行业的人力资源水平。伴随人才流动，龙源的投资与雇佣行为为南非当地的劳动力市场供给高质量人才，成为技能转移的重要基础之一。此外，公司还设立了奖学金，对南非成绩优秀的贫困大学生进行奖励，至 2023 年底，已有 112 名南非大学生获得了该企业的奖学金项目资助。龙源电力集团在南非开发的德阿风电项目案例显示，中国企业在中南科学技术人力资源合作中发挥了重要作用，是南非受益于中国技术转移的重要机制。

2023 年 7 月，约翰内斯堡桑顿举行的中国－南非新能源投资合作大会，中国更多企业进入致力于解决南非的电力危机。正如电力部长科西恩乔·拉莫科帕所言，对于南非电力经历的"国家灾难"，南非已联系多个国家驻南非大使馆，但未得到任何答复，唯有中国方面表示愿意提供帮助。[1]2023 年 8 月，中国与南非发布联合声明，中方承诺将继续支持南非应对能源安全挑战，包括在发电和输电基础设施方面。[2] 中国以实际行动证明了其是南非联系密切的合作者，力争提升非洲能源技术水平，缩小南北差距。

案例三：信息通信技术案例

信息通信技术的发展程度是衡量一个国家科技发展潜力的重要指标之一。世界经济论坛（World Economic Forum）的报告指出，在 2019 年，非洲国家 ICT 技术的使用提升了 15.8%，大大高于其他地区的 4%—9%。[3] 南非是非洲最大的 ICT 市场，移动通信建设成熟且发展迅速，移动网络覆盖率达到 83.6%。[4] 在非洲国家竞争力排名中，南非排名靠前，在人力资本和创新能力上都遥遥领先其他非洲国家。中国驻非 ICT 企业如华为、中兴和传音等，对当地的科技人力资源培养的贡献巨大，通过其经营活动提高个体的信息

---

① 《参考消息》：《非媒：中企助力南非向清洁能源转型》，2023 年，https://baijiahao.baidu.com/s?id=1770632890283810684&wfr=spider&for=pc，查询时间：2023 年 8 月 27 日。

② 《人民日报》：《中华人民共和国和南非共和国联合声明》，2023 年，https://mp.weixin.qq.com/s/GXQVKzepfOGQh5QE97iNPw，查询时间：2023 年 8 月 27 日。

③ World Economic Forum, "The Global Competitiveness Report 2019," https://www3.weforum.org/docs/WEF_TheGlobalCompetitivenessReport2019.pdf, accessed 2023-08-27.

④ 合一矩阵：《出海指南：南非短信和云通信市场研究及选型评估》，2023 年，https://baijiahao.baidu.com/s?id=1754800332467267478&wfr=spider&for=pc，查询时间：2023 年 8 月 27 日。

获取和学习能力，推动了南非的直接和间接本地就业，技能转让以及知识和技术转让，是出海企业做出社会贡献的另一体现。

自 1998 年进入非洲市场以来，华为的业务已经覆盖了非洲 54 个国家，服务于非洲三分之二的人口，已累计为非洲培养了超过 5 万名 ICT 人才，创造了数以万计的就业机会。[①]众多非洲国家早就同华为合作建设了 3G 电信网络，2024 年在讨论 4G/5G 并网建设，甚至在南非已经发布了 5.5G。[②]"未来种子"项目是华为全球企业社会责任（CSR）旗舰项目，2008 年发起，旨在培养本地 ICT 年轻人才，在不同的国家和文化之间架起沟通的桥梁。通过分享华为在全球商业环境中的 ICT 专业知识和经验，让不同国家的年轻人能够在学习中了解行业先进技术、积累专业知识和技能，为当地行业的发展提供动力、为全球 ICT 产业的进步贡献力量。"未来种子"项目迄今已经为来自 100 多个国家和地区培养了大量的学员，比如莫桑比克一国学员人数到 2023 年已经达到 350 多，更有数以万计的优秀大学生到华为总部参观和学习。[③]

华为还与各国政府、客户、企业以及非营利组织携手，通过创新和协作的方式，为所在国家、地区及社区解决一些经济、环境和社会问题，其中一项重要举措就是提供教育机会，培养 ICT 人才。从 2004 年至今，华为通过与中非高校和科研单位的合作，已经在非洲不同国家建立了 ICT 人才培养基地和技能实习中心，培训了各类工程师和技术工人，为当地储备 ICT 科技人才打下坚实基础。

自 2008 年开始，华为与南非的 60 余所大学及 TVET 院校进行合作，建立了华为 ICT 学院。通过培养当地老师以及向学校进行课程授权和赋能，

---

① 外交部：《驻南非大使陈晓东在"华为 -Rain- 金山大学 5G 实验室"揭牌仪式上发表视频致辞》，2021 年，http://new.fmprc.gov.cn/web/dszlsjt_673036/t1828748.shtml，查询时间：2023 年 8 月 27 日。

② 华为公司：《共建数智非洲：华为参展 AfricaCom 2024》，https://www.huawei.com/cn/news/2024/11/africacom2024-intelligent-forum，查询时间：2024 年 11 月 14 日。

③ 新浪财经：《华为 CSR 项目"未来种子"已累计帮助 3 万学生提高数字技能》，2021 年，http://finance.sina.com.cn/stock/relnews/cn/2019-07-12/doc-ihytcitm1558662.shtml?from=wap；　澎湃网：《驻莫桑比克大使与莫交通和通信部长马加拉共同出席华为 2023 年"未来种子"计划结业典礼暨闭幕仪式》，https://www.thepaper.cn/newsDetail_forward_26033794，查询时间：2024 年 8 月 27 日。

对学生进行 ICT 技能培养。目前已有数千名学生参加培训并获得华为 ICT 认证证书。华为还就 4IR 人才培养计划和通信部合作，通过一些 5G、云、AI、大数据等主题的短期培训课程，向数千名南非 ICT 人才进行短期线上培训。在知识基础薄弱和科学技能欠缺的非洲国家，这些培训对促进当地人员的科技人力资源产生了巨大的影响。从面向社区和公众角度看，华为致力于提升他们的数字技能意识，开展了"技术为人人"（TECH4ALL）项目。华为和合作伙伴、电信运营商、NGO 等进行合作，提供了必要的设备和网络，把东开普省、普马兰加等偏远地区的 100 所小学连接上互联网，使超过 5 万小学生受益。同时，华为与豪登省政府合作，为数百名社区青年提供免费在线学习 ICT 课程，给优秀学生提供奖金激励等。此外，华为还通过一些 ICT 大赛，以赛促学。南非本地大学生在 2021 年的 ICT 大赛中取得了很好的成绩，获区域赛一等奖、全球决赛三等奖。[1]

2023 年 7 月，华为新建设的"华为南非创新中心"投入使用，南非总统西里尔·拉马福萨在约翰内斯堡为华为创新中心揭幕。该中心将展示华为最新、最具创新的数字技术和解决方案，如 5G、云、人工智能等，并为华为在南非的合作伙伴、应用程序开发商和中小微企业在 ICT 领域的创新提供支持。拉马福萨承认信息通信技术在帮助各行业开始数字化转型方面的作用，赞扬华为创新中心的解决方案和展示的 ICT 知识令人印象深刻，令人鼓舞。这一创新中心可以成为南非本土 ICT 科技企业和新的商业机会兴起的起点，创造更多就业机会，促进南非的经济发展，以及南非国家强调数字技术促进经济发展目标的实现。[2]

从龙源与华为在南非等国的成功经验可以看出，中国企业"技术＋资金"走出去的模式，是中国企业探索出来的一条新路，所创造出的多赢格局在各个方面均有积极意义。这种模式可使非洲国家迅速共享近年中国科学发展的技术成果，并提升自身生产力和造血能力。在进行中非科技人力

---

① 观点来自华为南非代表处公共关系高级经理韦健洲先生在北京大学非洲研究中心 2021 年 9 月 30 日举办的题为《中非经贸合作可持续性》线上研讨会上做的题为《华为在南非人才生态的贡献》的发言。

②《光明日报》：《中南经贸合作的"金砖机遇"》，2023 年，https://baijiahao.baidu.com/s?id=1774883151400574147&wfr=spider&for=pc，查询时间：2023 年 8 月 27 日。

资源合作时，中国要充分从投资、贸易和发展合作的角度出发，考虑到不同国家的人力资源发展情况，做好前期调研，选取该国有竞争优势的产业和行业，做到有针对性地培养科技人才。

4. 中南科技人力资源合作逻辑框架图

基于前文分析与案例研究，本文从中南科技人力资源合作的现实情况中总结出中国在南非投资，促进当地科技人力资源发展的核心要素与流程如下（见图4-21）。聚焦南非实现可持续发展所面临的重大人才挑战，中南科技人力资源合作应聚焦的核心领域为农业科技领域、清洁能源领域、数字技术（ICT领域）、公共卫生健康领域等。南非人民切实关心、需要的核心产业决定了中南科技合作的方向。作为科技人力资源合作的主体，中南两国政府、高校和企业都发挥着重要的作用，基于合作基础开展多元化形式的合作。政府主要通过协调与统筹两国交流合作计划，组织长、短期培训班等方式提供支持；高校为职业教育与学生留学、交换做出直接贡献；企业"技术＋资金"走出去，为当地就业、劳动力技能提升与溢出效应发挥卓越作用。同时，合作过程中应充分发挥第三方国际机构与民间团体的力量，他们扎根非洲，在南非当地更具有可信力和部署能力，能更加高效地组织

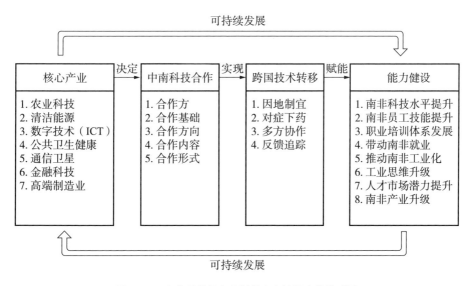

图4-21　南非受益于中南科技人力资源合作模式图

资料来源：作者自制

开展科技人力资源合作。在跨国技术转移的开展过程中，合作方应因地制宜、对症下药，首先在对当地发展科技人力资源的条件进行全面的调查与评估，然后根据当地实际情况，有规划、有策略地逐步开展合作，并进行定期的反馈追踪与策略跟进。唯其如此，发展职教体系，带动就业助力与赋能南非以及非洲大陆的人的能力建设与发展、提升科技水平与员工技能的前提下，中南经贸合作才能够最终推动南非的工业化进程、促进南非产业升级。

（五）中南科技人力资源合作建议

中国和南非的科技人力资源合作，对拉动南非科技水平和人力资源成长、促进中南可持续合作有着积极的推进作用，为弥补基础设施不足、促进国家工业化和促进南非经济融入全球经济提供了机会。除了政府倡导的合作项目、常规的科技人类资源短期培训和学位培养项目以外，在南中国企业的作用也越来越凸显。在南非，中国国有企业和南非的合作集中在能源、资源和基础设施项目，而大型中国民营企业主要投资于制造业和农业，中小企业的投资主要分布在零售业和轻工业部门。他们带动了南非当地中小企业的发展，投资合作过程中产生大量人力资源溢出效应，在实操层面推进和科技人力资源的发展。南非政府希望通过和中国的合作来寻求经济收益，以刺激工业化和基础设施发展，加快经济部门的增长并带动就业，促进技能发展和技术转让。

南非是金砖国家的重要成员国，伴随金砖国家国际影响力的不断提升，西方国家施加的压力也明显反映在对其国际作用的限制。在经济风险方面，由于受到国际大宗商品的价格和对外投资数量的影响，南非和其他国家一样受限于国际制度约束、有限的关税豁免以及不断上升的债务等压力。[①] 近期，国际市场的投资风险情绪较为低迷，南非货币兰特汇率持续下跌，南非的贸易顺差下降。作为南非的最大贸易伙伴，中国的经济政策将对南非未来的发展走向产生较大影响。在与南非进行科技人力资源合作的时候，中

---

① Richard Asante, "China and Africa: Model of South-South Cooperation?" *China Quarterly of International Strategic Studies* 4, no. 02, 2018, pp. 259–279.

方需充分考虑到该国的经济风险性。如果是双方出资，需要考虑经费的可持续性、师资投入可持续性、当地汇率稳定性等多个因素。科技人力资源的培养要充分符合当地的资源禀赋，因为资源禀赋直接决定了某地区的就业市场规模和购买能力。同时，还要考虑到南非的负债率。南非财政部长戈东瓜纳在发表 2023 财年预算演讲时称，由于南非政府决定向国家电力公司 Eskom 提供 2540 亿兰特债务救助，南非债务负担将在未来 3 年内首次突破 5 万亿兰特大关，政府债务与 GDP 之比将在 2025/26 财年稳定在 73.6% 的较高水平。[①] 如金山大学治理学院前院长姆祖基西·库柏评价，南非大多数大型国有企业都被认为存在腐败问题，社会期望与国家治理和协调能力的不符，与每年的 GDP 增长率相比，南非经济没有以理想的速度增长。[②] 不排除该国在经济发展的后劲上受到很大制约，给科技人力资源合作的可持续发展带来潜在障碍的可能。

在和南非进行科技人力资源合作的过程中，需要考虑到多方的需求，其中包括中方的需求、南非的需求，可能还会有第三方如国际组织或者其他国家的需求。对于中国而言，我们的需求是立足于更好地发展中国的科技事业创新与改进，开拓国际市场，促进和平交流与发展。对于南非而言，由于他们的经济发展处在起步阶段，亟须国际发展合作和帮扶，加上产业类型比较单一，对发展农业、制造业、医学等领域的科技人才非常稀缺。农业向来是中国和非洲合作的重中之重，但是目前中国对非农业的投资只占到了不足 2%。[③] 在规划中南科技人力资源合作的时候，要充分考虑到他们最迫切的发展需求，加大中国对南非农业合作的力度。南非农业人才稀缺，应重点培养这方面人才。

同时，中国在进行科技人力资源培训的时候，要因地制宜地考虑到南非的区域差异，避免"一刀切"，做好需求分析会大大提高培训结果。应研

---

① 驻南非共和国大使馆经济商务处：《南非债务负担将在未来 3 年内首次突破 5 万亿兰特》，2023 年，http://za.mofcom.gov.cn/article/jmxw/202302/20230203393776.shtml，查询时间：2023 年 8 月 27 日。

② 观点来自南非金山大学治理学院院长 Dr Mzukisi Qobo 2023 年 1 月 20 日在《南非治理、国际关系及其可持续发展》线上论坛上做的题为 "Governance Economic Realities, Reforms, and Global Positioning" 的发言。

③ 朱伟铭、王珩：《扎实推进农业合作助力非洲消除饥饿》，《中国投资》2022 年第 5 期。

究适合当地的农业发展策略，实施易于南非人理解与学习、适宜落地的扶贫计划。对于第三方国家而言，也要分析他们的诉求。由于他们多是在非洲国家的"老伙伴"，所以我们在和第三方合作的时候，也需要充分尊重他们的话语权和在南非积攒多年的工作经验，通过彼此学习和交换经验，从而达成中国、南非和第三方国际机构多赢的结果。

在可行性方面，要考虑到南非的科技人力资源国家发展策略，并熟悉该国重点扶持发展的科技领域，以协助其发展相应领域人力资源的培养工作。同时，中国还要做好和南非科技人力资源管理实施机构的联络工作，因为当地的科技人力资源管理实施机构熟悉当地的市场需求、工作市场需求人力状况，使得培养项目更加贴近当地发展的需求。另外，一直以来中国和南非的科技人力资源合作，多集中在高等教育和短期培训职业教育的项目上，对基础教育和中等教育并没有过多参与。其实，一个国家综合科技人力资源的发展一定离不开该国的基础教育和中等教育的课程设置和教学质量，尤其是在 STEM 类课程上的设置和教学质量。中国在和南非进行科技人力资源合作的时候，可以考虑从基础教育和中等教育抓起，培养科技人力资源的星星之火，后疫情时代可以通过网络远程课程参与非洲教育合作，达到资源共享的目的。

另外，需要对南非国家的高等教育和职业教育的专业设置有充分了解，因为在很多非洲国家高等教育和职业教育的专业设置与劳动力市场极端不匹配——课程体系和劳动力市场的脱节，造成了大量失业。在中南科技人力资源合作的过程当中，如果我们能够提供南非缺失的专业培训项目（如 STEM 课程、农业技术、能源开发、ICT、医药等），那更有可能为南非解决燃眉之急。

对于中国而言，在进行中南科技人力资源合作的时候，教师素质至关重要，尤其是老师有流利的语言储备、文化认知以及对南非发展的共情心理。另外，虽然说南非的人力资源水平发展相对落后，但是由于受到前宗主国教育体系的影响，南非的课程体系有很多值得我们借鉴和学习的地方。在与南非进行科技人力资源合作的过程当中，绝不仅仅是单方面的给予，而更多是双方互相学习和共同促进。我们也会逐步通过对南合作总结和挖掘中国教育体制当中所存在问题，提升中国的教育质量和水平。

对南非而言，需要形成有效的教育发展战略和政策，并鼓励培训和技能提升项目的展开，这将增加吸引跨国公司进入其国家的机会。这涉及特定外国直接投资政策（财政和金融激励措施、出口加工区税收补贴系统等）以及宏观经济政策（自由贸易制度、竞争政策、劳动力技能的战略、教育和技能培养等），从而提高当地人技能和知识储备。

对中国政府而言，需要在政策和资金上鼓励在非企业进行人力资本培训的举措，如实行免税、补贴等政策刺激企业的积极性。另外，科技发展不应以破坏环境和耗竭能源为基础，因此倡导绿色研发非常重要。同时，完善科技人力资源培训的可持续评估和追踪机制不能够由中方单方面完成，需要和南非当地政府机构、当地大学和在非企业，共同合作来完成评估和追踪机制。在规划战略的时候，要充分考虑到不同的战略方。中国在和南非开展科技人力资源合作的时候，要和非盟的发展目标达成一致，得到非盟的支持。同时，国际组织和第三方国家在非洲科技人力培养项目上有丰富经验，他们也应该作为中国和非洲合作的一个重要战略方被纳入其中。与第三方合作时，机遇和风险并存，需要在法律保护下建立共赢的三方合作机制以及风险防控措施。

当今时代，中国对南科技人才发展已经不能是各自为战的传统模式了，必须是由中国政府、中国企业、中国高等教育机构和职业培训机构与南非各方以及国际组织携手，形成多方"共赢合作机制"，才能使得中国对南科技人力资源合作的贡献和效益最大化，同时也能为非洲方面认可和接受、并在非洲科技人力资源发展的历史上留下痕迹。

后疫情时代，人类共同面临的公共健康问题仍然非常严重，加上风云变幻的国际关系，中南双方深化科技领域人才合作也面临着新的局面。非盟科技创新战略（STISA-2024）提出，要求各成员国的科技发展资金要达到 GDP 的 1% 的最低标准，并提出促进科学、技术与创新在各个优先领域能够有效实施、提高科技创新能力和科研创新政策制定水平等五大战略目标。[①]这些科技政策和战略规划的实施有赖于突破技术发展的瓶颈。科研环境的

---

① African Union, "Science, Technology and Innovation Strategy for Africa 2024 (STISA-2024)," 2014, https://au.int/sites/default/files/newsevents/workingdocuments/33178-wd-stisa-english_-_final.pdf, accessed 2023-08-27.

改变和基础条件的改善有利于吸引海外科技人才的回归。同时，该战略规划的实施还可以增强非洲民众对科技发展的信心和动力，从而为非洲的科技复兴和经济腾飞打下基础。未来中南科技创新人力资源的合作要聚焦非洲人民关心的关键问题，深入研究各国实现可持续发展所面临的重大人才挑战，凝聚多方合力，尤其在农业现代化、绿色低碳研发、工业数字化、公共健康等领域充满合作前景。

首先是培养农业科技人才。非盟科技发展战略将农业技术发展视为重中之重，而我国以农业大学科研为关键攻关手段，以农业试验田为特色的农业科技实践活动，可以作为我国与南非农业科技合作的重要手段。解决粮食安全、自给自足是非洲可持续发展的前提。南非科学与创新部经济社会创新合作司副总司长姆博尼·穆夫赫也在 2023 年中国－南非科技减贫研讨会中提出，科技减贫是解决贫困问题的有效手段，南非科学与创新部愿加强与中方的务实合作。[①]在与南非的合作中，中国可以考虑加大农业科技人才的奖学金制度，增加南非农业相关专业本科和硕士在华学习的人数，提高农业项目在南非的实验合作，同时南非政府出台刺激性政策鼓励学成人员归国，发展当地农业经济。尤其是在后疫情时代，各国失业率激增，拓展农业技术发展，扶持农业人才，会帮助当地解决大量就业问题。

其次是培养公共卫生和健康人才。非洲国家有着使用药用植物的悠久历史，容易接纳中国在中药方面的理念，因此发展药用植物的合作，增加这方面的人才培养很有潜力。南非的动植物药资源非常丰富，据统计，南非人对传统草药使用率约达 60%。[②]南非的传统医药虽然历史悠久，但是对其研究和开发还处在萌芽阶段，中国有宝贵的经验可以与之共享。南非政府于 2001 年通过联合健康法案确定了中医的合法地位，中医药被越来越多的南非人接受。根据南非茨瓦尼理工大学的调查，约 90% 的南非人相信中医药

---

① 科技部农村中心：《中国－南非科技减贫研讨会暨科技减贫人才培训班成功举办》，2023年，https://mp.weixin.qq.com/s/cLwBuwvYe7P1nzDW-lJpTQ，查询时间：2023 年 8 月 27 日。

② Ali Arazeem Abdullahi, "Trends and Challenges of Traditional Medicine in Africa," *African Journal of Traditional, Complementary, and Alternative Medicines*, 2011, pp. 8, no. 5S.

产品和治疗服务。[①]2023 年，南非科学与创新部、南非药品监督管理局、南非非洲传统医师协会等机构代表组成的南非传统医药代表团成功访问中国，在传统医药领域开展交流与合作。[②]另外，依托数字技术，数字医疗在南非的发展前景广阔，其中肯尼亚的健康信息系统已经初见成效，使得肯尼亚的医疗数字化迈上了新台阶。中国和南非在未来的医疗人才培养上，可以借鉴肯尼亚的成功经验，展开数字医疗技术的普及和人员培养，这也会反向促进中国数字医疗在国内和国际的推广和发展。

　　双边合作还要致力于培养数字技术人才。在数字时代，基于电子通信与互联网技术的发展，科学技术将人类社会合作与分工进行不断的重构，促使社会分工更加专业和复杂。通过互联网变革和 IT 协作水平，在云计算、AI、5G 等新概念领域，非洲国家可能会以后发优势进行赶超。南非的 ICT领域发展迅猛，网络速度位居非洲国家榜首，3G 移动网络覆盖率近 100%，全球排名第 37 位。[③]《2030 年南非国家发展计划》指出"一个广泛的宽带通信系统将支持一个充满活力动态和连接性信息社会和更具包容、公平和繁荣的知识经济体系"，强调了该国对数字化转型框架的重视。南非历来是中国 ICT 技术的坚定支持者与合作者。2023 年 8 月，南非金砖国家事务协调员苏克拉尔在南非夸祖鲁纳塔尔大学发表讲话时表示，美国向南非施加了巨大压力，要求停止使用华为网络，但该国不会向美国的施压屈服，并高度赞赏华为多年来为南非提供了数以千计的培训和技术转让机会的举措。[④]随着中国和南非在网络电讯方面的合作日益密切，预计会有越来越多的南非人借助网络进行生产经营与生活，南非的电子商务行业发展的潜力巨大。同时，电子商务发展还对当地创造就业具有重要意义。南非电子商务领域

---

①《人民日报》:《为南非民众增进健康提供新选择》，2018 年，https://news.sina.com.cn/c/2018-08-06/doc-ihhhczfc1300654.shtml，查询时间：2023 年 8 月 27 日。

② 中国驻南非大使馆:《南非传统医药代表团成功访华》，2023 年，https://mp.weixin.qq.com/s/o-ozDcR3IdibhmBTpH9QTw，查询时间：2023 年 8 月 27 日。

③ Soumitra Dutta and Bruno Lanvin, "The Network Readiness Index 2022," https://networkreadinessindex.org/wp-content/uploads/reports/nri_2022.pdf, accessed 2023-09-08.

④ Emmanuel Abara Benson, "South Africa Defies US Pressure, Stands Firm on Using Huawei Equipment in Networks," https://bnn.network/breaking-news/foreign-affairs/south-africa-defies-us-pressure-stands-firm-on-using-huawei-equipment-in-networks, accessed 2023-08-23.

经济的对外依存度仍然很高，很多技术无法自主建设与研发。因此，中国可以通过帮助南非培养电子商务人才来带动该国抓住互联网的发展红利，对于其未来经济独立发展、创造就业至关重要。

此外，清洁能源人才也是培养的重要方向。中南科技人力资源合作在绿色低碳环保人才合作上有广阔的发展前景。南非自 2022 年因电力危机进入"灾难"状态，限电情况严重，当地工矿企业、商业服务及民众生活受到严重影响。南非在未来几年中将面临非常严重的设备拆除问题，现有的发电设施都处于比较老旧、需要替换的状态。火电发电将逐渐退出，在 2050 年左右，南非现存的火电厂中，除了新建成的两个以外，其他都要离网。南非将被动而非主动地走向氢能源这一条路，新能源开发迫在眉睫。[①] 2023 年 6 月，中国－南非新能源投资合作大会在约翰内斯堡举行，两国企业代表围绕绿色能源主题深入交流、加强对接，表示将动员更多力量参与南非新能源产业发展，帮助南非缓解电力危机。未来的中南合作需要进一步培养绿色低碳环保人才，共同打造"绿色南非"，以实现联合国 2030 年可持续发展议程、非盟 2030 年议程，共建绿色"一带一路"。另外，中非核电合作可以推广非洲低碳和清洁能源发展迈向更高水平。中国在非洲投资的中广核湖山铀矿产能稳步提升，2017 年全年累计产量超过 1000 吨，是全球第二大铀矿，被誉为中非合作的典范。[②] 中南合作可以充分借鉴该项目的宝贵经验，挖掘未来核电技术在南非的应用前景，重点培养核电技术人才。

最后是通信卫星人才、金融科技人才、高端制造业人才和研发等方面的人才培养。2017 年底，西昌卫星发射中心成功发射阿尔及利亚一号通信卫星，这是阿尔及利亚的第一颗通信卫星，也是中阿两国航天领域的首个合作领域。未来中国可以陆续和南非等非洲其他国家在卫星方面展开合作，对卫星主要应用领域的科技人才缺口进行辅助。中国和非洲国家已经开始金融科技的合作，例如中国云从科技与津巴布韦政府合作，为津巴布韦在金融科技领域完成智能化改造，并将建立津巴布韦国家人脸数据库。中南

---

① 来自南非科学院院士、南非大学刘歆颖教授 2022 年 8 月 1 日所作的题为《南非能源结构问题分析》的演讲。

② 金十数据：《中国承包下非洲最大"铀矿"，年产破千吨，今年将跃居世界第二！》，2018 年，https://www.sohu.com/a/228274642_334198，查询时间：2023 年 8 月 22 日。

合作可以从此出发，建设起金融科技领域的人才储备。南非希望通过工业园区，集中力量发展工业化，凭借价格偏低的劳动力吸引外国资本和企业的入驻。虽然初级和中级技术工人在这个过程中逐步发展起来，但是加速工业化进程的主推力是高端制造业人才的发展。缺乏高端制造业人才是实现南非产业和行业创新发展的瓶颈。中国应坚持投入高等教育及高等职业教育，致力于推进中国和南非高精尖研发人才的联合培养，引领中国行业标准走向世界，提升中国对南非的科技知识转移、技术共享以及人才培养的效果。

结　语

全球地缘政治发生重大变化、后疫情时代中非共同面临各种挑战的新形势下，总结回顾和研究中非（南非为案例）科技人力资源合作的形式、内容和意义具有特殊的意义和时代价值。通过全面梳理和解析中非科技人力资源合作和其中尤为重要的中国-南非合作案例，笔者认为，既有的中非科技人力资源的合作意义远超过了该领域，具有稳定中国与（南）非双边关系、为中国和南非乃至非洲的发展创造良好的内部和外部环境的重大作用，其基本原理在于促进了中国和非洲在更大范围内进行资源配置、实现经济的可持续发展，促进非洲区域经济的繁荣与非洲人能力建设的作用，因而能够返身促进并且有利于进一步提高中国对非合作。对于非洲而言，工业化是其实现富裕发展的必然道路，更多科技人力资源的培养意味着更多跨越技术和经济鸿沟可能性和实现工业化的基础条件。此外，中（南）非科技人力资源合作赋能人的能力建设，致力于为南非及其区域内国家共同提供工业发展机会。这一章的研究，以大量经验研究为基础，证明了科技人力资源合作的重要意义，期待为双边相关合作的长远规划和政策制定提供有益的借鉴，也期待对中南（中非）科技人力资源具体合作者提供有用的实际工作指南，助力科技人力资源合作未来更好贡献于中非国家间关系、也贡献于非洲可持续发展。

考虑到当下全球人类普遍经历的时代之巨变，中南科技人力资源合作也有必要在合作和培养模式上进行相应的创新与改变。中国和南非科技人力资源合作显然已经不能仅仅局限于出海企业投资过程中带动的知识和技术的转移，而必须以人为本、以人的全面能力提升的同时助力工业化能力的系统发展，这不仅仅是回应南非高企的青年失业率问题，也是更加系统、全面地对南非人才培养提供支持和帮助。这对中国进一步提升国际合作能力无疑提出了更高要求。在分享科学技术和发展经验的同时，中国需要切实了解当地的发展需求，充分重视科技人力资源发展的重要性，以互相学习和共同发展的命运共同体心态来回应中南乃至中非科技人力资源合作的可持续发展需求。

可持续发展视角下南非青年高失业率问题

——兼论作为解决方案的中-南合作

邹雨君

　　作为撒哈拉以南具有区域领导力的国家，南非同时也是全球失业率最高的国家之一，特别是其严峻的青年失业现象，给南非的可持续发展带来了巨大威胁。青年就业也是重要的可持续发展目标，因此也危及南非的可持续发展。近些年此起彼伏的学生运动及其带来的严重的经济社会后果，进一步凸显了南非青年失业的严峻形势及与之密切相关的南非教育体系问题。青年们在遭遇失业带来的不满、愤怒的同时，也对自己所受的教育充满了失望。事实上就业市场与教育体系的不匹配是非洲国家普遍面临的发展困境，而职业技术教育与培训是应对这一困境的重要解决方案。虽然南非政府一直试图振兴职业技术教育，并在技能发展的框架下出台了一系列政策措施，但南非近些年的职业教育发展并不理想。另一方面，中国日益成为南非重要的合作伙伴，且合作领域逐渐从经贸领域深入到社会、人文等各个方面，其中能力建设合作也成为了中国与南非合作的亮点之一。中国在与南非的能力建设合作中，尤为重视帮助南非培养各类技术性人才，也推动在南非的中资企业为本地就业市场创造更多的就业机会。当然，中国的参与能否真的帮助南非改善教育与就业市场的不匹配，以及能在多大程度上缓解南非严峻的青年失业困境等，都更多地取决于南非自身的经济社会发展规划及其落实。只有深刻理解南非长期教育体系与就业市场不匹配的社会政治根源，才能更好地理解中国参与的意义。

　　南非严峻的青年失业问题与职业技术教育发展的滞后是嵌入在其政治经济发展的历史当中的，需要重新回到南非自身的经济社会发展历史中去理解其问题的根源。中国是南非最重要的经贸合作伙伴之一，中南合作在中非合作论坛以及金砖国家合作框架下发展迅速。中南在经贸、人文等领域都有着密切的联系，那么中南合作又将在南非职业教育发展和青年失业议题上发挥什么样的作用呢？笔者将首先探讨可持续发展框架下青年就业和职业技术培训的重要性；其次从南非自身的发展历史出发，以政治经济学视角考察南非今天严峻的青年失业现象以及发展滞后的职业技术教育培训体系的基本情况及其成因；最后介绍分析中国参与南非教育、特别是中南职业教育培训合作的特点和意义。

（一）严峻的青年失业问题影响南非可持续发展

促进青年就业充分符合今天联合国倡导的可持续发展议程以及南非自身的可持续发展议程。青年群体既是联合国可持续发展目标的重要对象，又是可持续发展的重要参与者。在联合国 17 个可持续发展目标中，有 3 个目标与青年相关，青年群体在其中两个目标中是直接的对象，这两个目标中的 4 个小目标，都明确地对青年的就业和所受教育，特别是技能教育提出了发展方向。同时这些目标也专门强调了性别平等。在目标 4 优质教育中，目标 4.4 是"到 2030 年，大幅增加掌握就业、体面工作和创业所需相关技能，包括技术性和职业性技能的青年和成年人数"。目标 4.6 是"到 2030 年，确保所有青年和大部分成年男女具有识字和计算能力"。而在目标 8 体面工作与经济增长中，目标 8.5 提到"到 2030 年，所有男女，包括青年和残疾人实现充分和生产性就业，有体面工作，并做到同工同酬"。目标 8.6 指出，"到 2020 年，大幅减少未就业和未受教育或培训的青年人比例"。[1]从这些目标和指标中可以看出，青年人的可持续发展重点就是通过教育和培训获得就业。南非严峻的青年失业问题和缓慢的职业技术教育发展，严重阻碍了南非国家的可持续发展进程。南非政府 2019 年发布的可持续发展目标报告中明确指出，南非的优先发展项主要是贫困、高度不平等、高失业率、社会排斥，以及高疾病负担。[2]

南非的青年失业问题十分严峻，甚至可以说是撒哈拉以南非洲国家中最突出的国家，同时青年女性是所有人群中受失业困扰最严重的群体。青年失业是南非今天面临的社会经济发展的主要挑战之一。2016 年南非人口统计数据显示，15—34 岁青年人口为 2010 万人，占全国人口的 36.2%。

[1] 联合国，可持续发展目标，https://www.un.org/sustainabledevelopment/zh/economic-growth/，20230805。

[2] Statistics South Africa, *Sustainable Development Goals Country Report 2019*, p. 234.

2023 年第二季度劳动力数据显示，25—34 岁的青年劳动力失业率为 39.8%，15—24 岁的青年劳动力的失业率为 60.7%，全国失业率为 32.6%。可以看出青年失业率不仅绝对值很高，且显著高于全国平均水平。[1] 不仅如此，南非统计局数据显示，南非约有 1020 万 15—24 岁的年轻人，而其中未受教育或培训人群，也就是所谓"尼特一族（Not in Employment, Eeducation or Training，简称 NEET）"的比例高达 34.2%，而 15—34 岁青年的 NEET 水平达到了 43.4%，同时两个年龄群体中的女性青年 NEET 比例都高于男性青年。[2] 联合国统计数据显示，东非和南部非洲 20—24 岁青年的尼特族比例超过 40%，20—24 岁年轻女性的尼特族比例最高的是埃塞俄比亚的 68%，其次是南非的 56%。[3] 也就是说，无论是失业水平还是 NEET 状态的水平，南非的数据都处于撒哈拉以南非洲的高位，甚至一些指标显著高于平均水平。[4] 高失业率和高 NEET 率使得南非青年人群深陷不平等和贫困之境，又进一步恶化了南非的政治社会安全与经济发展。

南非的青年失业问题由来已久，并呈现出明显的种族差异和性别差异。对南非失业问题的关注可以追溯到 20 世纪 70 年代。由于统计技术的缺失，目前官方也没有对南非 70—90 年代失业率的确切统计，但 20 世纪 90 年代，国际劳工组织的一批专家对此前多份研究，发现南非失业率（总体人口）自 20 世纪 70 年代就开始持续上升，并且一直持续到 90 年代。[5] 1994 年，南非十月家庭调查（October Household Survey, OHS）显示，当时南非约有 466 万失业人口，失业率为 32.6%。[6] 有学者描述南非 90 年代的失业

① Statistics South Africa, *Quarterly Labour Force Survey*, August 15, 2023, p. 25.

② 同上注，第 9 页。

③ UN Women, "The Status of NEET: A Quantitative Analysis of Youth Not in Employment, Education or Training (NEET) (15 – 24 years old)," p. VIII.

④ 根据世界银行，2022 年撒哈拉以南非洲青年（15—24 岁）青年失业率为 12.4%，参见 The World Bank IBRD IDA, "Unemployment, youth total (% of total labor force ages 15–24)(modeled ILO estimate)," https://data.worldbank.org/indicator/SL.UEM.1524.ZS, 2023-07-27 查询；国际劳工组织 2020 年数据显示，非洲青年人口 NEET 状态比率为 20.7%，参见 International Labor Organization, "Report on employment in Africa (Re-Africa): Tackling the youth employment challenge," p. 25.

⑤ Guy Standing, John Sender, and John Weeks, "Restructuring the labour market: the South African challenge," International Labour Organization, 1996, pp. 105–110.

⑥ 同上注，第 108 页。

问题为："总体失业率很高，由于各种各样的原因，劳动力边缘人群中很大一部分没有求职的意愿。大部分失业人群依赖家庭的非正式转移支付。失业人群中非常大的一部分是青年群体，其中黑人女青年面临着最恶劣的求职环境"。[1] 严峻的失业问题呈现出明显的种族差异，黑人人口的失业率显著高于其他人口。1994 年的这份统计数据同时显示，从 10 岁开始，黑人男性的预期就业或自主就业年限为 18 年，而白人男性的预期年限为 33 年。[2] 有三分之二的失业人群从未就业过，其中包括 29% 的白人失业人口和 69% 的黑人失业人口。[3] 黑人女性不仅是失业率最高的人群，而且大量的黑人女性由于种族隔离政策而灰心丧气，最终放弃了寻找工作。南非劳工和研究发展部（South African Labour and Research Development Unit）1993 年的统计数据显示，16—24 岁黑人女性的失业率高达 71.2%，25—34 岁的黑人女性失业率达到了 48.4%。[4] 民主化转型后，南非青年就业问题却依然继续恶化。大量的研究认为，职位数量的增长跟不上大幅度的适龄劳动力人口的增长是导致青年失业问题进一步恶化的原因。[5] 例如哈龙·波拉特（Haroon Bhorat）与莫内·乌修仁（Morné Oosthuizen）的研究发现，1995—2002 年，南非 15—34 岁的青年劳动力绝对数增加了 280 多万人，但失业率持续上升，这就意味着失业现象不断恶化。[6]

（二）高失业率与职业技术教育培训体系的发展

青年的大规模失业和不能充分就业问题并非南非独有，事实上整个非

---

[1] Guy Standing, John Sender, and John Weeks, "Restructuring the labour market: the South African challenge," International Labour Organization, 1996, pp. 122.

[2] 同上注，第 123 页。

[3] 同上注，第 124 页。

[4] 同上注，第 122 页。这两组数据都是广义数据，广义的定义放弃了求职条件，并涵盖了表达就业或自营职业愿望的所有没有工作的人。

[5] Cecil Mlatsheni and Sandrine Rospabé, "Why is youth unemployment so high and unequally spread in South Africa?" University of Cape Town, 2002; T. Hlekiso and N. Mahlo, "An overview of the demand and supply of skills in the South African labour market," Proceedings of the ESSA (Economic Society of South Africa) Conference, 2009; Morné Oosthuizen and Haroon Bhorat, "The post-apartheid South African labour market," University of Cape Town, 2005.

[6] Morné Oosthuizen and Haroon Bhorat, "The post-apartheid South African labour market," University of Cape Town, 2005. pp. 5–8.

洲大陆都深受其困扰。为此，非盟和许多非洲国家政府近年来都积极出台相关政策，缓解青年失业和不充分就业带来的负面影响，发展职业技术教育培训就是其中一个重要举措。非盟于 2007 年出台了振兴非洲技术和职业教育和培训的战略（Strategy to Revitalize Technical and Vocational Education and Trainingin Africa），开篇就提出，许多国家决策者和国际捐助方都重新认识到职业技术教育与培训在国家发展中的关键作用。[1] 几年以后，非盟再次发布"促进青年就业的技术、职业教育和培训的洲际战略"，而出台这个政策文件的直接原因就是"青年失业和就业不足问题日益严重，是大多数非洲国家政府关注的主要社会经济发展问题之一。"[2] 除了非盟，许多非洲国家，例如肯尼亚、乌干达、赞比亚、尼日利亚等，也都在国家青年政策中提出要发展职业技术教育以提升青年的就业能力。[3]

在非洲大陆开展职业技术教育与培训的教育政策改革方兴未艾，但受青年失业问题困扰最为严重的南非却成效不彰——并非因为政府的不作为，事实上南非政府一直试图振兴职业教育体系，但出于种种原因收效甚微。南非的教育行政体系主要分为两个部门，即基础教育部（Department of Basic Education, DBE）和高等教育与培训部（Department of Higher Education and Training，DHET），职业技术教育隶属于高等教育与培训部的管理范围内。自民主化转型以来，南非政府一直试图在"技能发展"（skill development）的框架下改革职业技术培训体系、重振职业教育与培训，但总体而言收效甚微，更重要的是未能扭转民众对职业技术教育的偏见。

---

[1] African Union, *Strategy to Revitalize Technical and Vocational Education and Training (TVET) in Africa*, January 2017, p. 5.

[2] African Union, *Continental Strategy for Technical and Vocational Education and Training (TVET) to Foster Youth Employment*, p. 6.

[3] Republic of Kenya, Ministry of ICT, Innovation and Youth Affairs State Department of Youth Affairs, *Kenya Youth Development Policy 2019*, November 2019; Federal Republic of Nigeria, Federal Ministry of Youth and Sports Development, *National Youth Policy Enhancing Youth Development and Participation in the context of Sustainable Development*, 2019 Edition; Republic of Zambia, Ministry of Youth and Sport, 2015 National Youth Policy; Republic of South Africa, Department of Women, Youth and Persons with Disabilities, *National Youth Policy 2020–2030*.

自 2000 年以来，南非政府着手对技术学院进行系统重组，包括采取了合并、资产重组、扩张，以及将权力从省级部门收归中央等。重组后的技术学院（合并后更名为继续教育和培训学院，Further Education and Training Colleges，FET）的表现却并不令人满意。很大的原因是这段时间的改革侧重资产重组等组织形式，而不是解决有关教学本身、如课程内容等基本问题，可以说技术学院还未从普通教育中区别出来。重组以后，虽然教育部给予了这些技术学院以极大的资金支持和极高的自主性，但学生基础素质较差、教师质量较低，使得技术学院在迅速的扩张之下越发难以实现高质量的发展。2009 年，南非教育部重组，成立了高等教育与培训部，技术学校的管理由此从省政府收归回中央，由此高等教育与培训部开始实施大幅加快入学人数的职业技术学校发展项目。继续教育和培训学院的预算拨款从 2009 年的 33 亿兰特（约 0.18 亿美元）增加到 2014 年的 58 亿兰特（约 3.08 亿美元）——尽管预算看似有所增加，与教育总预算的相对规模并未发生显著改变（约 2.5%）；2010—2013 年，继续教育和培训学院的学生数从 42 万人增加到 2015 年的近 71 万人。[1]

南非 5—24 岁职业教育男女入学人数比例为 5% 左右，高于非洲平均值的 3%，但显著低于塞舌尔、埃及、喀麦隆、摩洛哥等国，并未处于非洲前列。[2] 南非高等教育与培训部 2013 年就提出目标，2015 年前将南非职业技术教育与培训学校的入学人数提升到 100 万人、2030 年前提升至 250 万人。[3] 但直到 2019 年，南非 TVET 学校入学总人数只有 67 万多人。[4] 一些学者认为，在技能发展的政策框架下，基于工作的学习项目（work-based learning programs）和为失业者提供的项目都在一定程度上取得了成功，但

---

① Anthony Gewer, "Unfinished business: Managing the transformation of further education and training colleges," Change management in TVET colleges: Lessons learnt from the field of practice, 2016, pp. 23–46.

② UNICEF and African Union Commission, "Transforming Education in Africa: an evidence-based overview and recommendations for long-term improvements," 2021, p. 16.

③ Department of Higher Education and Training (DHET), "White paper for post-school education and training: Building an expanded, effective and integrated post-school system," 2013, Pretoria: Department of Higher Education and Training.

④ Department of Higher Education and Training, "Fact Sheet on Age for Students in PSET Institutions," July 2021, p. 9.

职业技术培训学校的发展却基本上是失败的，2007—2009 年，只有 30% 的学生成功毕业。[①] 对比职业技术教育与普通高等教育的话，前者发展的失败就更一目了然。例如，2006 年，TVET 学校的招生数为 36 万多人，2014 年招生人数约为 53 万人；相比之下，普通大学的招生人数在 2006 年就达到了 74 万多人。[②] 人们普遍认为，南非为技能发展采取的众多政策干预措施以及新机构和体系的建立，未能带来技术工人数量的增加。

当然，从具体政策措施和技能发展战略的必要性来看，并不能说是完全失败的；但毫无疑问，多年的政策改革并未给南非的经济发展培养出所需的技术劳动力，特别是工匠和中级技术劳动力。再加上入学人数少、学生质量不稳定、毕业率低等，[③] 可以说，南非的技能发展战略及实施，尚且未对该国技能发展做出预期的贡献。[④]

（三）南非产业结构与人力资源关系的历史分析

为什么南非的青年失业问题如此严峻，而职业技术育体系的发展尚且没能缓解青年失业问题呢？回答这些问题，需要首先引入就业市场，或者说更广泛的产业结构视角。因为如果说教育是人力资源供给的上游，那么就业市场、产业结构就是人力资源需求的下游。只有同时从教育和就业市场两个视角，进行整体的政治经济分析，才能真正理解青年失业问题，进而理解教育与就业脱钩的问题。其次，无论是南非的青年失业、职业技术教育的发展，还是就业市场的形成，都是嵌入在南非整个历史发展进程当中的，离开了对历史的梳理，就无法理解南非这一具体问题何以演变至今。

发展职业教育以缓解青年失业的逻辑，是建立在职业技术教育能够满

---

① Linda Chisholm, "Apartheid education legacies and new directions in post-apartheid South Africa," *Apartheid Education Legacies and New Directions in Post-Apartheid South Africa*, 2012, pp. 95–96.

② Mokubung Nkomo, Ndivhuho Tshikovhi, and Angelica Warchal, "Reflections on the University versus TVET College conundrum," *The Thinker*, 2016, p. 63.

③ Nic Taylor, "Priorities for addressing South Africa's education and training crisis," *Review Commissioned by the National Planning Commission, Johannesburg: JET Education Services*, 2011.

④ Stephanie Allais, "Will skills save us? Rethinking the relationships between vocational education, skills development policies, and social policy in South Africa," *International Journal of Educational Development*, Vol. 32, No. 5, 2012, pp. 632–634.

足就业市场所需的技能这个前提假设之上的。事实上，从 19 世纪末期矿产业的兴起开始，南非也确实持续面临着技能型劳动力的短缺问题。但这种技能短缺并不单纯是由产业结构与教育培训体系不匹配所造成的，事实上这种产业与技能的错配背后有着更为复杂的政治社会原因。同时，这种错配在南非不同的发展时期也有着截然不同的具体含义。在漫长的殖民和种族隔离时期，这种错配主要是种族化的岗位划分以及培训资源的分配造成的后果：一方面缺乏技能型工人，另一方面技能培训主要向白人开放。在民主化转型后，南非产业结构升级的速度超过了人力资源技能增长的速度，以致大量工作流失，而低技能的劳动力因此失业。与此同时，长期以来认为职业技术教育是低等教育、而学术型教育才是通往更好工作机会的普遍认知，进一步强化了今天南非青年对 TVET 的偏见。这种成见又进一步加剧了今天南非产业与教育培训的错配。

1. 白人种族隔离统治期间：种族化的产业工作与技能培训

以金矿为主的矿产业可以说是从 19 世纪 80 年代到 20 世纪 90 年代南非经济发展的命脉，矿产业的兴起与衰落很大程度上决定了南非就业市场的规模，矿产业的技术革新也直接影响着就业市场上的技能需求。正如经济史学家指出的，金矿开采为南非的工业革命提供了动力，并在一个世纪的时间里主导了南非的经济发展和工业化。黄金生产是广泛的经济活动甚至包括税收的最重要驱动力，无论是出口、劳动力就业，以及与采掘业相关的用于能源需要的煤炭开采和支持矿业活动消费的农业生产等。在 20 世纪 70 年代初金价大幅上涨的刺激下，金矿就业人数 1986 年达到历史最高水平的 53.4 万人。[1]

早在 1910 年左右，南非的白人种族主义统治就开始通过一系列立法活动使种族歧视法律化、制度化，先后出台了《土著土地法》、《班图教育法》和一系列劳工法令和条例。1959 年，种族隔离制度体系最重要的法律条令之一"班图自治法"出台并开始实施，建立了一系列"班图家园"，黑人被迫搬迁到这些家园中，并不能随意流动。[2]矿产业的发展和这种黑人流动劳

---

① Francis Wilson, "Minerals and migrants: how the mining industry has shaped South Africa," *Daedalus* 130.1, 2001, pp. 101–102.

② 杨兴华：《试论南非种族隔离制度》，《世界历史》1987 年第 2 期，第 51—59 页。

工制度的强制性政治手段，造成的南非的社会后果是种族隔离下以肤色为基础的技能等级岗位划分，以及支撑这种技能工种划分背后的培训资源分配。无论是技能等级的工种划分还是培训资源的分配，都被打上了极强的种族歧视的烙印。

种族化的岗位划分以及培训资源的分配，导致南非矿业持续遭遇技能型劳动力短缺，同时黑人劳工技能培训的投入。早在 1889 年，矿业协会就组织招募黑人劳动力，随着矿业的不断扩大，特别是采矿技术的发展，对技能型劳工的需求也日益增加。但当时南非政府从欧洲、中国、印度等地大量地引进技能型劳工，使得南非当地与黑人处境相似的阿非利卡人和黑人之间形成了针对低技能型岗位的竞争。面对这种局面，白人政府出台了一系列保护政策禁止黑人劳工参与技能型岗位当中，规定技能型岗位必须预留给白人劳工。[1] 1922 年，德兰士瓦的白人矿工举行大罢工，直接原因就是矿场公司试图以黑人取代白人矿工承担一部分的半熟练工作，引起了白人矿工的极大不满。[2] 第一个保护白人工人的种族条例就是在南非战争爆发前颁布的，是技术工人（全白人）工会通过与政府谈判制定了一份为白人保留的工种清单，是以输入中国劳动力到矿山工作为前提条件来应对削减黑人工资导致的黑人劳动力严重短缺。[3]

与这种种族化的岗位配套的是同样种族化的技能培训资源的分配。1900 年后，随着南非城市中穷白人群体的不断增加，为了满足这些穷白人群体的特殊需求，支撑他们进入技能型岗位，缓解穷白人青年的社会问题以及面对矿业工业化面前的阿非利卡穷白人经济状况窘境，技术培训成为了专门为白人学习者提供的学习机会。[4] 1922 年，南非出台第 26 号学徒法，

---

① Volker Wedekind, "Rearranging the furniture? Shifting discourses on skills development and apprenticeship in South Africa," *Apprenticeship in a Globalised World: Premises, Promises and Pitfalls*, 27, 2013, pp. 39–40.

② 尚宇晨:《种族隔离制度下南非白人政府的黑人城市化政策（1920—1960）》,《世界历史》2018 年第 1 期，第 83 页。

③ Peter Richardson, *Chinese mine labour in the Transvaal*, Springer, 1982, p. 8.

④ Azeem Badroodien, "Technical and vocational education provision in South Africa from 1920 to 1970," in Simon A. McGrath, ed., *Shifting Understandings of Skills in South Africa: Overcoming the Historical Imprint of a Low Regime*, Pretoria: HSRC Press, 2004, pp. 20–22.

将学徒制的制定实施置于国家管辖范围内。根据该法令，南非成立了许多学徒委员会，这些委员会的职责就是向矿业和工业部提供有关学徒期限、雇用学徒人数、学徒工资率和学徒入职资格等方面的建议。学徒制是为了帮助劳工尽快地适应技术类工种，也是职业技术教育的雏形，但1922年这部学徒法令实质是"工业种族限令法"，因为该法令使得国家只向白人青年开放技术行业，却禁止其他种族参与到技术行业中去。[①]

1922年的《学徒法》规定了进入学徒制的最低受教育要求，即完成小学教育。这个规定十分有利于白人青年，因为早在20世纪初期就引入了针对白人青年的义务教育，这也意味着缺乏正规教育的黑人青年难以满足这一最低入学标准。[②] 在此之前，职业和工业培训被首先引入开普殖民地时，是专为有色人种提供的。因此，工业或职业教育在殖民地意识形态中占有非常特殊的地位，这与19世纪下半叶旨在"教化"非洲人（和有色人种）的努力直接相关。[③] 二战后，职业技术培训尽管越来越多地向黑人和有色人种开放，但为其提供的技术和职业教育本质上依然只限于满足他们在本社区内的生活需求，[④] 不仅规模有限，且并不直接与工业劳动力市场紧密相关，相关的主要是农业和采矿业中的非技术工种。与此相反，针对白人的职业技术培训不仅规模不断扩大，且力求确保学习者在就业后尽可能有最大范围的技能和专业领域。[⑤]

2. 民主化转型后：产业发展与技能发展的错配

南非民主化转型以来，高失业率的主要原因在于旧有劳动密集型产业衰落、同时新兴产业却对人力资源水平要求较高，造成了技能型劳动力的短缺。此前吸收了大量劳动力的矿产业的衰落，以及劳动密集型产业特别

[①] William Harold Hutt, *The Economics of the Colour Bar*, Ludwig von Mises Institute, 1964.

[②] Jeanne Gamble, "The legacy imprint of apprenticeship trajectories under conditions of segregation and apartheid in South Africa," *Journal of Vocational Education & Training*, 73.2, 2021, pp. 258–277.

[③] P. Kallaway "From Bantu education to people's education in South Africa," in N. Entwistle (ed) *Handbook of Educational Ideas and Practices*, London: Routledge, 1992, p. 17.

[④] Azeem Badroodien, "Technical and vocational education provision in South Africa from 1920 to 1970," p. 41.

[⑤] Linda Chisholm, "South African technical colleges: Policy options," Education Policy Unit, University of the Witwatersrand, 1992, p. 10.

是制造业发展的失败，直接导致南非缺少能够吸收大量劳动力特别是低技能型劳动力的产业；同时，最低工资标准政策和非正式部门发展有限，都成为就业市场萎缩的诸多原因。[①]

20 世纪 80 年代后期开始，采矿业的持续衰落造成就业市场的持续萎缩。90 年代，整个采矿业的就业人数下降了 40%。[②] 丹尼·罗德里克（Dani Rodrik）对 20 世纪 70 年代到 2004 年南非的技能型就业模式进行分析发现，南非整体就业规模持续下降，同时整体经济领域出现了全面技能升级，所有部门的低技能就业岗位比例均有所下降；其次，可交易部门（tradable activities，采矿业、农业、制造业）仍然是中低技能工作最密集的产业，[③] 例如，根据南非统计局最新的调查，制造业自 2005 年以来丧失近 31 万个工作岗位，从 2005 年约 140 万个降至 2021 年的约 109 万个，而在此期间，制造业对 GDP 的贡献从 19.1% 降至 13.2%。[④] 这种结构性的变化解释了为什么南非就业市场一直长期存在技能短缺现象：简单来说，就是产业结构升级的速度超过了人力资源技能增长的速度，于是产生了大量的低技能劳工的失业现象。2022 年第一季度就业数据显示，农业、矿业和制造业的就业人数分别为 84 万、40 万和 157 万；而就业人数排在前三名的行业分别是社区和社会服务（354 万）、贸易（299 万）和金融部门（233 万）。[⑤]

吸收大量年轻、低技能劳动力的最后的一个手段就是非正式部门，这也是非洲国家十分常见的现象。国际货币基金组织 2017 年的报告显示，非正式部门是撒哈拉以南非洲大多数国家经济的最重要组成部分，占 GDP 的 25%—65%，占非农就业总数的 30%—90%。[⑥] 在过去一段时间，非洲的主流政策叙事往往是要么忽视非正式部门、要么甚至将其视为对正式经济的

---

① Dani Rodrik, "Understanding South Africa's economic puzzles," *Economics of Transition* 16.4, 2008, pp. 769–797.

② Francis Wilson, "Minerals and migrants: how the mining industry has shaped South Africa," *Daedalus*, 130.1, 2001, p. 114.

③ Dani Rodrik, "Understanding South Africa's economic puzzles," *Economics of Transition* 16.4, 2008, pp. 777–781.

④ 驻南非共和国大使馆经济商务处，《南非制造业在过去十五年内丧失大量就业岗位》，2023-07-25, http://za.mofcom.gov.cn/article/jmxw/202307/20230703423534.shtml, 20230805。

⑤ Statistics South Africa, *Quarterly Labour Force Survey*, May 31, 2022, p. 3.

⑥ IMF, *Regional Economic Outlook 17: Sub-Saharan Africa, Restarting the Growth Engine*, p. 40.

潜在威胁，因此往往出台政策试图消除和控制非正式部门；近些年，无论是国际援助界还是非洲国家自身，都逐渐意识到非正式部门在吸收劳动力、特别是青年劳动力、从而建立一个更为包容的经济结构方面的重要性。[①] 但出于各种原因，特别是种族隔离的历史遗产，南非的非正式就业部门发展十分受限。[②] 最新的就业数据显示，非农业的正式部门就业人数为 1017 万人，而非正式部门的就业人数仅为 281 万人。[③] 产业变迁导致大量的低技能劳工丧失工作机会，这些低技能劳工大部分都是黑人青年。有限的非正式部门的就业机会又进一步恶化了他们的就业处境。

3. 对职业技术的深层歧见

改善人们对职业技术教育与培训的成见，是让职业技术教育真正起到缓解青年失业问题作用的重要一环。在全球范围内，许多国家都面临着对职业技术教育的偏见甚至歧视；而在非洲，这种观念通常由于殖民历史而被烙上了种族化的标签，这一点在南非体现得更为突出。尽管进行了大量的财政投资，但 TVET 机构的入学人数并不能令人信服地反映南非政府目前的兴趣和政策引导。[④]

原因既有来自于产业结构及管理类白领工作对高学历的现实要求，也可以追溯到历史上长期存在的歧视性法律和社会习俗的累积效应，通过代际传播促成和强化了对职业技术教育体系的偏见。正如沃尔克·韦德金德（Volker Wedekind）对南非学徒制的评价，"历史不仅仅是记录的问题，而且塑造了人们对学徒制的看法以及与学徒制相关的价值观"[⑤]。种族隔离时期，职业技术教育主要是为了满足白人对技术工种的需求，而对于非白人的职业教育主要是为了"拯救"城市地区的工人阶级、贫困儿童服务的，是以调

---

① IMF, *Regional Economic Outlook 17: Sub-Saharan Africa, Restarting the Growth Engine*, p. 40–60.

② Christian M. Rogerson, "Emerging from apartheid's shadow: South Africa's informal economy," *Journal of International Affairs*, 2000, pp. 673–695.

③ 同上注，第 26 页。

④ Mokubung Nkomo, Ndivhuho Tshikovhi, and Angelica Warchal, "Reflections on the University versus TVET College conundrum," *The Thinker* 67, 2016, p. 63.

⑤ Volker Wedekind, "Rearranging the furniture? Shifting discourses on skills development and apprenticeship in South Africa," *Apprenticeship in a Globalised World: Premises, Promises and Pitfalls*, 27, 2013, p. 40.

节和社会化越来越多的"贫困白人"、非洲人和有色人种城市工人和居民，并确保农村地区的人只需要习得在当地生活维生的技能和知识、意在避免他们迁移到城市。[①]

此外，在殖民和种族隔离时代，学术教育为黑人提供了就业机会，而职业技术教育则是被歧视性法律政策强制禁止的，对这些历史的顽固记忆使得对职业技术教育的偏见持续存在了下去。[②]正如菲利普·福斯特（Philip Foster）对加纳和尼日利亚职业技术教育的观察一样，"学术教育其实就是'职业的'，因为它提供了获得工作机会的直接途径"[③]。历史上的职业技术工作机会曾经对黑人紧锁大门，现在的产业结构又提出来更高学历教育的要求，怎么可能要求年轻人立即放弃历史形成的歧见、拥抱职业技术教育呢？观念的转变绝非一朝一夕的能够实现的。

（四）中国-南非合作改善南非青年高失业率问题

中国与南非合作能否促进双方特别是南非的可持续发展、特别是以上讨论的青年高失业率问题？四个方面的评估大体可以回答这个问题：其一，这种合作落到实地是否与联合国可持续发展目标吻合；其二也是最重要的一点，就是双边合作内容是否与南非自身的国家发展规划相吻合、体现了南非国家发展需要；其三，中国各行为体是否有动力参与到双边可持续发展合作中，取决于其各自的目标定位与利益满足程度，背后受到中国自身的发展议程和中国政府的相关指导与约束；其四，双边的合作是否已经形成了将可持续发展理念和具体目标设定嵌入机制化合作平台和具体过程中，以此确保合作从政策高度和机制化运行角度直接贡献于可持续发展。

以中非合作论坛为依托，中非教育合作快速发展，其中，职业技术教

---

① Azeem Badroodien, "Technical and vocational education provision in South Africa from 1920 to 1970," p. 21.

② Mokubung Nkomo, Ndivhuho Tshikovhi, and Angelica Warchal, "Reflections on the University versus TVET College conundrum," *The Thinker*, 67, 2016, p. 65.

③ Philip Foster, "The vocational school fallacy in development planning," *Education and Economic Development*, 32, 1965, pp. 142–166.

育合作已成为近些年中非教育合作的亮点。推动与非洲国家在职业技术教育方面的合作是近些年中非关系的重点之一，符合中非各自的发展议程，中国在推动非洲职业教育发展方面也具备独特优势。中国与南非互为彼此在国家发展和参与地区、国际事务上的重要合作伙伴，正式建交以来关系飞速发展，取得了一系列重大成就。在中南经贸关系的基础上，中国与南非在职业技术教育领域的合作也取得了长足进步。中南职业技术教育合作不仅形式多样，而且充分体现了企业参与的特点，大量的中资企业不仅为本地人力资源提供了宝贵的就业机会，还积极地参与到职业技术教育的合作当中，帮助职教合作更好地匹配企业的用工需求。

1. 中非职业教育合作

首先，中非职业技术教育合作深度契合了中、非双方各自的发展议程。非洲方面，非洲国家普遍面临严峻的青年失业（不充分就业）问题，甚至引发了一系列政治、社会后果。职业技术教育在近些年被视为能够解决青年失业问题的重要手段，成为非洲各国发展议程甚至政治议程的重点。国际劳工组织（ILO）《世界就业与社会展望：2024 年趋势》报告显示，北非青年人口失业率为 22.8%（国家总失业率 10.1%）；撒哈拉以南青年人口失业率为 8.5%（总失业率 5.9%）。还需要注意的是，北非有 31.1%、撒哈拉以南有21.9% 的青年人口处于未就业和未受教育或培训的状态。这表明有相当多的年轻人既未就业、也未提升他们的就业能力。同时，失业率本身并不能完全反映非洲青年的就业状况，特别是考虑到非正式就业和未充分就业占比极大的现象，例如，根据国际劳工组织 2018 年对全球非正式就业的统计数据显示，非正式就业占非洲非农总就业的 71.9%，其中撒哈拉以南国家地区为 76.8%，而高达 94.9% 的青年人主要是在非正式领域就业。[①]

面对这样的发展困境，解决方案之一就是新一轮的非洲教育改革，强调振兴和改革以就业为导向的职业技术教育与培训。应对非洲青年失业问题，一般从供给侧和需求侧两个方向进行，需求侧指的是改善就业市场，以更好地吸纳青年就业；供给侧指的是改善教育培训，帮助青年更易进入

[①] International Labor Organization, *Women and Men in the Informal Economy: A Statistical Picture*, Geneva, April 2018, pp. 28–29.

就业市场。2006 年，非盟通过了《非洲青年宪章》（African Youth Charter），用以指导大陆内的青年政策。2017 年，非盟设立年度主题为"投资青年以收获人口红利"（Harnessing the Demographic Dividend Through Investments in Youth），并确立了就业和创业、教育和技能发展、卫生和福利，以及权力、治理和青年赋权四大支柱。[①]职业技术教育对于解决非洲今天严峻的青年失业问题的重要性可见一斑。

第二，中非职业教育合作同时也符合中国自身职业教育国际化和深化国际产能合作的发展议程。国际产能合作是指两个存在意愿和需要的国家或地区之间进行跨国或跨地区产能供求配置的行动。产能合作既可以通过产品输出的方式，也可以通过产业转移的方式。随着 2013 年"一带一路"倡议的提出，国际产能合作成为中国政府工作的重点内容和企业发展的重要选择。[②]产能合作也是中非经贸关系的重要组成部分，以基础设施建设和工业园区合作为重点稳步推进。[③]截至 2021 年，中国已经与 15 个非洲国家建立产能合作机制，合作建设经贸合作区、经济特区、工业园区、科技园区，吸引中国等各国企业赴非投资，建立生产和加工基地并开展本土化经营，涉及资源利用、商贸物流、轻工建材、纺织服装、机械制造、家用电器和农业生产等多个行业。此外，中非产能合作基金围绕非洲"三网一化"（高速铁路网、高速公路网、区域航空网和工业化）建设战略开发业务。截至 2021 年 3 月，该基金累计投资 21 个项目，覆盖能源、资源、制造业等多个领域，有力带动了非洲国家产业发展。[④]但与此同时，非洲本土劳动力的培训不足也制约了产能合作的深入开展。

产能合作的需求之外，中国自身教育发展、特别是职业教育的国际化目标，也在推动中非职业教育合作的发展。当前，中国的职业教育已进入了改革期。对职业教育有了全新的定位，"职业教育与普通教育是两种不同

[①] African Union, *State of African Youth Report*, 2019, p. 1.

[②] 郭朝先、刘芳、皮思明：《"一带一路"倡议与中国国际产能合作》，《国际展望》2016 年第 3 期，第 18 页。

[③] 姚桂梅：《"一带一路"建设下的中非产能合作》，《当代世界》2017 年第 7 期，第 38—41 页。

[④] 国家国际发展合作署：《新时代的中非合作》，2021 年，http://www.cidca.gov.cn/2021-11/26/c_1211463152.htm，查询时间：2021 年 12 月 8 日。

教育类型，具有同等重要的地位和意义"，确立了职业教育在整个教育体系中的独特的重要价值。[①] 现阶段，职业教育在中非人力资源合作中的地位也越来越突出。中国政府将推进中国职业教育国际化视为提升整体教育国际化水平、对接产能合作、促进人文交流的重要举措，具有战略性意义。2020年，教育部等八部门发布《教育部等八部门关于加快和扩大新时代教育对外开放的意见》，指出要"推动职业教育更加开放畅通，加快建设具有国际先进水平的中国特色职业教育体系"。[②] 2021年，中共中央办公厅和国务院办公联合印发《关于推动现代职业教育高质量发展的意见》，要求"提升中外合作办学水平、拓展中外合作交流平台、推动职业教育走出去"。[③] 随着中国国内教育体系的全面改革，职业教育的重要性日益凸显，职业教育国际化也逐渐成为中国实现国际国内双循环中国际循环的重要一环。长期以来，中国的职业教育国际化坚持"引进来"和"走出去"的双向路径，将职业教育输送到传统的第三世界国家。[④] 2019年，《关于实施中国特色高水平高职学校和专业建设计划的意见》（简称"双高计划"）政策出台，进一步明确了对中国高职院校的国际化要求，要求一大批高职院校勇于走出去、进行国际化合作和办学。[⑤] 同年4月，教育部、财政部联合发布《关于实施中国特色高水平高职学校和专业建设计划的意见》，指导相关机构提升国际化水平，积极参与"一带一路"建设和国际产能合作，培养国际化技术技能人才，促进中外人文交流、探索援助发展中国家职业教育的渠道和模式，开展国际职业教育服务，承接"走出去"中资企业海外员工教育培训，建设一

[①] 薛二勇：《职业教育作为类型教育战略定位的新认识》，《人民政协报》2021年12月8日。

[②] 中华人民共和国中央人民政府，《教育部等八部门全面部署加快和扩大新时代教育对外开放》，2020年，http://www.gov.cn/xinwen/2020-06/18/content_5520156.htm，查询时间：2021年12月16日。

[③] 中华人民共和国中央人民政府：《中共中央办公厅国务院办公厅印发〈关于推动现代职业教育高质量发展的意见〉》，2021年，http://www.gov.cn/zhengce/2021-10/12/content_5642120.htm，查询时间：2021年12月16日。

[④] 冯宝晶：《"一带一路"视角下我国职业教育国际化发展的理念与路径》，《中国职业技术教育》2016年第23期，第67—71页。

[⑤] 教育部：《教育部财政部关于实施中国特色高水平高职学校和专业建设计划的意见》，2019年，http://www.moe.gov.cn/srcsite/A07/moe_737/s3876_qt/201904/t20190402_376471.html，查询时间：2021年11月20日。

批鲁班工坊，推动技术技能人才本土化。[1]

　　中非职业教育合作在多个行为体的互动下展现出创新性的合作形式，中方的政府、高职院校、地方企业、孔子学院等都成为参与中非职业教育合作的重要一环。例如以高职院校为主，建立中国高职院校与非洲高等院校之间的合作关系，甚至将企业纳入合作框架，建立职教联盟。此外，企业围绕自身的用工需求，开展针对员工的技能培训，甚至有个别企业由此发展成为专业的技能培训机构。在高职院校的国际化发展中，2015 年启动的"鲁班工坊"成为教育部指导、天津市创建的重要项目。2021 年底，摩洛哥鲁班工坊投入运营，非洲至此已经有 12 个鲁班工坊项目。[2] 此外，高职院校还建立了职教联盟，通过集体协作的方式"走出去"。再如，教育部中外人文交流中心 2018 年与南非高等教育和培训部工业和制造业培训署以及中南两国相关政府、院校、企业等 58 家单位，共同发起成立的"中国－南非职业教育合作联盟"、[3] 湖南外贸职业学院依托长期落户湖南的中国－非洲经贸博览会、牵头成立的"中非经贸合作职业教育产教联盟"、[4] 济南召开的中非职业教育联盟，形成了高职院校、地方企业、地方政府对非合作的"集聚效应"。[5]

　　企业的介入是中非职业技术教育合作的特点，也是将中非合作区别于其他国家的对非合作形式的特殊之处。企业的参与促使中非教育合作既能

---

[1] 中华人民共和国教育部：《教育部财政部关于实施中国特色高水平高职学校和专业建设计划的意见》，2019 年 4 月 1 日，http://www.moe.gov.cn/srcsite/A07/moe_737/s3876_qt/201904/t20190402_376471.html。

[2] 央视新闻客户端：《摩洛哥鲁班工坊在中摩两国同步揭牌启运，专注跨境电子商务人才培育》，2021 年 12 月 3 日，https://content-static.cctvnews.cctv.com/snow-book/index.html?item_id=10703631661268759446&channelId=1119&toc_style_id=feeds_default&module=ccnews%3A%2F%2Fappclient%2Fpage%2Ffeeds%2Fdetail%3Furl%3Dhttps%253A%252F%252Fcontent-static.cctvnews.cctv.com%252Fsnow-book%252Findex.html%253Fitem_id%253D10703631661268759446%2526channelId%253D1119%2526toc_style_id%253Dfeeds_default，2021-12-20。

[3] 中非（南）职业教育合作联盟，http://csatveca.ccit.js.cn/lmgk/lmzc.htm，查询时间：2021 年 5 月 20 日。

[4] 目前拥有国内优质职业院校 49 所、中国路桥集团等对非合作龙头企业 49 家、三甲医院 3 所、非洲湖南商协会等成员单位，参见新华网：《中非经贸合作职业教育产教联盟成立》，http://www.hn.xinhuanet.com/2020-11/22/c_1126770734.htm，查询时间：2021 年 5 月 20 日。

[5] 联盟成员单位包括 70 多家中方高职院校、企业机构以及 20 多家非方高教机构，参见唐金花：《我国高职教育对非洲合作模式研究——以浙江省为例》，《黑龙江高教研究》2016 年第 51 期，第 88—90 页。

契合中国企业对非洲本土劳工的需求，也符合非洲国家现阶段的发展需求。企业的参与形式是多种多样的。在一些中国企业聚集的行业，比如信息和通信技术（Information and Communications Technology，ICT）行业，一些具有行业影响力的中国企业如华为、中兴、传音等提供了培训，为非洲培养了众多的行业人才，并且已经形成一定的品牌影响力。还有一些大型企业基于自己的业务建立培训院校，并努力融入当地职教体系当中。在中国企业较多的安哥拉，企业或商会主导建立的职业院校已经对当地职业教育体系产生了重大影响。最后，甚至还有企业发展成为专业的技能培训机构，专门从事各类在非的技能培训项目。①

2. 中南职业教育合作与南非的可持续发展

中国与南非的双边合作关系对两国、区域乃至全球都具有重要意义。中国与南非在职业技术教育方面的合作不仅符合双方共同的发展议程，同时因为能够与经贸合作联动和相互呼应而使中国在助力南非发展职业技术教育、缓解青年失业困境方面具有独特优势。

中国是南非最大的全球贸易伙伴，南非是中国在非洲最大的贸易伙伴。中国与南非的合作对于中南关系以及中非关系，乃至全球南方的崛起，都具有举足轻重的意义：首先，中南合作是中非合作的重要组成部分，南非是非洲特别是撒哈拉以南非洲经济发展的桥头堡，中南合作对于深化中非整体合作、形成区域辐射效应具有深远的意义；其次，中南合作也是金砖国家组织的重要力量——同为重要的新兴市场国家，中国与南非的合作同样肩负着深化全球南方合作与团结的使命；最后，中国和南非同为全球南方国家，双方互相支持对方在全球事务中的角色和工作，南非支持中国"一带一路"倡议，中国支持南非于 2025 年担任 G20 集团主席国。

发展职业技术教育，实现产业与教育之间的供需匹配，缓解青年失业问题，是南非今天促进发展的重点方向之一，中南合作在帮助南非发展职业技术教育、改善青年失业问题方面具有独特的优势和重大的潜力；同时，由于迅速拓展的中南经贸关系对南非本土产业、特别是纺织业造成了挤压和打击，很多南非人已经表达了对中南合作的质疑甚至抵制的声音，

---

① 邹雨君、王进杰：《中非教育和培训合作：中国企业的供给与需求双向参与》，《中国非洲学刊》2021 年第 4 期，第 99—114、147 页。

包括针对南非就业市场、劳工关系等多个方面。[①] 有鉴于此，中国有必要通过参与南非职业教育这一急迫的领域、助力南非疏解严峻的失业问题，从而长远促进南非自身的可持续发展、也由此改善和提升中南合作的可持续性。

自建交以来，特别是中非合作论坛成立以来，中国与南非之间的经贸合作蓬勃发展，中国投资和大量中资企业进入南非。双边贸易方面，南非与中国的双边贸易呈指数级增长，从不足 10 亿兰特（1998 年）增长到 2022 年底的 6140 兰特、2023 年的 556 亿美元，较建交之初增长了约 35 倍。[②] 如下图 4–22、4–23 所示，根据约翰霍普金斯大学中非研究计划（CARI）搜集整理的中国对南非对外直接投资的数据，2003—2021 年间，中国在南非 FDI 存量从 4477 万美元增长至 52.9 亿美元，FDI 流量于 2008 年达到峰值，近些年保持相对稳定的增长。活跃在中国的多行业的南非公司有 42 家；在中国驻南非大使馆登记备案的中资企业机构超过 200 家（截至 2021 年底），在南非投资主要集中在金融、采矿、能源、通信、制造等领域，能源合作成为近年来中国与南非合作热点，许多中国的能源企业进入南非市场。[③] 波士顿大学全球发展政策中心（GDPC）搜集整理的中国对非贷款数据显示，2000—2022 年，中国对南非贷款额达到 60 亿美元，其中 38 亿美元的贷款发生在能源领域。[④] 此外，中国还与南非签署了货币互换协议，建立了人民币清算机制，南非也将人民币纳入了外汇储备，是中国推进人民币国际化进程的

---

① Arina Muresan and Sanusha Naidu, "Chinese and South African Labour Relations: An Analysis," *South Africa–China Relations: A Partnership of Paradoxes*, 2021, pp. 199–220.

② South African Government, "South Africa ready to work with China towards a shared future," 21 August 2023, https://www.gov.za/blog/south-africa-ready-work-china-towards-shared-future, 2024-02-20；人民日报:《携手打造中南关系"黄金时代"》, http://cn.chinadaily.com.cn/a/202408/28/WS66ce7556a310b35299d38cbc.html, 2024-10-10 访问。

③ South African Government, "Deputy Minister Candith Mashego-Dlamini arrives in China on Official Visit", https://www.gov.za/news/media-statements/deputy-minister-candith-mashego-dlamini-arrives-china-%C2%A0official-visit-20-may, accessed 2024-02-20; South African Government, "South Africa ready to work with China towards a shared future," 21 August 2023, https://www.gov.za/blog/south-africa-ready-work-china-towards-shared-future, accessed 2024-02-20.

④ Global Development Policy Center, "Chinese Loans to Africa Database,"https://www.bu.edu/gdp/chinese-loans-to-africa-database/, 2024-2-20.

重要合作伙伴。[①]

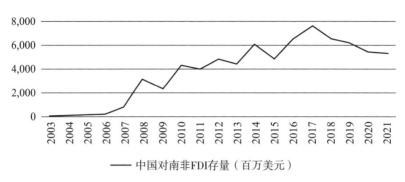

图 4-22　中国对南非 FDI 存量（单位：百万美元）

图 4-23　中国对南非 FDI 流量（单位：百万美元）

资料来源：China Africa Research Initiative, "Chinese Investment in Africa", https://www.sais-cari.org/chinese-investment-in-africa, 2024/2/20

　　大量中国资本和企业的进入为深受失业困扰的南非青年人和女性群体创造了大量就业机会，许多企业也积极参与到技能培训当中去，为南非技

　　① 商务部研究院西亚与非洲研究所课题组、毛小菁：《中非经贸合作高质量发展的难点与突破——基于企业问卷调查的分析》，《西亚非洲》2022 年第 6 期，第 87 页。

能发展贡献了力量。同时，双方政府十分重视教育培训合作，已有多项专门政策和资金支持，中南双方院校积极参与其中，共同助力南非职业教育培训、推动解决青年失业问题。在中非合作论坛和金砖国家多边合作框架下，中国与南非相关合作均取得了机制化的发展。2023 年金砖国家峰会期间，习近平主席对南非进行了国事访问，并达成了一系列成果，其中就包括《中华人民共和国政府与南非共和国政府高等教育和培训领域合作协议》。[①]可以说中南之间的经贸合作和教育培训合作形成了良性循环，经贸合作带动教育培训合作，教育培训合作反哺经贸合作。这些都是相比其他国际合作方中国的巨大优势和特色，体现在助力南非的职业教育发展和缓解青年失业问题的成效上。

根据中国驻南非使馆统计，截至 2021 年底，中国累计在南投资总额超 250 亿美元，约 200 多家在南中资企业为南非当地创造了逾 40 万个就业岗位。[②] 2022 年 4 月 14 日，由南非 - 中国经贸协会在约翰内斯堡举办的中资企业招聘大会，许多南非高校和职业技术院校学生作为当地求职者参与了招聘会。百余家在南中资企业承诺未来 3 年将为南非提供 2 万个直接就业岗位。中国企业在南非投资主要集中在金融、采矿、能源、通信、制造等领域，数字经济、电子商务、绿色能源是正在勃兴的新领域、新增长点，华为、海信等已经成为南非家喻户晓的中国品牌，特别是作为白色家电制造业代表的海信带来的大量就业机会，被南非总统多次讲话表扬。[③]加大就业培训合作是中国与南非合作的一大重点、也是亮点。中国一直积极推进与南非的能力建设合作，如援南职业培训中心项目建设、邀请南非学员参加中国政府举办的多双边培训班和学历学位项目等，为南非政府官员和各类

---

① 新华社:《习近平主席对南非国事访问成果清单》，中华人民共和国中央人民政府，2023 年 8 月 23 日，https://www.gov.cn/govweb/yaowen/liebiao/202308/content_6899643.htm。

② 中华人民共和国驻南非共和国大使馆经济商务处，《招聘大会聚合力　中南携手向未来——陈晓东大使在 2022 年中资企业招聘大会上的致辞》，2022 年，http://za.mofcom.gov.cn/article/ztdy/202204/20220403305406.shtml，查询时间：2023 年 8 月 5 日。

③ 商务部国际贸易经济合作研究院、中国驻南非共和国大使馆经济商务处、商务部对外投资和经济合作司:《对外投资合作国别（地区）指南·南非（2022 年版）》；Cyril Ramaphosa, "Relations between China and South Africa enter a new era of opportunity", https://www.gov.za/blog/relations-between-china-and-south-africa-enter-new-era-opportunity, accessed 2024-09-20.

技术人才提供各类教育培训和学习提升的机会。①

中国与南非之间的职业技术培训合作不仅仅延续和体现着传统上中非之间的平等互利特点，更具有领域上面的鲜明特点，那就是参与方与合作形式的多样化。首先，政府之间的机制化合作为中南之间的教育培训合作乃至更广阔的人文交流铺平了道路——如前文所介绍，中国教育部中外人文交流中心与南非高教部工业和制造业培训署早在 2018 年就发起成立了中南职业教育合作联盟；近年来高校、特别是中国职业技术学校已经成为提供教育培训资源的主力，而且南非学生来华实习实训项目已经成为中南职业教育合作的品牌项目；②同样重要的，企业参与是中南教育培训合作的亮点也是优势。

如前文所示，鲁班工坊就是这样的校企合作的典型案例。2019 年 12 月 16 日，天津职业大学南非鲁班工坊在德班理工大学正式揭牌。该鲁班工坊建有物联网应用技术和增材制造技术两个专业实训室，并与华为技术有限公司共同参与建设。其他一些大型中资企业也积极开展以业务为基础的教育培训，如为了响应南非政府号召、确保所有儿童在三年级结束前能够流利地阅读并理解相关内容，华为与南非运营商 Rain、非营利教育组织点击基金会（Click Foundation）合作开展了数字学校（DigiSchool）项目，计划在未来一年内连接当地 100 所城市和农村地区的小学：华为提供连接设备、资金和高质量学习资源，而 Rain 则提供 4G 和 5G 网络让学校接入互联网。截至 2022 年 9 月 30 日，已经完成 90 所学校的连接任务，超过 5.2 万名学生从中受益。③

与华为一样，多次被南非总统表扬的海信，在南非家喻户晓。1996 年 10 月，海信选择南非作为其出海的第一站。2013 年，海信和中非基金共同

---

① 《对外投资合作国别（地区）指南·南非（2022 年版）》。

② 该项目最早于 2016 年启动，学生由南非高教部工业和制造业培训署与南非中国文化和国际教育交流中心遴选，首批学生 200 名，于 2017 年年初分别进入常州信息职业技术学院和北京联合大学学习。

③ 杨惠、张志伟：《南非职业教育发展新动态与中南职业教育合作前景》，《中国－南非人文交流发展报告 2018—2019》，第 120—122 页；华为公司网页：《南非 5G DigiSchool 为孩子们筑梦未来》，https://www.huawei.com/cn/tech4all/stories/ south-africa-5g-digischool，查询时间：2023 年 8 月 5 日。

投资 3000 万美元在南非亚特兰蒂斯兴建了海信南非工业园。[①] 投资建厂 6 年来，为南非、特别是亚特兰蒂斯地区提供了超 1000 个直接工作岗位，其中 95% 是当地员工。本地岗位不断增加的同时，海信坚持强化技术培训和技能转移机制，并在现有基础上，逐步加强和亚特兰蒂斯工业园区周边的多行业供应商的合作，现已协助安保公司和物流公司从几十人的小公司发展成覆盖南非全国市场的企业，为当地创造了超过 5000 个间接就业岗位。[②]

3. 中南职业技术教育合作的挑战与改进建议

中国与南非在职业技术教育领域的合作不仅展现出可持续性，同时具有良好的发展前景，但需要意识到中南合作依然面临一系列挑战，特别是因为南非近些年的电力危机引发的经济不景气、政治生态变动明显、执政党内部分化和斗争冲突不断，加之世界大变局背景下很多外源性危机冲击带来的经济下行与社会不稳定，极有可能对中南经贸合作乃至教育合作产生溢出影响，给双边合作蒙上了强烈的不确定性的阴影。

因此，为确保中南合作可持续良好发展，需要中国、南非双方加强政治、社会、经济的风险管控，创新、深化合作机制，调动、协调多样化行为体，以及找准重点、优势部门，集中资源突破合作困境。

（1）加强对双边合作中的政治、经济、社会风险的管控

近些年，南非经济社会发展以及政治稳定持续遭遇各种挑战，政治、经济、社会综合风险持续上升。政治方面，虽然举世关注的南非刚刚进行完毕的大选并没有发生大的动荡和冲突，但结果却是更换了政府，新政府为跨党派合作的联合政府，多多少少对中南持续稳定合作带来了新的不确定性，比之前由非国大联合工会和南非共产党的执政时期多出来了一些政治和政策相关风险。经济方面，南非近些年失业率高企、债务压力、汇率压力持续走高，使得一方面南非各界对中南合作可能抱有过高期待，与此同时，如前文所述，

① 新浪财经：《海信的"非洲之道"》，2020 年，https://finance.sina.com.cn/roll/2020-09-11/doc-iivhvpwy6233499.shtml，查询时间：2023 年 8 月 5 日。

② Cyril Ramaphosa, "Relations between China and South Africa enter a new era of opportunity", https://www.gov.za/blog/relations-between-china-and-south-africa-enter-new-era-opportunity, accessed 2024-09-20；人民网：《南非贸工部部长参访海信南非工业园：海信南非增资技改创造可持续就业岗位》，2019 年，http://www.focac.org/zfgx/jmhz/201903/t20190322_7900695.htm，查询时间：2023 年 8 月 5 日。

很多社会压力和民众的不满情绪也会转变为对中南经贸合作的抱怨和指责，这种经济和社会领域的潜在风险并不能小觑，可能成为制约经贸合作以及中南教育领域合作特别是职业技术教育合作的重要因素。另外，南非近些年屡次爆发各种学生运动、排外暴力冲突事件等，这些社会不稳定因素显然也损害着在南非中国企业的各种利益，也因此挫伤了中南经贸合作乃至人文交流的积极性。

因此，这些来自于南非国内的政治、经济、社会发展风险可能都会传导到中南合作中，要求中国方面包括政府、企业在内的各行为体，将这些不确定因素纳入合作计划当中，出台相应的应急预案，切实降低可能造成的财产、人员损失甚至合作的中断带来的不利影响。

（2）创新、深化合作机制

中南职业技术教育合作符合联合国可持续发展议程，同时契合南非与中国两国各自的国际合作重点。进一步建立、深化机制化的合作平台，可以确保合作既具备政策高度的保障，也有机制化运作平台确保可持续性。目前，中国与南非签署了《中华人民共和国政府与南非共和国政府高等教育和培训领域合作协议》，为双边具体合作建立了政策保障，下一步在协议框架下建立定期交流机制，也可以在南非设立中国职业教育合作专员，负责统筹协调有关合作事务等；同时，对合作框架的定期评估、反馈和改进也十分必要，因此需要双方在协议框架下建立针对政策框架的日常磋商机制。

（3）多元合作行为体的动员与协调

中南职业技术教育合作的特点是多行为体的参与，包括政府、院校、企业等，但一方面目前行为体之间还缺乏常态化协调机制，另一方面，多行为体之间本身也面临利益相互冲突的潜在风险。这就需要双边政府都要承担起协调、监管的职责，建立专门的协调机制，派专人负责。例如中方政府可以建立对职教联盟的监管和推动机制，在院校、企业之间建立常态化合作机制，搭建各行为体都可以定期交流、互动的合作平台。南非政府方面也需要积极推动本土的对应机构、人员与中方进行合作对接。同时，政府也需要对院校、企业的参与进行激励。

（4）集中资源，加强重点领域、部门的合作

目前，在南非中资企业遍布金融、采矿、能源、通信、制造等领域。未

来，还可以根据南非的发展需求，特别是重点产业的发展需求，结合中国的优势产业本身国际化需求，进一步集中优势资源，加强重点产业、部门的职业技术教育合作。例如，针对南非目前技术水平低下、劳动力就业困难的现状，可以进一步加强劳动力需求较大的产业、如制造业领域职业技能培训合作，也可以积极探讨南非紧缺专业人才的培养，如数字产业、医疗行业等，长远来讲可以建立起针对这些特定产业、行业的职业技术教育合作机制。

结　语

南非是撒哈拉以南非洲乃至全球青年失业率最高的国家之一，且青年失业现象由来已久，青年失业给南非的经济发展和社会稳定带来了空前的威胁。针对就业市场与教育体系不匹配这一加剧青年失业的重要因素，南非政府一直试图通过发展职业技术教育与培训来促进青年就业。当然，尽管政府财政投入和相关政策改革都在路上了，但南非职业技术教育依然发展缓慢，入学人数低的同时还面临着其他多种挑战。

笔者从南非自身的发展历史出发，从政治经济的视角分析了形成青年失业和职业技术教育发展缓慢现状的原因。笔者认为，南非长期以来的产业发展与教育培训体系的错配是造成今天严峻的青年失业和职业教育发展进展缓慢的重要原因。错配在不同时期有不同的具体形成原因，是嵌入在不同时期的政治经济背景当中的。在被殖民和种族隔离时期，岗位划分以及培训资源的种族化的分配导致南非矿业持续遭遇技能型劳动力短缺，同时政府却不愿意加大对黑人劳工技能培训的投入，而是转向依赖外来移工输入。民主化转型后，旧有劳动密集型产业衰落，而新兴产业却对人力资源技术水平要求较高，造成新的技能型劳动力短缺，也导致了大规模低技能劳工的失业。与此同时，历史上对职业教育的偏见和对学术教育带来更好工作机会的社会认知，也进一步导致了今天职业技术教育不受欢迎的现状。

作为南非重要经贸合作伙伴，大量中资企业为南非创造了许多宝贵的就业机会。随着中南人文交流的深入，中南能力建设、教育培训领域的合作也日益增多，双边的政府、高校、企业等都纷纷参与其中，体现出参与方和合作形式都十分多样的特点。特别是中资企业的参与，使得中南教育培训合作能够直接与企业的用工需求对接，明显具有助益南非走出就业市场与教育培训体系错配的困境、促进青年就业，从而助力其可持续发展，这也使得中南合作朝着更可持续的方向迈进。

第五章

影响中-南合作可持续性的多维视角分析

影响中南合作的因素很多，限于篇幅，本章的研究不拟进行全方位研究论述，而是择取对南非现代国家的塑造力最为显著，且未来一段时间对其经济仍具有举足轻重影响的矿业领域为案例行业进行深入研究；同时，对于在南中国公司普遍最为关切的南非的安全问题进行全面剖析以便为决策者和企业界提供有用的借鉴；这一章最后两篇文章则聚焦另一个目前学界还鲜有相关作品、但却是双边关系走向的重要塑造力量的领域——双边民众对于彼此的认知。

新自由主义影响下的南非矿业政策
——对中南矿业合作的建议

〔南非〕梅特吉·马克戈巴 天佑著 徐伟彦译

南非的商业采矿业已有 180 年的历史，采矿业定义了南非社会的许多要素，并仍然是今日南非经济的基石。然而，在这段历史中，采矿业一直存在种族不平等和剥削，南非本地人长期没有得到探矿权和采矿权法律框架的承认，造成了在采矿业内部种族和性别方面极不平等的就业和财富模式，以及经常受到剥削的工人与国家之间的紧张关系。尽管新南非已颁布一些政策解决上述问题，这种紧张关系至今依然存在。因此，这也是当前和未来中国矿企更多参与南非采矿业发展过程中最需要注意的。

笔者通过深入分析约束矿企的《矿业宪章》（Mining Charters）和《社会劳工计划》（Social Labour Plans，SLP），分析矿区社群和工人的被剥夺和被边缘化特征是如何形成结构惰性的，认为这些不平等以及矿区社群和工人处于结构性劣势地位的现象迄今积重难返，除了种族剥削的历史根源以外，新南非政府采取的新自由主义政策是根本原因，其在本地公司和跨国公司中已根深蒂固。[①] 在这些政策中，企业被塑造成"不仅是自律的道德行为者，还是企业引领型发展的领导者"，这种新正统思想承诺通过市场赋权。[②] 文中使用批判性话语结构分析方法，证明这一新正统观念宣扬了"不公正现象正在得到纠正，或被更大的利益所抵消"的信念，恶化了本地人历史形成的结构性被剥削地位，并使其积重难返。[③] 因此，笔者强调，同样的新自由主义政策将矿业公司塑造成企业引领型发展的领导者，实际上阻碍了赋权采矿工人和社群的可能性。这表明，矿业公司占据支配地位并掌握权力，是南非矿业的深层现实，是阻碍变革的惰性结构；笔者从分析这一结构入手，研究了政府和企业如何构建人力和技能发展的概念，提出了矿区社群、工人、政府和企业可以解决这一积重难返的采矿业结构性僵局的方法。

既有的文献尚且缺乏这种方式对《矿业宪章》进行的分析。相反，既有研究往往基于企业社会责任（CSR）的视角来审视该宪章，而企业的社会责任取决于企业的自发行为。[④] 这些研究的支撑逻辑是，企业发挥社会责任，

[①] Dinah Rajak, "Hope and Betrayal on the Platinum Belt: Responsibility, Violence and Corporate Power in South Africa?" *Journal of Southern African Studies*, Vol. 42, No. 5, 2006, pp. 929–946; Metji Makgoba, "Constructing Black Economic Empowerment as a Neoliberal Project in South African Mining," *Journal of Public Administration*, Vol. 56, No. 3, pp. 410–427.

[②] Dinah Rajak, "Hope and Betrayal on the Platinum Belt: Responsibility, Violence and Corporate Power in South Africa?" *Journal of Southern African Studies*, Vol. 42, No. 5, 2006, pp. 929–946.

[③] Terry Eagleton, *Ideology: An Introduction*, London: Verso, 1991, p. 27.

[④] LP Krüger, "The impact of black economic empowerment (BEE) on South African businesses: Focusing on ten dimensions of business performance," *Southern African Business Review*, Vol. 15, No. 3, 2011, pp. 207–233; Dinah Rajak, "Hope and Betrayal on the Platinum Belt: Responsibility, Violence and Corporate Power in South Africa?" *Journal of Southern African Studies*, Vol. 42, No. 5, 2006, pp. 929–946; Freek Cronjé and Charity S Chenga, "Sustainable social development in the South African mining sector," *Development Southern Africa*, Vol. 26, No. 3, 2009, pp. 413–427.; L. Patel and Henry Mushonga, "Corporate social responsibility and development: a study of stakeholder perspectives of listed South African companies," *Africanus*, Vol. 44, No. 2, 2014, pp. 50–63; Abel J. Diale, "Corporate social responsibility in South African mining industry: Necessity, conformity or convenience?" *International Journal of Business and Economic Development*, Vol. 2, No. 1, 2014, pp. 1–13; Gary Malcolm Mersham and Chris Skinner, "South Africa's bold and unique experiment in CSR practice," *Society and Business Review*, Vol. 11, No. 2, 2016, pp. 110–129; Heyns, Anri and Hanri Mostert, "Three Mining Charters and a Draft: How the Politics and Rhetoric of Development in the South African Mining Sector are Keeping Communities in Poverty," *The Law and Development Review*, Vol. 11, No. 2, 2018, pp. 801–841.

是"赋予企业权力的作用，受益者不是其赋权与发展倡议中假定的对象"[1]。然而，本研究发现，《矿业宪章》规定的企业社会责任并不惠及当地社群与黑人劳工。这并不是说，已有的企业社会责任对黑人劳工和更广泛的社群发展做出贡献的分析不对，然而这种分析失之于简单化：首先，这类研究忽略了谁有权力掌握关于企业社会责任的话语及其怎样运作的问题，[2]因此忽略了《矿业宪章》及其"人力与技能发展"的概念是如何在权力的历史关系中构建、从而对企业、黑人劳工和贫困的矿业社区构成结构性约束的；其次，这种方法忽视了该宪章的新自由主义性质，即把重点放在商品、利益和工作的再分配上，以此保障决策和权力归属保持不变，从而否定种族历史及其伴随的种族主义不平等的历史、社会、经济和文化制度变革的可能性。在社会权力分配不均的情况下，对权力关系和社会结构的理解为研究稀缺资源的分配和控制，以及由此产生的政治后果提供了一个更好的出发点。这也有助于深入理解，南非历史性的权力不平等和过去的社会结构，是如何逐渐转变为基于新自由主义正统观念来分配利益的。要想理解人力和技能发展的结果，关键是分析权力关系以及它们如何被社会结构所调和，还有非国大政府通过《矿业宪章》合理化这些结构的背后深层意图。笔者使用的方法有可能提供有关这些权力动态组合的理解，以及它们如何造成更复杂的分配不平等：即不同于以往通常从企业社会责任视角对《矿业宪章》进行分析的方式，而侧重关注结果和实施过程。文章首先探究了企业社会责任及其与人力、技能发展以及社群发展相关的文献，进而阐释分析框架、进行讨论、给出证据，以及在结尾做出评论。

　　虽然中国矿企在南非采矿业中所占份额仍然相对较小，但在迅速增长中。随着中国企业在南非采矿业中的角色日趋成熟，他们在参与采矿业的过程中必须了解过去和现在支撑这一重要行业的复杂社会和经济动

---

① Dinah Rajak, "The Gift of CSR: Power and the Pursuit of Responsibility in the Mining Industry," in W. Visser, et al., *Corporate Citizenship in Africa: Lessons from the from the Past; Paths to the Future*, 2006, p. 11.

② Michael Blowfield and Jedrzej George Frynas, "Setting New Agendas: Critical Perspectives on Corporate Social Responsibility in the Developing World," *International Affairs (Royal Institute of International Affairs*, Vol. 81, No. 3, 2005, p. 508, Available: http://www.jstor.org/stable/3569630.

力，笔者对此进行了阐述。可以说，采矿业的这些结构性特征是其长期可持续发展所面临的主要挑战，因为它们造成了某些情况下矿业公司、工人、矿业社群以及政府之间的不和谐乃至紧张关系。了解了这些动力，进入南非矿业领域深耕的中国企业不仅可以更负责任地开展在该国的商业活动，而且有可能成为推动该行业可持续发展的变革性力量：探索更有效的利益分享模式、对员工进行适恰的本地培训、对矿业社区的需求进行协商评估，也适时发表有关影响中国深度介入和参与南非矿业发展过程中的担忧，这些都是可以实现帮助推动南非本身向可持续发展变革的方式路径。

（一）南非采矿业简史

南非的采矿业无疑是决定过去 180 年南非社会、政治和经济发展轨迹的核心力量。[1] 今天，许多角度来看，矿业仍然是南非经济的核心，包括创造就业机会、贡献国家财富、增加外汇收入和作为税收来源。[2] 南部非洲最早的采矿活动可以追溯到距今 4 万多年前，石器时代的人类在斯威士兰（Eswatini）的恩圭尼亚（Ngwenya）山脉开采赤铁矿矿床，生产用于仪式和美容目的的红赭石。[3] 从那时起，原住民就开始零星开采铁矿石、铜、锡甚至黄金，用于制造武器和装饰品等。[4] 然而，我们今天所熟知的采矿业起源于殖民时期。1851 年，名为菲利普和金的矿业公司（Phillip & King）成立，开采纳马夸兰（Namaqualand）（南非西南部）丰富的铜矿脉。由于当时开普殖民地几乎没有任何加工能力可言，铜以原材料的形式出口，开启了向欧洲出口原材料和进行选矿的先河。尽管一个多世纪以来南非工业化水平已经相当成熟，但原材料形式出口的做法延续至今。[5] 经历这些早期成功之

---

[1] Jade Davenport, *Digging Deep: A History of Mining in South Africa*, Johannesburg: Jonathan Ball Publishers, 2013, p. 6.

[2] Johannes Fedderke and Farah Pirouz, "The role of mining in the South African economy," *South African Journal of Economic and Management Sciences*, Vol. No. 1, 2002, pp. 1–34.

[3] Jade Davenport, *Digging Deep: A History of Mining in South Africa*, p. 12.

[4] Ibid, p.13.

[5] Ibid, pp. 22–28.

后，英国王室 1853 年颁布了在南非所占土地探矿的第一个法律框架，并没有承认已经居住在相关区域的土著社群的权利，这意味着在接下来的十年中，随着采矿活动的扩张，南非本地人将无法进入这些将进行矿业开发的大片土地。[①] 随着铜成为殖民地的主要出口产品之一，第一条铁路基础设施于 1875 年竣工，连接了矿区和海岸。[②]

1866 年在南非发现的钻石开启了南非采矿业的另一个重要阶段。在"钻石热潮"的推动下，5 万名独立矿工在金伯利（Kimberly）"大坑"（Big Hole）等地进行开采，随后成立了戴比尔斯公司（De Beers），该公司至今仍是该行业的主要参与者，这使得南非在世界上成为头号钻石生产国。[③] 1886 年，含金暗礁被证实存在，南非的移民、城市化、流动劳工和投资应运而加速到来。[④] 到 1899 年，南非的黄金业生产着世界上三分之一的黄金，雇用了超过 10 万名外来移工。[⑤] 第二次布尔战争（1899—1902 年）后，黄金业被视为该地区经济复苏的关键，战争造成了许多土著黑人流离失所，自此也成为非熟练劳动力的来源。[⑥] 此外，因为本土黑人劳工以罢工来抵制矿业公司通过减薪来降低采矿成本，南非政府在 1904—1910 年间招募了 64000 名中国契约劳工，这刺激了黄金的产出水平大大提高。[⑦] 这标志着中国人首次参与南非采矿业，尽管是以被剥削的移工身份参与的。中国劳工对半熟练和熟练工作的竞争，反过来又遭到白人工人的抵制，导致"肤色限制"更为严格，政府此后故意将某些熟练工作只保留给白人，华人和其他种族都排除在外。[⑧] 从此以后，采矿业中存在的种族差异就成为该行业一个最明显的结

---

① Jade Davenport, *Digging Deep: A History of Mining in South Africa*, pp. 32.

② Ibid, pp. 29–35.

③ JP Casey, "History of Mining in South Africa," *Mining Technology*, 2019, Online Available: http://www. mining-technology.com/features/history-of-mining-in-south-africa/?cf-view, 2024-09-10.

④ Jade Davenport, *Digging Deep: A History of Mining in South Africa*, p. 51.

⑤ JP Casey, "History of Mining in South Africa" .

⑥ Britannica, "South Africa—Apartheid, Colonization, Inequality: Reconstruction, Union, and Segregation," 2023, Available: https://www.britannica.com/place/South-Africa/Segregation.

⑦ Karen L. Harris, "The South African Chinese: A Community Record of a Neglected Minority," *South African Historical Journal*, Vol. 36, No. 1, 1997, pp. 316–325.

⑧ Karen L. Harris, "The South African Chinese: A Community Record of a Neglected Minority," *South African Historical Journal*, Vol. 36, No. 1, 1997, pp. 316–325; JP Casey, "History of Mining in South Africa."

构性特征。

1914 年欧洲爆发第一次世界大战，30 年代末又爆发第二次世界大战，用于制造武器和机械的金属需求量激增，推动了南非采矿业的发展。[①] 战后，随着全球工业化的发展，矿物和矿产品有了新的用途，采矿业继续增长。第一批铂金矿藏于 1924 年被发现，沿莱登堡（Mashishing）（南非东北部）矿藏而建的矿山约占世界铂金产量的四分之三。为支持采矿业而建设的发电站，同时又推动煤炭（1864 年首次商业开采）成为主要电力来源，并形成另一个南非采矿业的主要子行业。[②]

然而，随着就业人数的迅速增加，社会紧张局势持续明显困扰采矿业。一百多个工会相继成立并组织罢工和抗议活动，为矿工争取更高的工资和更好的工作条件，这些活动往往导致暴力并造成矿工死亡，例如在 1946 年的非洲矿工工会罢工中，12 名矿工被警察打死。这使得矿业工会与政府之间的紧张关系根深蒂固，在种族隔离时期乃至后种族隔离时期，这种紧张关系一直是该行业的特点之一（比如 2012 年，34 名罢工矿工在马里卡纳 [Marikana] 被警察射杀）。[③] 到 1986 年最高点时期，这些金矿共雇用了 53.4 万名工人。然而，已知矿藏的枯竭、工人对更高工资的要求以及移工的回国，共同导致该行业利润和竞争力下降。20 世纪中叶，南非黄金产量高达全球供应量的 70%，钻石产量占 80%；而到 21 世纪第一个十年间，金矿和钻石两者产量的世界占比已经分别下降到 25% 和 35%。[④]

然而采矿业仍然是南非经济的支柱产业。如今，南非仍然是各种矿产的主要生产国，已知所储矿产总价值约 2.5 万亿美元。南非采矿业生产铂族金属、锰、铬铁矿、黄金、钛矿物、钻石、铀、锆、钒、蛭石、铁矿石、萤石和煤炭等，储量位居世界前列。[⑤]

1994 年种族隔离制度结束后，南非在整个经济领域实施了种族转型政

---

① Jade Davenport, *Digging Deep: A History of Mining in South Africa*, p. 26.

② JP Casey, "History of Mining in South Africa".

③ Ibid.

④ Jade Davenport, *Digging Deep: A History of Mining in South Africa*, p. 98; JP Casey, "History of Mining in South Africa," .

⑤ WITS Mining Institute, *The South African Mining Sector,* 2016, Available: https://www.wits. ac.za/wmi/about-us/the-south-african-mining-sector/#_ftn1; JP Casey, "History of Mining in South Africa" .

策，以消除殖民和种族隔离时期种族隔离和压迫所造成的经济和社会影响。具体到矿业领域，2002 年颁布的有关采矿权的获取方式和采矿权持有者义务的主要大法《矿产和石油资源开发法》（MPRDA），《矿业宪章》是其组成部分；自 2004 年以来，根据《矿业宪章》要求，整个行业所有权结构进行种族转型改革，任何采矿权的分配中，黑人必须持有 26% 的所有权。[1]

（二）《矿业宪章》与新自由主义政策的局限性

《矿业宪章》一直被认为是变革性的工具，有可能结束矿企对工人和矿业社群的边缘化和剥削关系。[2] 然而，该工具没有成功实现预期，因为"矿业社区仍然受制于恶劣的社会经济条件"[3]。失败表现在两个方面：首先，评论家认为，在南非转型和赋权的话语包装下，《矿业宪章》固化了精英的既得利益，[4] 因此尽管"已经采取了立法措施来解决过去的遗留问题，矿区近年来还是发生了暴力冲突"[5]。正因为如此，"为了老牌企业的利益，《黑人经济赋权法案》实际上阻碍了更为根本的社会经济转型"[6]。这表明，这些

---

[1] Parliamentary Monitoring Group (PMG), Mining Charter: Department of Mineral Resources, Business Unity South Africa, Chamber of Mines: public hearings Day 1, 2011, Available: https://pmg.org.za/committee-meeting/13286/#:~:text=The%20Mineral%20and%20Petroleum%20Resources, 2009%2C%20and%20had%20seven%20pillars; WITS Mining Institute, The South African mining sector, Available: https://www.wits.ac.za/wmi/about-us/the-south-african-mining-sector/#_ftn1., 2016.

[2] Abel J. Diale , "Corporate social responsibility in South African mining industry: Necessity, conformity or convenience?" *International Journal of Business and Economic Development*, Vol. 2, No. 1, 2014, pp. 1–13; Heyns, Anri and Hanri Mostert, "Three Mining Charters and a Draft: How the Politics and Rhetoric of Development in the South African Mining Sector are Keeping Communities in Poverty," *The Law and Development Review* Vol. 11, No. 2, 2018, pp. 801–841.

[3] Anri Heyns and Hanri Mostert, "Three Mining Charters and a Draft: How the Politics and Rhetoric of Development in the South African Mining Sector are Keeping Communities in Poverty," *The Law and Development Review* Vol. 11, No. 2, 2018, pp. 801–841.

[4] Metji Makgoba, "Constructing Black Economic Empowerment (BEE) as a radically transformative policy in South Africa: Government v corporate discourse," *Critical African Studies*, Vol. 14, No. 2, 2022, pp. 199–217.

[5] Anri Heyns and Hanri Mostert, "Three Mining Charters and a Draft: How the Politics and Rhetoric of Development in the South African Mining Sector are Keeping Communities in Poverty," *The Law and Development Review* Vol. 11, No. 2, 2018, pp. 801–841.

[6] Ralph Hamann, Sanjeev Khargam and Shannon Rohan, "South Africa's charter approach to postapartheid economic transformation: Collaborative governance or hardball bargaining?" *Journal of South African Studies*, Vol. 34, No. 1, 2008, pp. 21–37.

宪章非但没有成为变革的工具，反而使矿区社群和工人遭受更长期的压迫。其次，分析人士认为，通过"赋予自由市场特权、并将其构建为推进政府赋权和变革议程的手段"，《矿业宪章》使南非种族不平等的社会经济状况重蹈覆辙，[①]因为新自由主义政策是

> 绕开了——而不是（完全）接受——种族历史及其伴随的种族主义不平等和不公正，试图调和这些历史上的种族化的阶级和性别差异，而不提及导致这些差异的种族条款，试图通过否认和忽视的辩证法，将带有种族特征的社会秩序转变为掩盖种族特征的社会秩序。[②]

总之，新自由主义政策的实质，是政府将发展和赋权的政治责任外包给企业和市场，从而实际加剧了矿企对矿区社群和工人的剥削。正如克尔希（Stuart Kirsch）所说，这一过程"导致国家将许多监管责任转移给企业和市场。然而，自由市场基础上的政策和企业未能解决这些问题，或者在很多情况下甚至不承认这些问题的存在，造成弊病积重难返"[③]。

在这种情况下，在南非的矿企得以利用企业社会责任（CSR）和可持续发展这些华丽的噱头来包装和装点门面，实际上往往"逃避（而不是履行）其社会义务，或将其义务外部化（而不是解决）"[④]。除了这些问题之外，这些企业还公然无视"环境法规，有时与东道国政府积极共谋"，从而降低成本以积累资本。[⑤]尽管矿企广泛宣传他们的活动"具有的社会效益"，承诺遵守现有法律法规，愿意与国家合作，以及履行作为企业公民的责任，实

---

① Metji Makgoba, "Constructing Black Economic Empowerment as a Neoliberal Project in South African Mining," *Journal of Public Administration*, Vol. 56, No. 3, 2021, pp. 410–427.

② David Theo Goldberg, *The racial state*, Malden, Mass; Blackwell Publishers, 2002, p. 221.

③ Stuart Kirsch, *Mining Capitalism: The Relationship between Corporations and Their Critics,* Berkeley: University of California Press, 2014, p. 16.

④ Dinah Rajak "Hope and Betrayal on the Platinum Belt: Responsibility, Violence and Corporate Power in South Africa," *Journal of Southern African Studies*, Vol. 42, No. 5, 2016, pp. 929–946.

⑤ Roy Maconachie and Gavin Hilson, "Editorial introduction: the extractive industries, community development, and livelihood change in developing countries," *Community Development Journal*, 2013, Vol. 48, No. 3, pp. 347–359.

际行动还是将生产成本外化到社会和环境中。[1] 这些动态表明，新自由主义政策、如《黑人经济赋权法案》，并没有打破历史积弊，而是象征性地进行所谓"转型"，极其有限地减轻矿区社群和工人被剥夺、被边缘化的程度，实则不痛不痒、并未对此做出重大改变。鉴于该国的殖民主义和种族隔离历史所导致的种族从属关系和社会经济不平等，350 多年的白人殖民统治造成了矿区社群和工人的贫困和被边缘化状况，最终改变有赖于改变以种族为基础的权力、统治和排斥结构。[2] 因此，这种形式主义做法令人困惑之处在于，政府和企业口头上都将矿区工人和社群的匮乏和被边缘化作为切入点并进行干预，却回避任何可能消除这些问题的根本治理措施。此外，新自由主义政策助长了企业的实际权力，而矿区社群和工人对此却无能为力，二者的结合致使种族不平等、黑人处于劣势并被排斥的结构一直延续下去。

这种惰性结构表明，因为只是象征性地做做样子，没有发挥改变结构的作用，即使其企业社会责任和可持续发展的概念得到了实施，目前设计的《矿业宪章》还是无法根本性解决矿业社区和工人被剥夺和被边缘化的问题。

（三）以企业社会责任促进人力和技能发展的局限性

1995 年进行的一项家庭调查发现，技能分布严重偏向于白人男性，劳动力中只有不到 4% 的黑人男性和 2% 的黑人女性担任管理职位，而白人男性占有这一岗位的比例为 66%。[3] 这种形式的不平等与黑人高失业率相伴而生，有人认为这是南非劳动力市场的一个重要特征，也是南非刻意固化的一个特征，因为建立大量"本地劳动力后备军"可以削弱工人运动的谈判能力，并且可以通过压低工资来剥削黑人劳工。[4] 这种

---

[1] Stuart Kirsch, *Mining Capitalism: The Relationship between Corporations and Their Critics*, p. 17.

[2] Metji Makgoba, "Constructing Black Economic Empowerment as a Neoliberal Project in South African Mining"; Metji Makgoba, "Constructing Black Economic Empowerment (BEE) as a radically transformative policy in South Africa: Government v corporate discourse".

[3] Ros Hirschowitz and Mark Orkin, *Living in South Africa: Selected Findings of the 1995 October Household Survey*, Pretoria: Central Statistics Service, 1995, p. 18.

[4] Martin Legassick and Harold Wolpe, "The Bantustans and capital accumulation in South Africa," *Review of African Political Economy*, Vol. 3, No. 7, 1976, pp. 87–107.

技能和就业机会模式也适用于采矿业，该行业被视为这种不平等结构的缩影。[1]

1994 年后，政府发起了技能发展项目，其依据是，较高的技能水平会提高个人就业能力和增加就业机会，尤其是高薪工作机会。[2] 这种想法认为此举将有助于减少种族隔离制度遗留下来的不平等现象。[3] 此外，为采矿业培养更多的熟练劳动力，也被认为是使该产业得以现代化发展并持续增长的关键。从根本上说，南非的技能发展政策是为了提高绩效、纠正种族隔离和殖民时代造成的种族和性别方面的经济不平等。[4]

矿业部门的技能发展受 1998 年《技能发展法》（Skills Development Act）和 1996 年《矿工健康与安全法》（Mine Health and Safety Act）的制约，主要由矿业资质管理局（Mining Qualifications Authority）负责监督，矿业部门教育与培训局（Sector Education and Training Authority）旨在通过对培训提供商进行认证并监督矿业部门培训项目的质量，来促进技能发展。矿企必须向采矿质量管理局提交培训计划和报告，并向其支付一定比例的工资作为技能税。《矿业宪章》要求矿企对技能发展进行额外投资，这被视为是否遵守宪章并继续获得采矿权的标准之一。[5] 如上所述，在国家政策层面，可持续发展和企业社会责任的重担最终通过该领域的主要法律《矿业宪章》和《技能发展法》转移到矿企。[6] 非政府组织也在矿业部门开展技能提升活动，但

① BM Magubane, *The Political Economy of Race and Class in South Africa*, New York: Monthly Review Press, 1979.

② Groener, Zelda, "Skills development and structural change: Possibilities for and limitations of redressing structural racial inequalities in South Africa," *International Review of Education*, Vol. 59, No. 6, 2013, pp. 723–749.

③ Ralph Hamann and Stephanie Bertels, "The institutional work of exploitation: Employers' work to create and perpetuate inequality," *Journal of Management Studies*, Vol. 55, No. 3, 2018, pp. 394–423.

④ Darren Parker, "Skills development integral to sector mandate", *Mining Weekly*, 2021, https://www.miningweekly.com/print-version/skills-development-integral-to-mining-sector-mandate- 2021-05-07; John S. Saul, Stephen Gelb, *The Crisis in South Africa*, New York: Monthly Review Press, 1986, p. 71; Moeketsi Letseka, "Understanding skills development in South Africa," *Development Education Journal*, Vol. 11, No. 1, 2004, pp. 19–20.

⑤ Minerals Council South Africa (MCSA), *Skills Development in the South African Mining Industry*, 2018, https://www.mineralscouncil.org.za, pp. 1–2.

⑥ Freek Cronjé and Charity S. Chenga, "Sustainable social development in the South African mining sector," *Development Southern Africa*, Vol. 26, No. 3, 2009, pp. 413–427, DOI: 10.1080/03768350903086788.

他们主导的项目在任务、覆盖范围、期限和成果方面差异很大，既有独立运作的，也有与政府和矿企合作开展的。[1]虽然非政府组织在矿业领域发挥着重要作用，倡导社会和环境正义，并让各利益相关方承担责任，但非政府组织主导的项目在整个系统内改善种族不平等的成效十分有限。[2]

政府回应矿业部门黑人劳工和更广泛的社群被边缘化问题的方法是，在《矿业宪章》和《矿产和石油资源开发法》（Mineral and Petroleum Resources Development Act）中阐释了人力和技能发展及社区发展概念，目标是"确保采矿业历史中的受害者，如矿业社区民众，能分享采矿业带来的经济利益"。[3]与之相关的，是殖民政权和种族隔离制度通过剥削性法律，将黑人劳工和广大非洲民众边缘化的事实。[4]把《矿业宪章》放到历史中去理解，政府将其工作与补救政治联系起来，并将其作为解决种族化权力关系和消除过去压迫制性制度造成的后果的工具。然而，《矿业宪章》的赋权和转型，仅仅停留在通过企业社会责任来分配利益、工作和物品，以此作为消除黑人被边缘化的事实。[5]这表明"黑人今天仍然生活在殖民主义和种族隔离历史上造成的种族不平等性的经济、制度、社会规范以及社会关系中"[6]。《矿业宪章》降低了"赋权"和"转型"的政治内涵，表明政府恰是当

---

[1] Center for Environmental Rights (CER), Legal NGOs call on Department of Mineral Resources to make copies of licences automatically available to the public, 2016, https://cer.org.za/news/legal-ngos-call-on-department-of-mineral-resources-to-make-copies-of-licences-automatically-available-to-the-public; Business and Human Rights Resource Center (BHRRC), "So. Africa: NGOs take concerns of mining-affected communities to UN Human Rights Council", 2016, Online Available: https://www.business-humanrights.org/en/latest-news/so-africa-ngos-take-concerns-of-mining-affected-communities-to-un-human-rights-council/, accessed 2024-09-30; Chantelle Kotze, "NGO-led initiative to develop critical artisanal skills for eMalahleni mining, engineering sectors", *Mining Weekly*, 2014, https://www.miningweekly.com/print-version/emalahleni-gets-programme-for-scarce- critical-artisanal-skills-2014-03-21.

[2] Chantelle Kotze, "NGO-led initiative to develop critical artisanal skills for eMalahleni mining, engineering sectors".

[3] Anri Heyns and Hanri Mostert, "Three Mining Charters and a Draft: How the Politics and Rhetoric of Development in the South African Mining Sector are Keeping Communities in Poverty," *The Law and Development Review*, Vol.11, No. 2, 2018, pp. 801–841.

[4] Eddy Maloka, *Friends of The Natives: The Inconvenient Past of South African Liberalism*, Durban, South Africa: 3rd Millennium Publishing, 2014.

[5] Metji Makgoba, "Constructing Black Economic Empowerment (BEE) as a radically transformative policy in South Africa: Government v corporate discourse".

[6] Ibid.

下导致黑人劳工和更广大非洲社群仍然被边缘化的文化与政治根源。正如麦克尤恩（McEwan）和贝克（Bek）所言，"将赋权等同于经济赋权可能会固化、而不是改变统治结构，（因为）其基本不触动权力关系。"[①]

一些研究主要从公平分配的逻辑出发，基于政府的政治局限性，调查《矿业宪章》的成果及其企业社会责任的影响。[②]这些研究主要关注外国公司对当地人的剥削，并得出结论说"他们的新采矿项目只惠及少数人（股东、政治领导人和少数工人）"。[③]这些研究调查了企业社会责任活动对矿区社群和黑人劳工的影响，正如《矿业宪章》和《黑人经济赋权法案》立法所规定的那样。这里的主要问题是，矿企用《矿业宪章》来装点门面，正如戴尔乐（Diale）所言，矿企是"为了方便和合规、而不是出于需要"接受《矿业宪章》条款的。[④]正如其他学者所认同的，尽管采取了《矿产和石油资源开发法》和《矿业宪章》等立法措施来"解决过去遗留下来的问题，近年来

---

① Cheryl McEwan and David Bek, "(Re) politicizing empowerment: Lessons from the South African wine industry," *Geoforum*, Volume 37, Issue 6, 2006, pp. 1021–1034, https://doi.org/10.1016/j.geoforum.2006.06.004.

② LP Krüger, "The impact of black economic empowerment (BEE) on South African businesses: Focusing on ten dimensions of business performance," *Southern African Business Review*, Vol. 15, No. 3, 2011, pp. 207–233; Dinah Rajak, "Hope and Betrayal on the Platinum Belt: Responsibility, Violence and Corporate Power in South Africa," *Journal of Southern African Studies*, Vol. 42, No. 5, 2016, pp. 929–946; Freek Cronjé and Charity S Chenga, "Sustainable social development in the South African mining sector," *Development Southern Africa*, Vol. 26, No. 3, 2009, pp. 413–427, DOI: 10.1080/03768350903086788; Keith Slack, "Mission impossible? Adopting a CSR-based business model for extractive industries in developing countries," *Resources Policy*, Vol. 37, Issue 2, 2012, pp. 179–184; L Patel and Henry Mushonga, "Corporate social responsibility and development: a study of stakeholder perspectives of listed South African companies," *Africanus*, Vol. 44, No. 2, 2014, pp. 50–63; Abel J. Diale, "Corporate social responsibility in South African mining industry: Necessity, conformity or convenience?" *International Journal of Business and Economic Development*, Vol. 2, No. 1, 2014, pp. 1–13; Gary Malcolm Mersham and Chris Skinner, "South Africa's bold and unique experiment in CSR practice," *Society and Business Review*, Vol. 11, No. 2, 2016, pp. 110–129 ; Anri Heyns and Hanri Mostert, "Three Mining Charters and a Draft: How the Politics and Rhetoric of Development in the South African Mining Sector are Keeping Communities in Poverty," *The Law and Development Review*, Vol. 11, No. 2, 2018, pp. 801–841.

③ Benjamin Rubbers ed., *Inside Mining Capitalism: The Micropolitics of Work on the Congolese and Zambian Copperbelts*, NY: Boydell & Brewer, 2021, p. 11, https://doi.org/10.2307/j.ctv289dw14.

④ Abel J. Diale, "Corporate social responsibility in South African mining industry: Necessity, conformity or convenience?" *International Journal of Business and Economic Development*, Vol. 2, No. 1, 2014, pp. 1–13.

矿区还是发生了暴力冲突"①。这一论点表明，这种立法的引入并未奏效，因为它并未解决根本问题，即主要政治参与者之间的关系。

虽然通过法律或制定政策可以促进社会变革，但上述研究遵循减少政府和社会再分配的逻辑，忽视了种族化的权力关系和社会结构，而这些关系和结构决定着分配，并支撑着对黑人劳工和更广泛的黑人社群的压迫。局限于资源、利益和商品的再分配讨论赋权和转型，存在一个问题，即在衡量《矿业宪章》所定义的企业社会责任项目成果时掩盖了权力的不平等。衡量企业社会责任的成果包含一些问题：首先，忽略了企业社会责任在南非的产生和分配方式，以及"它与主流社会结构的关系"②；其次，这种方法分散了人们的注意力，使人们无法质疑矿企是如何"陷入各种影响其项目实施的权力组合之中的"③。正如学者乌汀（Utting）所言，发展社区项目"不仅仅是一个技术诀窍、资源可用性、'双赢'局面甚至是主要决策者提高环保意识的技术问题"，而且是"涉及不同参与者和利益相关者之间权力斗争"的政治过程。④ 因此，要分析黑人劳工和更广泛的黑人社群在采矿业中受到的支配和压迫，就需要从权力的概念入手，并了解权力是如何在采矿资本主义和新自由主义的社会结构中运作的。对于世世代代被殖民主义和种族隔离边缘化的南非黑人来说，分析权力斗争具有重要意义，因为他们受到的压迫是在社会历史结构层面上进行的。⑤ 以往对于分配的研究，忽视了"决定分配模式的社会结构和制度背景"⑥。

① Anri Heyns and Hanri Mostert, "Three Mining Charters and a Draft: How the Politics and Rhetoric of Development in the South African Mining Sector are Keeping Communities in Poverty," *The Law and Development Review*, Vol. 11, No. 2, 2018, pp. 801–841.

② Douglas Kellner, Tyson Lewis, Clayton Pierce and K. Daniel Cho, *Marcuse's Challenge to Education*, Lanham, N. J.: Rowman and Littlefield Publishers, 2009, p. 96.

③ Benjamin Rubbers ed., *Inside Mining Capitalism: The Micropolitics of Work on the Congolese and Zambian Copperbelts*, 2021, p. 11, https://doi.org/10.2307/j.ctv289dw14.

④ Peter Utting, ed., *The Greening of Business in Developing Countries: Rhetoric, Reality and Prospects*, London: Zed Books, 2002, p. 277.

⑤ JM Modiri, "Law's poverty," *Potchefstroom Electronic Law Journal*, Vol. 18, No. 2, 2015, pp. 223–273.

⑥ Iris Marion Young, *Justice and the Politics of Difference*, Oxford: Oxford University Press, 1990.

（四）批判性话语分析和结构分析方法的重要性

笔者采用批判性话语分析（CDA）和结构分析的方法，研究政府如何在南非两家中资矿企的《矿业宪章》和《社会劳工计划》中构建人力和技能发展的概念。金山大学应用法律研究中心（Center for Applied Legal Studies，CALS）发现，目前的《社会劳工计划》（SLPs）"没有关注矿区的社会和经济动态，《社会劳工计划》的项目设计也很少考虑到这些现实动态情况。大多数项目在设计之前都没有进行可行性分析"[1]。该研究中心还指出，《社会劳工计划指南》"涉及《社会劳工计划》的大部分内容，但并非硬性法律，因此不能作为规范性框架发挥作用；其次，绝大多数社会劳工计划（SLPs）都没有提供证据表明社区参与过计划的设计、运营、修订和终止"。[2]

这些调查结果抨击了政府和企业，对于支撑矿业社区发展的《社会劳工计划》的实施，连表面装装样子也没做到。随着中国公司继续快速进入矿业领域，了解他们打算如何打造自己的经营风格——这一举措至关重要，主要有两个原因：首先，对中国企业的关注有助于理解通过企业社会责任和《社会劳工计划》来分配利益和资源的权力结构、企业和新自由主义如何对机构发挥着同质化的影响，权力结构是基础；其次，这种方法可以帮助了解外资企业如何将其义务解释为《矿业宪章》强加的。由于《矿业宪章》是为了设计一种回应社会不平等的平台，哪怕是象征性地，因此承担这种性质的项目需要以理解社会结构的运转及其如何被再生产为前提。本文采用批判话语分析（CDA）方法，就是研究"话语在统治的（再）生产中的作用，统治的定义就是精英、机构或团体运用社会权力制造社会不平等，包括政治、文化、阶级、民族、种族和性别的不平等"；[3] 再生产过程可能涉及"话语权力关系的不同模式，如或多或少直接或公开地支持、展示、再现、合法

---

[1] Centre for Applied Legal Studies (CALS), "The Social and Labour Plan Series: Phase 1: System design," *Centre for Applied Legal Studies,* Johannesburg: University of Witwatersrand, 2017, p. 66.

[2] 同上。

[3] Teun A. van Dijk, "Principles of critical discourse analysis," *Discourse & Society*, Vol. 4, No. 2, 1993, p. 250.

化、否认、缓和或掩盖统治本身"。① 笔者使用批判话语分析并采用结构分析法，希望"了解文本、谈话、言语互动或交际事件的哪些结构、策略或其他特性在这些再生产模式中发挥作用"②。据费尔克劳（Fairclough）所说，批判话语分析

　　　旨在系统地探讨（a）话语实践、事件和文本与（b）更广泛的社会和文化结构、关系和进程；研究这些实践、事件和文本如何产生于权力关系和权力斗争，又如何在意识形态上被权力关系和权力斗争所塑造；探讨话语与社会之间的关系的不透明性本身如何成为确保权力和霸权的一个因素。③

　　探索话语实践、事件与更广泛的社会关系和结构之间的关系需要运用结构分析。结构分析"提供了一种理解机会不平等、压迫和统治的方法，这种方法并不在个人层面寻求作恶者，而是认为大多数行为者或多或少地参与了导致不平等的过程"④。杨（Young）将"客观制约因素""行动者的立场"和"在行动中产生的结构"作为进行结构分析的三个主要概念。杨将结构定义为：

　　　制度规则、互动常规、资源调动和物质结构的汇合；这些构成了个人据以行动的历史给定，而且随着时间的推移相对稳定。⑤

　　杨使用客观制约因素的概念来解释社会行动者是如何被动地经历制度规则的，这涉及人们的社会历史性的集体决策和行动如何最终成为了制度，

---

①　Teun A. van Dijk, "Principles of critical discourse analysis," *Discourse & Society*, Vol. 4, No. 2, 1993, p. 250.

②　同上。

③　Norman Fairclough, *Critical Discourse Analysis*. London: Longman, 1995, p.135.

④　Iris Marion Young, *On Female Body Experience: "Throwing Like a Girl" and Other Essays,* New York: Oxford University Press, 2005.

⑤　Iris Marion Young, *Political Responsibility and Structural Injustice*, The Lindley Lecture the University of Kansas, 2003, p. 3.

"为现在和未来的行动开启了某些可能性，同时也使其他可能性被排除在外，或至少是变得困难"①。正如杨所说：

> 此外，观察结构的部分困难在于，我们不会把特定的机构、特定的物质事实或特定的规则视为客观约束本身；制约是通过制度内个人的联合行动和特定的物质条件产生的，因为它们影响着我们的可能性。②

位置概念强调"结构连接的不是有名有姓的个人，而是占据相关关系所规定位置的任何人。结构是……空位的集合，有助于解释社会为什么会长期存在"③。这与将结构理解为"权力授予关系"是一致的。④ 我们关注的是对更大的宏观结构的分析，这些结构代表了制度规则和实践的组合，以确定社会中的主要位置，以及它们如何系统地塑造人们在不同领域的关系和地位，从而确定其局限和机会，⑤ 这就意味着支配结构形成，因为"其他权力是由结构决定的：也就是说，它们取决于有关行动者在主流社会结构中所处的地位……那么，社会结构所做的就是赋予行动者某种权力"。⑥

结构在行动中产生这一观点源自吉登斯的著作，他将结构或社会结构过程定义为"社会再生产中规则和资源的循环；社会系统的制度化特征具有结构属性，即各种关系在不同的时间和空间都是稳定的"⑦，他的结构概念"将人类视为有知识的行动者，他们既受到社会结构的支持，也受到社会结

---

① Iris Marion Young, *Responsibility for Justice,* Oxford: *Oxford University Press*, 2011, p. 54.

② Ibid, p. 55.

③ Alex Callinicos, *Making History: Agency, Structure, and Change in Social Theory,* Second edition, Ithaca, NY: Cornell University Press, 2004, p. xxi.

④ Ibid.

⑤ Pierre Bourdieu, *On Television*, New York: New Press, 1998; David L. Swartz, *Bourdieu's Concept ofField*, Oxford Bibliographies, 2016, online available: http:// ww.oxfordbibliographies.com/view/document/obo-9780199756384/obo9780199756384-0164.xml, accessed 27 March 2019.

⑥ Alex Callinicos, *Making History: Agency, Structure, and Change in Social Theory*, Second edition, Cornell University Press; Ithaca, NY, 2004.

⑦ Anthony Giddens, *The Constitution of Society*, Cambridge: Polity Press, 1984.

构的制约，而社会结构既是他们行动的结果，也是他们行动的条件"①。因此，个人要在社会结构中行动就必须了解现有的规则，并能够调动资源来发挥自己的能力。在这种情况下，"规则和资源在互动过程中被行动者所利用，也通过这种互动而被重构"②。

（五）发展责任推给市场："转型"话语与精英集团的利益

《矿业宪章》是国家与矿企之间讨价还价和意识形态争论的结果，其中有一系列妥协、以保证不威胁现有社会结构。精英利用《矿业宪章》将其资本的利益与矿区社群和工人的利益联系起来，同时通过维护新自由主义和矿业资本主义的核心内容来确保和维持霸权。为了实现这一目标，政府和企业都使用了反种族隔离和反殖民主义话语类来合法化其新自由主义，都是为了因应全球资本主义的要求来改善和重组社会关系。③例如，《矿业宪章》规定：

> 南非的历史导致黑人、矿业社区和妇女在很大程度上被排除在主流经济之外，而正规采矿业则表示有意采取积极的变革战略，在所有权、管理、技能发展、就业公平、采购和农村发展等各个层面促进和鼓励《黑人经济赋权法案》以实现转型。④

由于殖民统治和种族隔离政府的排斥政策，大多数南非人被系统边缘化，无法拥有生产资料，也无法有意义地参与主流经济。从一开始，采矿和矿产部门一直在南非政治和社会经济秩序的主要特征，其

---

① Alex Callinicos, *Making History: Agency, Structure, and Change in Social Theory*, Second edition, Cornell University Press; Ithaca, NY, 2004.

② Anthony Giddens, *Central Problems in Social Theory: Action, Structure and Contradiction in Social Analysis*, London, Macmillan, 1979.

③ Martin Rushwaya, *Indigenisation/Black Economic Empowerment and the Appropriation of the Spirit of Capitalism in Post-Colonial Africa: A Critical Study on the Emergence of African Business Ethics*, PhD diss., University of KwaZulu-Natal, Pietermaritzburg, 2018; Metji Makgoba, "Constructing Black Economic Empowerment (BEE) as a radically transformative policy in South Africa: Government v corporate discourse," *Critical African Studies*, Vol. 14, No. 2, 2022, pp. 199–217.

④ RSA, *The Charter for the South African Mining Sector*, Pretoria: Government Printer, 2010.

持续支持歧视性政策的实施，造成了整个社会、特别是采矿行业的不平等。为了纠正这些历史性的不平等并落实 1996 年《南非共和国宪法》第 9 条（平等条款），民主政府颁布了《矿产和石油资源开发法》等法律。[1]

借由反种族隔离和反殖民主义话语，削弱了矿业国有化的政治呼吁，对现有结构不构成威胁的妥协得以合法化。这种挪用的方式让人觉得似乎改变矿业社区和工人被边缘化地位的过程正在进行，而实际上则是其边缘化地位被进一步固化。因此，《矿业宪章》利用这些话语来合理化其象征性的转型，但实际上是限制了所有权、管理、技能发展、就业公平、采购和农村发展等方面可以转型的程度。这还没有结束，《矿业宪章》的话语框架接受了新自由主义作为构建和控制采矿业社会和经济关系的背景：

> 政府的既定政策是在促进采矿业所有权转型的同时，让市场在实现这一目标的过程中发挥关键作用，政府无意使采矿业国有化。祖马在开普敦对商界和外交界说："国有化不是非国大或政府的政策……我们的政策是混合经济。我们没有发出含混不清的信号。国有化不是我们的政策。这一点非常清楚。"[2] 当南非采矿业在国际市场上取得成功、大部分投资在国际市场上获得，其产品也在国际市场上以压倒性优势销售，而且非采矿业面临的社会经济挑战得到重大而有意义的解决时，(《矿产和石油资源开发法》)和《矿业宪章》的主要目标才能实现。[3]

《矿业宪章》采用了反殖民主义和反种族隔离话语来谈论的促进实质性平等，只是象征和点缀而已，然后就转向新自由主义，通过关注公共物品、福利和工作的再分配来一笔抹杀了种族压迫的历史及其长期遗留的种族不平等。这些论述及其相关话语在政治上反驳了在南非给企业造成了焦虑的

[1] RSA, *The Charter for the South African Mining Sector*, Pretoria: Government Printer, 2018.
[2] Marianne Merten, "Mine nationalisation not ANC policy," Februrary11, 2012, https://www.iol.co.za/news/politics/mine-nationalisation-not-anc-policy-1232105, 2024-07.
[3] RSA, *The Charter for the South African Mining Sector*, Pretoria: Government Printer, 2020.

国有化论述，同时要求政府和企业利用种族历史话语来把经济从政治中拆分出来，以此改造矿业资本主义。例如，矿业国有化意味着执政党得重组矿业资本主义的基本政治经济结构、推翻促进市场原教旨主义的新自由主义。由于种族隔离被认为是南非种族资本主义的最后阶段，种族资本主义发展的关键是对黑人劳动力和土地的征用和剥削，因此对经济进行彻底重组被认为是反种族隔离斗争的重要组成部分。然而，非国大与金融和矿业资本以及英美政治和经济利益集团的妥协改变了这一切。[①]新自由主义的妥协继续巩固了企业的统治地位，而矿业社区和工人则需被置于无权无势的地位。因此，执政党和矿业公司通过其精英主义式的妥协，支持新自由主义取向的矿业宪章、而不是国有化，因为国有化有可能结束矿业工人和社群在文化和经济方面被边缘化的状态。考虑到 ANC 上台以来对于国有企业普遍治理不佳，国有化当然也有更大的风险。非国大政府对全球市场的信任受到了矿企的欢迎，也被视为讨好市场的一种尝试：

> 非国大认为矿业全盘国有化不是合理的或可持续性的选择，这一决议在南非受到欢迎。现在，（非国大）已坚决排除采矿业国有化这一选项。国有化无法解决南非面临的经济或转型挑战，反而会对国家经济和创造就业机会的能力产生负面影响。非国大的决定将为投资者带来更大的确定性，并将再次鼓励对采矿业的投资。[②]

> ……为了加大参与并扩大受益，国家对矿业部门的干预不仅仅限于征税，还包括了强制选矿、全部或部分资源国有化或出口征税，这可能会影响该行业的财政表现，并可能阻碍投资者或利益相关者对该行业的投资。[③]

这种反国有化的话语高唱市场原教旨主义的论调，促进了基于新自由主义的《矿业宪章》，同时使要求矿业国有化的政治呼声失去了合法性。新

---

① Nigel C. Gibson, *Fanonian Practices in South Africa: From Steve Biko to Abahlali Basemjondolo*. Basingstoke: Palgrave Macmillan, 2011.

② Anglo American, *Annual Report. South Africa,* Anglo American Platinum, 2012.

③ Exxaro Resources, *Integrated Annual Report. Exxaro Resources*, South Africa, 2012.

自由主义的结构性局限就是延续不平等，以及矿区社群和工人的被边缘化劣势地位，这种情况表明政府是如何"简单屈服于'市场规律'，从而对'再分配的重要性'来对变革大打折扣"①。由于新自由主义在全球布下天罗地网，新政府的选择是有限的。这就是客观制约，"通过个人在机制内的共同行动和特定的物质条件产生，这些都影响着我们的可能性"②。这是因为，矿区社群和工人的被边缘化，是由成千上万或数以百万计的人制造和再生产出来的，这些人通常在制度性和新自由主义规则内行事，并按照大多数人认为在道义上可以接受的种族化社会习俗行事。《矿业宪章》非但没有应对这些规则，反而复刻并强化了自由主义的意识形态，这种意识形态倡导在制度内行动的理念。这里的制度就是新自由主义，它试图"绕开——而不是（完全）接受——种族历史及其伴随的种族主义不平等和不公正"。

因此，在这样的新自由主义状况下，《矿业宪章》将注意力从限制采矿工人和社区的压迫性结构上转移开来，而将重点放在通过象征性的转型来重新分配财富、福利和物品上。韦尔热（Vergès）将这种倾向称为"固执地不认为这是结构问题"③。在这种情况下，通过推行自由主义的《矿业宪章》确保企业霸权并构建了对工人和社群的支配机制，这是不平等的根源。这种象征性的转型，抹杀了在政策制定中想象激进方案的可能性，如国家干预和国有化。维持这种霸权的方式是要让人们相信"不公正正在被修正，或者它们正在被更大的利益所抵消"④。

该宪章包含不同的关键要素，如所有权、管理、技能发展、就业公平、采购和农村发展以支持其象征性的转型改革概念，这是新自由主义式妥协的结果。在这里，新自由主义"指的是一系列国家和国际政策，这些政策要求企业以最小的反制力量主导所有社会事务"⑤。本分析侧重技能发展，这属于企业社会责任范畴。政府利用《矿业宪章》指导矿业公司通过人力和技

---

① Okechukwu Iheduru, "Why 'Anglo Licks the ANC's Boots': Globalization and State-Capital Relations in South Africa," *African Affairs* Vol. 107, No. 428, 2008, pp. 333–360.

② Iris Marion Young, *Responsibility for Justice. Oxford University Press*, Oxford New York, 2011, p. 55.

③ Françoise Vergès, *A Decolonial Feminism*, London: Pluto Press, 2021, p. 58.

④ Terry Eagleton, *Ideology: An Introduction*, London: Verso, 1991.

⑤ Robert W. McChesney, "Global media, neoliberalism and imperialism," *Monthly Review,* Vol. 52, No. 10, 2001.

能发展促进矿业社区的发展。这种方法依赖于新自由主义的正统观念，即向资本寻求解决方案，而理想情况下，这些解决方案应由政府来推行：

> 矿业公司必须与矿区民众合作进行评估，确定发展需求，并在需求范围内确定项目，为社区发展做出贡献。[①]
>
> 人力资源开发是竞争力、转型和可持续增长的组成部分。由于采矿业以知识为基础，2018 年《矿业宪章》的目标是：培养一支技术熟练、训练有素和多元化的劳动力队伍，以满足现代工业的需求；开发劳动者技能，提高劳动力的生产率，改善历史性弱势南非人（Historically Disadvantaged South Africans，HDSA）的就业前景；开发创业技能，改善人民的生活，创造以采矿业为主的多元化地方和区域经济。在这方面，采矿权持有人必须将可征收税金（不包括法定技能发展税）的至少 5% 投资于基本技能发展。[②]

鉴于采矿业在南非"为（种族和资本主义）剥削非洲劳工和社群做了不良示范"[③]，发展人力资源被认为是必要步骤，用来解决殖民主义和种族隔离时期矿企长期以来伤害和压迫黑人劳工的做法。在这一时期，采矿业"在整个地区建立了以种族为基础的工业结构的先例"[④]，发展人力资源的概念也被定义为确保"采矿业带来的经济利益与矿区社群等受采矿业历史和活动影响的群体共享"的战略。[⑤]

在社会层面上，这表明国家需要有技能的人才来促进工业和经济的发展。这种增长在一定程度上有利于为历史性弱势南非人（Historically Disadvantaged South Africans）培养技能。历史上采矿业"置黑人于半技术职

[①] RSA, *The Charter for the South African Mining Sector*, Pretoria: Government Printer, 2010.

[②] RSA, *The Charter for the South African Mining Sector*, Pretoria: Government Printer, 2018.

[③] BM Magubane, *The Political Economy of Race and Class in South Africa*, New York: Monthly Review Press, 1979.

[④] Leonard Thompson, *A History of South Africa*, New Haven: Yale University Press, 2000.

[⑤] Anri Heyns and Hanri Mostert, "Three Mining Charters and a Draft: How the Politics and Rhetoric of Development in the South African Mining Sector are Keeping Communities in Poverty," *The Law and Development Review* Vol. 11, No. 2, 2018, pp. 801–841.

位，而其他岗位则引入移工、设置单性别宿舍、以种族为基础进行劳动分工并歧视性地发放工资、进行工作场所隔离，以及种族隔离时期的政府用来直接进行压迫的技术和武器"①。这一历史背景表明，技能短缺问题是种族资本主义的直接后果，它以有利于少数白人和资本的方式构建了社会和经济关系。

因此，由于矿业部门是围绕种族资本主义结构组织起来的，而种族资本主义结构的支撑就是黑人劳工和社群几个世纪以来处于种族从属地位和受白人种族统治的真实状况，权利、资源和利益的不平等分配，以牺牲黑人的方式保障白人的利益。要消除这种白人支配、黑人种族从属的状况，需要国家进行干预，运用国家权力重新构建采矿业的政治经济结构。应优先考虑加强国家和社区以提升国家能力，而不是主要关注利润和资本积累。然而，《矿业宪章》选择了企业引领发展的新自由主义政策，这种政策依赖于政治责任的外部转移——通过这种话术，国家把为公民提供发展机会的政治责任转嫁给了企业和市场：

> 税金 5% 投资于基本技能开发，包含了方方面面，如科学、技术、工程、数学技能，以及技工、实习、培训、学徒、助学金、员工和非员工（社区成员）的识字和算术技能、毕业生培训计划、勘探、采矿、加工、技术效率（采矿中能源和水的使用）、选矿、研究与环境保护和恢复等。2.3.2 第 2.3.1 段所述雇员不包括董事和行政人员。2.3.3 第 2.3.1 提及的技能培训和研究投资必须根据国家或省的人口统计情况进行分配。②

这里出现的话语依赖于分配补救措施，通过最低限度的福利和物品分配，可能在最低程度上缓解矿业工人和社区被剥夺和被边缘化的状况。聚

---

① O. Babarinde, "The business of bridging the economic divide: corporate social responsibility in South Africa," *Thunderbird International Business Review*, Vol. 51, No. 4, 2009, pp. 355–368. 转引自 S. Ramlall, "Corporate social responsibility in post-apartheid South Africa," *Social Responsibility Journal*, Vol. 8, No. 2, pp. 270–288.

② RSA, *The Charter for the South African Mining Sector*, Pretoria: Government Printer, 2018.

焦于分配，意味着汇聚种族主义和矿业资本主义而形成的压迫矿业社区和工人的制度保持不动，通过无视种族统治的历史，新自由主义强化了企业的主导地位。由于分配遵循的是象征性转型的规则，资源动员和物质结构使不利于矿区社群和工人的现状得以延续。由于种族资本主义造成的种族不平等和黑人处于劣势的结构已积重难返，《矿业宪章》及其关于社区发展的论调"使矿区社区对矿企产生了其无法满足的期望，给矿企和矿区群众之间本已不稳定的关系带来了巨大压力"[①]。克尔希（Kirsch）也认为，"生活在农村地区的人们往往期望矿企为他们提供更高的生活水平、更好的教育、更多的医疗保健以及新的经济机会。然而，矿企很少能实现这些期望，而且往往无法兑现承诺"[②]。这是因为，对支撑矿业资本主义和新自由主义结构进行调整的愿望，已经被对物品和福利分配的关注所取代——将其作为对不公正的补救和政治斗争的目标，而这正是挪用反殖民主义和反种族隔离话语造成的。这种愿望和目标的转变，意味着通过象征性转型进行分配的关注延续了新自由主义，市场被广泛宣传为"解决这些问题的最有效手段，并断言公司对这些问题的有效管理可以替代政府监督"[③]。

《矿业宪章》中的这一论述，实际成为新自由主义运动的一部分，企业被塑造成"不仅是自律的道德行动者，还是发展模式的领导者，这已成为新的正统，承诺通过'市场'赋权[④]。然而，除了通过企业社会责任进行最低限度的福利分配外，新自由主义未能解决矿工和社区群众被剥夺和被边缘化的问题，而是再造着种族隔离现状。在社会的宏观层面上，通过企业社会责任和企业主导发展的逻辑来关注福利和物品的分配，表明种族资本主义和新自由主义的结构继续控制着人力和技能发展计划的实施环境。然而，这套分配主义话语，被组织成似乎是在满足黑人劳工和群众的利益、向世

---

① Anri Heyns and Hanri Mostert, "Three Mining Charters and a Draft: How the Politics and Rhetoric of Development in the South African Mining Sector are Keeping Communities in Poverty," *The Law and Development Review*, Vol. 11, No. 2, 2018, pp. 801–841.

② Stuart Kirsch, *Mining Capitalism: The Relationship between Corporations and Their Critics*. Berkeley: University of California Press, 2014, p. 22.

③ 同上注，第 16 页。

④ Dinah Rajak, "Hope and Betrayal on the Platinum Belt: Responsibility, Violence and Corporate Power in South Africa," *Journal of Southern African Studies*, Vol. 42, No. 5, 2016, pp. 929–946.

界证明他们的"不公正正在被修正"。

这种分配性话语的结构和《矿业宪章》的总体功能并没有修正这些不公正现象，而是制造共识、接受新自由主义的支配地位并使其合法化，从而将公司置于支配地位。于是，新自由主义就成了赋予企业权力的统治结构。正如卡利尼科斯（Callinicos）所说，"然而，其他权力是由结构决定的：也就是说，相关行动者在现行社会结构中所处的地位决定了权力，因此，社会结构的作用就是赋予行动者某种权力"。[①] 这些权力包括："在话语上将矿企塑造成没有政治背景的中立方，超越国家政府的狭隘政治"[②]。政治和话语行动的后果也改变了企业社会责任的概念，"实现了从呼吁'不造成伤害'到表达企业是全球进步的积极推动者的无缝转变，随之带来了非政府组织与大企业之间的和睦甚至全心全意的联姻"[③]。

因此，通过最低限度的资源和利益分配，这种主导地位使企业延续旧式的家长作风和仁慈逻辑，巩固其作为企业主导型发展的代理人的社会地位。诺瑟姆白金公司（Northam Platinum）就宣称：

> 我们的社区计划旨在通过改善校舍和设施、捐赠物资、为高中生提供额外支持和课程，以及为更广泛的社群提供实用的职业技能培训，来加强当地教育。我们的正规学习和发展计划还通过培训机会、实习机会、助学金和士官生计划来培养社区成员的技能。2023 财年，诺瑟姆有 205 名当地学员接受了电气、锅炉制造、装修和车工等行业的培训。我们的项目计划旨在通过为期 4 个月的培训为学员增加社区就业机会，包括采矿和矿物加工的基本入门技能。2023 财年，298 名社区成员接受了干部培训，我们为 138 名毕业生提供了实习机会，其中 30% 的人获得了诺瑟姆的长期职位。[④]

① Alex Callinicos, *Making History: Agency, Structure, and Change in Social Theory*, Second edition, Cornell University Press; Ithaca, NY, 2004, p. xxi.

② Dinah Rajak, "Hope and Betrayal on the Platinum Belt: Responsibility, Violence and Corporate Power in South Africa," *Journal of Southern African Studies*, Vol. 42, No. 5, 2016, pp. 929–946.

③ Ibid.

④ Northam Holdings, *Sustainability Report*, 2023, p. 50, Online available: www.northam.co.za, 2024-09-10.

我们对矿业社区的承诺超出了社会劳工计划规定的范围。我们的目标是确保我们的运营对所在社区产生积极影响，并支持和维护与所有社区利益相关者的良好关系。通过广泛的参与，我们可以确定社区的需求、并实施项目，为整个社区提供救济。2023财年，诺瑟姆在企业社会投资项目上的支出为1280万兰特（2022财年为970万兰特）。约70%的企业社会投资支出来自Zondereinde这一个矿山，其中包括水泵捐赠和对特殊需求学校的财政援助。[①]

笔者概述的补救措施侧重于微观问题，如赞助、助学金、徒工培训、实习和领导力计划，以鼓励同化、参与而不是赋权。这些补救措施承诺的是针对个人的小额度救济，而不是根除导致矿区社群与矿工被边缘化的社会制度、并构建新的社会关系。统治和压迫的概念、而不是分配的概念，"应成为社会正义概念的出发点"[②]，尤其是对南非黑人而言，他们世世代代被殖民主义和种族隔离结构系统性地剥夺了权利。

因此，在南非这样的新自由主义社会中，企业并不是为了建设社区。当法律和政策赋予它们义务时，它们通常会找到漏洞，通过管理主义破坏政府的努力。这种管理主义助长了一种以制度为基础的审计文化，鼓励"业绩的仪式化和象征性的问责姿态……损害了真正的有效性"[③]，"在'合规心理'的支配下，把这些组织引向与政府确定的目标渐行渐远的方向"[④]。

（六）南非－中国在采矿业的合作

中国在南非采矿业中的角色始于其经济快速扩张的需求，这导致其对

---

① Northam Holdings, *Sustainability Report*, 2023, p. 50, Online available: www.northam.co.za, 2024-09-10.

② Iris Marion Young, *Justice and the Politics of Difference*, Oxford University Press, Oxford New York, 1990, p. 16.

③ Shore, Cris, and Susan Wright, "Coercive Accountability," in Marilyn Srathern et al., *Audit Cultures: Anthropological Studies in Accountability, Ethics and the Academy*, New York: *Routledge*, 2000, pp. 59–89.

④ Michael Power, *The Audit Explosion*, London: Demos, 1994, p. 19.

原材料的需求大幅增加。从 1999 年到 2022 年，中国的原材料进口额从约 25 亿美元增加到 2820 亿美元以上，成为全球最大的矿产品进口国。[1] 南非是金属和矿产的主要生产国与出口国，自 1998 年中南两国外交关系正常化以来，中国与南非的贸易关系一直以矿产品为主。[2] 从那时起，各种事件标志着双边政治关系的升温，包括 2010 年两国关系提升到"全面战略伙伴关系"的水平、南非加入金砖国家新兴国家集团，以及两国共同主办三年一度的中非合作论坛峰会（FOCAC）。[3] 尽管这些官方关系得到了加强，但南非政府在经营与中国关系方面显然缺乏长期战略规划，这是长期制约两国关系取得更大进展的挑战所在。[4] 除了蓬勃发展的贸易关系外，稳固的双边政治关系也使中国对南非的外国直接投资显著增加，在 2000 年代初，作为"走出去"政策的一部分，中国国有企业率先对南非进行了投资。这包括 1997 年中钢公司对于铬矿（Dilokong chromite mine）矿山的收购，以此作为降低中国受全球商品市场波动影响的战略。[5] 因为南非拥有丰富的铁矿石等金属资源，过去 30 年中对满足中国的工业扩张需求起到了关键作用，南非一直是中国主要的矿业投资目的地和贸易伙伴之一。在 2013 年之前的超级周期中，中国对外国采矿业的直接投资增长尤为迅猛。随着中国公司开始学习如何在南非的采矿业中确定自己的方向，也出现了一些失败的案例，例如，坛金矿业有限公司投资了一个微利金矿，但没有取得成功。[6]

目前，中国企业参与南非矿业领域的方式已从出口扩展到贷款、投资、并购活动，并在广泛的金属和矿产品领域提供技术专长。到 2021 年，中国在南非的对外直接投资存量约为 53 亿美元。[7] 虽然这些投资主要是在

---

[1] UN Comtrade, "Trade Data," https://comtradeplus.un.org/TradeFlow, 2023-3-12.

[2] Chris Alden and Yu-Shan Wu, "South Africa and China: The making of a partnership," 2014.

[3] Haifang Liu, "Africa and China: Winding into a Community of Common Destiny," in Dawn Nagar and Charles Mutasa et al., *Africa and the World: Bilateral and Multilateral International Diplomacy*, 2018, pp. 71–93.

[4] Ibid.

[5] Magnus Ericsson, Olof Löf and Anton Löf , "Chinese control over African and global mining—past, present and future," *Mineral Economics*, Vol. 33, 2020, pp. 153–181.

[6] Ibid.

[7] UNCTAD, "Foreign Direct Investment," Available: https://unctadstat.unctad.org/wds/TableViewer/tableView.aspx?ReportId=96740. 2023-3-12.

金融服务业，但采矿业也吸引了越来越多的中国资本。目前，中国在南非采矿业的足迹遍布南非的每一个主要矿区。在南非足迹最广的中国矿企包括金川集团、宝钢集团、坛金矿业有限公司、五矿集团、中钢集团和紫金矿业，其持有的矿山主要分布在西北省、豪滕省、林波波省和北开普省。[①] 采矿业是南非经济的支柱产业，而中国在这一领域显然发展迅速且作用日益重要。

中国参与南非采矿业促进了两国经济关系的发展，但双方因为以上种种现实而面临着深度合作的挑战。南非的采矿业较为成熟，中国企业作为新进入者，发现自己身处一个复杂的环境中，这里有不同的商业文化，以及不同矿企（包括本地和外国企业）、政府、工会、当地社区和环保活动者等多方面的利益竞争。中国致力于在中非合作论坛和"一带一路"倡议等平台上寻求与非洲国家建立双赢互利的关系，这就意味着必须快速适应南非市场本身的活力。同样，也可以说，南非矿业尚且没有对自己进行最佳定位、以从这一双边关系和中国对其采矿业的兴趣中最大获益，这一缺陷要求南非清晰阐释其与中国关系的战略目标和愿景。[②]

笔者认为，南非采矿业可持续发展面临的核心威胁是该行业的历史遗留至今的社会困境。虽然已经努力解决这一问题，但许多社会挑战、包括结构性不平等、对矿区社群的剥削以及缺乏包容性等现象仍然普遍存在。为了助力中国能够深入理解南非矿业发展现状、并成为更负责任的参与者，笔者深入探讨了采矿立法和《矿业宪章》如何影响了矿区社群、矿工、政府和采矿企业间关系。中国企业能否长期、可持续地参与南非采矿业，部分取决于对这种动态关系的理解，由此方能有效地驾驭这种动态关系。

---

① Magnus Ericsson, Olof Löf and Anton Löf , "Chinese control over African and global mining—past, present and future."

② Ringisai Chikohomero and Sergio Carciotto, "Labour bears the brunt of Chinese investments in Southern Africa," Institute for Security Studies, 2023, Available: https://issafrica.org/iss-today/labour-bears-the-brunt-of-chinese-investments-in-southern-africa; Haifang Liu, "Africa and China: Winding into a Community of Common Destiny," in Dawn Nagar and Charles Mutasa et al., *Africa and the World: Bilateral and Multilateral International Diplomacy*, 2018, pp. 71–93.

结论与建议

《矿业宪章》和矿业立法在建立矿业公司、矿工和社群之间积极关系方面存在重大问题。分析表明，对采矿工人和社区的压迫是南非的结构性问题。这种结构的延续靠的是"维持现状，同时尽力排除其他可能性，或至少使任何变革很难发生"[①]。不平等、黑人处于劣势和被排斥的结构，决定了采矿业的社会和经济关系，"构成了结构性进程的另一个顽固、客观且难以改变的方面"[②]。对黑人民众和工人而言，被剥削和无权无势是种族压迫这一客观物质现实的强大特征。因为种族隔离和殖民主义造成的种族资本主义的直接后果就是种族不平等与黑人处于劣势，这样的后果具有结构惯性，压迫因而仍在继续。采矿业不仅被真相与和解委员会视为"大种族隔离的蓝图"，还"为（从种族和资本主义层面）剥削非洲劳工制定了标准"。[③] 黑人种族从属地位和白人统治助长了矿区民众和工人的被边缘化和无权无势，也助长了企业的统治，政府没有努力结束这种状况，反而通过拥护新自由主义这种不负责任的经济制度，向资本寻求解决方案。更糟糕的是，矿业公司不具备历史眼光，它们往往会优先考虑那些不会破坏其公司结构的项目。正因如此，改变法律并不一定会推动迫切需要的制度、结构和文化变革。这意味着，新自由主义的制度致力于将"带有种族特征的社会秩序转变为抹杀种族特征的社会秩序"，而不"完全承认种族历史及其伴随的种族主义不平等和不公正现实"。[④] 莫迪里（Modiri）认为，该制度"在产生巨大不平等的同时，也保留并加深了过去的不平等"[⑤]。该制度是如何固化采矿业不平等的结构惯性的呢？

首先，政府将许多监管和政治责任转移给了企业和市场。这已被认为

[①] Iris Marion Young, *Responsibility for Justice*, Oxford University Press, Oxford New York, 2011, p. 54.

[②] Ibid, p. 55.

[③] BM Magubane, *The Political Economy of Race and Class in South Africa*, New York, Monthly Review Press, 1979, p. 80.

[④] David Theo Goldberg, *The Racial State*, Malden, Mass; Blackwell Publishers, 2002, p. 221.

[⑤] JM Modiri, "Law's Poverty," *Potchefstroom Electronic Law Journal*, Vol. 18, No. 2, 2015, pp. 223–273.

是损害采矿工人和社群的问题之一：

> 矿产资源部门（DMR）应该来监督《社会劳工计划》（SLP）和《黑人经济赋权法案》的执行情况。但遗憾的是，在过去的三年里，我们都没有见到。他们没有专门来监督社区项目，他们应该来核查。我们认为政府很忙，他们没有充分的能力来监督社区项目……他们相信矿业公司会做正确的事情（企业和矿业官员）。[①]

> 发展的任务已经下放给了企业，那些企业并不把如何更好地造福社区作为经营前提。我认为，赋权或发展不应留给企业，这应该是政府的职责，而且首先应该承认社区成员本身的责任。这又回到了政府应该通过（干预措施）赋予公司责任和义务，比如作为发放采矿许可证或采矿执照的条件，必须履行《社会劳工计划》和《黑人经济赋权法案》（非政府组织项目官员：负责采矿、社区和环境事务）。[②]

由于企业未能履行这些责任，该行业的结构现状依旧。这种做法与新自由主义运动不谋而合，新自由主义运动"不仅将企业塑造成自律的道德行动者，还将其塑造成企业推动型发展的引领者，这种发展承诺通过'市场'赋权"[③]。以企业为驱动力的技能发展概念有其局限性，因为企业的结构以利润最大化和成本最小化为优先考量。正如马科纳奇（Maconachie）和希尔森（Hilson）所说，"为了最大限度地降低成本和积累资本，众多开采业公司公然无视环境法规，有时甚至与东道国政府沆瀣一气"[④]。然而，问题并不仅仅是企业的错误。《矿业宪章》及其对于社区应如何从企业获益的规定，揭示出某些根深蒂固的制度性问题且正不断固化为结构性惰性：

[①] Metji Makgoba, *Constructing symbolic agendas with the discourse of black economic empowerment: structural and political change in South African mining*, PhD Thesis, Cardiff University, 2019.

[②] Ibid.

[③] Dinah Rajak "Hope and Betrayal on the Platinum Belt: Responsibility, Violence and Corporate Power in South Africa," *Journal of Southern African Studies*, Vol. 42, No. 5, 2016, pp. 929–946.

[④] Roy Maconachie and Gavin Hilson, "Editorial introduction: the extractive industries, community development, and livelihood change in developing countries," *Community Development Journal*, 2013, Vol. 48, No. 3, pp. 347–359.

　　　　这是一种缺乏指导、松松散散的环境，因为没有人承担责任主动
让社区参与进来。政府虽然在《矿产和石油资源开发法（MPDRA）》的
某处谈到了这一点，规定企业必须与社区协商并发展社区，但该法并
没有向社区宣传他们的权利和特权。因此，政府并没有承担起责任。
矿业公司被告知要向社区进行咨询，却没有被告知谁是社区。[①]

　　这些结构性问题表明，企业主导发展的新自由主义正统观念"限制了
政府在政治上组织和激励国家机构动员和实施矿业资本主义重组的集体和
国家目标，因而也无法解决矿区群众和工人遭受种族剥削的问题"[②]。既有文
献尚未从结构上分析《矿业宪章》和《社会劳工计划》。相反，往往只从企
业社会责任的视角看待既有的矿业管理和改革努力，[③] 说明这些企业社会责
任失效是由于种族隔离和殖民主义造成的不平等、黑人处于劣势和被排斥
的历史性结构所决定的。本文表明，《矿业宪章》中的人力和技能发展概念
虽然侧重于资源分配，但没有转变该部门权力关系与规则，这必然会失败，
因为"我们无法通过铲除统治者或制定一些新法律来消除……结构性压迫，

---

① Metji Makgoba, *Constructing symbolic agendas with the discourse of black economic empowerment: structural and political change in South African mining*, PhD Thesis, Cardiff University, 2019.

② Metji Makgoba, "Constructing Black Economic Empowerment as a Neoliberal Project in South African Mining," *Journal of Public Administration*, Vol. 56, No. 3, 2021, pp. 410–427.

③ LP Krüger, "The impact of black economic empowerment (BEE) on South African businesses: Focusing on ten dimensions of business performance," *Southern African Business Review*, Vol. 15, No. 3, 2011, pp. 207–233; Dinah Rajak, "Hope and Betrayal on the Platinum Belt: Responsibility, Violence and Corporate Power in South Africa," *Journal of Southern African Studies*, Vol. 42, No. 5, 2016, pp. 929–946; Freek Cronjé and Charity S Chenga, "Sustainable social development in the South African mining sector," *Development Southern Africa*, Vol. 26, No. 3, 2009, pp. 413–427; Keith Slack, "Mission impossible?: Adopting a CSR-based business model for extractive industries in developing countries," *Resources Policy*, Vol. 37, Issue 2, 2012, pp. 179–184; L. Patel and Henry Mushonga, "Corporate social responsibility and development: a study of stakeholder perspectives of listed South African companies," *Africanus,* Vol. 44, No. 2, 2014, pp. 50–63; Abel J. Diale, "Corporate social responsibility in South African mining industry: Necessity, conformity or convenience?" *International Journal of Business and Economic Development*, Vol. 2, No. 1, 2014, pp. 1–13; Gary Malcolm Mersham and Chris Skinner, "South Africa's bold and unique experiment in CSR practice," *Society and Business Review*, Vol. 11, No. 2, 2016, pp. 110–129; Heyns, Anri and Hanri Mostert, "Three Mining Charters and a Draft: How the Politics and Rhetoric of Development in the South African Mining Sector are Keeping Communities in Poverty," *The Law and Development Review*, Vol. 11, No. 2, 2018, pp. 801–841.

因为压迫在主要的经济、政治和文化机构中仍然系统地延续着"①。政府并没有解决延续和固化矿区民众和劳工的无权无势的边缘化境况的结构性问题，反而是选择了新自由主义政策，这些政策助长了他们声称要改变的企业的统治地位。市场"与（制度）管理相结合，使得经济政策与再分配完全分离，同时给人一种错觉，以为政府通过《矿业宪章》大力参与（并控制）了《黑人经济赋权法案》"②。因此，通过采取象征性的改革和新自由主义政策，政府恶化了矿区民众和工人所受到的结构性限制。由于政府没有着手解决支撑企业结构和新自由主义的种族矿业资本主义结构，矿业部门陷在结构惯性不断延续的状态中。在此结构性惯性限制下，矿区民众和工人的遭遇"带有过去印记的实践，但他们被动地经历这种实践，将其误以为是当下的客观特征，这些属性未必符合他们当前的计划和目标"③。不仅如此，《矿业宪章》还为矿区民众和工人带来了希望，误以为该政策可能会带来一些实质性的东西，而不仅仅是个体的和暂时的救济。然而，这种希望和政策本身一样，只能使维持采矿业结构惰性的社会和制度规则合法化。更重要的是，这种幻想使政府和矿业公司免受批评，同时也制约了社区民众去设想更具解放性的制度、实践和社会安排，因为它鼓励民众效忠于当前的《黑人经济赋权法案》体系，如其中的合规和管理实践。

　　中国的矿业公司如何应对《矿业宪章》中有关"制定人的研究发展计划（HRDP）"的要求呢？在南非，真正的转型必须依靠国家的结构性改革来推动，外国公司怎么可能解决历史上种族资本主义制度所形成的种族不平等和黑人持续处于劣势的问题呢？

　　当下已经是中国以日趋成熟的姿态参与南非采矿业的时候了。采矿业的历史和现实错综复杂，目前仍存在一些问题，大大限制着中国企业以可持续的方式参与南非采矿业。随着中国资本和矿企越来越深入南非矿业领域，他们必须慎重考虑如何与劳工、社区、政府和其他矿业公司互动。下文

---

①　Iris Marion Young, *Justice and the Politics of Difference*, Oxford University Press, Oxford New York, 1990, p. 16.

②　Stefano Ponte and Simon Roberts, "'Black Economic Empowerment', Business and the State in South Africa," Development and Change, Vol. 38, No. 5, 2007, pp. 933–955.

③　Iris Marion Young, *Responsibility for Justice*, Oxford University Press, Oxford New York, 2011, p. 55.

列举的建议是中国矿企在内部以及与行业利益相关者打交道时可以实施的措施，旨在促进可持续发展并解决本文提出的问题：

探索更具影响力的利益共享模式。南非现有的企业社会责任计划对可持续发展的影响微乎其微，采矿业造成的系统性问题依然存在。更慷慨的利益分享计划可以产生更大的社会影响、并在民众中形成对矿企的良好态度。作为利益分享干预措施的一部分，考虑的因素应当包括有助于创造代际公平的措施（利益形式不仅惠及当前社区成员，还将惠及他们的子孙后代）。[1]

在评估社区需求时保持敏感度，并在这一过程保持高度协商的态度。定期评估受采矿活动影响的社区的需求，确保了解社区民众优先考虑的发展和支持形式。同样重要的是，要认识到社区民众可能会因突然了解、并关注其某项福利和需要而在短期内做出意外的举动。[2]

对员工进行参与社区和政府方面的培训。过往矿企对矿区群众的边缘化，要求公司管理层和员工对社区的动态保持敏感，避免使社区成员再次产生被边缘化的感受。在这一过程中，可以与大学和发展咨询公司联系，寻求帮助。[3]

对矿企在发展中的作用持开放态度。当前矿企在发展中的角色效果不佳，许多公司都积极抵制系统性变革。[4] 矿企应当愿意参与到寻找更具社会影响力模式的过程之中，将促进行业参与者与矿区民众之间建立更可持续的关系。

与业界同行和政府共享信息并开展合作。在不共享敏感信息的情况下，仍然可能共同努力做出推动社会发展的承诺、共同采取相应的措施并分享成果，这也是推动可持续发展并向业界同行树立榜样的有

---

[1] Joyita Ghose, *Benefit sharing in the mining sector: An analysis of the role of District Mineral Foundations*, The Energy and Resources Institute-Discussion paper, 2018, p. 9.

[2] Freek Cronjé and Charity S Chenga, "Sustainable social development in the South African mining sector," *Development Southern Africa*, Vol. 26, No. 3, 2009, pp. 413–427.

[3] Ibid.

[4] Ibid.

效手段。[1]

　　将可持续发展的领导权移交给政府和社区。依靠矿企来领导可持续发展的做法并不有效，矿企的核心职能是高效开采和实现利润最大化，这与发展东道主国社区和提高以往受压迫劳工群体的技能要求之间存在冲突。[2]由此产生的社会和经济不和谐是不可持续的。领导社会和可持续发展进程的责任必须交给政府和矿区群众。企业可以在与这些利益相关者的接触中倡导这一点。确保矿区坚持企业制度和标准。公司制定的协议和倡议与最终实施之间往往存在差距。关键是对社会倡议的成果进行持续的监测。[3]

---

[1] Responsible Mining Foundation (RMF), *Responsible Mining Index Report*, 2022, p. 21.

[2] Metji Makgoba, "Constructing Black Economic Empowerment (BEE) as a radically transformative policy in South Africa: Government v corporate discourse," *Critical African Studies*, Vol. 14, No. 2, 2022, pp. 199–217.

[3] Responsible Mining Foundation (RMF), *Responsible Mining Index Report*, 2022, p. 17.

中南贸易与南非去工业化争议考察

——贸易比较优势的视角

姚 航

　　中国不是新南非唯一的战略伙伴，两国直到 1998 年才正式建立外交关系，[①] 明显晚于南非与欧盟和俄罗斯建交的时间。[②] 然而，双边关系飞速发展，短短 12 年间实现了从伙伴关系、战略伙伴关系到全面战略伙伴关系"三级跳"的重大跨越；2024 年 9 月在北京召开的中非峰会期间，双方以联合声明的形式宣布再次提升"新时代全方位战略合作伙伴关系"。中国学者倾向于认为中南关系是经济全球化和以全球治理机构改革为目标的典型南南合作关系，是一种可持续的伙伴关系。但南非学者往往更多表达出忧虑和戒备，如萨努沙·奈杜（Sanusha Naidu）所说，南非政府仍没有一个明确的途径来实现其目标，也没有明确阐释何为与北京的"战略伙伴关系"[③]，这使得一些南非学者怀疑中国真正的意图。[④] 南非学者对于中南合作疑虑表现在多个领域，比如对有关中南贸易关系的讨论中，出现了很多中国的意在"挤压本国商品生存空间"和去工业化的声音。[⑤]

---

　　① Sanusha Naidu, "Balancing a Strategic Partnership? South Africa–China Relations," in Kweku Ampiah and Sanusha Naidu (eds), *Crouching Tiger, Hidden Dragon? Africa and China*, Scottsville: University of KwaZulu-Natal (UKZN) Press, 2008, pp. 167–191.

　　② Talitha Bertelsmann-Scott, "South Africa and the EU: Where Lies the Strategic Partnership?" in Adekeye Adebajo and Kaye Whiteman (eds), *The EU and Africa: From Eurafrique to Afro-Europa,* Johannesburg: Wits University Press, 2012, pp. 121–135; Vladimir G. Shubin, *The Hot "Cold War"*, London: Pluto; and Scottsville: UKZN Press, 2008.

　　③ Sanusha Naidu, "Balancing a Strategic Partnership? South Africa–China Relations," p. 186.

　　④ Sanusha Naidu, "Balancing a Strategic Partnership? South Africa–China Relations"; Adam Habib, "Western Hegemony, Asian Ascendancy and the New Scramble for Africa," in Ampiah and Naidu, *Crouching Tiger, Hidden Dragon?* pp. 259–227.

　　⑤ 批判主要针对中国贸易商，认为他们对当地社会不信任、恐惧和疏远；从长远来看，他们的存在可能会导致双边关系更加难以预测。参见 Terence McNamee (with Greg Mills, Sebabatso Manoeli, Masana Mulaudzi, Stuart Doran and Emma Chen), "Africa in Their Words: A Study of Chinese Traders in South Africa, Lesotho, Botswana, Zambia, and Angola," discussion paper (Johannesburg: Brenthurst Foundation, March 2012), http://www.thebrenthurstfoundation.org/a_sndmsg/news_view.asp?I=124294& PG=288，最后访问：2023-09-12。

南非的去工业化现象，是否归咎于中国商品的进入呢？针对去工业化问题，国际货币基金组织的一份基于大量数据进行的回归分析认为，一方面，去工业化可能与制造业或整体经济的衰退有关，但不一定意味着一个国家制造业或整个经济失败；相反，去工业化可能只是经济成功发展的自然结果，且常与生活水平的提高有关；另一方面，相对生产率增长的差异是导致去工业化的最重要因素，占整个工业制造业就业比重下降原因的60%以上，同时，投资率的下降也会引发去工业化，在中南关系中，备受关注的贸易因素，对去工业化的贡献作用仅不到20%。[①]

2023年发表的针对中国进口商品对南非制造业企业影响所进行的一项实证研究也同样证明，中南贸易和进入南非市场的中国商品推动了南非企业生产效率的提升，具备激励和带动相关产业的技术升级的作用；不可否认，中国进口商品的增加，会在一定程度上影响本土企业的销售业绩，甚至增加部分企业破产的可能性，但这部分企业主要是不能及时进行科学投资、实现效率和技术提升的企业；对于关注技能发展、生产技术和工艺升级的企业来说，行业内部进口竞争的加剧，往往能促使其提升竞争力、实现更好发展。[②]中南经贸合作虽非一帆风顺，也并非完美无缺，问题与机遇并存或许能够更好描述中南双边经贸关系。中南双边贸易基本符合市场规律，适当的政策引导将推动两国进一步深化经贸合作。

为了对中南双边经贸互动可能产生的影响做出更好的评估，笔者将首先追溯两国全面战略伙伴关系正式确立及其如何推动经贸关系的迅速升温，并介绍两国经贸关系的整体情况；第二部分以反倾销调查为例，对两国贸易摩擦产生情况进行介绍；第三、第四部分对中南两国商品显性比较优势指数进行对比，并主要围绕频繁发生贸易摩擦行业（贱金属）分析其深层原因；第五部分进行案例分析，尝试为解决两国贸易摩擦提出可行方案。

---

① Robert Rowthorn and Ramana Ramaswamy, "Deindustrialization–Its Causes and Implications," Sep 1997, https://www.imf.org/external/pubs/ft/issues10/index.htm, accessed 2024-08-10.

② Sofia Torreggiani and Antonio Andreoni, "Rising to the challenge or perish? Chinese import penetration and its impact on growth dynamics of manufacturing firms in South Africa," *Structural Change and Economic Dynamics*, 64, 2023, pp. 199–212.

（一）中国与南非伙伴关系跨越式发展与经贸合作快速提升

南非的外国直接投资早在 1992 年就已经开始流入中国。自从中国与南非于 1998 年 1 月 1 日建立双边外交关系，并实现了跳越式发展，从伙伴关系到战略伙伴关系、再到全面战略伙伴关系和 2024 年的"新时代全方位战略合作伙伴关系"，经贸关系上看，双方经贸合作关系显然走向日益密切。

中国政府 1993 年才开始调整官方政策以吸引外资，[①] 南非的商业精英显然更早看到了与中国市场的重要性。由于台湾问题的存在，经济合作并没有立即促使南非与中国大陆正式建交。南非与台湾的联系可以追溯到 1962 年，当时的白人种族隔离政权因镇压占国内黑人群体而被国际社会孤立；1976 年，在台湾和南非被联合国大会驱逐后，双方的外交关系从领事级关系升级为大使级关系。面临越来越多的国际制裁的南非，以特殊优惠政策吸引了数百家台湾工厂前往南非。1990—1994 年南非向民主政权的过渡期间，台湾持续对其加码提供经济援助。

实际上，在纳尔逊·曼德拉 1992 年 10 月访华之前，南非种族隔离政府的改革派外交部长皮克·博塔（Pik Botha）就曾于 1991 年 10 月秘密访华。但时任中国外交部长钱其琛回忆说，南非的少数白人政权"只热衷于建立经济关系"，而不是要从台北转而与北京建立外交关系。[②] 考虑到南非与台湾此前多年紧密的经贸合作关系、和为非国大提供了选举支持，加之对中国大陆缺乏了解，非洲国民大会执政后并没有立即与中国建交，直到 1997 年香港的回归促使南非放弃"双重承认"的幻想、而不再迟疑与中国建交。[③]

此后，中南两国双边贸易规模飞速增长，中国优惠政策和中国市场的巨大潜力都吸引了南非公司来华。[④] 1999 年 5 月，即将卸任的曼德拉选择中国作为其最后出访国家，特别是访问授予其名誉博士学位的北京大学。2000

---

① 数据来自中国商务部，http://en.cnki.com.cn/ Article_en/CJFDTOTAL-XYFZ199905006.htm，最后访问：2023-09-14。

② 钱其琛:《外交十记》，世界知识出版社，2003 年，第 267—268 页。

③ 杨立华:《列国志·南非》，第 588 页。

④ 钱其琛:《外交十记》，世界知识出版社，2003 年，第 277 页。

年双方签署了《比勒陀利亚宣言》，以深化两国之间的战略合作，强调了建立更全面伙伴关系的可能领域，并提出建立"中南国家双边委员会"，覆盖领域涉及外交、经贸、科技、军事、国防、教育和能源，成为两国伙伴关系制度化的奠石。[①] 中国国家副主席曾庆红 2004 年访问期间，南非政府承认了中国的市场经济地位，双方共同宣布启动中国与南部非洲关税同盟（SACU）自由贸易协定谈判。中国国务院总理温家宝 2006 年访问南非，两国签署深化两国战略伙伴关系的重要文件，明确两国在联合国安理会改革等优先事项上协作。南非总统姆贝基 2006 年 11 月出席在北京举行的中非合作论坛峰会。2008 年中南启动战略对话机制，两国正式沟通渠道进一步畅通。

随着世界银行 2007 年将南非列为中上收入国家，一些援助国开始逐步取消对南非的援助计划，南非在后种族隔离时代作为援助、投资等多种合作形式的国际宠儿的地位开始下降；旋即西方世界发生的金融危机传导背景下，南非面临经济增长放缓压力。雅各布·祖马总统 2010 年访问金砖四国（巴西、俄罗斯、印度和中国），明确提出，与新兴市场经济体（尤其是中国）深化关系已成为南非外交政策的优先任务。《关于建立中南全面战略伙伴关系的北京宣言》以及两国签署的 13 项新的合作协议和议定书就是祖马这一年访问中国的重要成果，从此，中南两国关系正式进入全面战略伙伴关系时期。[②] 2012 年，祖马在访问北京并参加中非合作论坛第五次会议期间，再次强调了两国战略伙伴关系的重要性，并表示期待扩大南非对中国的出口量，也期待中国对南非包括工业和矿业等多部门在内的基础设施进行投资。[③]

互利共赢的中非经贸关系在新时代有新的作为。双边稳步提升政治关系为经贸进一步深入合作提供了很大的保障。2018 年中非合作论坛北京峰会上，中国领导人宣布设立中国–非洲经贸博览会为深化经贸合作搭建平

---

① 倪四义：《江主席与南非总统姆贝基会谈》，《光明日报》2001 年 12 月 11 日，https:// www.gmw.cn/01gmrb/2001-12/11/01-7197FB41BBDBC06A48256B1E00835B97.htm，最后访问：2023-09-12。

② 新华社：《中华人民共和国和南非共和国关于建立全面战略伙伴关系的北京宣言》，中国政府网，2010 年 8 月 24 日，https://www.gov.cn/ldhd/2010-08/24/content_1687439_2.htm，最后访问：2023-09-12。

③ 新华社：《国务院总理温家宝在中南海紫光阁会见南非总统祖马》，中国政府网，2012 年 7 月 19 日，https://www.gov.cn/ldhd/2012-07/19/content_2187489.htm，最后访问：2023-09-13。

台。^①中国与南非两国领导人频繁互访，两国战略对接不断加强，南非也是最早和中国签署"一带一路"政府间合作谅解备忘录的非洲国家，两国政治关系不断深入的前提下，经贸合作优势互补的潜力日益得到释放。中国从 2009 年至今一直是南非最大贸易伙伴，南非自 2010 年以来也持续成为中国在非洲的第一大贸易伙伴，两国 2023 年贸易额达到 556.2 亿美元，约占中国与非洲贸易的 1/5。^②

稳定向好发展的中国与南非经贸关系得益于双方的共同努力，彼此也都存在日益高涨的期待，其中南非方面的期待之一就是改善两国经贸关系不平衡老问题——实际上，早在 2006 年南非的贸易逆差就已经达到 47.8 亿美，成为南非最大贸易逆差来源国。^③南非决策者认为，这与其期待的崛起为一个现代化经济大国的形象不相符。此后 10 余年来，纺织部门和金属部门频繁进行对于中国产品的反倾销和反补贴调查，清晰地体现了对于平衡经贸关系的强烈期待。自 90 年代中国经济明显呈现出口导向型特点以来，为日益繁荣的制造业产品寻找和拓展新市场一直是重要目标。接收到南非的方面的反馈以来，中国政府迅速采取了贸易配额等举措，特别是在南非关心的纺织业，2006 年温家宝总理访问时的一个重要内容就是商讨解决该问题的方法，此后中国对南非大规模贸易顺差问题大大减缓。2011 年以后近 10 年时间，南非对中国的进出口规模均已超过了中国对南非的出口规模。

近几年来，受全球公共卫生事件和突发地缘政治问题影响，中南两国之间的双边贸易规模再次出现波动，重塑的方向指向了中国对南非的进出口规模大幅回升，原因在于南非市场对中国产品新的需求，也是双方互补

---

① 习近平：《携手共命运，同心促发展——在 2018 年中非合作论坛北京峰会开幕式上的主旨讲话》，中共中央党校，2018 年 9 月 4 日，https://www.ccps.gov.cn/xxsxk/zyls/201812/t20181216 125701.shtml，最后访问：2023-09-13。

② 中非友好经贸发展基金会：《南非驻华大使：中南两国在深厚政治互信之上携手推进合作共赢》，https://mp.weixin.qq.com/s?_biz=MzI1OTExMDg5OQ==&mid=2651354157&idx=2&sn=99 0524bb0adf861fea4e121a65b2aa49&c hksm=f0adcb6669f1e3e8ed1f2018a1080dfb089faf1395be11c0d0e a63bfa9c64142e29d7aa39bd6&scene=27，最后访问：2024-11-15。

③ 中华人民共和国商务部：《南非经贸形势及中南贸易关系》，2007 年 5 月 18 日；See also Yun Sun, "Africa in China's Foreign Policy," Washington, DC: Brookings Institution, April 2014, p. 14, https://www.brookings.edu/wp-content/uploads/2016/06/Africa-in-China-web_CMG7.pdf，最后访问：2023-09-13。

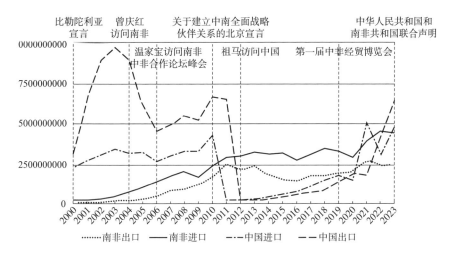

图 5-1　2000—2022 年中国与南非双边贸易情况变化图（单位：美元）

资料来源：UN Comtrade Database, https://comtradeplus.un.org/

性的体现。图 5-1 展示了双边建交 25 年来中国与南非双边进出口贸易不平衡到平衡的变化历程。

　　除了双方决策者积极沟通、调整和应对贸易逆差问题以外，中南双边贸易结构在过去的 20 余年中也发生了变化。如图 5-2 所示，虽然双边贸易总体相对稳定，矿物及金属产品的占比长期保持首位，但此前引起南非方面不满情绪的中国纺织类商品，2001 年双边贸易中曾经高居第五大商品，2011—2022 年的额度明显下降、乃至于没有出现在统计图中（见图 5-3）。

　　由此可见，中国与南非的经贸合作是机遇与挑战并存，双边合作意愿是良好合作关系的前提与保障，及时的政策引导和干预，对于保证合作关系顺利非常重要；与此同时，开放的心态、与时俱进地因应国际国内局势触动的市场新格局、新走势，也是探索双方合作潜力、发挥各自比较优势、通向新机遇、培育双方经贸合作新增长点的关键，唯此，才可能更好推动中南经贸关系更加健康可持续地发展。当然，双边经贸合作中还存在另一重挑战，即双边贸易摩擦，主要表现为反倾销调查。接下来，我们对 2000—2022 中南双边贸易合作过程中的反倾销调查进行研究，深入理解其产生的深层贸易结构原因，并尝试寻求解决建议。

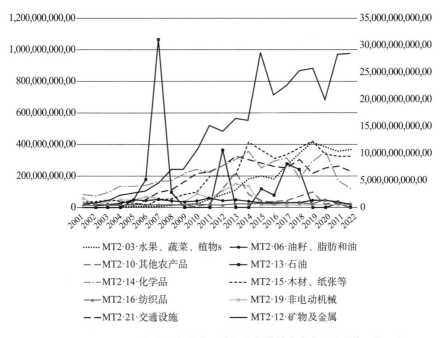

图 5-2　2001—2022 年中国与南非双边贸易规模前十类商品（单位：美元）

资料来源：WTO Stats, https://stats.wto.org/。为方便统计和理解，商品分类采用世贸组织多边贸易谈判分类标准（MTN），该标准是世贸组织用于贸易统计和政策分析的产品分类系统，具体分类标准和各类情况见官网：https://stats.wto.org/Areas/TimeSeries/src/assets/WTO_Multilateral_Trade_Negotiations_Categories_2023-06-26.pdf；需要注意，由于贸易规模差异较大，为更好地展示趋势变化，图中"MT2–12–矿物及金属"类数值情况参考次坐标轴（右）。

（二）双边贸易中的问题：南非的反倾销调查

随着建交以来经贸合作领域扩大，同时出现的就是南非频繁针对中国开展的反倾销调查。在 2009 年中国成为南非第一大贸易伙伴国、2010 年南非成为"金砖国家"第五位成员国、中南两国建立全面战略伙伴关系后，反倾销调查数量已经显著减少，但与南非其他贸易伙伴国家相比，中国仍是受到南非反倾销调查频率最高的国家。1995 年以来，中国大陆及香港、台湾地区共受到来自南非的反倾销调查共 69 起，占其发起反倾销调查案总数的 23%，第二到四位分别为印度 26 起、韩国 16 起、德国 13 起；其中针对

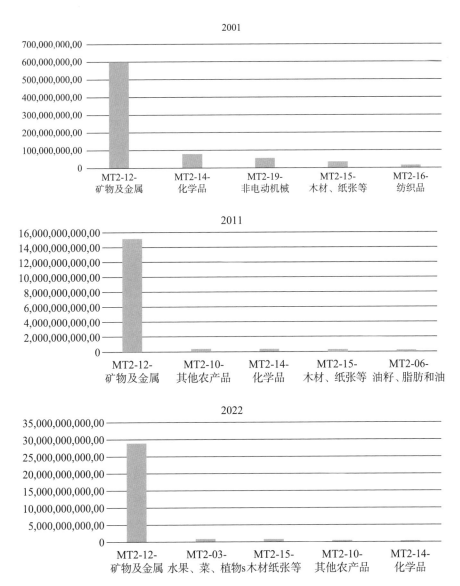

图 5-3　2001、2011、2022 年中国与南非双边贸易规模前五类商品（单位：美元）

资料来源：WTO Stats, https://stats.wto.org/

中国大陆共有 47 起，占总数的 17%。[①]中国作为南非的第一大贸易伙伴国，

---

① 中华人民共和国商务部：中国贸易救济信息网（http://cacs.mofcom.gov.cn/ index.shtml）数据。

也是受到南非反倾销制裁最多的国家，这一事实长期没有发生改变。

考察 2010 年后南非对华反倾销具体案例，发现从数量、措施比例和涉及行业等三方面，都与之前产生了较明显的变化：首先，南非对华发起反倾销调查的总体数量在 2010 年以后明显减少。前 16 年共发生 35 件，而后 11 年仅有 12 件，也就是说，半数以上对华反倾销调查发生在 2010 年以前，说明在中国、南非政治经济合作关系进一步加深后，两国之间的贸易摩擦显著减少；第二，与整体数量下降相反，南非对华反倾销调查并实施反倾销措施的案件比例显著上升。2010 年后，发起调查并进行制裁的比例从 62% 上升到 75%，考虑到数量极低的总数，能够看到，随着中南两国双边贸易关系的不断发展，中国出口企业与南非本国制造业之间存在的长期难以缓和的利益冲突，双边贸易结构性矛盾显得更加尖锐。

第三，南非发起的涉华反倾销调查所针对的行业集中度不断提高。长期以来，受到制裁最为集中的行业一直是金属制品及上下游产业，尤其是近 10 年，该行业受到的反倾销调查比例大幅提高至 50%（2010 年前为 34%）。由此可见，虽然中国－南非双边贸易关系有所提升，但在金属制品行业内，两国之间存在持续扩大和难以缓和的结构性竞争关系。同时也说明了，中国进行的对南非出口产品结构优化的努力尚未完全成功，在纺织 / 化学原料和制品工业上有所进展，但金属制品行业仍然存在难以疏导的困境。

进而言之，1995—2022 年南非对华进行的反倾销调查数据显示，2010 年中南两国政治经贸关系显著提升同时，反倾销调查总数虽显著下降，与阻碍双边贸易进一步发展的结构性矛盾却不断凸显，反倾销措施实施集中在来自中国的金属制品上。针对此问题能否进行针对性的改进举措、以避免中南贸易摩擦呢？

表 5-1　南非对中国大陆反倾销（1995—2022 年）

	1995—2010 年	2011—2022 年
申请数量	35 件	12 件
措施实施数量	22 件	9 件

续表

	1995—2010 年	2011—2022 年
措施实施比例	62%	75%
涉及行业第一位	金属制品工业（12）	金属制品工业（6）
涉及行业第二位	非金属制品工业（10）	非金属制品工业（3）
涉及行业第三位	纺织 / 化学原料和制品工业（5）	其他行业均为 1

笔者根据中国商务部数据自制。

（三）国际市场中的中南商品贸易

南非作为非洲传统经济强国和新兴国家之一，在国际商品市场中占据着重要地位。中国商品进入南非国内市场后，凭借着低廉的价格，与南非国内部分制造业企业产生了竞争关系，这是南非发起了多起针对中国商品反倾销调查的根本原因。本部分以 2000—2022 年两国对外贸易数据为基础、通过对中国与南非两国商品的国际竞争力进行比较分析，尝试理解中南两国的贸易整体情况，研究中南贸易摩擦是否无可避免。

1. 贸易比较优势指数

检验国际贸易过程中，中国商品是否真正相对南非同类型产品存在单方面优势，需要对各类商品的国际竞争能力进行对比。巴拉萨在 1965 年提出的显性比较优势指数（Index of Revealed Comparative Advantage, RCA）具有一定的参考意义。显性比较优势指数指，某国某种商品出口额占其出口总值的份额与世界该种类商品出口总额所占份额的比率，可用于比较不同国家各个种类商品在国际市场中的竞争能力和竞争情况。[①] 其公式表示为：

$$RCA_p^a=(X_p^a/X_p^s)/(X_w^a/X_w^s) \qquad (1)$$

公式（1）中，字母 p、a、w、s 分别代表出口国、产品种类、世界和全种类商品。一般认为，当 $RCA_p^a>1$ 时，则该国在该类产品的出口上就具有一

---

① Bela Balassa, "Trade Liberalisation and 'Revealed' Comparative Advantage," *The Manchester School*, vol. 33, no. 2, 1965, pp. 99–123.

定的比较优势；当 RCA_p^a >1.25，则该国在该产品的出口上具有较强的国际竞争力；当 RCA_p^a >2.5，则表明该国在该商品上具有极强的国际竞争力；若 RCA_p^a <0.8，则认为该经济体该商品国际竞争力较弱。由于显性比较优势指数计算仅与一国进出口规模和世界总进出口规模相关，因此，在计算和分析中国与南非两国各类商品的显性比较优势指数的过程中，无须关注两国之间的贸易往来情况和政治经济等领域的合作情况，也由此能排除两国间双边关系变化产生的干扰因素。

2. 中国与南非商品国际竞争力优势比较

根据公式（1）对中国和南非在 2000—2022 年各类商品出口数据进行分析，[①] 分别得出两国各类商品显性比较优势指数变化情况，表 5-2 展示了数据结果的基本情况。其中各列分别为时间（RefYear）、海关编码中各章商品代码（CmdCode）、中国和南非各章商品显性比较优势指数（RCA- 中和RCA- 南非）、中国和南非同类商品比较优势情况（Adv- 中和 Adv- 南非[②]），其中同章商品的中国显性比较优势指数高于南非则 Adv- 中为 1，否则 Adv-南非为 1。

表 5-2　数据概要统计情况表

	年份	商品编号	中国优势指数	南非优势指数	中国占优	南非占优
观测值	2196.0000	2196.0000	2196.0000	2196.0000	2196.0000	2196.0000
均值	2010.8246	49.4863	1.2598	2.6702	0.5296	0.4704
标准差	6.5392	28.2021	1.3526	10.6971	0.4992	0.4992
最小值	2000.0000	1	0.0082	0	0	0
中位数	2011.0000	49.0000	0.7925	0.6272	1	0
最大值	2022.0000	99.0000	10.8085	148.4928	1	1

资料来源：UN Comtrade Database, https://comtradeplus.un.org/，笔者自制表格

---

① 数据来源：UN Comtrade Database, https://comtradeplus.un.org/。

② 其中，adv 均代表两国的比较优势情况，即 advantage，为方便数据展示，下文表格中均以 adv- 中 /adv- 南非代表。

　　中国与南非之间的双边贸易实现了较高程度的优势互补。从表5–3和表5–4中能够看出，尽管某些商品显性比较优势指数低于0.8，但中南两国在2022年双边进口贸易中，进口规模前十章的商品大部分为进口来源国具有比较优势的商品。同时，在中国从南非进口商品中26–矿砂、矿渣及矿灰、47–木浆及其他纤维状纤维素浆、纸及纸板的废碎品、51–羊毛、动物细毛或粗毛、马毛纱线及其机织物三章商品，均为南非出口商品中国际竞争力最强的商品。与此相对，南非从中国大规模进口的商品中，也包含61–针织或钩编的服装及衣着附件和64–鞋靴、护腿和类似品及其零件两章，也是中国出口商品中显性比较优势指数较大的商品。

　　由此可见，中国与南非的双边商品贸易较好发挥了各自的比较优势，与其说两国间贸易往来过多受政治关系和国家外交政策调控和影响，不如说双边贸易更符合市场规律。可以确信，这是中南双边贸易结构能够相对稳定、也具有可持续发展的潜力和能力的根本原因。

表5–3　2022年中国从南非进口商品规模前十章

中国进口商品	中国优势指数	南非优势指数	中国优势情况	南非优势情况
71	0.180441343	0.678416875	0	1
26	0.074247658	4.264696528	0	1
72	0.801240348	0.529091853	1	0
74	0.323746327	0.681006373	0	1
8	0.249467388	6.876342715	0	1
27	0.124697862	0.048762591	1	0
75	0.199438144	17.78507094	0	1
47	0.039740715	8.309320299	0	1
51	0.983030087	48.10504034	0	1
44	0.588421649	0.475733911	1	0

资料来源：UN Comtrade Database, https://comtradeplus.un.org/，笔者自制表格

表 5-4　2022 年南非从中国进口商品规模前十章

南非从中国进口	中国优势指数	南非优势指数	中国优势数量	南非优势数量
71	0.180441343	0.678416875	0	1
84	1.130276188	0.020795078	1	0
87	0.469883825	0.080988186	1	0
29	1.040058888	0.103575689	1	0
72	0.801240348	0.529091853	1	0
39	0.979700552	0.058342072	1	0
64	2.155483088	0.155980809	1	0
73	1.445521567	0.164711891	1	0
27	0.124697862	0.048762591	1	0
61	2.016234475	0.077214291	1	0

资料来源：UN Comtrade Database, https://comtradeplus.un.org/，笔者自制表格

3. 中南贸易比较优势对比

中国与南非商品的国际竞争力差距不断缩小。参考上文对商品国际竞争力的衡量标准，将两国 2000—2022 年间各自商品的显性比较优势指数进行统计归类。从图 5-4 可以发现，无论中国与南非，在全部九十余章商品中，约半数商品的显性比较优势指数都在 0.8 以下，即并不拥有国际竞争优势；与此相对，近 10 年来，中国商品中，具有极强国际竞争力（显性比较优势指数大于 2.5）的种类逐渐少于南非；而中国与南非商品的显性比较优势（指数大于 1 和大于 1.25 的情况下）情况相似，中国优势商品种类虽然长期多于南非，但数量不断下降，并在 2022 年出现了低于南非的情况。

显性比较优势指数数值并不能完整反映中国对南非出口商品的情况，需要检验两国出口商品比较优势结构是否具有相似性。上文统计数据中只能够初步显示中国与南非间的双边贸易结构，过去 20 余年的具体贸易往来过程中，竞争优势相似和出口产品相同是否是出现竞争和贸易摩擦的原因，目前的统计数据还很难得出结论，需要对两国显性比较优势指数的整体分布情况进行对比——相似性越高，则两国出口商品比较优势结构或国际竞

争能力越相似，优势商品相似度越高，越有可能在国内市场和国际市场中产生竞争；相反，两国出口商品的比较优势结构和国际竞争能力差异越大，优势商品差异性越大，两国之间因直接贸易活动而产生市场争夺的可能性也越小。

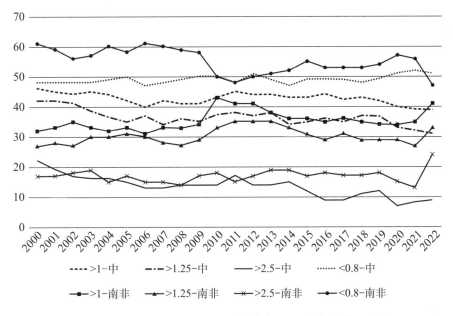

图 5-4　2000—2022 年中国与南非各章商品国际竞争力情况统计

资料来源：UN Comtrade Database, https://comtradeplus.un.org/，根据联合国贸易数据及表 5-2、5-3、5-4 整理而成

表 5-5　中南两国显性比较优势指数的距离测量结果表

测量方法	Jensen-Shannon 散度[①]	欧几里得距离
距离结果	0.27150542886725393	206.03710352690442

其中，各测量方法的公式如下：

---

　　① Jensen-Shannon 散度简称（JS 散度）是一种对称的概率分布相似性度量方法，由 J. Lin 于 1991 年提出，结合了 Jensen 不等式和 Claude Shannon 的信息熵理论的核心思想，常用于衡量两个分部之间的区分度和相似性。

JS 散度通常用于两个概率分布之间的差异，在这里更多体现的是中国与南非两组数据的整体形状之间的差异。其结果在（0，1）之间，越接近 0，则两组数据距离越小，相似度越高；越接近 1，则两组数据距离越大，差异度越高。

$$JS(P_1 \| P_2) = \frac{1}{2} KL(P_1 \| \frac{P_1+P_2}{2}) + \frac{1}{2} KL(P_2 \| \frac{P_1+P_2}{2}) \tag{2}$$

欧几里得距离则是一个常用于测量距离，它指在 n 维空间中两个点之间的真实距离，两组数据间距离越小，相似度越高；两组数据之间的差异越小，反之差异则更大。

$$d = \sqrt{\sum_{i=1}^{n} (x_i - y_i)^2} \tag{3}$$

从 JS 散度能够看出，中国和南非显性比较优势指数分布形状之间的距离相对较小，这也意味着中国与南非两国出口优势商品的结构相似；而欧几里德距离则证明两国显性比较优势指数在绝对距离差距的差异上相对较大。将上述两种测量结果相结合，可以认为，尽管中国与南非两国的出口优势商品结构有一定程度的相似性，但两国商品的国际竞争力的差异相对较大。由此可以认为，中南两国虽然存在因为优势产品相似出现竞争的可能，但竞争能力差距较大，在双边和多边贸易中，仍能够形成以两国各类商品竞争能力为基础的新贸易结构，从而降低贸易摩擦和抢夺市场等问题出现的可能。

综上所述，深入测算和分析 2000—2022 年中国与南非双边商品贸易情况发现，中国与南非长期以来的双边贸易关系能够较好地发挥两国的比较优势、实现互利互补；再加上两国出口商品国际竞争力间存在较大差异，在一定程度上可以降低出现尖锐贸易冲突和抢夺市场的可能性。在互利共赢政策的基础上，双方能够维持相对稳定的贸易关系、并在两国各自的优势领域进一步加深合作，实现中南经贸关系可持续发展。因此，整体而言，中南贸易摩擦并非无可避免。何以贱金属及其制品行业商品成为最高频率的反倾销调查呢？接下来将结合该行业商品在两国双边贸易中的规模等因素，深入探索其背后的原因，研究中南双方如何塑造更优的双边贸易结构和经贸合作方式。

（四）中国与南非的贱金属贸易

南非对华发起的反倾销调查半数集中在金属制品行业，2011—2022 年发生的 6 起反倾销调查案针对的是贱金属及其制品。[①] 以这类长期且频繁遭受反倾销调查的商品为例，分析中南贸易中摩擦产生的原因，能够更清晰地反映双边贸易结构发展趋势和贸易竞争性，由此理解中国与南非双边贸易最突出和最尖锐的矛盾所在。

1. 相互依赖关系存在不对称性

尽管中南两国金属及其制品的双边进出口贸易规模在不断上升，但中国在双边贱金属行业贸易中长期处于对南非的逆差地位，且贸易差额在持续扩大（见图 5-5）。其中，根据国际商品贸易 HS 两位编码分类，2001—2021 年，中国从南非进口贱金属贸易额最大的三类商品分别是：72- 钢铁、74- 铜及其制品、75- 镍及其制品。图 5-6 中可以清晰地展现出第 72 类钢铁是中国从南非进口的主要贱金属商品，贸易规模远超其他类商品。同时，南非从中国进口贱金属商品的类型分布（见图 5-7）显示，进口额排在前三位的商品分别是 73- 钢铁制品、72- 钢铁、76- 铝及其制品。在中南两国贱金属行业双边进出口贸易中，钢铁或钢铁制品占比最大，南非主要对中国出口钢铁，而中国主要向南非出口钢铁制品，双边贱金属贸易中存在的问题和冲突主要集中在钢铁相关行业。

中南双边贱金属贸易在各自同类商品进口总量中占比差异较大。从双边贱金属占比的变化趋势看：对中国来说，来自南非的贱金属及其制品在贱金属总进口中占比在波动上升，从 2001 年的 0.76% 增长到了 2021 年的 1.82%，比例极小；而对南非来说，2010 年和 2016 年有所下降，但从中国进口的贱金属及其制品的占比不断扩大，到 2021 年甚至超过了进口总量的三分之一。[②] 相对于中国商品在南非贱金属进口贸易中的重要地位，贱金属及其制品在中国从南非进口总量中的占比极低。两国在对方市场中能产生了

---

① 本文对贱金属行业的定义和范围的划分来自世界贸易组织和日本统计省，其中将 HS-2 分类中的第 72—83 类归类为贱金属及其制品，分类中无第 77 类商品。

② 数据来源：联合国 UN Comtrade Database, https://comtradeplus.un.org/。

不同的影响，相比于中国，南非存在对对方进口产品极高的敏感性和脆弱性。由于贱金属行业这种不对称的相互依赖关系，中国贱金属行业制品频繁遭受南非反倾销调查。

图 5-5　2001—2021 年中南贱金属贸易规模（单位：亿美元）

资料来源：联合国 UN Comtrade Database, https://comtradeplus.un.org/

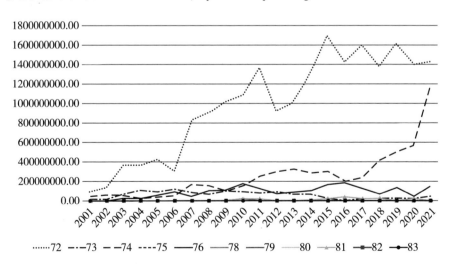

图 5-6　2001—2021 年中国从南非进口贱金属种类（单位：美元）

资料来源：世界贸易组织 WTO Stats, https://stats.wto.org/

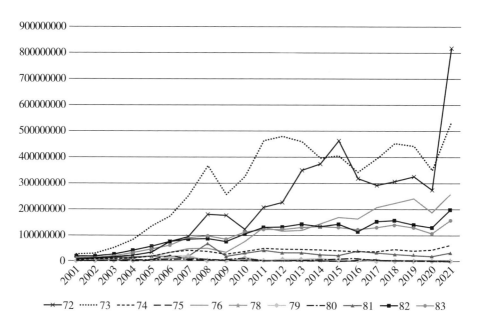

图 5-7 2001—2021 年南非从中国进口贱金属种类（单位：美元）

资料来源：世界贸易组织 WTO Stats, https://stats.wto.org/

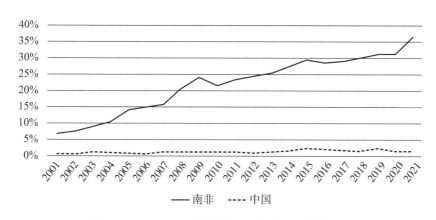

图 5-8 2001—2021 年贱金属在双边进口总量中的占比

从中南双边贸易结构角度，分析发现：第一，中国在与南非进行的双边贱金属贸易过程中，更多的冲突和摩擦主要出现在钢铁及其制品行业，中国向南非出口钢铁制品，南非则向中国出口钢铁；第二，双方经济相互依赖关系极不对称，南非贱金属及其制品在中国市场中的占比极低，来自中国的产品却在南非进口市场中占据重要地位。

2.商品国际竞争力分布存在差异性

研究两国在金属行业的矛盾和真实竞争状况，还需进一步检验两国在贱金属行业的竞争能力和竞争强度。

南非贱金属及其制品的出口显性比较优势指数在过去二十年间呈波动下降趋势，表明其传统优势产品的国际竞争力正在减弱。表5-6显示，尽管南非的基本优势产品结构未发生显著变化，但整体出口竞争力却明显下降。图5-10展示了南非显性比较优势指数的变化趋势，其中，72-钢铁、75-镍及其制品、76-铝及其制品、81-其他贱金属及其制品（包括金属陶瓷）仍是南非最具国际竞争力的贱金属类出口产品。然而，以钢铁（72类）为代表，其显性比较优势指数从2000年的5.147下降至2021年的2.08，反映出所有贱金属类商品的国际竞争力均在下降。尽管南非仍保持相对较高的国际竞争力，但与过去相比，竞争力的衰退趋势十分显著。类似地，中国贱金属类产业也表现出相似的变化趋势，如图5-9所示。中国出口贱金属的显性比较优势指数随时间推移不断下降，尽管基本优势产品结构保持稳定。其中，83-贱金属杂项制品、82-贱金属工具、73-钢铁制品、81-其他贱金属（含金属陶瓷制品）长期以来在中国出口市场上具有竞争力。然而，与南非相比，中国在贱金属领域的显性比较优势并不突出。

值得注意的是，两国在传统优势商品领域的国际竞争力差距正在缩小。综合比较两国在该领域的优势产品，中国在73类（钢铁制品）的国际竞争力持续增强，而南非在72类（钢铁）的国际竞争力虽仍处于较高水平，但呈现下降趋势。同时，南非的73类（钢铁制品）也在逐步丧失竞争力。这一现象与前文关于中南双边贸易结构的分析相一致，即中国钢铁制品的出口增长挤压了南非国内传统优势企业的市场空间，不利于南非完整钢铁产业链的生存与发展。因此，南非政府针对中国钢铁制品实施频繁的反倾销调查，在一定程度上可以理解为其保护本国钢铁产业所采取的贸易防御措施。

全面检验中国与南非两国之间在贱金属及其制品行业上的真实竞争情况，还需要引入产业内贸易水平作为参考。在衡量产业内贸易水平时，现有文献多数使用了 Grubel-Lloyd 提出的产业内贸易指数（Index of Intra-industry Trade，IIT）[1] 这一标准。其公式表示为：

---

[1] 冯宗宪、蒋伟杰：《基于产业内贸易视角的"一带一路"国家战略研究》，《国际贸易问题》2017年第3期，第166—176页。

表 5-6　中国与南非贱金属及其制品各类商品出口显性比较优势指数（2000—2021 年）①

年份	ZA_RCA_72	CN_RCA_72	ZA_RCA_73	CN_RCA_73	ZA_RCA_74	CN_RCA_74	ZA_RCA_75	CN_RCA_75	ZA_RCA_76	CN_RCA_76	ZA_RCA_78	CN_RCA_78
2000	5.147	0.724	1.078	1.582	1.174	0.521	2.369	0.226	3.331	0.399	0.214	3.572
2001	4.411	0.455	0.906	1.525	1.12	0.398	1.801	0.145	3.182	0.531	0.541	3.587
2002	5.255	0.365	1.04	1.493	1.177	0.421	1.987	0.106	3.994	0.684	0.472	2.907
2003	5.546	0.358	0.912	1.448	0.993	0.404	2.219	0.201	3.261	0.772	0.262	2.444
2004	5.008	0.702	1.004	1.46	0.674	0.528	9.062	0.223	3.615	0.865	0.366	2.503
2005	4.436	0.716	0.944	1.482	0.799	0.531	2.815	0.21	3.647	0.79	0.705	2.057
2006	3.847	0.95	0.934	1.598	1.095	0.535	2.371	0.216	3.685	0.85	0.624	2.096
2007	3.82	1.069	0.865	1.614	1.256	0.403	2.212	0.173	3.216	0.841	0.549	1.105
2008	3.732	1.139	0.905	1.728	1.047	0.427	2.188	0.109	2.874	0.961	1.054	0.454
2009	4.42	0.507	0.924	1.536	1.073	0.353	3.618	0.371	3.209	0.887	1.018	0.243
2010	3.877	0.726	1.23	1.531	0.775	0.294	2.798	0.435	2.622	0.978	0.643	0.25
2011	2.897	0.805	0.934	1.625	0.758	0.354	1.745	0.321	2.279	1.051	1.1	0.194
2012	3.018	0.769	1.027	1.61	0.762	0.377	1.63	0.287	2.098	1.043	1.43	0.078
2013	3.202	0.83	0.983	1.561	0.827	0.378	3.48	0.316	2.354	1.05	0.911	0.188
2014	3.461	1.072	0.966	1.513	0.671	0.37	2.88	0.581	2.226	1.044	0.771	0.169
2015	3.455	1.091	0.895	1.54	0.985	0.313	3.417	0.216	1.941	1.052	0.726	0.174
2016	3.761	1.111	0.885	1.535	0.961	0.374	3.431	0.134	2.034	1.028	0.641	0.079
2017	3.219	0.894	0.876	1.536	0.901	0.339	3.201	0.171	2.069	1.007	0.609	0.075
2018	3.053	0.858	0.909	1.586	0.932	0.329	3.299	0.145	2.137	1.073	0.734	0.118
2019	3.036	0.799	0.836	1.664	0.892	0.344	2.753	0.277	2.042	1.094	0.999	0.066
2020	2.506	0.691	0.689	1.653	0.797	0.275	2.798	0.165	1.974	0.989	0.868	0.046
2021	2.08	0.804	0.597	1.7	0.857	0.334	4.122	0.115	1.55	0.948	0.676	0.21
Year	ZA_RCA_79	CN_RCA_79	ZA_RCA_80	CN_RCA_80	ZA_RCA_81	CN_RCA_81	ZA_RCA_82	CN_RCA_82	ZA_RCA_83	CN_RCA_83		
2000	0.914	2.864	0.611	6.257	2.286	2.501	0.816	2.04	0.284	1.615		

续表

2001	1.088	2.619	1.21	4.672	0.934	2.479	0.685	1.936	0.237	1.632
2002	1.075	1.898	0.158	2.164	0.975	2.061	0.872	1.914	0.353	1.714
2003	1.059	1.567	0.14	1.872	1.587	2.502	0.839	1.887	0.309	1.549
2004	0.894	0.9	0.19	1.515	1.739	2.772	0.593	1.843	0.325	1.659
2005	0.656	0.581	0.202	0.899	1.268	2.468	0.61	1.814	0.337	1.729
2006	0.514	0.964	0.127	0.773	2.308	2.238	0.549	1.74	0.279	1.874
2007	0.468	0.695	0.036	0.917	1.386	2.236	0.777	1.69	0.249	1.819
2008	0.428	0.337	0.059	0.378	1.655	2.536	0.508	1.543	0.286	1.769
2009	0.617	0.248	0.037	0.164	1.649	1.682	0.644	1.608	0.356	1.766
2010	0.799	0.212	0.03	0.239	1.245	1.907	0.892	1.646	0.466	1.833
2011	0.426	0.177	0.018	0.179	1.188	1.929	0.711	1.715	0.395	1.977
2012	0.279	0.103	0.028	0.107	1.456	1.633	0.764	1.728	0.447	2.009
2013	0.343	0.156	0.026	0.174	1.996	1.636	0.685	1.758	0.442	2.03
2014	0.164	0.311	0.032	0.149	1.658	1.586	0.65	1.753	0.409	2.064
2015	0.155	0.273	0.067	0.084	1.582	1.326	0.571	1.742	0.375	2.088
2016	0.176	0.156	0.032	0.102	1.548	1.317	0.505	1.715	0.341	1.927
2017	0.096	0.103	0.022	0.081	1.419	1.442	0.566	1.811	0.361	2.011
2018	0.109	0.102	0.02	0.102	1.646	1.465	0.569	1.832	0.362	1.992
2019	0.112	0.147	0.03	0.166	1.925	1.441	0.651	1.87	0.319	1.998
2020	0.083	0.109	0.068	0.198	1.323	1.264	0.439	1.85	0.295	1.996
2021	0.088	0.082	0.034	0.368	1.232	1.735	0.442	1.959	0.289	2.066

资料来源：整理自联合国 UNComtradeDatabase 和世界贸易组织 WTOStats

① za-RCA-n 和 cn-RCA-n 分别代表南非和中国占显性比较优势的产品的类别。

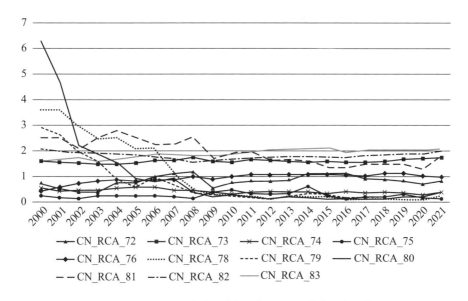

图 5-9　2000—2021 年中国贱金属商品国际比较优势变化情况

资料来源：联合国 UN Comtrade Database, https://comtradeplus.un.org/

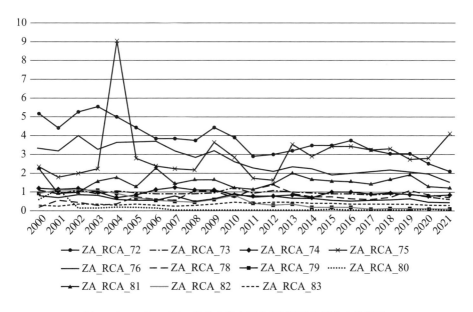

图 5-10　2000—2021 年南非贱金属商品国际比较优势变化情况

资料来源：联合国 UN Comtrade Database, https://comtradeplus.un.org/

$$IIT=1-|X-M|/(X+M) \qquad (4)$$

公式中 X 和 M 分别表示某一特定产业或某一类商品的出口额和进口额，且对 X-M 取绝对值。T 的取值范围为（0，1），当 T=0 时，表示没有发生产业内贸易，两国间贸易均为产业间贸易；而 T=1 时，说明产业内进口额与出口额相等，贸易全部为产业内贸易，T 值越大，说明产业内贸易程度越高，一般以 0.5 作为临界点。

从表 5-7 的计算结果可以看出，中南两国在贱金属类商品贸易中以产业间贸易为主，产业内贸易发生较少。这表明中国与南非在贱金属行业的生产力水平存在较大差异，且两国的优势产品分布不尽相同，从而导致该行业内的商品主要呈单向流动。换言之，在双边贸易中，一国主要表现为某类商品的出口国，而另一国则主要作为该类商品的进口国。产业内贸易指数的计算结果进一步证明，中国在贱金属及其制品贸易中主要对南非形成出口导向，同时，与南非本地产品也存在竞争关系。这一现象与南非针对中国贱金属产品频繁发起反倾销调查的情况高度契合，即南非政府对中国贱金属产品的倾销风险持有较高关注，并采取相应的贸易防御措施，以保护本国相关产业的可持续发展。

表 5-7　中国与南非贱金属及其制品各类商品产业内贸易指数（2000—2021 年）

	72	73	74	75	76	78	79	80	81	82	83
2001	0.081	0.088	0.077	0.002	0.185	0.000	0.000	0.004	0.866	0.002	0.010
2002	0.120	0.070	0.107	0.575	0.176	0.000	0.533	0.000	0.784	0.004	0.016
2003	0.057	0.037	0.183	0.007	0.086	0.000	0.000	0.007	0.632	0.001	0.001
2004	0.110	0.113	0.575	0.012	0.115	0.036	0.725	0.004	0.952	0.005	0.001
2005	0.143	0.056	0.612	0.012	0.264	0.067	0.076	0.000	0.887	0.001	0.015
2006	0.390	0.078	0.763	0.355	0.379	0.090	0.130	0.000	0.617	0.006	0.005
2007	0.204	0.025	0.371	0.153	0.695	0.000	0.267	0.000	0.696	0.002	0.002
2008	0.330	0.040	0.387	0.034	0.807	0.000	0.283	0.000	0.291	0.001	0.006

续表

	72	73	74	75	76	78	79	80	81	82	83
2009	0.293	0.029	0.402	0.014	0.541	0.000	0.957	0.000	0.808	0.008	0.004
2010	0.200	0.026	0.406	0.006	0.848	0.000	0.078	0.000	0.969	0.280	0.003
2011	0.260	0.041	0.327	0.008	0.786	0.000	0.473	0.020	0.755	0.011	0.000
2012	0.392	0.046	0.257	0.030	0.867	0.004	0.127	0.000	0.399	0.024	0.000
2013	0.512	0.047	0.241	0.015	0.708	0.617	0.114	0.000	0.538	0.038	0.001
2014	0.442	0.039	0.254	0.012	0.671	0.008	0.022	0.001	0.541	0.017	0.003
2015	0.428	0.031	0.241	0.008	0.260	0.007	0.085	0.000	0.899	0.006	0.004
2016	0.363	0.031	0.294	0.011	0.106	0.010	0.000	0.000	0.982	0.004	0.002
2017	0.309	0.033	0.264	0.081	0.175	0.398	0.000	0.000	0.841	0.004	0.006
2018	0.362	0.022	0.195	0.008	0.177	0.313	0.000	0.026	0.864	0.003	0.001
2019	0.337	0.039	0.143	0.010	0.192	0.099	0.062	0.023	0.732	0.002	0.001
2020	0.327	0.075	0.135	0.014	0.227	0.101	0.702	0.000	0.816	0.011	0.005
2021	0.731	0.050	0.097	0.008	0.330	0.207	0.000	0.000	0.231	0.002	0.007

资料来源：整理自联合国 UN Comtrade Database 和世界贸易组织 WTOStats

　　综上所述，南非对中国的反倾销调查呈现出数量减少、执行力度增强、行业集中度提升的趋势，这与两国在贱金属行业长期存在的不对称依赖关系和竞争格局密切相关。尽管双边贸易中矿产及金属类商品的贸易规模持续扩大，表明双方对该领域的稳定需求，但行业竞争的加剧也导致贸易摩擦难以避免。与纺织类商品不同，贱金属行业的贸易争端难以通过单纯的政策性限制手段解决，因此需要探索更加可持续的协调机制。在未来的双边经贸合作中，双方应着眼于优化产业对接、完善贸易协调机制、推动贸易结构多元化，以在满足生产和消费需求的同时，降低因市场竞争加剧而导致的贸易摩擦，从而实现更加平衡和可持续的经济合作。

（五）优化双边贸易结构的新尝试：以投资取代贸易

随着两国战略关系的不断提升，双边合作的制度体系不断完善，加上双方各有所长的出口贸易竞争优势，中南经贸合作一定能够释放更大潜力，因为既符合市场规律，又满足双方期待。创新贸易摩擦和商品市场竞争解决方式，可以考虑尝试以投资设厂替代出口贸易，或能妥善解决当前存在问题，推动中南经贸合作更加可持续。本章接下来将以案例研究来进行分析说明。

1. 中国某矿业公司在南非的得与失

中南之间的铬贸易，是矿产及金属类商品贸易中具有代表性的方向。一方面，中国在铬资源方面对南非的依赖度高，中国用铬基本都来自南非，2022年中国从南非进口铬矿的比例占该类商品总进口的82.11%，[1]而中国本身并不出产铬矿，再加上近几年，该矿业公司在南非不断扩大投资规模，控股了世界上最大的铬资源公司；另一方面，中南铬贸易往来与上文提到的长期受到反倾销调查的钢铁及其制品相似，中国铬铁冶炼在过去的几年中增速明显，从南非进口铬矿再出口铬铁制品，而资源丰富的南非铬铁出口量则逐年下降、并在2021年被中国超越。[2]

按照供应链的安排逻辑，大约2.5吨铬矿仅能生产1吨铬铁，而每吨原料从南非运往中国则要多付约100美元的物流费用，再加上原料采购以及在中国的能耗、污染治理成本等，其实在南非完成冶炼工序更符合供应链原理和成本考量。然而，因为缺乏在南非当地的投资管理和文化融合经验，[3]投资南非工厂的计划目前仍然搁置，尽管前往南非投资设厂更加符合

---

① 文中铬矿指海关编码261000商品。数据来自联合国 UN Comtrade Database, https://comtradeplus.un.org/TradeFlow?Frequency=A&Flows=M&CommodityCodes=TOTAL&Partners=156&Reporters=all&period=2022&AggregateBy=none&BreakdownMode=plus。

② 文中铬铁指海关编码720249商品，2021年中国总出口量为8809吨，南非为3872吨。数据来自联合国 UN Comtrade Database, https://comtradeplus.un.org/TradeFlow?Frequency=A&Flows=M&CommodityCodes=TOTAL&Partners=156&Reporters=all&period=2022&AggregateBy=none&BreakdownMode=plus。

③ 2022年10月4日对中国驻南非某矿业公司高管的线上访谈。

成本收益核算逻辑。中方仍需大力提升国际化和属地化投资经营能力，以便长远缓解中南贸易争端、推动中南贸易结构优化、加深两国经贸合作。阻碍中国企业在南非投资的是企业当地经营环境和自身经营管理两方面的挑战，这些都影响了企业的经营效率，而效率直接与成本和效益相关，最终左右了企业的投资意愿。从南非本身的政治而言，活跃的公民社会对自由、平等和劳工权利的高度关注使得南非的工会、社区等政治力量非常强大，频繁的抗议和罢工活动也增加了中国企业预期的经营成本。经济上，在旧企业向新企业转型的过程中，大公司仍掌握在白人手里，黑人的就业地位没有得到很好的改善，世界第一的贫富天壤之别很可能是社会风险的定时炸弹，让外来投资者往往望而却步。

这对于原本存在高语言文化差距挑战的中国企业，更增加了沟通的难度。多重因素的综合作用下，很多中国企业宁愿承担较高的成本、选择在中国维持生产，而非尝试前往南非投资面临更多样的风险与挑战。

本研究团队调研过程中，已经长期在南非进行投资尝试的中国企业家们，在鼓励中国企业更多来投资的同时，也结合长期的亲身经历与观察提出了五点对于来南非投资的相应建议：一是进一步完善现代化公司制度、关注企业的管理细节，学习先进的管理观念。中国公司名义上是董事会管控，但容易出现任命董事而不授权、由行政领导亲任董事但又无时间参与董事会工作的情况，这导致管理环节实际"魂不附体"、甚至失控，最终导致投资失败。二是必须适当授权，因为职权关系不清会影响决策效率，是已经在国际舞台上中国公司最常见的问题——上级领导对于一线管理人不能有效授权，使其充分发挥职业经理人的作用，特别是具备国际化经营理念、已经有长期国际化管理经验的人员的管理能力不能充分调动，是很多中国企业的短板。三是薪酬激励机制需要实施，以吸引优秀的企业高管，特别是南非本土的优秀高管。四是要有开放的国际化人才观念，特别是由于语言沟通和文化差异的客观存在，中国公司往往只把本单位或自己熟悉的员工当作值得信任的人，却忽视了这些人的真实能力和胜任资质，而南非实际上有大量非洲裔、欧洲裔、印度裔、亚裔人和本地入籍南非的华裔等多元商界人才，只有本着开放的视野、广泛吸收人才，包括也培养通晓外语、具备国际管理知识和经验的高级中方管理人才，企业才能立于不败之地。五是危机处理速度一定要提升，以适应南非这样成熟的资本市场，只有变化速度更快才能够应对风险——中国企业的整体国内决策机制与运作习惯还相对不够灵敏，难以适应国外经营所需的危机处理速度。此外，在南非投资的中国公司，还宜采取谨慎和稳健的经营方针，同时也需要认真学习南非法律，尽量做到合规，学会用法律手段保护自己的权利。

推动以投资代替贸易虽然可能会面临上述种种挑战，但以铬和钢铁等贱金属贸易为例，中南目前的贸易格局并不稳定：一方面，中国国内碳排放政策和欧盟与英国碳关税政策的出台，会进一步增加国内企业的生产和销售成本；另一方面，南非相应原料商品出口税的发展，也将进一步增加中国企业进口原材料的成本，甚至因为新一轮全球南方国家普遍涌动资源民族主义热潮而难以获得。两相叠加，中国贱金属冶炼产业将会因缺乏足够时间进行重新布局而受到影响。同时，前往南非进行投资也并非只有潜在的巨大风险。由于来自中国的投资不仅能够对南非铬铁等产业进行升级改造，也可以增加南非直接就业人数，利用得当，这些都能成为获得政策优惠和企业声望的重要资本，也有利于中国企业降低进入国际市场的门槛。

2. 电器公司海信的成功本土化投资生产经验

尽管困难重重，近 10 年来，中资企业已经在南非投资了许多项目，也取得了一定的成绩，不仅实现了企业本身的国际化发展，也对当地发展起到了整体的带动作用，海信公司就是其中代表之一。海信在南非的代表处初设于 1994 年，经过多年发展，电视和冰箱等白色家电在南非的市场占有率稳定在 30%，成为了当地的行业第一。其在南非的真正本土化发展和成功始于 2013 年，在当地政府和中非发展基金的支持下在开普敦建厂，由此给当地做出了巨大的贡献：一是贡献了就业机会并提升了员工个人的职业能力，很多当地员工进入管理层；二是扩大了"南非制造"的影响力，将产品向南部、东部和西部非洲国家出口，甚至不断进入欧洲市场；三是不断推动技术扩散和转移，通过向当地伙伴设备租赁和人员培训等方式推动当地行业整体向前发展，提供了更多的就业创业机会。①

海信公司的经验证明，推动贸易转向投资过程中最重要的工作内容之

---

① 2022 年 10 月 4 日，本研究团队对该公司代表进行的线上访谈。

一，就是创造良好的人才生态。人才培养是形成良好人才生态的基础。

第一，面对既有市场上适合的人力资源不容易获得的现实，公司要重点培养与公司在当地生产经营所需方向一致的人才，即能服务于企业的经营需要，又符合南非当地政府和社区的期待，企业在解决本土化需求、获得经营收益的同时，也能提高企业的本土认可度，降低本地化难度。实际上，南非总统拉马福萨和通信部等部部长都在不同场合多次强调，外来投资者到南非经营，需要投资于人才培养、进行相应技能提升。第二，要重点针对与公司在当地生产经营所需一致的专业方向进行补充性教育建设，尤其需要关注现有职业教育和大学教育中比较欠缺的专业。第三，企业要建立畅通的本地雇员与中国管理人员之间的交流渠道，通过多种方式实现交流和沟通、了解本地员工需求，也克服两国之间的文化和语言障碍。第四，要为本地雇员指出清晰的发展道路，为员工提供定期的职业技能培训，完善本地雇员的工作晋升机制、建立本土人才梯队。最后，企业要提供恰当的物质与精神激励，从中国母公司到南非本地分公司甚至职能部门，都可以通过多样的激励方式来提高本地雇员对公司的认可度和归属感。以上建议举措，不仅有助于公司在南非的经营提供充足的人力资源，也是承担社会责任的一种体现。通过受益者分享，为中国企业在南非创造了建立声誉的渠道，提高关于企业信息和社会贡献等方面的宣传效率，增加当地社区和媒体对中资企业活动的了解，减少中南民间存在的误解，让中资企业真正成为推动中南友好的动力。

结语：中南关系新起点下的经贸合作

在国际地缘政治环境动荡、地区冲突频发的背景下，尚未走出新冠疫情经济和社会打击的南非，持续遭遇国际供应链中断引发的高物价压力和高失业率，电力危机叠加外部危机，进一步下拉其经济增长率，考验着这个国家的韧性。各种艰难挑战之下，南非得以在约翰内斯堡成功主办 2023 年金砖峰会，与中国开展的多元经贸合作尤其被寄予厚望，成为南非转危为机、实现发展的坚实助力。本文回顾了中南建交以来的贸易关系发展历程，盘点分析了双边既有经贸合作中的问题与其深层矛盾，并在此基础上探讨下一个阶段如何调校双边合作中固有的结构性矛盾、更好平衡互利共赢关系、助力南非对于与中国合作的预期。

中国与南非的经贸合作随着两国政治关系发展而不断深化，但也面临着不同的挑战。两国贸易往来基本符合市场规律，实现了优势互补，且双方出口优势商品国际竞争力之间存在差异，可以避免产生大规模尖锐贸易冲突和抢夺市场的可能性。但在贱金属等少数行业内，两国间存在不对称的相互依赖关系，生产结构也有相似性，使这类行业成为了中国南非平稳推进贸易关系发展过程中的障碍。

在中南关系新起点下，双边政策决策者从顶层设计角度应该进行长远全面的综合性规划，尝试用政策激励机制推动贸易转向投资，尤其是占据重要地位的矿物及金属行业，符合两国各自发展利益的基础上，缓解两国之间既有的贸易竞争。根据既有的有关企业的实践，虽然挑战很多，但能够充分发掘两国各自比较优势，实现更大程度的贸易互补。这要求中国在南非企业更深入理解和遵守当地法律法规，在命运与共、互利共存的认知下积极地承担相应的社会责任，与南非本地社区共同发展，塑造更好的中国形象，增加当地社群对中国企业活动的了解，减少民间误解，让经贸往来携手人文交往，助力实现未来更为稳健、可持续的中南关系。

可持续发展视角下南非的结构性安全与发展困境

——兼论中南社会治安与安保合作

〔乍得〕东罗纳·阿达瓦·托马

> 安全与保障并非天然而成，而是源自集体共识与公共投入。我们有义务为孩子们——社会中最易受伤害的群体——营造一个没有暴力和恐惧的生活环境。

> ——纳尔逊·曼德拉

引　言

安全与发展是人类社会发展的两大核心主题，两者相互依存、相互影响。在国际社会逐渐认识到和平与安全是实现各项发展目标的前提条件的同时，从 2000 年联合国千年发展目标（Millennium Development Goals）到 2015 年可持续发展目标（United Nations Sustainable Development Goals）的提出，安全已被明确置于发展议程的核心位置。根据经济合作与发展组织（OECD）的理解，安全不仅是人们生活的根本，更是实现经济、社会和政治可持续发展的基石，对于保护人权至关重要。[①]

随着南非在结束种族隔离后的经济迅速发展，以及全球化进程的深入推进，这个国家不仅成为非洲大陆的经济引擎，也逐渐成为国际舞台上重要的参与者。南非的发展吸引了来自周边国家及全球其他地区的年轻人，他们怀揣着希望，来到这个充满机遇的国家寻找就业与发展的可能。更重要的是，非洲其他国家对南非抱以厚望，期待它在地区乃至全球层面发挥领导作用，成为维护非洲大陆利益的重要力量。

然而，在追求现代化和可持续发展的征途中，南非面临着深层的结构性挑战。这些挑战，如社会结构性的不平等和广泛的失业问题，虽表面看

[①] OECD, *The OECD DAC Handbook on Security System Reform: Supporting Security and Justice*, OECD Publishing, Paris, 2008, pp. 13–20. https://doi.org/10.1787/9789264027862-en, accessed 2 August 2023.

似是现代化进程中的普遍现象，实则深嵌于南非复杂的历史背景之中，特别是种族隔离时期留下的遗产，成为了影响南非社会稳定和转型发展的持久难题。南非今日社会的安全挑战，恰恰是这些历史形成的结构性矛盾的直观体现，特别是暴力犯罪、强奸、凶杀等现象，严重破坏了国家的社会秩序和公民的生活质量。

与此同时，南非国内也存在着复杂的犯罪网络中心，不仅活动频繁，而且与全球犯罪组织有密切联系，以高度组织化、专业化的方式进行从贩毒到人口走私等各种非法活动。更为糟糕的是，警察、检察机关和监狱部门等多个国家机构内部的腐败，为犯罪活动提供了滋生的土壤。此外，各种国际犯罪分子也视南非为重要据点和非法活动基地，使得南非的国家安全形势更加复杂多变。在这种背景下，南非在维护社会安全、打击犯罪和铲除腐败的同时，还面临着实现真正现代化与可持续发展所亟须解决的深层次结构性经济与社会转型难题，挑战之艰巨，任务之艰辛，难以言喻。

关于南非安全问题的研究跨越多个学科领域，主题广泛，观点多样。其中，犯罪与暴力是现有文献中反复聚焦的议题，并被普遍视为南非社会的重要特征。相关研究不仅探讨了暴力犯罪、财产犯罪、性别犯罪等具体类型，还深入分析了这些犯罪现象的深层根源及其对社会产生的广泛影响。根据"非洲晴雨表"的调查，犯罪和不安全是南非民众认为政府要解决的最急迫问题。[①]大量有关南非安全问题研究的学术研究和政策报告，则强调了种族隔离政策对南非社会和经济不平等的长期影响，认为植根于这一历史时期遗留的不平等就如同"火药桶"，是随时可能爆炸的根本安全挑战。[②]同时，失业、教育等社会问题也是安全问题的深层根源，而青

---

① Anyway Chingwete, "Crime and insecurity remain near the top of South Africans' agenda," *Afrobarometer*, June 2017, https://www.afrobarometer.org/publication/ad154-crime-and-insecurity-remain-near-top-south-africans-agenda/, accessed 28 September 2023; Afrobarometer, "Is crime dividing the Rainbow Nation? Fear of crime in South Africa," *Afrobarometer*, Briefing Paper No. 96, 2010, https://www.afrobarometer.org/publication/bp96-crime-dividing-rainbow-nation-fear-crime-south-africa/, accessed 28 September 2023.

② Ashwin Desai, "Geographies of racial capitalism: the 2021 July riots in South Africa," *Ethnic and Racial Studies*, Vol. 46, No. 16, 2022, p. 2.

年高失业率，则极大地增加了青年人参与犯罪、加入反政府组织或参与暴力排外活动的可能性。[1]尽管南非政府在应对这些挑战方面做出了努力，但这些问题仍然是社会发展的重大障碍。本章聚焦于南非在追求可持续发展的征途中遇到的安全困境，特别是关注其深层的结构性根源，揭示南非面临的安全挑战与其发展目标之间的复杂关联，因为安全问题已经成为制约南非吸引更多外来投资、推动国家经济发展和全面可持续发展目标的重大挑战。

（一）南非安全难题的深层结构性根源

南非社会的安全挑战主要表现为日益增长的各类犯罪和暴力行为，包括严重的暴力犯罪、抢劫、强奸案件以及针对外国人的仇外暴力事件。这些犯罪行为不仅严重扰乱社会治安、影响人民的日常生活和安全感，而且对经济的发展和转型产生了巨大阻碍，进而对实现可持续发展目标构成了严峻挑战。同时，这些不安全现象也给政治环境带来了不确定性，对国家的稳定和发展前景造成了影响。南非面临如此多不安全挑战是多方面错综复杂的深层原因所致，贫困、社会不平等、高失业率以及大规模的腐败等问题被视为最直接和显著的诱因，长期积累形成影响国家社会、经济和政治结构的复杂问题，而且相互交织、相互影响，呈现为综合性结构性困境。

追溯南非的历史，我们可以清晰地看到，现在的结构性困境有着深厚的历史根源，殖民历史和种族隔离时期留下的制度性遗产对国家影响深远。种族隔离制是建立在殖民主义基础上的，通过肤色将人群划分为不同等级，从而进行分别管理。这一制度深入到社会的各个层面，包括政治、经济、法律、教育和医疗等，导致了深刻的社会不平等。尽管种族隔离制度的终结标志着南非社会历史性的转折点，但自民主政府成立以来，历史遗留下来的影响依然以结构性问题的形式持续存在，深刻地影响着国家的各个领域。

---

[1] Ayanda Nyoka and Rorisang Lekalake, "Improving prospects for South Africa's youth: Education, vocational training still key priorities," *Afrobarometer*, 2015, https://www.afrobarometer. org/publication/ad36-improving-prospects-south-africas-youth-education-vocational-training-still-key/, accessed 28 September 2023.

当前南非面临的国内安全问题，很大程度上来自于历史遗留的深层结构性问题。

南非的主要安全挑战来自国内各类犯罪行为，而且近年来并没有明显好转的迹象。据《2023 年全球有组织犯罪指数》显示，南非在有组织犯罪的问题上得分高达 7.18，在 193 个国家中居第七位，在非洲国家中排名第三，仅次于刚果（金）和尼日利亚。此外，南非在犯罪市场得分方面同样表现突出，以 6.87 的得分排在世界第六、非洲第二的位置。[1] 另一方面，2023 年南非的犯罪率为 75.5%，高居非洲之首，全球排名第五，仅次于海地、阿富汗、巴布亚新几内亚和委内瑞拉，[2] 其他年份排名详见表 5-8。可见南非国内犯罪问题严峻。

表 5-8　2015—2023 年南非犯罪指数在世界与非洲地区的排名

排名/年份（年）	2015	2016	2017	2018	2019	2020	2021	2022	2023
南非犯罪指数（%）	78.4	78.4	75.7	75.7	76.8	77.5	77.1	76.1	75.5
在非洲的排名	2	2	2	1	1	1	1	1	1
在世界的排名	4	3	5	4	4	3	3	4	5

资料来源：Numbeo

从南非警察局发布的年度犯罪统计可以看出，南非的犯罪情况被细分为七个主要类别：接触犯罪、性犯罪、情节严重的抢劫、与接触有关犯罪、与财产有关犯罪、其他严重的犯罪和警方行动侦破的犯罪案件（详见图 5-11）。这些分类揭示了南非犯罪的多样性和复杂性，反映了该国在维护社会安全方面面临的各种挑战。

综上，虽然新南非取得一些社会经济进步，但犯罪和安全问题严峻，不仅影响了国家的内部稳定，也严重影响其经济发展和国际形象。

---

① Global Initiative, *Global Organized Crime Index 2023: A fractured world*, https://ocindex.net/report/2023/0-3-contents.html, accessed 1 October 2023.

② Numbeo, "Crime Index by Country 2023 Mid-Year," https://www.numbeo.com/crime/rankings_by_country.jsp, accessed 9 August 2023.

■ 警方行动侦破犯罪案件 ■ 其他严重的犯罪 ■ 与财产有关的犯罪 ■ 与接触有关犯罪
■ 情节严重的抢劫 ■ 性犯罪 接触犯罪（侵害人身罪）

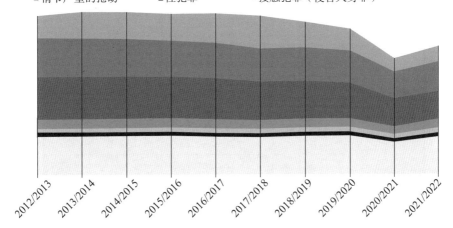

图 5-11 2012—2022 年南非犯罪情况

资料来源：South Africa Police Services (SAPS), Police Recorded Crime Statistics, pp. 3–4

1. 结构性不平等与贫困问题

南非的社会经济环境深受结构性不平等与贫困的影响，这两个问题不仅是该国面临的核心发展挑战，也是社会不安全的重要根源，严重阻碍了南非在社会、经济和政治各方面的进步。种族隔离和殖民主义的历史遗产在南非社会中根深蒂固，以种族资本主义和种族歧视的形式持续影响着社会的各个层面。[①] 这些历史遗产不仅加剧了社会不平等，还妨碍了国家的发展和社会的和谐。

南非在全球不平等指数中位于领先位置（见表 5-10），比如世界银行报告指出，南部非洲关税同盟地区（Southern African Customs Union，SACU）是全球最不平等的地区之一，南非作为该地区最大的经济体，不平等程度在全球贫困数据库的 164 个国家中排名第一。[②] 同样，联合国和非盟也做出了类似评估，强调南非及其周边国家在应对不平等与贫困问题方面面临严峻挑战。实现社会安全的目标，必须以解决这些深层次结构性问题为前提。因此，推动发展与实现社会稳定不仅紧迫，而且充满复杂性。

---

① Andy Clarno & Salim Vally, "The context of struggle:racial capitalism and political praxis in South Africa," *Ethnic and Racial Studies*, 2022, pp. 1–23.

② Victor Sulla, PreciousZikhali, Pablo Facundo Cuevas, *Inequality in Southern Africa: An Assessment of the Southern African Customs Union*, Washington, D. C.: *World Bank Group*, 2022, p. 9.

表 5-9　犯罪案件数量统计表（按省份）

犯罪类别	2021—2022年	2022—2023年	计数差异	变化（%）	东开普敦	自由州	豪登省	夸祖鲁纳塔尔	林波波	普马加兰	西北	北开普敦	西开普敦
接触犯罪（侵害人身罪）[Contact Crimes (crimes against the persons)]													
谋杀	25,181	27,494	2,313	9.2%	5,150	979	6,411	6,947	1,013	1,344	1,108	392	4,150
性犯罪	52,694	53,498	804	1.5%	8,269	3,415	10,997	10,106	4,689	3,294	3,899	1,535	7,294
谋杀未遂	22,095	25,131	3,036	13.7%	2,519	1,326	6,161	6,307	1,068	1,417	1,039	1,700	3,594
意图造成他人严重伤害的攻击犯罪	162,842	169,374	6,532	4.0%	24,218	12,030	38,031	26,397	13,205	10,766	14,377	6,810	23,540
一般攻击	169,963	185,374	15,411	9.1%	15,095	15,541	50,891	25,965	10,889	8,810	10,622	5,761	41,800
一般抢劫	41,600	47,057	5,457	13.1%	2,903	1,945	15,682	7,562	3,232	2,007	2,539	1,107	10,080
加重情节抢劫	132,788	146,125	13,337	10.0%	13,021	4,603	53,633	26,798	8,004	8,948	7,108	1,569	22,441
接触犯罪总数	607,163	654,053	46,890	7.7%	71,175	39,839	181,806	110,082	42,100	36,586	40,692	18,874	112,899

犯罪类别	2021—2022年	2022—2023年	计数差异	变化（%）	东开普敦	自由州	豪登省	夸祖鲁纳塔尔	林波波	普马加兰	西北	北开普敦	西开普敦
性犯罪（Sexual Offences-Breakdown）													
强奸	41,739	42,780	1,041	2.5%	6,829	2,671	8,708	8,433	4,021	2,772	3,218	1,099	5,029
性侵害	7,798	7,483	−315	−4.0%	913	488	1,863	1,140	391	374	387	253	1,674
性犯罪未遂	2,027	2,376	349	17.2%	419	163	273	394	229	103	245	144	406
接触性犯罪	1,130	859	−271	−24.0%	108	93	153	139	48	45	49	39	185
严重抢劫的一些子类别（Some Subcategories of Aggravated Robbery）													
劫车罪	20,923	22,702	1,779	8.5%	1,866	271	11,248	3,731	569	1,271	612	38	3,096
住宅场所抢劫	21,832	23,065	1,233	5.6%	2,154	638	7,728	5,991	1,354	1,582	1,093	157	2,368
非住宅场所抢劫	20,012	20,054	42	0.2%	2,205	871	6,312	3,531	1,943	1,947	1,394	269	1,582
现金抢劫	238	238	0	0.0%	45	7	88	33	24	21	8	1	11
银行抢劫	13	4	−9	9counts lower	2	0	2	0	0	0	0	0	0
卡车劫持	1,741	1,995	254	14.6%	176	53	1,219	105	38	229	67	2	106

续表

犯罪类别	2021—2022年	2022—2023年	计数差异	变化（%）	东开普敦	自由州	豪登省	夸祖鲁纳塔尔	林波波	普马兰加	西北	北开普敦	西开普敦
与接触有关犯罪（Contact-Related Crimes）													
纵火罪	4,102	3,626	-476	-11.6%	583	142	440	690	344	270	250	196	711
恶意破坏财产	113,403	115,118	1,715	1.5%	12,874	6,985	28,767	14,083	7,808	5,761	6,903	4,077	27,860
与接触有关犯罪总数	117,505	118,744	1,239	1.1%	13,457	7,127	29,207	14,773	8,152	6,031	7,153	4,273	28,571
与财产有关的犯罪（Property-Related Crimes）													
非住宅场所入室盗窃	62,197	62,588	391	0.6%	7,698	5,008	13,599	8,882	6,007	5,279	4,996	2,759	8,360
住宅内入室盗窃	156,170	163,493	7,323	4.7%	18,916	11,659	35,899	26,578	11,768	12,285	11,850	6,363	28,175
盗窃机动车和摩托车	37,402	37,461	59	0.2%	1,693	793	19,530	6,343	777	1,484	1,723	162	4,956
机动车辆内的盗窃	81,504	87,173	5,669	7.0%	8,681	4,147	23,931	11,813	3,412	4,490	4,396	2,227	24,076

续表

犯罪类别	2021—2022年	2022—2023年	计数差异	变化(%)	东开普敦	自由州	豪登省	夸祖鲁纳塔尔	林波波	普马加兰	西北	北开普敦	西开普敦
库存盗窃与财产有关	25,001	25,255	254	1.0%	5,561	3,024	1,112	5,665	2,539	2,722	2,955	987	690
有关犯罪总数	362,274	375,970	13,696	3.8%	42,549	24,631	94,071	59,281	24,503	26,260	25,920	12,498	66,257
其他严重的犯罪（Other Serious Crimes）													
未提及的其他所有盗窃行为	249,215	275,452	26,237	10.5%	25,440	16,985	75,296	37,292	17,452	13,682	16,088	8,652	64,565
商业犯罪	102,057	112,592	10,535	10.3%	10,295	4,351	37,581	18,247	5,853	5,990	7,110	1,872	21,293
入店行窃	42,549	49,697	7,148	16.8%	3,768	2,513	15,659	8,033	3,350	3,048	1,918	1,345	10,063
其他严重的犯罪	393,821	437,741	43,920	11.2%	39,503	23,849	128,536	63,572	26,655	22,720	25,116	11,869	95,921
17个社区报告的严重犯罪总数	1,480,763	1,586,508	105,745	7.1%	166,684	95,446	433,620	247,708	101,410	91,597	98,881	47,514	303,648

警方行动侦破犯罪案件（Crime Detectedasa Result of Police Action）

续表

犯罪类别	2021—2022年	2022—2023年	计数差异	变化（%）	东开普敦	自由州	豪登省	夸祖鲁纳塔尔	林波波	普马加兰	西北	北开普敦	西开普敦
非法持有枪支与弹药	13,549	15,649	2,100	15.5%	2,038	563	4,273	3,717	636	814	742	70	2,796
与毒品有关犯罪	140,326	162,122	21,796	15.5%	11,135	5,607	34,963	23,045	6,833	5,001	5,896	2,579	67,063
酒后或毒后驾驶	43,873	41,768	-2,105	-4.8%	2,970	2,468	18,676	2,783	1,607	1,447	2,310	251	9,256
警方行动发现的性犯罪	7,242	9,589	2,347	32.4%	18	1,184	1,458	2,694	2,927	7	1,257	3	41
警方行动侦破犯罪案件总数	204,990	229,128	24,138	11.8%	16,161	9,822	59,370	32,239	12,003	7,269	10,205	2,903	79,156
绑架	10,826	15,342	4,516	41.7%	784	538	7,822	3,089	452	979	628	98	952

资料来源：South Africa Police Services (SAPS), *Annual Crime Stats 2022/2023*

表 5-10　全球前十个最不平等的国家

国家	排名	指数	人口
南非	1	63%（2014 年）	60,414,495
纳米比亚	2	59.1%（2015 年）	2,604,172
苏里南	3	57.9%（1999 年）	623,236
赞比亚	4	57.1%（2015 年）	20,569,737
圣多美和普林西比	5	56.3%（2017 年）	231,856
中非共和国	6	56.2%（2008 年）	5,742,315
斯威士兰	7	54.6%（2016 年）	1,210,822
莫桑比克	8	54%（2014 年）	33,897,354
巴西	9	53.4%（2019 年）	216,422,446
博茨瓦纳	10	53.3%（2015 年）	2,675,352

资料来源：World Population Review, "Gini Coefficient by Country 2023," https://worldpopulation-review. com/country-rankings/gini-coefficient-by-country, accessed 14 August 2023; Word Bank, "Gini Index," https://data.worldbank.org/indicator/SI.POV.GINI, accessed 14 August 2023; Joe Hasell, Pablo Arriagada, Esteban Ortiz-Ospina and Max Roser, "Economic Inequality," Our World in Data, 2023, https://ourworldindata.org/economic-inequality, accessed 14 August 2023.

尽管 1994 年以来新南非积极推行民主制度和人权（强调人人平等的原则），但国内的结构性不平等问题依然顽固地存在，且有愈发严重的趋势。《2022 年世界不平等报告》指出，与全球和非洲地区整体的财富不平等和收入不平等有所缓解趋势不同的是，南非的情况愈发严峻，因为经济不平等的程度非常突出。[①]

数据显示，收入分配的极端不平衡在南非社会中表现得尤为明显。在这个国家，收入最高的 1% 人口拥有全国近 20% 的总收入，而收入最高的 10% 人群占有了全国 65% 的总收入。在财富分配的不平等情况更为严重，前 10% 的富裕人群占据了超过 85% 的财富。这意味着剩余的 90% 的人口只

---

① L. Chancel, T. Piketty, E. Saez, G. Zucman, *World Inequality Report 2022*, *World Inequality Lab*, 2022, pp. 2017–2018, "Country Sheet," pp. 39–40.

获得 35% 的收入和不到 15% 的财富（见图 5–12）。

收入不平等（税前国民收入前10%份额）

	2015年	2016年	2017年	2018年	2019年	2020年	2021年
●—南非	65.40%	65.40%	65.40%	65.40%	65.40%	65.40%	65.40%
■—非洲	54.50%	54.50%	54.30%	54.30%	54.10%	53.80%	54.30%
—世界	53.10%	53%	53%	52.70%	52.30%	52.50%	52.70%

财富不平等（个人净财富前10%的份额）

	2015年	2016年	2017年	2018年	2019年	2020年	2021年
●—南非	87.10%	86.90%	85.80%	85.60%	85.60%	85.60%	85.60%
■—非洲	72.90%	72.50%	72.10%	72.80%	71.40%	70.90%	71.10%
—世界	101.20%	101.20%	101.20%	101.20%	101.20%	101.10%	75.30%

图 5-12　南非收入和财富不平等（前 10% 份额）

资料来源：World Inequality Database, https://wid.world/country/south-africa/, accessed 13 August 2023

　　这种悬殊的不平等状况深刻反映了南非社会的结构性难题——经济不平等不仅加剧了社会分裂，也构成了对社会稳定和谐的重大威胁。对于一个积极追求发展和进步的国家而言，如此严重的不平等现象无疑是一个巨大的挑战，需要政府和社会各界采取有效措施，从根本上解决这一问题，促进社会的整体发展和进步。

　　南非迄今仍未有效缓解国内的极端贫困问题，2023 年的贫困率高达 62.7%。[①] 南非的国家贫困线（National Poverty Lines, NPLs）设定了三个阈

---

　　① World Bank, "Macro Poverty Outlook for South Africa : April 2024," https://documents1.worldbank.org/curated/en/099613104052410927/pdf/IDU1ffc84f731c8e91470018c4311f71d03092e1.pdf, accessed 18 July 2024.

值标准线来界定贫困，包括粮食贫困线（即极端贫困线）、贫困线下限和贫困线上限。根据生活成本的变化，南非统计局每年都会对这些贫困线进行调整，确保其动态地反映出实际的社会经济状况。2022 年的数据显示，每月收入低于 945 南非兰特（约 51.02 美元）的居民被归类为生活在贫困中，而每月不足 663 南非兰特（约 35.80 美元）的个人则界定为处于极端贫困线下。[1] 世界银行的数据显示，南非全国约有 55.5% 的人口生活在国家贫困线上限，其中 30% 处于极端贫困状态（见图 5–13），具体数字为大约 1819 万人；[2] 他们每天的收入低于 1.9 美元，其中 54% 生活在郊区，19% 生活在市区，其中 28% 为男性，32% 为女性。[3]

　　然而，南非的贫困问题并非仅由经济结构所能解释，其极端的经济不平等与贫困现象明显呈现出种族化和性别化的特征。例如，白人相较于黑人更容易获得高薪工作；女性的收入普遍低于男性；城市地区的工资水平约是农村地区的两倍。这种高度种族化的经济不平等和贫困状况，反映出深刻的种族资本主义的遗留影响。从人口结构来看，尽管黑人约占南非总人口的 81%，但在贫困人口中，黑人占比高达 64%，有色人种占 40%，印度裔和亚裔占 6%，而白人仅占 1%。[4] 值得关注的是，黑人中产阶级的崛起正在逐步重塑社会结构。根据南非开普敦大学 2022 年发布的研究报告，约有 340 万黑人被归入中产阶级行列，占黑人总人口的 7%。[5]

---

① Statistic South Africa, "National Poverty Lines, 2022," https://www.statssa.gov.za/?page_id=1859.

② World Bank, "Poverty headcount ratio at national poverty lines (% of population) - South Africa," https://data.worldbank.org/indicator/SI.POV.NAHC?end=2014&locations=ZA&most_recent_year_desc=false&start=2010, accessed 16 August 2023.

③ World Data Lab, https://worldpoverty.io/map, accessed 15 August 2023.

④ Business Tech, "South Africa's white population continues to shrink," https://businesstech.co.za/news/government/611698/south-africas-white-population-continues-to-shrink/, accessed 16 August 2023; Robinson Nqola, "SA's Poverty Statistics: 64% Black, 6% Asians, 1% White," Power News, 2021, https:// www.power987.co.za/featured/sas-poverty-statistics-64-black-6-asians-1-white/, accessed 16 August 2023.

⑤ University of Cape Town, "Unprecedented first wave of black middle class retirees in 20 years," https://www.news.uct.ac.za/article/-2022-09-28-unprecedented-first-wave-of-black-middle-class-retirees-in-20-years, accessed 16 August 2023.

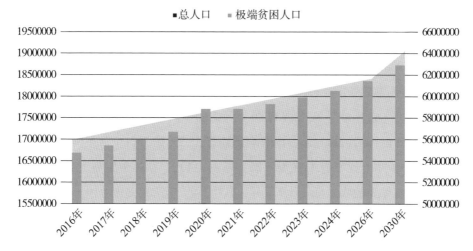

图 5-13　南非总人口增长与极端贫困人口增长趋势（贫困线为每天 1.90 美元）
（2023 年为估计、2024—2030 年为预计）

资料来源：World DataLab，笔者自制图表

在解读南非的人口增长趋势（见图 5–13）时，不得不考虑与之相关的复杂社会经济条件。理论上，人口增长可以作为经济发展的催化剂，为市场提供必要的劳动力，促进生产力的增长。然而，对于南非这样一个经济体系还有很大脆弱性的国家，由于经济发展的滞缓，年轻人口的增长可能无法转化为生产力，反而可能导致青年失业率上升、引发一系列社会问题，如犯罪率升高。失业青年更容易成为人口拐卖、恐怖主义诱导和网络诈骗等非法活动的目标。此外，南非国内人口拐卖问题甚为严重。贩运者利用贫困人口的处境，将他们从农村地区诱骗到城市中，然后迫使他们从事家庭奴役、性奴隶和其他形式的强制劳动。总之，南非的人口增长，特别是在极端贫困群体中的增长，需要紧急关注和解决。

2. 结构性失业问题

在南非，高失业率被广泛认为是该国经济、社会和安全领域面临的一大主要挑战，它不仅是经济滞后的标志，也是社会动荡和高犯罪率的直接触发因素。这种情况凸显了一个深刻的事实：南非所面临的社会安全问题，在本质上是一个发展问题。近年来，南非的失业率呈持续上升趋势，特别是在青年人口失业问题尤为严重。2022 年数据显示，15—24 岁的南非青年人口中有高达 71% 处于失业状态，而在 25—34 岁的年轻人中，这一比例也高达 50%。这些数据反映了南非年轻一代面临的巨大就业压力。根据南非统计局 2023 年第二季度的数据（见表 5–11），全国的失业人数约为 790 万，失业率达到 32.6%，女性的失业问题尤为严重，全国劳动力中有 35.7% 的女性目前没有工作，其中黑人女性的失业率更是高达 39.8%，远高于全国平均水平和其他人口群体。[①] 这一现象不仅凸显了南非就业市场的性别不平等问题，也指向了更深层次的种族化社会经济结构长期得不到纠正。

在深入分析南非的失业问题时，教育不平等的现象显得尤为引人注目。正如图 5–14 所示，在南非的 790 万失业人群中，教育水平与失业状态之间存在着显著的联系。具体来说，半数以上的失业者（50.1%）未能完成中学教育，40.2% 的人拥有中学学历，有 6.6% 的人拥有高等教育学历，而仅有 2.4% 的失业者拥有大学学位。这一数据凸显了教育与就业市场之间的紧密关系，同时也反映了教育机会的不均衡分布在失业问题中的影响。

教育不平等与南非的贫困和经济不平等问题紧密相连、相互作用，形成了一个恶性循环：贫困和经济不平等限制了许多家庭获得高等教育，进而影响了他们在就业市场上的竞争力；边缘化的家庭和地区因为教育资源的缺乏又陷入更深的分配不平等发展困境。教育贫乏与经济不平等的相互作用不仅是社会问题，更是南非社会发展不平衡、贫富差距和其他社会不

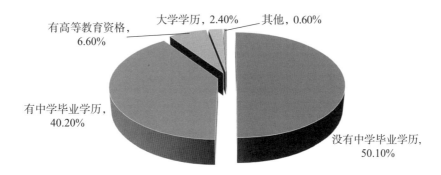

图 5-14 按教育水平划分的失业人口比例

资料来源：Statistics South Africa，图表由笔者整理

---

① Statistics South Africa, "Quarterly Labour Force Survey, Quarter 2: 2023," pp. 1–128.

表 5-11　2023 年第二季度 15—64 岁劳动年龄人口情况（按性别、人群与省份）

人群	男性					女性					总数				
	总数	经济上活跃	经济上活跃			总数	经济上活跃	经济上活跃			总数	经济上活跃	经济上活跃		
			总数	雇佣	失业			总数	雇佣	失业			总数	雇佣	失业
	千位数	千位数	千位数	千位数	千位数	千位数	千位数	千位数	千位数	千位数	千位数	千位数	千位数	千位数	千位数
南非整体															
黑人	16,530	6,011	10,519	6,924	3,595	16,779	7,745	9,034	5,434	3,600	33,309	13,755	19,554	12,358	7,195
有色人种	1,739	559	1,179	931	248	1,847	816	1,031	796	235	3,586	1,375	2,210	1,727	483
印度和亚洲人	546	151	395	352	43	499	268	231	170	61	1,045	419	626	522	104
白人	1,399	368	1,031	979	52	1,407	560	847	760	86	2,806	928	1,878	1,739	139
总数	20,214	7,089	13,125	9,186	3,939	20,532	9,389	11,143	7,160	3,983	40,746	16,478	24,268	16,346	7,921
省份															
西开普敦省	2,442	619	1,823	1,479	344	2,536	933	1,603	1,232	371	4,978	1,552	3,426	2,711	715
东开普敦省	2,219	936	1,283	783	500	2,278	1,169	1,110	661	449	4,498	2,105	2,393	1,444	949
北开普敦省	409	167	242	176	66	424	225	199	146	53	833	392	441	322	118
自由州	977	335	642	427	215	957	446	511	304	208	1,934	781	1,153	730	423

续表

人群	男性					女性					总数				
	总数	经济上活跃	经济上活跃			总数	经济上活跃	经济上活跃			总数	经济上活跃	经济上活跃		
			总数	雇佣	失业			总数	雇佣	失业			总数	雇佣	失业
	千位数	千位数	千位数	千位数	千位数	千位数	千位数	千位数	千位数	千位数	千位数	千位数	千位数	千位数	千位数
夸祖鲁纳塔尔	3,552	1,550	2,002	1,435	566	3,978	2,150	1,827	1,207	620	7,529	3,701	3,829	2,642	1,187
北西	1,428	594	834	571	263	1,333	773	560	310	250	2,761	1,367	1,394	881	513
蒙登	5,675	1,571	4,104	2,808	1,297	5,429	1,928	3,501	2,180	1,320	11,104	3,499	7,605	4,988	2,617
普马加兰省	1,546	528	1,018	663	355	1,578	715	863	495	368	3,124	1,243	1,881	1,158	723
林波波	1,966	789	1,177	843	334	2,019	1,050	969	626	343	3,984	1,839	2,146	1,469	677

资料来源：Statistics South Africa

平等问题的体现——这种不平等的深层结构性根源，需要通过教育制度的改革和其他社会政策的共同努力来予以解决。

在分析南非当前的失业问题时，不可忽视的是它深植于种族隔离时期城市规划的遗留影响。当时的城市规划导致农村居民在地理上与就业中心相距甚远，缺乏接近就业的机会。南非是非洲城市化程度最高的国家之一，城市化率达到 60%，且预计到 2030 年将超过 70%，[①] 种族隔离负面遗产依然深刻影响着该国的城市景观及其社会经济和政治生活：54% 极端贫困人口生活在郊区，从而加剧了从农村向城市的大规模人口迁移，这种人口流动趋势对农村和城市地区都产生了重大影响，包括发展的不平衡、技能流失、非正规住区的扩散、人口过剩以及失业和犯罪率的增加。

种族化经济不平等也反映在人口的就业结构中，正如就业公平委员会主席 Tabea Kabinde 女士在 2022—2023 年的《第 23 届就业公平委员会报告》中指出，南非经济活跃人口中有 80% 是黑人（见表 5-12），但在就业市场上，这一比例并没有得到相应的体现——大多数黑人从事的是低端工作，尤其是在企业界，而如表 5-11 所示，失业人群中有 720 万是黑人；同时，如图 5-15 所示，虽然黑人占全国总人口的 81%、经济活跃人口的 80%，但黑人群体在高层管理职位上的比例仅为 16.9%；相比之下，占经济活跃人口 8% 的白人群体却高达 62.9%，其他职位由印度裔、有色人种和外籍人士占据。[②]

一个引人注目的现象是，在南非，黑人更倾向于在政府部门就业，而白人则主要集中于私营部门。如图 5-16 所示，高层管理、高级管理和专业合格管理中，黑人在政府部门的就业比例远高于白人。这一现象与南非的私有化程度密切相关。据国家土地审计报告显示，大部分土地由个人、公司和信托公司持有，包括城市房产、农业和采矿用地等。种族隔离时期，白人占全国人口不足 10%，却拥有了近 90% 的土地。如今，尽管白人所占

---

① Leslie J Bank, Dorrit Posel and Francis Wilson, eds., *Migrant Labour after Apartheid: The Inside Story,* The Human Sciences Research Council (HSRC) Press, 2020; Leslie Bank, "Patriarchy, migration fuel Afrophobia," *The Mail and Guardian*, October 2019, https://mg.co.za/article/2019-10-11-00-patriarchy-migration-fuel-afrophobia/, accessed 27 September 2023.

② Department of Employment and Labour, "23rd Commission for Employment Equity (CEE) Annual Report 2022–2023," Pretoria, pp. 1–128.

表 5-12　2022 年全国经济活跃人口（按人群与性别划分）

男性		女性		总数
黑人男性	43.4%	黑人女性	36.6%	80.0%
有色人种男性	4.9%	有色人种女性	4.4%	9.3%
印度裔男性	1.7%	印度裔女性	1.0%	2.7%
白人男性	4.5%	白人女性	3.5%	8.0%
总数	54.5%	总数	45.5%	100.0%

资料来源：Department of Employment and Labour (South Africa Government), "23rd Commission for Employment Equity (CEE) Annual Report 2022–2023"

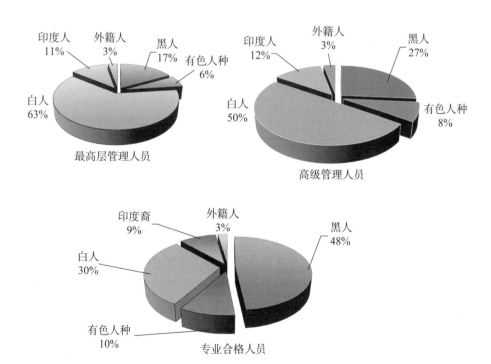

图 5-15　2022 年按人群管理职位分配概况（百分比）

资料来源：Department of Employment and Labour (South Africa Government), "23rd Commission for Employment Equity (CEE) Annual Report 2022–2023"

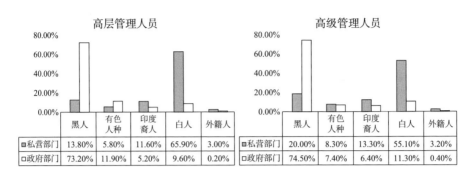

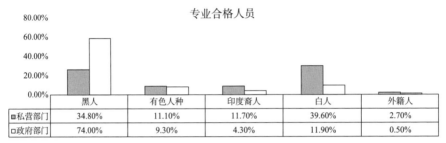

图 5-16　2022 年政府与私营部门管理职位分配情况（按人群百分比）

资料来源：Department of Employment and Labour (South Africa Government), "23rd Commission for Employment Equity (CEE) Annual Report2022–2023"

土地的比例有所降低，但他们依然持有大部分土地，据农村发展和土地改革部 2017 年报告，私有农场和农业用地中，占全国人口 80% 的黑人只拥有 4% 的土地。[①] 尽管南非政府长期以来一直致力于推行土地改革，旨在让 30% 的农田归黑人所有，但土地改革政策的实施进展缓慢。土地问题凸显了南非存在的种族化或种族资本主义问题，不仅加剧了社会和经济不平等，也直接影响了政治稳定。

　　值得注意的是，近年来南非出现了一种矛盾现象：一方面，失业率持续居高不下；另一方面，掌控国家经济命脉的大型资本和私营部门却频频抱怨，称劳动力市场上缺乏具备所需技能和符合岗位要求的工人。据统计，私营部门约有 7.7 万个职位长期空缺。由于上述原因，许多企业选择将岗位外包，或优先雇佣外来劳工，这在很大程度上出于成本因素的考量，例如

　　[①] Rural Development and Land Reform, "Land Audit Report," November 2017, version 2, pp. 1–32.

避免签订正式合同、规避劳动纠纷等问题。无论如何，这一劳动力市场与求职者之间技能错配问题，加剧了高失业率问题，成为影响南非未来发展的关键环节，本书其他章节已经对此进行深度探讨，在此不赘述。

（二）暴力常态化之悖论

1.暴力常态化背后的社会逻辑

在一个特定社会中，当暴力常态化时，它就会被视为该社会的自然组成部分并被接受。如上文提到，犯罪和暴力猖獗、凶杀、抢劫、性别暴力等是南非长期存在的安全问题与隐患，而这些频繁发生的安全问题是复杂而根深蒂固的，深植于长期种族化社会经济不平等的结构性和制度性历史遗存，而且因为历史不公正尚且没有得到纠正，不安全环境长期存在、甚至使暴力常态化。

在种族隔离时代，持续的暴力或有组织暴力与种族歧视普遍存在，在社会中助长了暴力和压迫的文化。学界对南非暴力常态化的研究，已经深入到对于种族隔离时期根源的研究，[①]一些学者则从结构性问题角度讨论制度性暴力，并认为，在种族隔离的结构性不平等、即长期存在的经济不平等、性别不平等背景下，暴力行为常态化在很大程度上是不可避免的，而且这种暴力往往被更直接的暴力所掩盖。[②]暴力常态化有几个因素值得注意，如制度因素、环境因素等，制度化（性）暴力是南非是种族隔离制度的延伸，即便新南非政府做出了相应改革，但尚且没能覆盖那些边边角角和很多漏洞。

此外，长期不安全的环境使得南非人从少年时就适应、甚至内化了

---

① Emmanuel Mayeza, Deevia Bhana & Delarise Mulqueeny, "Normalising violence? Girls and sexuality in a South African high school," *Journal of Gender Studies*, 2022, vol. 31, no. 2, pp. 165–177; Emmanuel Mayeza, "Rape culture: sexual intimidation and partner rape among youth in sexually diverse relationships," *Sexualities*, 2022, pp. 1–17; Karen Graaff & Lindy Heinecken, "Masculinities and gender-based violence in South Africa: A study of a masculinities-focused intervention programme," *Development Southern Africa*, 2017, vol. 34, no. 5, pp. 622–634.

② Shena Lamb and Lyn Snodgrass, "Growing up with normalised violence: narratives of South African youth," *Commonwealth Youth and Development*, 2013, vol. 11, no. 1, pp. 4–21.

暴力，心理和情感影响长期存在。此外，有可能导致少年犯罪行为的家庭和社会因素还包括父母的忽视与虐待及家庭功能失调，其中也包括贫困、缺乏（上学、就业）机会等。① 如《暴力常态化中成长》（Growing up with Normalised Violence: Narratives of South African Youth）一文中指出，对于贫穷家庭和被边缘化的青少年而言，遭受家庭暴力、社区暴力和青年帮派的暴力，是生活的一种常态。② 总之，暴力常态化，是因为人们从早年时生活在条件恶劣的环境，目睹并成为社会暴力的亲历者。

2. 暴力常态化背后的捍卫权益逻辑

在南非，暴力不仅用于保护和捍卫自身权益、获得社会尊严或控制地位，甚至成为解决争端的手段。即便大家都知道暴力的不合法性，但会默许这样的方式与影响力建立的方式，这种暴力的正常化使冲突的循环永久化。暴力常态化态势助长了南非人仇外心理以及民族情感，包括劳工罢工、政治暴力等。

南非的工业化程度高、政局与政治制度相对稳定等因素，吸引了诸多非洲其他国家人口来移民或寻找就业发展的机会。1994 年以来南非爆发了多轮针对外国人的仇外暴力行为，特别是在城市地区；仇外事件往往源于经济竞争和社会紧张局势。此外，一些南非人将外国人与犯罪活动联系起来，负面的刻板印象和敌意是仇外的根源。人文社科理事会 2021 年发表的《南非社会态度调查》报告显示，南非大多数民众将外国人视为威胁，多达 71% 的南非人认为他们是失业和其他社会经济问题的主要根源；只有 33.1% 的南非人认为仇外心理及暴力活动是对外国人的犯罪活动，39.8% 的人指出这对南非经济活动造成影响，30.3% 的人担心移民增加或导致自己失业，也

① Ntando Makhubu, "Why kids become criminals?" *Independent Online and affiliated companies (IOL)*, November, 2015, https://www.iol.co.za/news/south-africa/gauteng/why-kids-become-criminals-1950578, accessed 28 September 2023; Shaheer Gharay, "What Makes Young People Commit Crimes?" *Medium*, July 2022, https://shaheergharay.medium.com/what-makes-young-people-commit-crimes-1a36a031bea2#:~:text=Main%20Factors%20That%20Contribute%20to%20Youth%20Crime&text=Family%20factors%20that%20can%20contribute, as%20well%20as%20social%20isolation., accessed 28 September 2023.

② Shena Lamb and Lyn Snodgrass, "Growing up with normalised violence : narratives of South African youth," *Commonwealth Youth and Development*, 2013, vol. 11, no. 1, pp. 4–21.

有 4.7% 的人认为移民会耗尽了南非的稀缺资源。[①] 这些负面看法助长了南非部分城市针对移民人员的仇外暴力行为，是大量攻击外资企业、家庭和个人、甚至威胁和损害其生命安全、财务的社会心理基础，[②] 同时也是在南非的外来人口人权受到侵犯、面临歧视、创伤以及难以获得司法和支持服务的原因所在。

将犯罪归咎于外籍人士的看法在南非人中间非常普遍，南非警察局也持此言论。实际上，如 2017 年安全研究所的一篇文章指出，南非警察将犯罪归咎于外国人的言论不但缺乏证据，而且误导南非人更恨外籍人，因为缺乏任何有说服力的证据或数据。[③]

综上所述，暴力常态化是由于长期的、社会结构的或制度性的暴力问题，而这背后是由种族隔离的历史遗产。由于从小在家庭和社区中接触或经受暴力，耳濡目染之下，社会中的暴力渐渐被合法化、甚至成为文化，毒害了大量青年人的价值观，也是他们误入歧途、选择加入青年帮派（youth gangs），包括犯罪团伙等根源所在。

（三）南非社会治安政策与安全治理过程

南非政府在国内安全治理问题上采取混合性（hybrid governance）和多机构（multi-agency approach）治理方式，在应对犯罪和暴力等破坏社会安全

---

① Human Sciences Research Council (HSRC), "Migration scholars release statement on international migration situation in South Africa," April 2022, https://hsrc.ac.za/press-releases/dces/ migration-scholars-release-statement-on-international-migration-situation-in-south-africa/, accessed 27 September 2023; Tove Van Lennep, "Migration I: Public opinion versus reality on immigration in SA," *Helen Suzman Foundation*, Sept 2019, https://hsf.org.za/publications/hsf-briefs/public-opinion-versus- reality-on-immigrants-in-south-africa#_ftnref1, accessed 27 September 2023; Human Sciences Research Council (HSRC), "Why Do People Attack Foreigners Living in South Africa? Asking Ordinary South Africans," 2018, https://hsrc.ac.za/press-releases/general/why-do-people-attack-foreigners-living-in-south-africa-asking-ordinary-south-africans/, accessed 27 September 2023.

② Godfrey Tawodzera1 and Jonathan Crush, "A foreigner is not a person in this country: xenophobia and the informal sector in South Africa's secondary cities," *Urban Transform* 2023, vol. 5, pp. 1–16.

③ Gareth Newham, "Do foreigners really commit SA's most violent crimes?" *Institute for Security Studies*, 29 Nov. 2017, https://issafrica.org/iss-today/do-foreigners-really-commit-sas-most-violent-crimes, accessed 1 October 2023.

环境与秩序方面由公安机关和司法机关协调管理，针对导致社会安全问题的因素，如不平等、种族问题、失业、贫困等，政府不断提出一系列倡议并力图完善有关机制建设、促使有关部门合作等。与此同时，因应安全局势恶化，私营安保公司成为政府之外安全治理的主要行为体，使得南非社会治安呈现市场化趋势。也就是说，南非安全治理主要由两个行为体进行，即公共部门和私营部门，公共部门是指有关安全治理的政府机构，比如国防部、国家安全局、警察局等，私营部门是指私营安保机构或公司。

1. 综合性集体治理与行动

随着社会安全局势恶化及其对国家发展的影响，南非政府采取混合治理的同时、协调不同部门合作并参与到安全治理当中，将社会安全置于实现国家发展规划不可或缺的位置。自 1994 年种族隔离后，南非走向民主制后进行了翻天覆地的全面改革，推行了各领域与行业的深度转型，和平与安全被视为重建国家、实现现代化发展过程中不可缺少的前提条件。在推进改革、重建过程中，纳尔逊·曼德拉政府于 1994 年出台了《重建与发展计划》（Reconstruction and Development Programme，RDP）社会政治经济政策框架白皮书。《重建和发展计划》概述了政府解决贫困和结构性的一系列不平等问题，并且勾勒出解决卫生、住房、教育和经济等社会服务问题及其转型的政策与战略部署、行动蓝图。纳尔逊·曼德拉政府认为，实现这些目标的前提莫过于优先建设和平与安全，因此指出，"随着和平与安全的建立，我们将能够开始国家建设"[1]。

意识到发展与安全不可分割的关系，走向民主制初期，南非首届政府发布了两份安全与和平有关的重要政策文件，即 1996 年通过的《国家犯罪预防战略》和《安全和安保白皮书》（1998—2004 年）。两份安全与和平政策文件先后制定了政策与行动方向，强调政府部门集体治理、动员社会力量包括民间组织等参与和维持预防犯罪、进而实现社会安全治理的社会化。与此同时，该政策与战略文件激发了安全和安保的新范式，即从被动地关注犯罪控制转变为预防犯罪，制定了更广泛的预防犯罪责任，将很大部分

---

[1] The Republic of South Africa, *White Paper On Reconstruction and Development: Government's Strategy for Fundamental Transformation*, Cape Town: November, 1994, p. 8.

资源用于犯罪发生后的应对，提升专门和综合预防犯罪能力等。^①曼德拉政府在实施重建政策、推动发展计划的过程中，首先是将和平与安全视为实现发展的条件，同时，重建政策被赋予了更高的宗旨——即以人为本，最后，实现和平与安全的任务也寄托在民众身上。譬如《重建和发展计划》政策框架白皮书强调：

> 民族团结政府（Government of National Unity）的使命是致力于有效解决南非社会在各方严重的不平等和贫困问题。……《重建与发展计划》方案和以人为本的进程跟所有人的和平与安全息息相关，因此，促进和平与安全需要每个人的参与。它将加强和扩大全国争取和平的运动，打击南非各社区普遍存在的暴力行为，特别关注妇女遭受的各种形式的暴力。为了开始重建和发展进程，政府将建立能够反映多民族构成和性别平衡的安全部队，他们超越党派、专业主义、维护宪法、尊重人权。他们将帮助我们的社会发展一种不同以往的、非军事化的风尚。司法系统将反映社会的种族和性别构成、并保障法律面前人人平等。和平与政治稳定一直是政府力图创造有利环境、鼓励吸引投资的根本前提。政府不会容忍劫持人质，也不会容忍故意破坏财产或环境。因此，政府将采取果断行动，根除目中无法、贩毒、枪支走私、欺诈和犯罪，特别是虐待妇女和儿童等现象。^②

其实，南非政府在政策定义、包括国家预算和开支上（见表 5–13），将社会安全基金与安全治理分开（见图 5–17）。根据图 5–17 显示，政府将社会安全/保障归类于社会发展，其中包括社会救助金、社会保障金。此外，政府设立了针对社区发展的资金，其中包括地方政府资源分配服务、人类住

---

① South African Government, "National Crime Prevention Strategy: Summary," 1994, https://www.gov.za/documents/national-crime-prevention-strategy-summary; Civilian Secretariat for Police (Republic of South Africa), *White Paper on Security and Safety 2016*, p. 7; Department of Safety and Security, *White Paper on Safety and Security: "In Service of Safety", 1999–2004*, September 1998, http://www.policesecretariat.gov.za/downloads/white_paper_security.pdf.

② The Republic of South Africa, *White Paper on Reconstruction and Development: Government's Strategy for Fundamental Transformation*, Cape Town: November, 1994, pp. 4–8.

区、城市基础设施等款项；安全治理方面，主要包含国防和国家安全、警察服务、法院和监狱事务。就此来看，南非政府没有直接将安全与发展政策绑定在一起，但是将安全治理机制化，让政府不同机构协同参与到治理中。

表5-13　按功能和经济分类划分的2023/2024年南非综合支出

（单位：10亿兰特）

类别	员工薪酬	货物与服务	资本支出和转移	现行转移和补贴	利息支付	总计
基础教育	231.5	34.0	13.0	31.0	0.0	309.5
继续教育和培训	13.6	2.3	1.8	117.9	0.0	135.6
艺术、文化、体育和娱乐	4.4	3.5	1.2	2.9	0.0	12.0
健康	163.6	76.1	13.3	6.2	0.0	259.2
社会保护	15.8	9.1	0.5	260.7	0.0	286.2
社会保障基金	5.6	5.8	1.7	79.1	0.1	92.4
社区发展	18.2	16.2	99.9	125.3	0.1	259.7
工业化和出口	11.1	7.2	6.5	15.7	0.0	40.5
农业和农村发展	12.1	7.2	6.1	2.4	0.0	27.8
创造就业和劳工事务	3.8	11.0	0.3	9.5	0.0	24.6
经济监管和基础设施	25.7	53.8	32.6	4.3	8.5	124.9
创新、科学和技术	5.4	3.8	2.8	7.8	0.0	19.8
国防和国家安全	28.4	13.5	1.5	9.3	0.0	52.7
警察服务	85.7	20.4	4.1	1.8	0.0	112.1
法院和监狱	34.8	13.8	1.9	1.0	0.0	51.4
内政事务	6.5	3.3	1.0	0.4	0.0	11.1
行政和立法机关	8.4	5.4	1.3	1.7	0.0	16.8
公共行政和财政事务	23.6	16.3	2.8	5.6	0.0	48.4

续表

类别	员工薪酬	货物与服务	资本支出和转移	现行转移和补贴	利息支付	总计
对外事务	3.0	2.5	0.5	2.2	0.2	8.4
金融资产付款						4.1
偿债成本					340.5	340.5
应急储备						5.0
总计	701.2	305.2	192.8	685.0	349.5	2242.6

注：表中未列示金融资产的付款情况。

资料来源：National Treasury (Republic of South Africa), "Budget Review 2023"

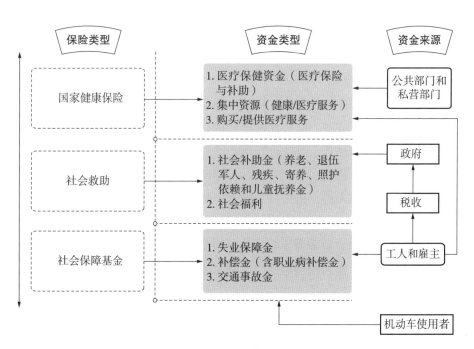

图 5-17　南非社会安全框架

资料来源：Department of Social Development (Republic of South Africa), *Green Paper on Comprehensive Social Security and Retirement Reform* (2021), August, 2021, p. 22; National Treasury (Republic of South Africa)，本图为笔者编译制作。

目前从南非政府对社会安全机制建设上来看，在政策部署与理念上，安全治理不仅仅是国防部、国家安全局、警察局、司法、犯罪预防与安全大部（Justice, Crime Prevention and Security Cluster）的事务，而且是各政府部门携手共同关注的，因为如曼德拉所言，安全是国家整体发展计划得以实施的前提。因而，南非政府设立了由所有政府部门组成、由国家安全局（State Security Agency，SSA）、南非警察局（South African Police Service，SAPS）和南非国防军（South African National Defence Force，SANDF）领导的国家联合行动和情报协调组（National Joint Operational and Intelligence Structure，NATJOINTS）。国家联合行动和情报协调组主要协调全国各地的所有安全和执法行动，能够首先预测并在必要时及时应对犯罪和骚乱事件。该协调组与各行业、部门和利益相关者密切合作，进而调动更多的资源来提高警察的能力，以预防和打击任何形式的犯罪。[①] 这一系列的倡议是建立在上文提到的《国家犯罪预防战略》和《安全和安保白皮书》的基础之上。

在 2022 年《犯罪和暴力综合预防战略》（Integrated Crimeand Violence Prevention Strategy 2022）中，政府进一步倡导国家和非国家行为体在促进安全方面采取集体和协作的方法。该战略强调，政府和其他国家实体要采取多部门综合协调的方法，应对社区面临的诸多安全挑战，而且该战略文件也强调整合规划和预算、调动政府和非政府实体以及民间社会的能力和资源的重要性。[②] 新战略包含六个支柱，全面性地将建设更安全社会的职责分配到社会各阶层与人群，相关行为体可以依此系统性地应对、预防各种暴力行为，为受害者甚至犯罪者提供相应的社会服务（见图 5–18）。

自 1993 年以来，南非警察局在应对犯罪、解决有关安全问题时采用社区与警务合作概念作为治理理念，以满足全国人民的安全保障需求。在此

---

① Government Communication and Information System (South Africa), "Media briefing statement of National Joint Operational and Intelligence Structure (NATJOINTS) on planned protest action," https://www.gcis.gov.za/newsroom/media-releases/media-briefing-statement-national-joint-operational-and-intelligence, accessed 12 September 2023; South African Police Service, "Media Statement of National Joint Operational and Intelligence Structure (NATJOINTS)," 2022, https://www.saps.gov.za/newsroom/selnewsdetails.php?nid=43062, accessed 12 September 2023.

② South African Government, *Integrated Crime and Violence Prevention Strategy 2022: A whole of government and whole of society approach*, p. 6, https://static.pmg.org.za/220704Final_Approved_Integrated_Crime_Violence_Prevention_Strategy.pdf.

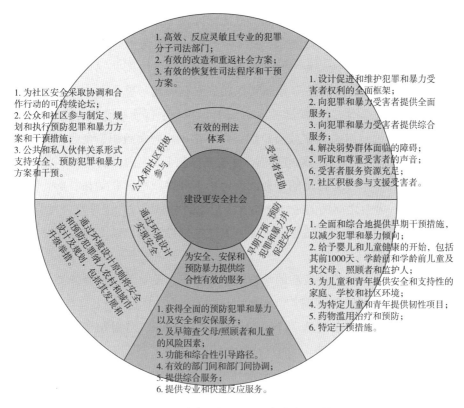

图 5-18　综合预防犯罪和暴力战略的支柱

资料来源：South African Government, *Integrated Crime and Violence Prevention Strategy 2022*, pp. 11–64; Civilian Secretariat for Police (Republic of South Africa), *White Paper on Security and Safety 2016*, pp. 17–18，本图为笔者编译制作。

框架下，地方一级的警察和社区之间建立积极的伙伴关系，通过这种伙伴关系可以共同分析犯罪、提供服务、共同制定和实施必要的解决方案。换言之，"社区警务"是一种旨在实现更有效的犯罪控制的理念；通过与社区的热心伙伴合作，共同致力于减少对犯罪的恐惧、改善警察服务。简而言之，"社区警务"是警察与社区之间为解决安全问题而建立的伙伴关系。在多部门协调的治理理念框架下，成立了社区安全论坛，根据 1996 年《国家犯罪预防战略》和 1998 年《安全和安保白皮书》框架下形成。

　　由于社区安全论坛的概念与社区警务（论坛）密切相关，因此需要稍加说明其各自功能职责：社区安全论坛旨在促进多部门政府方法的实施，进而实现社区安全，其规模和范围都比社区警务论坛更为广泛，因为包括所有司法、预防犯罪和安全部；社区警务论坛的任务则是促进特定警察局辖区内的社区与警察关系、促进合作、与社区联络协调共同打击犯罪、并充当社区的喉舌，就警务事务和其他相关安全问题与警方合作，该论坛的成员是在正式选举过程中产生的，接受社区授权、行使法定权力和职能，[①]其成员包括民间组织和非政府组织、青年组织、妇女组织、企业，以及其他利益攸关方（省政府、地方政府、传统领导和［半］国营机构）。[②]作为警察与上述行为体开会讨论的平台，该论坛将警察和社区联结在一起，协助弥合公众和警察之间的差距，共同解决犯罪问题和挑战，也进行公民监督、提高警察的问责制和合法性、确保向人民提供参与性、以人为本和民主的警务服务。[③]

在这些公众参与性极高的治理模式框架下，设立了许多警务类社区倡议，其中包括"社区观察"（Community Watch）、"社区倡议"（Community Initiatives）、"邻里守望队"（Neighbourhood Watches）、"捐赠给有需要者"（Donate to the Needy）等。[④]而且，为增强安全治理，提高有关部门与机构的有效性，社区警察论坛和警务论坛开发了安全社区和警务论坛应用程序，有打击犯罪、确保自身安全等功能，并且可以帮助用户及时了解所在地区和邻近地区报告案件、同时了解最新进展。当用户或其他社区成员经历或目睹犯罪、可疑活动等不安全事件时，用户可以匿名举报，举报信息将通知所有用户以及安全治理有关机构与倡议，比如，社区警察论坛、南非警

---

① Civilian Secretariat for Police (Republic of South Africa), *Community Safety Forum Policy*, p. 4; Kris Pillay, "Democratising the South African Police Service: The Role of Community Police Forum," *PActa Criminoiogica*, Vol. 11(2), 1998, pp. 102–111; Safe Community, "Community Policy Forums," https:// safecommunity.co.za/community-policing-forums/, accessed 18 September 2023.

② The KwaZulu-Natal Department of Community Safety & Liaison (Republic of South Africa), "Community Policing," http://www.kzncomsafety.gov.za/ServicesOffered/CommunityLiaison/CommunityPolicing.aspx, accessed 17 September 2023.

③ Colleta Dewa, "Women-Led Community Policing Forums Are Reviving Hope In South African Cities," *Next City*, June 7, 2023, https://nextcity.org/urbanist-news/women-led-community-policing-forums-south-african-cities, accessed 17 September 2023.

④ Safe Community, "Community Outreach," https://safecommunity.co.za/community-outreach/, accessed 17 September 2023.

察局、邻里守望队、社区守望队、保安公司及其他警报和武装响应人员。[①]

2. 社会安全治理市场化趋势（私营部门）

如上文所述，南非国内安全治理由两个主要部门平行负责社会治安，即公共部门（政府机构）和私营部门（私营安保公司/企业）。近几年来，由于南非国内社会安全环境局势日益恶化，私营安保企业与安保人员数量也不断增加，特别是在犯罪率一直很高的情况下，南非公众和企业都对公共部门的安保能力产生了怀疑。南非人文社科研究理事会（HSRC）进行的《南非社会态度调查》（South African Social Attitudes Survey）显示，南非人对警察服务满意度和信任度不断下降，2021 年南非人的信任度从 1998 年的 42% 下降为 27%，[②] 是历来最低分值，市场化方式寻找私营安保成为一种替代选项。

根据私营保安行业监管局（PSIRA）统计，南非共有 1.2 万余家注册的安保公司/企业，其年营业额估计达 60 亿美元；2014～2022 年间，全国安全企业的数量增加了 42%，在职（活跃）的安保人员数量增加了 20%；截至 2022 年 3 月，全国约有 270 万注册的私人安保人员，目前注册私人安保总数为 269 万人，在职保安人员共 58.6 万人。[③] 从数量上看，私营安保人员数量超过全国警察数量，2022 年仅有 14 万名警察。[④]

安全治理/安保市场化趋势给社会治安带来多种便利（新的就业领域、提高国内生产总值、增加投资者的信心等）的同时，也带来了许多挑战：第一，

---

① Safe Community, "Safe Community App," https://safecommunity.co.za/safe-community-app/, accessed 17 September 2023.

② Ben Roberts and Steven Gordon, "Feeling blue: Changing patterns of trust in the police in South Africa," *Human Sciences Research Council (HSRC)*, 23 March 2022, https://hsrc.ac.za/press-releases/dces/ feeling-blue-changing-patterns-of-trust-in-the-police-in-south-africa/, accessed 20 September 2023.

③ Private Security Industry Regulation Authority (PSIRA), *Annual Report 2021/2022 Financial Year*, pp. 71–87; Businesstech, "Big shift for private security in South Africa," https://businesstech.co.za/news/business/580502/big-shift-for-private-security-in-south-africa/, accessed 30 August 2023; Africanews, "South Africa: Insecurity sees rapid growth of private security sector," https://www. africanews.com/2021/06/08/south-africa-insecurity-sees-rapid-growth-of-private-security-sector/, accessed 30 August 2023; South African Embassy in The Netherlands, "Security Industry," https:// zuidafrika.nl/trade-investment/security-industry/, accessed 30 August 2023.

④ Businesstech, "Private security guards outnumber police 4 to 1 in South Africa," https://businesstech.co.za/news/government/686425/private-security-guards-outnumber-police-4-to-1-in-south-africa/, accessed 30 August 2023.

私营安保在进行治安的过程中会协调或与警察合作破案，但市场化的社会安全治理给警察带来了很多压力；第二，市场化的安保方式大大增加了经济成本，根据表 5–14 私营安保服务费用来看，每个月的平均费用超出一般人的月收入；第三，市场化安全治理在很大程度上固化了社会经济不平等现状，[①] 穷人无法直接享受私营安保的安全服务及其产品。

表 5–14　南非私营安保服务及费用

服务类	费用 / 月	服务内容
监控	300—400 兰特	监控服务包含 24 小时报警信号监控、短信通知、紧急医疗服务（EMS）或南非警务服务调度，但不包括武装干预
住宅区武装应对	300—800 兰特	住宅监控和武装响应服务，包括 24 小时报警信号监控和武装响应、短信通知、紧急医疗服务（EMS）或南非警务服务调度
企业武装应对	500—700 兰特	企业监控和武装响应服务，包括 24 小时报警信号监控和武装响应、短信通知、紧急医疗服务（EMS）或南非警务服务调度
保安人员	10000—30000 兰特	每周 7 天、每月 24 小时的私人保安服务，价格取决于所选的保安职责，如巡逻、侦查和击退入侵者、警告武装和骚乱等等

资料来源：Procompare.co.za, "How much does a security company cost?"https://www.procompare.co.za/prices/security-companies/security-companies-prices, accessed 20 September 2023.

（四）社会治安政策中的国际合作

1. 南非与非洲及大陆之外的合作

南非在其发展、安全战略以及外交政策中，都体现了与南部非洲地区及整个非洲大陆的密切联系的意愿，特别在南部非洲的安全治理中发挥着

---

① Fiona Anciano & Laurence Piper, "Localising governance in the African city: a grounded model of multiple and contending forms of security governance in Hout Bay, Cape Town," *Commonwealth & Comparative Politics*, 2022, 60:3, p. 313.

领导作用。南非不仅在非盟和联合国平台上积极参与非洲大陆安全治理和维和行动，以双边合作形式，推动地区和平与发展。

南非的安全外交表现为，积极参与多边合作机构，如南部非洲发展共同体（SADC）、非盟、金砖国家、英联邦、联合国安理会和"一带一路"倡议等，这直接或间接地成为南非战略与国家利益的外部考量因素。南非学者认为，南非对非洲大陆之外的和平与安全问题的参与可以被归纳为两种类型：一是"基于平台的参与"，主要通过参与联合国维和行动和安理会决定与投票进行；二是"基于问题的参与"，主要针对诸如核扩散、气候安全、海洋安全等全球性问题。①

针对国内高企的犯罪率和安全挑战，南非不仅在本地区与周边国家合作打击跨境犯罪团伙、有组织犯罪，也共同解决移民与难民问题、打击恐怖主义，以维护南部地区的安全秩序，还拓展了与非洲其他地区及国际社会的合作，涵盖了警务合作、打击毒品走私、执行引渡协议、网络安全以及能力建设等多个方面。

2. 南非与中国的安全与安保合作

中国与南非，两个在各自大陆具有重要地位的国家，自建立外交关系以来，已经构建了一个深度、广度均极为广泛的合作关系。特别是在全球化背景下，双方不仅在经济领域建立了紧密联系，在安全治理方面的合作也日益深入。双方的合作基于对安全问题的共同理解：这些问题不仅影响各自国家的稳定发展，更是全球和平与秩序的基石。因此，中南间在安全治理领域的合作不仅是双边关系的重要组成部分，也是维护地区及全球安全的关键。

中国与南非的安全合作在多个层次上得到了体现。自中国提出"全球安全倡议"以来，该倡议成为主导其与非洲国家乃至全球安全合作的重要引领。在这一倡议下，中国与非洲国家、特别是南非的安全合作涵盖了广泛的领域，基于中非合作论坛机制框架的单边、双边和多边合作成为双方合作的重要组成部分。

---

① Garth Le Pere and Lisa Otto, "South Africa's Peace and Security Interests Beyond the Continent," in Daniel D. Bradlow and Elizabeth Sidiropoulos, eds., *Values, Interests and Power: South African Foreign Policy in Uncertain Times*, Pretoria: Pretoria University Press, 2020, pp. 118–132.

自 2000 年中非合作论坛机制建立以来，通过举行相关峰会与论坛已经实现了很多安全领域的合作，与外界狭隘地将其理解为中国"为了保护本国国家利益"而进行对非的警察和执法安全合作不同，[①] 毋宁说是中非合作日益全面、领域日益趋向全覆盖、战略对接日益紧密的自然结果，因为从中非合作论坛的建立至今，非洲方面的要求、建议和劝说以及正式的外交磋商，就一直是合作机制化的根本推动力。[②] 2012 年的第五届中非合作论坛会议通过的"中非和平安全合作伙伴倡议"（Initiative on China-Africa Cooperative Partnership for Peace and Security），以及随后举行的"中非防务安全论坛"（China-Africa Defense and Security Forum）、"中非和平安全论坛"，都标志着中非安全合作进入了一个新的阶段。此外，中非和平与安全基金（China Africa Peace and Security Fund, CAPSF）、中非安全与执法论坛（China Africa Security and Law Enforcement Forum, CASLF）等机制也相继成立，加强了双方在安全领域的合作伙伴关系。2013 年"一带一路"倡议的提出背景下，不断深化和密切的中非全方位战略伙伴关系，进一步推动了中国与非洲、包括南非安全领域的合作。

自 1998 年正式建立外交关系以来，特别是进入 2000 年以后，中国与南方在警务和执法合作方面愈发密切。作为国际刑警组织的成员，中国和南非能够在国际范围内开展各种执法和安全事务合作。目前双方的安全合作覆盖了传统与非传统安全领域，包括安全战略合作、反恐合作、贩毒和有组织犯罪合作、引渡协议、网络安全合作等。

（1）经验分享与多层次治安合作机制

南非的主要安全挑战之一是犯罪率日益上升。这一问题的背后，是复杂的发展相关的结构性困境。认识到这一点，中国和南非不仅在传统的安全治理领域进行合作，还拓展到了发展安全治理的范畴。这意味着，通过

---

① Paul Nantulya, "China's Growing Police and Law-Enforcement Cooperation in Africa," in Nadège Rolland ed., *Political Front Lines: China's Pursuit of Influence in Africa*, The National Bureau of Asian Research, NBR Special Report No. 100, June 2022, https://www.nbr.org/publication/political-front-lines-chinas-pursuit-of-influence-in-africa/, accessed 25 September 2023.

② Li Anshan, Liu Haifang, et. al., *FOCAC Twelve Years Later : Achievements, Challenges and the Way Forward,* Peking University Center for African Studies & Nordic African Institute, Uppsala, 2012.

加强经贸合作，促进社会经济的发展，从根本上改善引发安全挑战的社会经济条件，进而提升国民的生活水平、降低犯罪产生的社会可能性。与此同时，两国在警务合作上也取得了显著进展，双方警察及其他安全机构在治安管理方面互相分享经验与知识、理念与模式，在警务人员培训方面中国也给予了南非极大的支持，大大提升了南非警方的专业能力，两国因而也大大提升了安全领域的互信。

此外，两国还将合作领域拓展到了更为广泛的安全问题上，包括打击跨国犯罪、恐怖主义活动、贩毒、非法移民、洗钱、武器走私和人口贩运等。在这些领域内，两国都展现出了极强的合作意愿和实际行动，特别是在情报交流和信息共享方面，两国都认识到了加强合作的必要性，也在实践中取得了明显成效。[1]

中国与约 40 个非洲国家签署了公共安全和执法协议，南非是其中之一。在安全和安保方面，中南不但加深了公共安全和执法相关合作，且中方已经表达支持南非建立一所侦探大学、进而提高该国警方的调查能力的意愿。[2] 2023 年 6 月，中国国务委员兼公安部部长王晓红在北京会见南非警察部长贝基·塞莱（Bheki Cele）时，谈到中方愿同南非认真落实两国元首共识、加强金砖国家领导人会晤，共同致力于"一带一路"安全、打击跨国犯罪和执法能力建设等领域务实合作，也注重推进人员交流和合作机制建设，推动中南全面战略伙伴关系取得更大发展。[3]

在多边框架下，如金砖国家，中国与南非与其他成员国共同致力于网络安全合作，这是 2021 年印度峰会上确立的优先事项。为了推动网络安全

---

① South Africa Government News Agency, "SA, China strengthen police cooperation," November 23, 2012, https://www.sanews.gov.za/south-africa/sa-china-strengthen-police-cooperation, accessed 23 September 2023; Robert Dougherty, "China and South Africa vow expansion of military cooperation," Defense Connect, 26 June 2023, https://www.defenceconnect.com.au/land/12231-china-and-south-africa-vow-expansion-of-military-cooperation, accessed 26 December 2023.

② South African Police Service, "Speaker notes for Minister of Police General Bheki Cele at The Global Public Security Cooperation hosted in Lianyungang China 20 September 2023," September, 2023, https://www.saps.gov.za/newsroom/msspeechdetail.php?nid=48557, accessed 23 September 2023.

③ The State Council (The People's Republic of China), "China, South Africa pledge to strengthen security cooperation," June 8, 2023, http://english.www.gov.cn/news/202306/08/content_WS6481cb3ec6d0868f4e8dcb4e.html, accessed 23 September 2023.

建设、开展相关合作，2021 年，南非政府发布了两项重要立法政策，第一项是《网络犯罪法》（Cybercrimes Act），第二项是同年发布的《个人信息保护法》（Protection of Personal Information Act）。^①中国和南非积极探讨网络安全合作的相关协议，包括共享网络威胁信息以及共同努力保护关键基础设施免受网络攻击等。在网络安全领域，两国的合作主要侧重于应对共同的网络安全挑战、增强各自抵御网络威胁的能力。具体的合作操作与内容上，双方主要侧重但不限于信息共享、能力建设、关键基础设施保护、政策和监管（分享与网络安全政策和监管相关的见解和经验、开发网络安全框架和标准等）以及预防网络犯罪。

回顾上述历程可见，中南双方安全的展开，超越来传统的双边路径，很大程度上是通过在多边合作机制框架下达成的，尤其是中非合作论坛、金砖国家和"一带一路"倡议机制框架等，体现了中-南非交往的贡献已经不限于双边层面，更不是中国单方向自私自利性质的合作，而是更多体现了争取国际经济秩序的合理化而形成的新兴经济体合作机制以及建立新型全球化合作为目标的全球意义；相应地，这种性质的安全领域合作，也应该更多从贡献于全球治理和人类共同的和平安宁的积极意义来理解。

（2）南非华人警民合作中心

在全球化的今天，安全已成为一个国际化议题。特别是在南非这样多元文化交融的国家，针对华人社区的安全问题显得尤为重要。南非华人警民合作中心的成立，正是在这样的背景下应运而生的产物。2013 年，合作中心的核心发起人开始与当地警方协调合作，共同参与了多起破案行动。于是，参考南非本来就有的"社区警务论坛"，华人领袖经过各种沟通协商，

① South African Government, *Cybercrimes Act 19 of 2020*, June, 2021, https://cyberbrics.info/cybercrime-act-south-africa/, accessed 23 September 2023; "Protection of Personal Information Act (POPI Act)," https://popia.co.za/, accessed 23 September 2023; Luca Belli, "Cybersecurity Convergence In The BRICS Countries," *Directions Blog EU*, 17 September, 2021, https://directionsblog.eu/cybersecurity-convergence-in-the-brics-countries/, accessed 23 September 2023; Belli, L., "Cybersecurity policymaking in the BRICS countries: From addressing national priorities to seeking international cooperation," *The African Journal of Information and Communication (AJIC)*, Issue 28, 2021, pp. 1–14. https://doi.org/10.23962/10539/32208.

发起成立了这一跨文化、跨国界的社区警务合作模式，不仅增强了两国警方之间的合作，也为侨胞的安全保驾护航。[①] 自 2014 年正式成立到 2022 年 8 月，南非华人警民合作中心在南非全国范围内共建立了 14 家省级中心，极大地加强了当地华人社区与南非警方的沟通和协作，网络已覆盖了南非的主要地区，成为了保护华人权益、维护社区安全的重要阵地。

中心自成立以来，不断推进与当地警方的合作，多次配合中南两国警方开展专项行动，特别是针对华人侨胞遭受的违法犯罪活动，成功打掉了多个犯罪团伙。这些成果的取得，无疑为当地华人社区提供了更为安全的生活环境。信息和通信科技的普及，让警民合作中心的工作方式也变得更为多元化，网络平台、微信公众号、与当地中文媒体合作等方式，实时发布各类安全预警信息，为华人社区提供了一个全方位的信息共享和安全预警平台，不仅让信息的传播更为迅速，也使华人社区的每一位成员都能成为贡献于安全网络建设的一个重要节点。

南非华人警民合作中心的成立与发展，不仅是中南两国警方合作的典范，也是国际社会共同应对跨国犯罪、保护侨民安全的成功案例。在未来，随着更多类似的机构的建立与完善，全球华人社区的安全保障将会更上一层楼。

总的来讲，中国与南非在安全领域的合作已经构建了一个多层次、多领域的合作体系，不仅在双边层面上实现了互利共赢，而且在地区和全球层面上为维护地区和世界和平与安全做出了重要贡献。随着双方合作的不断深化和拓展，这一合作关系有望为全球安全治理提供更多的经验和借鉴。

---

① 刘海方、余欣:《当代非洲华人社会的社团发展及在中非关系中的作用》,《中国非洲研究评论·北京论坛专辑（2017）总第七辑》, 社会科学文献出版社，2018 年，第 136-153 页；Barry van Wyk, "The South Africa Chinese Community and Police Cooperation Centre in the Media: 2022–2023," *Africa-China Reporting Project*, October 10, 2023; Barry van Wyk, "Not a Police Station: The Chinese Community and Police Cooperation Centre in South Africa," *Africa-China Reporting Project*, May 26, 2023, https://africachinareporting.com/not-a-police-station-the-chinese-community-and-police-cooperation-centre-in-south-africa/, accessed 16 December 2023.

（五）以救助金为主的现有政策评估：安全治理与结构转型结合的综合治理出路

相较于其他非洲国家，南非拥有发达的基础设施、雄厚的资本及具有竞争力的国内经济，长期以来一直是外国投资者的首选目的地。然而，该国 2008 年受世界金融危机连带影响，摆脱经济不平等、纠正历史不公的转型进程陷入停顿，结构性贫困、技能劳动力短缺与高失业率奇怪地并存、加之大规模腐败，犯罪和暴力问题日益严重，电力危机的打击更深度阻碍和打击了国民经济，深陷于安全和发展的恶性循环中，国内外投资者都大大缩减投资额度，甚至转移投资至南非以外的国家。诚如 David G. Landry 所述，当一个国家的治理能力下降且安全环境持续恶化时，其经济活动也会相应缩小，市场吸引力和竞争力也会下降。[①] 尽管南非在基础设施、工业化程度、科技发展水平以及政局与政治制度等方面，相对其他非洲国家仍然更有优势，但近年来安全环境的恶化和非国大作为执政党领导力的衰退，都使得非洲其他国家反而赶超南非，成为更具投资吸引力的目的地，不治理安全困境，南非会在非洲国家中逐渐丧失优势和领头羊位置。

此外，犯罪率和暴力事件不但直接或间接影响外国直接投资的流入，对现有和潜在投资项目也构成重大威胁和风险。不安全的社会环境，特别是高犯罪率，引发外国投资者对人身安全、财产安全、资金流动安全以及员工安全担忧持续上升，安全措施要求投入更多成本，都降低了南非作为投资目的地的吸引力。旅游业作为南非经济的重要部分，其衰退也会对整体经济产生直接间接影响。

除了动员不同部门协调合作之外，南非政府也设立了一系列社会安全 / 保障基金。自 1994 年过渡到民主制度以来，政府始终将发展计划瞄准解决社会经济中的种族不平等问题，国家发展计划或政策文件不仅强调扩大教育、解决失业、实现脱贫、增加收入、解决不平等问题等，也覆盖了其他基

---

① David G. Landry, "Comparing the Determinants of Western and Chinese Commercial Ties with Africa," *China- Africa Research Initiative*, Policy Brief 2019, No. 38, pp. 1–4.

本服务。为解决失业问题，政府根据 1996 年《失业保险法》设立了"失业保障基金"（UIF），这是一项针对正规和非正规部门所有员工及其雇主的强制性缴费计划。[①] 各种基金和补助被视为减少贫困和不平等的政策，大多补助金（特别是儿童补助金）专门针对非常贫困的家庭，是后种族隔离时代减贫的核心举措。然而，也有研究指出，社会补助可能会增加人们的依赖性，使受益者变得懒惰。非洲晴雨表的调研报告显示，许多南非人认为长期政府补助产生了负面影响，59% 的人"同意"或"强烈同意"民众因长期依赖社会补助金而变懒。[②]

贫困、不平等和失业是南非实现经济转型和结构性发展问题的重要挑战，但救助金的方式作为针对贫困人群的唯一政策，则以为这很大程度上将他们隔离于主流经济发展转型过程，将其永远视为被治理对象、埋没了他们作为社会经济发展转型中的潜在力量。政府应将助力贫困人群或经济被边缘化人群成为实现自身创造就业和经济转型的力量，以推动可持续的减贫、社会经济发展与整体社会解决社会不平等，向更具包容与开放性且更有效的再分配方向转型——这要求社会发展政策置于战略核心，而且应该是全国性的、跨越不同收入群体的政策；企业在此过程中也要提供帮助，特别是知识和技能方面帮助这些人提升社会参与机会和竞争力，这才是真正可持续的社会经济转型、为所有人实现共同的发展的全面现代化可持续发展道路，对于企业自身，也可以更好扩大规模、成长为本土化的企业的过程中塑造社区形象和认同，更好实现利益最大化。

与此同时，也需要社会安全政策与社会发展相关政策紧密结合，共同形成政府高水平领导力统筹、不同层次的利益攸关者共同支持的系统性综

[①] 南非"失业保障基金"是一项针对正规和非正规部门所有员工及其雇主（包括每月工作超过 24 小时的家庭工人）的强制性缴费计划。符合"失业保障基金"资格的人缴纳工资的 2%，其中 1% 由雇主支付，其余 1% 由被雇者通过税务局征收的每月工资税或由非正规企业直接向"失业保障基金"支付。详情见 South African Revenue Service (SARS), "Unemployment Insurance Fund," https://www.sars.gov.za/types-of-tax/unemployment-insurance-fund/, accessed 27 September 2023。

[②] Mikhail Moosa and Jaynisha Patel, "South Africans support social grants, but say work at any wage beats unemployment," *Afrobarometer* Dispatch No. 364, May 2020, pp. 1–13; Africa Check, "FACTSHEET: Social grants in South Africa-separating myth from reality," February 2017, https://africacheck.org/fact-checks/factsheets/factsheet-social-grants-south-africa-separating-myth-reality, accessed 1 October 2023。

合性转型治理道路。高水平领导力能够促进良好治理，良好治理反过来为民众创造积极的成果，如安全保障、经济发展、良好的基础设施和更多的教育机会等社会福利。[①] 如图 5-19 所显示，解决由政治经济与社会经济引发的安全问题，需要政治、经济和社会的综合方案，这些方案需要各方力量和利益攸关方的协调与共同治理，即集体行动。这种安全治理与管理具有挑战性，因为它考验着政府的领导力和智慧。

从前文的分析可知，南非政府在将社会安全政策纳入国家整体发展规划、战略部署以及政策执行中，尚未形成一个系统性和综合全面治理框架。在考量安全对于各方面发展的关键性基础作用方面，社会安全政策应被置于国家发展战略的核心，因为安全是发展的先决条件，也是发展的目标和

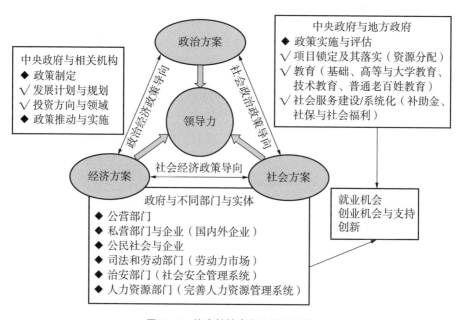

图 5-19 综合性社会安全治理思路

来源：笔者自制

---

① Robert I. Rotberg, *Things Come Together: Africans Achieving Greatness in the Twenty-First Century*, Oxford: Oxford University Press, 2020, p. 61.

实现手段。作为先决条件，安全是促进各方面发展不可或缺的基础；作为目标，它是通过发展努力予以建构和维护对象；同时，安全又作为工具，能创造有利的发展环境，促进社会经济发展，尤其是经济转型，并推动实现可持续发展目标。此前的安全政策往往侧重于贫困群体，将富裕人群和企业视作对这一群体提供帮助的慈善家。在这样的政策设计下，企业往往只做表面工作敷衍，因为没有从中获得任何实质性的回报。社会安全政策应涵盖所有社会群体，不论性别、社会地位或阶层。安全首先是一项公共产品，每个人都有权享有并有责任参与其建设与维护，富裕人群对安全的社会环境的渴求不亚于贫困人群。

因此，一个综合性的国家社会安全政策应当包含所有收入层次的人群，确保每个人都能从中受益并参与其中。这样的政策设计不仅能够更广泛地动员社会各界参与社会安全的建设，还能够更有效地利用资源，打造一个更为全面、平衡的社会安全环境。这将是南非实现可持续发展的关键，也是提升国家整体福祉、维护社会稳定的重要策略。

结　语

笔者梳理了1994年以来南非探索调校畸形种族化历史形成的结构性困境，特别是与安全相关的高度不平等、极端贫困、高失业率、社会排他性与边缘化，以及由此形成的暴力常态化问题的种种努力。南非政府采取了多种措施加强执法、改善公共安全环境和吸引外国投资，但目前与公共部门的安全治理体系并驾齐驱、甚至在参与人员和影响范围上面远远超过公共部门的市场化安全治理体系日益壮大，虽然解决了社会的急切需求，但在一定程度上也加深固化了原本在经济畸形不平等基础上形成的安全挑战，也直接间接削弱了公共部门的安全治理能力及社会信任度。

南非的不安全因素主要源于种族隔离历史形成的长期经济和社会不平等；当下的高失业率和社会暴力问题是南非社会稳定的重大挑战，也构成对于中南经贸合作的重要障碍和瓶颈。中国在扶贫和经济发展方面的丰富经验，可以为南非提供有益借鉴，但需要双方合作过程中改变基于中国本土经验的思维定式，认识到南非安全问题和发展挑战之间的密切关系，也即安全问题本质上是人的贫困和缺少发展机会的恶果，反过来也加剧了人的贫困化；合作项目因此要更好结合安全和发展两方面的综合需要，制定更加注重长远解决问题的方案、以便保证长期持续的人力和物力投入。治安管理和预防犯罪方面的经验分享，如何与职业技能培训和工业园区建设方面的合作项目相结合，包括可能借助于中国在新疆地区的去极端化治理经验等，有望为中南合作、更为南非本身摆脱不公正历史条件下形成的安全发展结构性困局提供有创意的解决思路。

南非的社会安全政策和治理过程已经体现出了南非独到的国家与社会和私营部门充分合作的特征，这可能对于中国的合作方是陌生的经验与反差极大的治理思路；但也可能在参与助理南非更好地黏合发展与安全两个板块的综合性治理能力提升过程中，获得新的启发和能力的提升，特别是考虑到南非道路中体现出来了公共部门与市场化的私营部门和公民社会组织共同参与的特色，除了中国本身的安全治理部门以及中南双方创造性建立的警民合作中心这样的机制发挥重要作用以外，在南非的中国企业本身就是这个过程中可能的重要贡献者。此外，如上所述，中国自身的综合治理经验也可为南非提供借鉴。中南合作应注重优势互补、公平透明，确保安保服务惠及全社会，并通过开放包容的安全治理，促进南非社会的结构性转型。

塑造与认知

——中国舆论场的南非形象分析

王　刚

引言：从"中国在非洲"到"非洲在中国"

2006 年中非合作论坛北京峰会隆重举行以后，国际媒体对中国在非洲的投资、商贸和人员流动的关注急剧攀升，[①]但西方主流媒体以"中国在非洲"（China in Africa）为题，有意无意进行了很多误读与抹黑，[②]一度成为影响中非合作交往的国际负面舆论挑战。应对这一问题的急迫需求在很大程度上引导塑造了中非国际传播领域的研究范式，例如，近年来，分析非洲媒体对于中国的形象建构[③]与非洲民众对中国的认知[④]，提出中国对非精准传播策略的学术成果屡见不鲜。随着越来越多的中国高质量发展项目亮相非洲大陆、造福百姓，越来越多非洲学者和西方学者自觉地以实际证据驳斥所谓"中国是新殖民主义""债务陷阱"等不实指摘，中国在非洲的国际形象已经得到很大程度的扭转、认可度越来越高。然而，既有研究作品仍然一面倒地过多聚焦于中国在非洲的作用，"非洲在中国"还很少被关注研究。谈起非洲，中国人的脑海里仍然还是"贫穷""落后""野蛮""混乱"等单一

---

① 严海蓉、沙伯力：《中国在非洲：话语与现实》，社会科学文献出版社，2017 年，第 6 页。

② 李安山：《为中国正名：中国的非洲战略与国家形象》，《世界经济与政治》2008 年第 4 期，第 6 页。

③ 吴文彬：《非洲新闻媒体涉华报道的特点分析：以全非网所载新闻为样本》，《非洲研究》2016 年第 2 期，第 276 页；骆元媛、倪小龙：《坦桑尼亚媒体视角的中国形象》，《对外传播》2017 年第 7 期，第 72 页；刘文宇、毛伟伟：《非洲报纸媒体中中国形象的语料库辅助话语分析》，《外语研究》2020 年第 2 期，第 9 页；赖丽华、刘鸿武：《南非〈星报〉报道中非合作论坛北京峰会的话语建构分析》，《非洲研究》2022 年第 1 期，第 210 页；胡钰、李亚东：《如何建构中国在非洲的国家形象：基于加纳〈每日写真报〉网络版 20 年涉华报道分析》，《对外传播》2022 年第 7 期，第 76 页。

④ 翟慧霞：《非洲民众对华认知与中国对非传播思考：基于 2013—2018 年国际涉非民意调查的分析》，《国际传播》2018 年第 5 期，第 60 页；王玲宁、李靓、陈俊卿：《亚非拉民众中国国家形象生成的影响因素研究：基于三个晴雨表的实证分析》，《新闻大学》2022 年第 5 期，第 61 页；张昆、刘爽：《南非公众的中国形象认知：基于"寰球民意指数"（2020）的实证分析》，《现代传播（中国传媒大学学报）》2023 年第 2 期，第 58 页。

扁平的固化形象，中国人对于这块"被忽视的自强大陆"①还有太多误解和无知，而这仍然是当下伤害中非情谊、阻碍民心相通的重要隔阂因素。2024年新一届中非合作论坛北京峰会的成功召开，意味着中非关系进入共筑高水平中非命运共同体的新时代，中国研究者的目光适当从"中国在非洲"转移到"非洲在中国"上来，是践行平等相待、合作共赢原则的关键一步。

2014年，中国主流英文报刊《中国日报》与南非官方国际公关机构"品牌南非"合作开展了"南非形象"的网络调研，从直观感受、认知程度、情感偏好和投资倾向等方面调研南非在《中国日报》读者心中的形象，以期为南非政府相关机构未来与中国民众和潜在投资者的沟通提供借鉴。结果表明，中国读者对南非国家及政府有普遍好感和信心，但对南非旅游、经贸等方面的具体认知还有待进一步加强。②这是为数不多的"非洲在中国"视角下的调查研究，具有现实和学术的双重意义，但也难免存在着诸多不足之处：首先，以某一媒体的读者作为调研对象，显然不足以代表中国民众，因而很难说结论令人信服，更何况《中国日报》是一家英文报刊，其国内读者主要是掌握英语技能的高学历、高收入、高职位的精英群体；第二，媒体建构的官方舆论场和民意汇聚的民间舆论场有时大相径庭，全球化大众传播时代尤其如此，媒体读者与一般民众对于非洲形象的认知，受到媒体叙事框架影响的程度也可能有天壤之别——这意味着官方舆论场和民间舆论场叠加而成的中国总体舆论场实际上是更加复杂的生态，不同时空条件下官方舆论场和民间舆论场发挥作用的原因和肌理也很不相同，所以更需要研究者展开长时段的观察研究，在理解中国媒体的非洲形象塑造与中国民众的非洲形象认知之间进行平衡和辨析；第三，现有研究受限于某一年份的静态数据，难以解释中非交往不同历史阶段的具体情况，需要引入动态的观察视角，研究中国媒体的非洲形象塑造与中国民众的非洲形象认知在何种条件下发生了何种变化，方能够为决策者和实务界提供更加有效的建议，以便生成更加

---

① 刘海方：《被忽视的自强大陆：多重危机中的非洲能动性》，《文化纵横》2022年第4期，第43页。

② 雷晓斐：《南非在中国开展形象网络调研》，《光明日报》2014年12月24日，第8版。转引自刘爱兰：《人文交流在中国与南非双边关系中的作用与提升对策研究》，载徐薇、刘鸿武主编：《中国-南非人文交流发展报告（2018—2019）》，浙江大学出版社，2021年，第75页。

恰当的传播策略，促进中非合作向着可持续发展的方向演进。

有鉴于此，本章尝试以南非为例，分析中国舆论场的南非形象，对比其在中国媒体塑造层面和中国民众认知层面的变迁，探寻赋能中南合作可持续发展的传播沟通路径。自中国与南非 1998 年 1 月 1 日正式建立外交关系起，两国关系迅速发展；2015 年，南非成为第一个同中国签署共建"一带一路"合作谅解备忘录的非洲国家；2023 年，中国和南非两国政府共同签署《中南关于同意深化"一带一路"合作的意向书》。中南合作被称作南南合作的成功典范，研究"南非在中国"的形象问题，也能为促进中国与其他非洲国家的友好交往提供借鉴。在官方舆论场的样本选择上，本文以中国共产党中央委员会机关报《人民日报》的南非相关报道为研究对象，时间范围为 1998 至 2023 年，经人工筛选得到符合研究需要的新闻报道 1230 篇。

在民间舆论场的样本选择上，本文以中国目前最大的在线问答社区知乎平台中的南非相关讨论为研究对象，时间范围为 2011 至 2023 年。选取这一时间范围是由于 2011 年 1 月知乎才正式上线，而更早能够反映中国民间舆论场生态的社交平台，如天涯社区、西祠胡同等，在研究开展期间均因经营管理问题暂停访问服务，故目前无法收集到 1998 至 2011 年的数据资料。作为一个基于用户生成内容（UGC）模式的网站平台，知乎是中文互联网用户深度沟通、交流，彼此分享知识、经验、见解的信息中枢。据 2024 年二季度的财报显示，知乎月平均活跃用户数为 8060 万，展现出较大的社会影响力。其用户群体多属收入水平和教育水平较高、有较强的知识获取需求且善于表达自身观点的中产阶层。因此，知乎上发布的内容，可以作为研究中国更为理性、学习型的网民群体表达出的民间舆论动向的窗口。经第三方平台爬虫和人工筛选，本文得到符合研究需要的用户问答 160 组。

（一）官方舆论场塑造的"南非"

中国官方舆论场对于南非形象的呈现，一直以两国的友好合作为主基调。以南非 2008 年排外骚乱和 2015 年加入"一带一路"倡议的时间节点为分水岭，可以大致区分出以《人民日报》为代表的中国主流媒体对于南非形象塑造的变化特征。

1. 1998—2008 年："充满希望"的"彩虹国度"南非治安形势严峻

1998 年中南两国正式建立外交关系，推动了双方在政治、经济、文化等各个领域的互通往来，《人民日报》也从多个角度展现了南非在 1996 年新宪法通过、种族隔离制度被彻底废除、新型政治体制确立后，作为"彩虹国度"[1] 释放出的生机、多样性与活力，其中包括解决贫困问题的积极作为[2]、加大力度打击犯罪的严厉措施[3]、考古科学研究的重大发现[4]、重视农业可持续发展的政策[5]、促进民族和解的人权事业进展[6]、参与国际事务的主动努力[7]、自然风光的独特迷人[8]、领先于非洲的健康促进行动[9]、经济发展的良好态势[10]、电影艺术的显著成绩等等，不一而足。[11] 这一时期的南非迎来了"充满希望的时代"[12]，但其真实存在的社会不稳定因素同样被这份中国官方媒体记录下来：因种族歧视引发的枪杀[13]和多起华人遇害案件，[14]让南非的治安形势状况屡屡被提上媒介议程，《人民日报》将这些事件的原因归结为南非社会贫富悬殊巨大、枪支泛滥、无死刑罪、警方破案率低下、华侨华人自身因素等。[15] 严峻的治安问题，在 2008 年 5 月 12 日爆发的南非排外骚乱中达到

① 李新烽：《南非：彩虹国度驱阴云（迈向新世纪系列报道⑧）》，《人民日报》2000 年 2 月 25 日，第 6 版。

② 李新烽：《南非：著名女作家积极反贫困》，《人民日报》1998 年 7 月 27 日，第 7 版。

③ 李新烽、赵毅：《南非将严厉打击犯罪》，《人民日报》1998 年 8 月 21 日，第 6 版。

④《人民日报》专电：《南非发现三百多万年前猿人骨骼》，《人民日报》1998 年 12 月 11 日，第 6 版。

⑤ 李新烽：《南非重视农业可持续发展（国外跨世纪农业系列报道 9）》，《人民日报》1999 年 2 月 2 日，第 7 版。

⑥ 张宝增：《真相与和解委员会》，《人民日报》1999 年 6 月 18 日，第 7 版。

⑦ 于大波：《南非呼吁发展中国家用一个声音说话》，《人民日报》1999 年 11 月 3 日，第 7 版。

⑧ 李新烽：《南非鸵鸟蛋（五洲茶亭）》，《人民日报》2000 年 4 月 14 日，第 11 版。

⑨ 新华社：《南非开展禁烟运动》，《人民日报》2001 年 1 月 6 日，第 3 版。

⑩ 黄泽全：《"会议经济"红火南非（经济透视）》，《人民日报》2004 年 3 月 10 日，第 9 版。

⑪ 李新烽：《南非电影引人瞩目（五洲茶亭）》，《人民日报》2005 年 3 月 8 日，第 11 版。

⑫ 李锋：《南非迎来"充满希望的时代"（新闻解析）》，《人民日报》2006 年 2 月 7 日，第 3 版。

⑬ 李新烽：《种族歧视令人发指，黑人女婴惨遭枪杀》，《人民日报》1998 年 4 月 16 日，第 6 版。

⑭《人民日报》：《两名香港同胞遇害南非》，《人民日报》2000 年 6 月 3 日，第 3 版；李新烽：《又有两名同胞在南非遇害》，《人民日报》2004 年 10 月 19 日，第 3 版；李新烽：《一家中国人在南非不幸遇害》，《人民日报》2004 年 11 月 23 日，第 7 版；陈铭：《我一公民在南非遭劫身亡》，《人民日报》2006 年 2 月 6 日，第 3 版。

⑮ 李新烽：《南非：华人何以屡遭劫难（新闻解析）》，《人民日报》2004 年 10 月 19 日，第 3 版。

顶峰。彼时，由于汶川大地震和中南建交 10 周年等国内外重大事件的影响，南非出现的排外骚乱并未被《人民日报》所报道，但这一事件在客观上实质性地冲击了南非的后续发展，中国官方媒体此后对于南非形象的塑造也发生了改变。

2. 2009—2015 年：具有"雄心"和"潜力"的南非面临多重社会挑战

随着 2008 年南非军队平息暴力排外骚乱行动，南非政坛这一年发生了从姆贝基、莫特兰蒂到祖马的领导人更替，新任政府面临着改善民生、调和各派政治势力的艰难考验。[①] 面对国家经济在 17 年来的首陷衰退，[②] 南非政府将创造就业机会作为经济政策的中心，[③] 以"新增长路线"在基础设施建设、农业、采矿业、绿色经济、制造业、旅游和服务行业等六大重点领域释放就业潜能。[④] 相应地，《人民日报》详尽报道了南非在交通网建设[⑤]、农村建设[⑥]、电子商务发展[⑦]、青年劳动技能提升[⑧]、旅游业发展[⑨]、太空战略布局[⑩] 等经济民生领域的进展。在很多负面评论做出"南非排外骚乱埋没'彩虹之光'"的悲观判断时，[⑪] 中国官方舆论场则继续展现南非在多个方面的发展成效，塑造具有"雄心"和"潜力"的南非形象，且解释南非欲打造的"非洲的纽约"[⑫] 尚需时日。值得一提的是，2010年南非足球世界杯成功举办期间，《人民日报》对该赛事进行了长时段的大

① 李锋:《南非新政府面临考验》,《人民日报》2009 年 5 月 25 日, 第 3 版。

② 裴广江:《南非经济 17 年来首陷衰退》,《人民日报》2009 年 6 月 1 日, 第 6 版。

③ 裴广江:《南非关注就业难题》,《人民日报》2009 年 6 月 5 日, 第 3 版。

④ 裴广江:《南非"新增长路线"瞄准六大领域》,《人民日报》2010 年 11 月 9 日, 第 22 版。

⑤ 韦冬泽:《南非期待"豪铁"推动经济发展 (第一现场)》,《人民日报》2011 年 8 月 3 日, 第 22 版。

⑥ 倪涛:《南非优先加快农村建设》,《人民日报》2013 年 2 月 16 日, 第 8 版。

⑦ 苑基荣:《南非电子商务持续发力》,《人民日报》2015 年 1 月 29 日, 第 22 版。

⑧ 张建波:《南非: 培训青年劳动技能 (促进青年就业在国外)》,《人民日报》2013 年 6 月 26 日, 第 22 版。

⑨ 强薇:《南非旅游发展显雄心 (经济透视)》,《人民日报》2014 年 4 月 2 日, 第 22 版。

⑩ 裴广江:《南非走向"新太空时代"》,《人民日报》2010 年 12 月 14 日, 第 22 版。

⑪ 秦晖:《南非的启示: 曼德拉传·从南非看中国·新南非十九年》, 江苏文艺出版社, 2013 年, 第 550 页。

⑫ 倪涛:《南非: 打造"非洲的纽约"尚需时日》,《人民日报》2013 年 6 月 21 日, 第 22 版。

量集中报道，①是对这一积极乐观的南非形象的印证与强化。然而，由于南非排外骚乱暴露出的社会尖锐矛盾并未得到彻底解决，负面事件依然在多领域时有发生，中国媒体对之也展开了相应报道，如矿业劳资矛盾以及矿工与政府的冲突②、艾滋病泛滥③、粮食浪费问题④、交通事故问题⑤、女性受暴力迫害问题⑥、食品安全问题⑦、新一次社会骚乱⑧等，刻画出处于发展进程中的南非社会面临诸多严重挑战、内部矛盾复杂突出的不平衡形象。

3. 2016—2023 年：着重强调"积极有为"和"友好合作"的南非

2015 年 12 月，南非加入"一带一路"倡议后，尽管《人民日报》仍然会报道南非社会面临的发展问题，如经济遭遇内外挑战⑨、出现"技术性衰退"⑩，但这类报道从负面角度评论的数量明显降低，而是更加侧重塑造南非政府在解决社会问题时"积极有为"的面貌，以及与中国在双边关系中"友好合作"的形象。

关于南非的"积极有为"形象，各种报道案例俯拾皆是，比如在国内经济增速下滑时，南非政府"积极应对"，相继推出多项措施，包括扩大基础设施建设项目投入、为中小企业减税等，以求加快调整本国经济结构、寻找新的经济增长点；⑪在铁路事故频发时，南非铁路改造升级"向东看"，引进中国的技术与发展经验；⑫在求解"电荒"难题时，南非政府为南非电力公司提供 2300 亿兰特救助，并出台综合方案改变国有电力公司垄断地位、丰

---

① 裴广江、梁铨：《"南非时间"来了（翘首世界杯）》，《人民日报》2010 年 6 月 11 日，第 16 版；裴广江：《"足球热"遍南非》，《人民日报》2010 年 6 月 29 日，第 14 版；袁晞：《感受非洲（绿茵论道·南非世界杯特别报道）》，《人民日报》2010 年 7 月 1 日，第 14 版。

② 裴广江：《南非矿工与警方发生冲突死伤百余人》，《人民日报》2012 年 8 月 18 日，第 3 版。

③ 倪涛：《南非最大艾滋病治疗中心将关门》，《人民日报》2013 年 1 月 23 日，第 21 版。

④ 苑基荣：《南非每年浪费粮食 904 万吨》，《人民日报》2013 年 1 月 31 日，第 22 版。

⑤ 苑基荣：《南非两列火车相撞：300 人受伤》，《人民日报》2013 年 2 月 1 日，第 21 版。

⑥ 倪涛：《每四分钟便有一名女性遭到强奸：南非女性饱受暴力迫害》，《人民日报》2013 年 2 月 26 日，第 16 版。

⑦ 苑基荣：《南非牛肉食品中发现羊肉和驴肉》，《人民日报》2013 年 2 月 27 日，第 21 版。

⑧ 倪涛：《南非骚乱暴露社会问题》，《人民日报》2015 年 1 月 25 日，第 3 版。

⑨ 王欲然：《南非经济遭遇内外挑战》，《人民日报》2016 年 1 月 27 日，第 22 版。

⑩ 李志伟：《南非经济出现"技术性衰退"》，《人民日报》2017 年 6 月 9 日，第 22 版。

⑪ 王欲然：《南非积极应对经济下行》，《人民日报》2015 年 12 月 14 日，第 22 版。

⑫ 李志伟：《南非铁路改造升级"向东看"》，《人民日报》2018 年 1 月 9 日，第 21 版。

富电力供应来源；① 在面对青年就业大难题时，南非政府"努力"寻找解决途径，推出"青年就业服务计划"，即政府与企业合作，为没有工作经验的青年提供在职培训，同意接收青年的企业享受一定额度的税收减免；② 在遭受新冠疫情冲击时，南非采取严格的管控措施，推进大规模检测筛查，控制了疫情蔓延趋势，③ 并"努力"减轻疫情造成的经济影响，④ 同时呼吁非洲国家"努力"消除"疫苗种族隔离"，团结合作应对疫情下的严重国际不平等现象。⑤

　　就南非与中国的"友好合作"形象，也可以从很多具体事例体现出来，比如南非政府和南非共产党"支持"中国在南海问题上的立场；⑥ 西方国家肆意打压中国科技企业之际，南非总统支持可以给南非以及世界带来更好技术的公司，"欢迎"华为带来 5G 技术；⑦ 葡萄酒消费市场大幅萎缩之际，南非葡萄酒协会鼓励南非业者与各级分销商"充分重视"中国市场，努力开创从酒庄到中国消费者餐桌的便捷营销模式；⑧ 在评价金砖国家领导人会晤成果清单时，南非各界人士都表达了对中南在经贸、基础设施建设、科技等领域务实合作的"高度评价"。⑨ 总之，1998 年中南建交以来，中国媒体对于南非形象的塑造较为平衡，兼顾正面报道南非国家发展的进展与呈现南非在各方面经历的现实挑战，且正面报道居多，展现了官方舆论场对于南非发展和中南合作的坚定支持。其中，由于 2008 年南非排外骚乱的客观发生，祖马新政府在 2009 年上台后加大了促进各领域发展的政策力度，南非还发生了在 2011 年加入金砖国家组织等重大变化，中国媒体对南非正面形

① 吕强：《南非求解"电荒"难题》，《人民日报》2020 年 1 月 8 日，第 16 版。

② 李滢嫣：《南非政府努力解决青年就业问题（微阅读）》，《人民日报》2019 年 7 月 3 日，第 17 版。

③ 万宇：《南非推进大规模检测筛查》，《人民日报》2020 年 6 月 5 日，第 16 版。

④ 李滢嫣：《南非努力减轻疫情影响》，《人民日报》2020 年 8 月 4 日，第 17 版。

⑤ 闫韫明：《南非总统呼吁努力消除"疫苗种族隔离"》，《人民日报》2021 年 5 月 31 日，第 19 版。

⑥ 蒋安全：《南非政府支持中国在南海问题上的立场》，《人民日报》2016 年 6 月 23 日，第 21 版。

⑦ 荆晶：《南非总统表示欢迎华为带来 5G 技术》，《人民日报》2019 年 7 月 7 日，第 3 版。

⑧ 邹松：《南非葡萄酒业看好中国市场》，《人民日报》2021 年 1 月 12 日，第 17 版。

⑨ 曲颂、李欣怡、杨迅、万宇、邹松、沈小晓、姜宣：《"推动全球治理朝着更加公正合理的方向发展"（互利共赢团结合作）：各界人士高度评价习近平主席出席金砖国家领导人第十五次会晤并对南非进行国事访问》，《人民日报》2023 年 8 月 27 日，第 3 版。

象的塑造，随之由"充满希望"的"彩虹国度"，进一步深化为赞扬其具有"雄心"和"潜力"。与此同时，因为南非社会矛盾重重，此前对其负面社会问题的报道，也由治安形势严峻一个方面拓展到更多视角，以便更加全面解释其现实挑战。2016 年以后，即便是对于负面问题的报道，中国官方媒体也会侧重强调并凸显南非"积极有为"和对华"友好合作"的形象，较少或者避免对其进行消极渲染。这既体现了南非近年来的发展成效和在处理国际国内事务中发挥的能动性，也体现了中国媒体希望通过塑造积极正面的南非形象，为中南全面战略伙伴关系和高水平中南命运共同体的构建，以及"一带一路"倡议的深入推广营造良好的国内国际舆论氛围。当然，中国官方媒体对于 2021 年 7 月南非豪滕省和夸祖鲁纳塔尔省出现的大规模骚乱事件的失声，未必是出于刻意回避负面问题的考虑，因为当时国内正在聚焦于建党百年和亚太经合会议等国内外重大要闻的报道。

（二）民间舆论场认知的"南非"

民间舆论场对于南非的认知，则呈现出更加复杂的生态。在中文问答社区知乎平台中，网民对于南非的讨论从 2013 年开始出现，2017 年左右热度渐次上升。探讨的话题由起初较为单一的政治议题逐步扩大到较为丰富的工作议题、治安议题、旅游议题、文化议题、经济议题、健康议题、军事议题、留学议题等等。从中大致可以看出，国内民间舆论场对于南非的认知兴趣和关注度近年来不断提升，网民讨论的话题领域趋于多元化。在这些不同领域的议题讨论中，网民对于南非的评价和印象也在差异性中体现出一定的共性。

1. 2013—2016 年："有白人"的非洲国家——中国网友开始问答南非

知乎平台中对南非的探讨始于 2013 年的一则网民提问："为什么南非都是白人？"[①]网友通过引用百度百科中对于南非被殖民历史的回顾回答了这一问题。同年 12 月曼德拉逝世后，几位网友在"在南非当地，人们是如何

---

① 知乎用户：《为什么南非都是白人？》，知乎 2013 年 7 月 31 日，https://www.zhihu.com/question/21411412/answer/18143343，查询时间：2023 年 10 月 20 日。

看待曼德拉的逝世的？"①这一问题下留言，认为曼德拉推翻种族歧视，为南非社会发展和种族平等做出重大贡献，因而受到尊重爱戴。曼德拉的逝世引发了网民对于南非政治议题的兴趣关注，此后，知乎相继出现了对南非为何有三个首都②、南非种族关系现状如何③、黑人执政南非究竟是好是坏④等问题的探讨。网友多数依据史实、客观数据或自身田野观察经验进行回答，展现了这一时间阶段里，他们较为单纯的对南非兴趣的起点——一个"有白人"的不一样的非洲国家。中国网友们对南非政治历史和社会制度变迁的理性探索，使得相关认知得以逐渐深入。

2.2017—2019 年：优缺点并存——南非形象随交往增多而复杂化

2017 年，伴随着中南两国关系的深入交往，知乎平台对于南非的讨论热度显著上涨。除了南非本身的政治议题之外，不少网民开始围绕文化议题、旅游议题、投资议题、生活议题、居住议题等展开讨论，体现了网友对南非社会增进了解的兴趣和热情显著增加。回答问题的网友则主要基于自身的感性认知予以解答和交流，例如，音乐文化领域的问题"南非的音乐文化到底有多丰富多彩？"⑤之下，网友以南非世界杯主题曲"Waka Waka"、经典歌曲"Pata Pata"等为例，赞扬南非音乐既保留了古老底蕴又呈现出多元化的特点，洋溢着原始、纯粹、野性和自然的魅力；美食领域的问题"南非有哪些美食非常值得品尝？"⑥之下，网友强力推荐了南非烤鸡、烤排骨、海鲜等美食，并用流行语"炒鸡棒（超级棒）"来表达自身的喜爱之情；旅游领域的问题"去过南非后你最大的感受是什么？"⑦之下,网友结合自身经

① 知乎用户：《在南非当地，人们是如何看待曼德拉的逝世的？》，知乎 2013 年 12 月 6 日，https://www.zhihu.com/question/22203755/answer/20617786，查询时间：2023 年 10 月 20 日。

② 知乎用户：《南非为何有三个首都？》，知乎 2014 年 4 月 18 日，https://www.zhihu.com/question/23460821，查询时间：2023 年 10 月 20 日。

③ 知乎用户：《南非种族关系的现状如何？》，知乎 2014 年 10 月 27 日，https://www.zhihu.com/question/26345903/answer/32630297，查询时间：2023 年 10 月 20 日。

④ 知乎用户：《黑人执政南非究竟是好事还是坏事？》，知乎 2013 年 12 月 7 日，https://www.zhihu.com/question/22213313/answer/32729918，查询时间：2023 年 10 月 20 日。

⑤ 知乎用户：《南非的音乐文化到底有多丰富多彩？》，知乎 2018 年 12 月 4 日，https://zhuanlan.zhihu.com/p/51553767，查询时间：2023 年 10 月 20 日。

⑥ 知乎用户：《南非有哪些美食非常值得品尝？》，知乎 2017 年 8 月 23 日，https://www.zhihu.com/question/64314060/answer/221422297，查询时间：2023 年 10 月 20 日。

⑦ 知乎用户：《去过南非后你最大的感受是什么？》，知乎 2019 年 7 月 3 日，https://www.zhihu.com/question/332994623，查询时间：2023 年 10 月 20 日。

历，从衣食住行几个方面分享了详尽的经验，还略带夸张地以"简直灾难"来形容其交通的不便之处，同时提醒道，当地人可能携带枪支、存在安全隐患、建议组团出行；投资领域的问题"投资南非有什么好处和坏处？"① 之下，网友同样以"好处是容易赚钱，坏处是赚了钱不一定有命花"来调侃南非的治安问题；生活领域的问题"南非当地情况怎么样？怎样移民南非？"② 之下，网友除了提供具体的移民条件信息，指出南非自然环境好、生活节奏慢的优点，也表达了在安全隐患、社交网络等方面的顾虑；居住领域的问题"在南非德班（Durban）居住应该注意什么？"③ 之下，网友评论道，虽然德班治安相对较好，但还是建议不要一个人出行、不要携带贵重物品出行、晚上尽量少出行、可携带少量现金应对抢劫。

由此可见，随着中南两国民间交往在这一时间阶段的深入推进，国内民间舆论场上新增了许多对于南非本土文化、发展机会和日常生活的好奇发问。有南非生活经验的网友与对南非并不了解的网友之间的交流互动成为新一阶段的社交媒体特点，侧面说明中国民众进入南非的人数显著增加，且中南人文交流的深度已经有大幅度拓展。网民们以真诚幽默的语言分享自己对于南非的感性认知，既有对其文化底蕴和自然风光毫不吝啬的夸赞，也有对其社会治安环境的真实担忧，使得民间舆论场中的"南非"形象呈现出更加立体真实的样貌。而"治安不稳"之所以在 2017 年后成为网民在讨论南非时的重要印象，与南非接连发生的数起华人遭遇持枪抢劫案件直接相关。实际上，根据南非警方数据，2016 年南非涉华人劫案有所减少且"低于平均水平"，④ 但安全问题毕竟攸关性命，治安情况影响着中国民众对南非的心理预期，是其选择出行、生活、工作时无法绕开的关键考量。2017年 2 月，3 名来自广西柳州的中国游客在南非机场酒店遭遇歹徒抢劫且中枪

① 知乎用户：《投资南非有什么好处和坏处？》，知乎 2018 年 10 月 6 日，https://www.zhihu.com/question/297394912/answer/505029413，查询时间：2023 年 10 月 20 日。

② 知乎用户：《南非当地情况怎么样？怎样移民南非？》，知乎 2017 年 1 月 16 日，https://www.zhihu.com/question/54826035/answer/2681123755，查询时间：2023 年 10 月 20 日。

③ 知乎用户：《在南非德班 Durban 居住应该注意什么？》，知乎 2017 年 8 月 12 日，https://www.zhihu.com/question/63793373/answer/239711375，查询时间：2023 年 10 月 20 日。

④ 张洁娴：《南非 2016 涉华人劫案减少，约堡严重犯罪降 10%》，新华网 2017 年 2 月 21 日，http://www.xinhuanet.com/world/2017-02/21/c_129487507.htm，查询时间：2023 年 12 月 23 日。

受伤，^①引发了中国驻约翰内斯堡总领馆、国家旅游局、柳州旅发委和南非华人华侨的高度重视，新华网、央视网、环球网、澎湃新闻等多家主流媒体都对此事进行了跟进式报道，这在中国网民形成南非"治安不稳"的印象过程中具有一定程度的锚定效应及风险放大效应。

3. 2020—2023 年："两面南非"——安全警惕提醒与理性声音并存

2020 年，由于新冠疫情的全球蔓延，知乎平台出现了诸多有关如何看待南非疫情形势的讨论，^②有的网友直接做出"落后国家的疫情只会更严重"的悲观判断，而有的网友则更客观地评估南非政府的防疫措施，认为其"疫情相对乐观"。总之，网民的认知，出现了"两面南非"的倾向，即一面是部分民众长期持有的所有非洲国家都是"落后"国家的僵化刻板印象，另一面是部分民众相对客观理性的认知。

新冠疫情结束后，国内民众与南非的互动交往有序恢复并逐步增强，网民在知乎平台上对于南非的讨论在原有议题的基础上延伸至外派工作、留学教育、市场开拓等议题。大多数讨论体现了"两面南非"并存的复杂形象，也出现了少数极端负面的言论，特别是由于南非治安问题出现了"警惕南非"的极化声音。有关种族问题、社会矛盾问题和经济发展问题的探讨中，则显现出部分网民坚持客观全面看待南非的立场，这些讨论相对而言更加理性和深入。

外派工作方面，问题"国企外派南非年收入有多少？"^③之下，网友回答道，"不同行业有所不同，监理一年 30 多万"，但特别补充了"南非不太平""遭遇劫持没人管"等抱怨之语；留学教育方面，提出"南非留学？"^④问题的网民，认为南非消费较欧美低，有去南非留学的想法。有的网友回复道，"南非教育的核心价值观之一是勤劳认真，这种坚毅品质绝对不输给任

---

① 宋方灿：《广州一家三口在南非旅游遭抢劫，皆中枪受伤》，新华网 2017 年 2 月 6 日，http://www.xinhuanet.com/world/2017-02/06/c_129467866.htm，查询时间：2023 年 12 月 23 日。

② 知乎用户：《如何看待南非最近的疫情？》，知乎 2020 年 3 月 24 日，https://www.zhihu.com/question/381956563，查询时间：2023 年 10 月 20 日。

③ 知乎用户：《国企外派南非年收入有多少？》，知乎 2023 年 5 月 14 日，https://www.zhihu.com/question/600853009/answer/3026745672，查询时间：2023 年 10 月 20 日。

④ 知乎用户：《南非留学？》，知乎 2023 年 10 月 13 日，https://www.zhihu.com/question/625952459/answer/3250143153，查询时间：2023 年 10 月 20 日。

何种族，绝对的出类拔萃"，但也有网友发出"国内用人单位对南非学历并不认可，建议考虑自己的就业因素"等非常实际的提醒声音；市场开拓方面，"市场分析 | 为什么外贸人不能错过南非市场？"①问题下，网民不仅分析了南非的市场优势，还提醒商人注意其贫富差距大、社会动乱、失业率高的问题等等。

如前文，中国媒体报道过多起发生在南非的伤亡案件，一些中国网民因治安状况产生对南非的警惕心理，例如问题"我马上就要去南非工作了，有什么要注意和提醒的吗"②之下，网友回复"安全！我们要从思想上做出转变，和当地人打交道一定要有警惕心和戒心，说白了就是要时时刻刻提防他们，一定不要有同情心和圣母心！"再如"千万不要去南非旅游"③的帖子下，网友回复"在南非入住后都不会出去自由活动"等分享内容。快速提升的双边关系带动大量中国人来到南非的事实，解释了中国网民为何对南非治安问题越来越关心。难能可贵的是，知乎社交媒体上，看得到关于治安问题成因，特别是其形成的深层社会条件的讨论，而且帖文还特别反思了中国网民中存在因一些治安案例而放大、夸大对南非偏见的问题。比如，在"南非骚乱致至少117人死亡，超2000人被捕，目前情况如何？"④的帖子下，网友们承认多起南非骚乱事件对于当地治安的严重挑战，其中不乏戏谑调侃的回复，但更多声音的目的是对骚乱事件的本质原因做出分析，如"祖马的支持者因不满其被判刑而示威反对，随后演变为不满南非（疫情发生以来加剧的）贫困和不平等现状的暴乱"等，这些回复同时以南非政府的回应举措和中国大使馆的紧急提醒来安抚其他网民的情绪，提醒民众如何做好自身防护。在"南非是如何从发达国家跌落至发展中国家的？国家经济系列"⑤的帖子下，有网友从历史、资本体系依附论、南非制度设计、政

① 知乎用户：《市场分析 | 为什么外贸人不能错过南非市场？》，知乎 2023 年 4 月 17 日，https://www.zhihu.com/question/596012651/answer/3112108434，查询时间：2023 年 10 月 20 日。

② 知乎用户：《我马上就要去南非工作了，有什么要注意和提醒的吗？》，知乎 2013 年 11 月 15 日，https://www.zhihu.com/question/22039634/answer/2668867766，查询时间：2023 年 10 月 20 日。

③ 知乎用户：《千万不要去南非旅游》，知乎 2023 年 6 月 3 日，https://zhuanlan.zhihu.com/p/634540927，查询时间：2023 年 10 月 20 日。

④ 知乎用户：《南非骚乱致至少117人死亡，超2000人被捕，目前情况如何？》，知乎 2021 年 7 月 16 日，https://www.zhihu.com/question/472526707，查询时间：2023 年 10 月 20 日。

⑤ 知乎用户：《南非是如何从发达国家跌落至发展中国家的？ | 国家经济系列》，知乎 2023 年 10 月 19 日，https://zhuanlan.zhihu.com/p/662378215，查询时间：2023 年 10 月 20 日。

府长期规划等角度出发,详细分析了南非社会动荡形成的原因。在"南非的社会到底有多乱?"[①]的帖子下,网友提醒"首先要避免咱们国人的逻辑缺陷,即思维二元性——只要这东西不好,那就是坏!",并结合自身经历来解释南非治安问题出现的原因,分享如何降低自身遇到安全风险的可能性,同时表达了不要将"暴徒"和"老百姓"混为一谈、不要只责怪"政府无能"而不反思"西式民主政治体制缺陷"。以上讨论,对国人全面客观地认识南非社会问题具有积极意义。

结语: 以传播沟通赋能中南合作的可持续发展

综上,本章通过分析中国舆论场的南非形象,发现官方舆论场塑造的"南非"与民间舆论场认知的"南非"不尽相同。并且随时间推移,各自呈现的南非形象在不同程度上发生了变化。就官方舆论场而言,中国媒体对于南非形象的塑造总体上比较平衡,以积极正面的形象为主(见图5–20):1998—2008年,南非是"充满希望"的"彩虹国度",但治安形势严峻;2009—2015年,南非展现出"雄心"和"潜力",但伴随多重挑战;2016—2023年,尽管负面事件依然频发,但中国官媒更侧重塑造南非"积极有为"和对华"友好合作"的形象。这些形象的特征变化和中国媒体的报道倾向受到了来自国内外主客观因素的共同影响。

就民间舆论场而言,中国民众对于南非形象的认知较为复杂(见图5–21):2013—2016年,网民在国内社交平台的讨论以政治议题为主,呈现出对南非这一"后殖民国家"的较理性认知;2017—2019年,讨论拓展至文旅生活等领域,呈现出对南非"文化多元"与"治安不稳"的感性认知;2020—2023年,"两面南非"的认知框架在更多议题的讨论中延伸,但同时出现了由治安问题而警惕南非的极化观点,也出现了对于南非社会问题的纵深分析。

---

① 知乎用户:《南非的社会到底有多乱?》,知乎2019年6月19日,https://www.zhihu.com/question/330188401/answer/1001909280,查询时间:2023年10月20日。

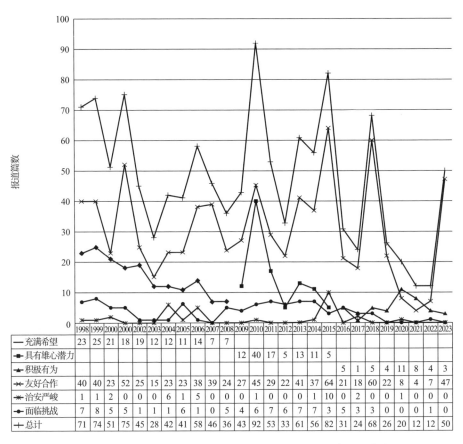

	1998	1999	2000	2000	2002	2003	2004	2005	2006	2007	2008	2009	2010	2011	2012	2013	2014	2015	2016	2017	2018	2019	2020	2021	2022	2023
━━ 充满希望	23	25	21	18	19	12	12	11	14	7	7															
━■━ 具有雄心潜力												12	40	17	5	13	11	5								
━▲━ 积极有为																			5	1	5	4	11	8	4	3
━✖━ 友好合作	40	40	23	52	25	15	23	23	38	39	24	27	45	29	22	41	37	64	21	18	60	22	8	4	7	47
━＊━ 治安严峻	1	1	2	0	0	0	6	1	5	0	0	0	0	1	0	0	0	1	10	0	2	0	0	1	0	0
━●━ 面临挑战	7	8	5	5	1	1	1	6	1	0	5	4	6	7	6	7	7	3	5	3	3	0	0	0	1	0
━＋━ 总计	71	74	51	75	45	28	42	41	58	46	36	43	92	53	33	61	56	82	31	24	68	26	20	12	12	50

图 5-20 《人民日报》1998—2023 年对南非形象塑造的侧重点变化

　　由此可见，随着中南两国在"一带一路"倡议下实现从伙伴关系、战略伙伴关系到全面战略伙伴关系的迅速升温，主流媒体作为党和人民的喉舌，牢牢把握着正确的政治方向、舆论导向和价值取向。同时，国内民众与南非的互动交往也在各个领域进一步增强，尤其是两国经贸合作在近年来取得跨越式发展，南非从 2010 年起已经连续 14 年成为中国在非洲的第一大贸易伙伴。① 这种紧密的双边关系促进了民间舆论场对于南非认知兴趣的不断提升，使其讨论的话题领域呈现出类似于官方舆论场的多元化趋势。不过，正是由于彼此交往的深入推进，因切身关切的现实利益与民间长期存在的

---

① 人民日报：《携手打造中南关系"黄金时代"》，中国日报网 2024 年 8 月 28 日，http://cn.chinadaily.com.cn/a/202408/28/WS66ce7556a310b35299d38cbc.html，查询时间：2024 年 8 月 28 日。

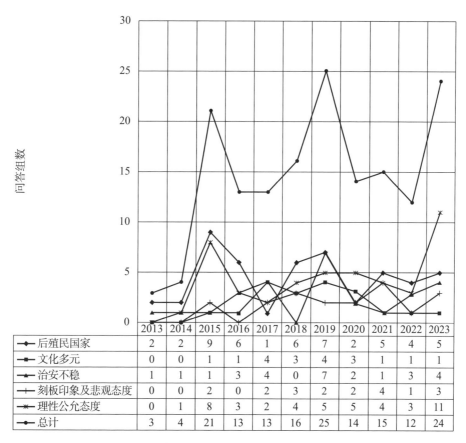

	2013	2014	2015	2016	2017	2018	2019	2020	2021	2022	2023
后殖民国家	2	2	9	6	1	6	7	2	5	4	5
文化多元	0	0	1	1	4	3	4	3	1	1	1
治安不稳	1	1	1	3	4	0	7	2	1	3	4
刻板印象及悲观态度	0	0	2	0	2	3	2	2	4	1	3
理性公允态度	0	1	8	3	2	4	5	5	4	3	11
总计	3	4	21	13	13	16	25	14	15	12	24

图 5-21　知乎用户 2013—2023 年对南非形象认知的侧重点变化

刻板印象所导致的"两面南非"中的负面认知也逐渐暴露出来。例如，民间舆论场的核心关切集中在南非的治安问题上，对该问题的重视态度成为民间舆论场与官方舆论场最为明显的差异（见图 5-22）。

虽然大部分民众不具有在南非的生活经验，官方舆论场的南非形象塑造也的确会在一定程度上产生议程设置的作用，影响民众的南非认知，但是，鉴于社会距离的存在，公众往往倾向于关注与自身关系更为密切的事物。在以"平安吉祥"为重要价值取向的中国文化语境中，安全问题正是与个人风险感知极为贴近的事项，与南非治安相关的新闻自然会优先触发民众的风险感知及风险放大效应，南非的治安情况也就成为了民众在讨论各类南非议题时绕不开的话题。同时，在心理学中，首因效应揭示了第一印

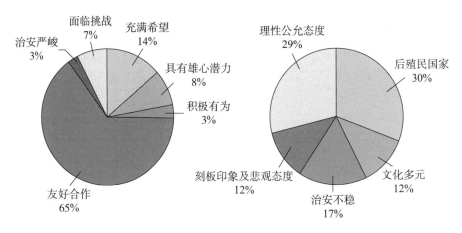

图 5-22　各类南非形象在《人民日报》（左）与知乎（右）中的占比（全样本）

象的重要性，媒体曾经报道的多则华人遇害新闻可能已经让民众在脑海中形成了南非"治安不稳"的记忆，所以即便官方舆论场后续更加倾向于从正面解读南非面对社会矛盾的"积极有为"面貌，但还是无法避免民众对于南非治安情况的心理忧虑。毕竟，对于普通民众而言，南非政府处理治安案件的能力与治安案件的真实发生是两回事，任何负面案例的发生，都很明显地影响着中国民众的心理预期，是其选择赴南非出行、生活、工作时的首要考量因素。

此外，从数量、版面来看，主流媒体中与南非相关的新闻和其他类型的新闻相比并不显著，中国公众在教育学习和日常生活中也较少接触到与南非和其他非洲国家相关的信息。这可能在一定程度上就影响了民众真实、全面、客观地了解南非，使其在治安情况、发展能力、百姓人品等方面形成了对南非的刻板印象。这些都是一些网民发表带有很强偏见性的言论，并在民间舆论场持续渲染对于南非的恐慌情绪，乃至于煽动两国民间对立情绪的社会大背景。随着社交媒体无孔不入般的日益蓬勃兴起，民众使用社交媒体生产信息、接受信息、在线交流的频率及分享生活的意愿都极大提高，也造成了很多有不好的南非生活经历的人热衷于在民间舆论场上发表极化观点。例如，自媒体公众号"南非侨网"中，经常出现"治理黑暗""绑架案数量大增""令人震惊的犯罪数据"等带有消极情感倾向的表述，这或许会诱导并加重中国网民对于南非的消极和负面认知。当然，令人欣慰的是，越来越多具有在南非生活经验的网民会以自身经历为依据，在民间舆论场的互动之中以理性发言，发挥平衡这种认知偏向的作用。更有越来越多的网民以综合全面的学理性分析，客观解释南非社会面临安全挑战的长期根源，在提醒其他网民注意提高安全防范意识的同时，也为其辩证看待南非的两面性提供智识基础。

在发展国际关系时，政府之间的互利互信固然重要，但民意基础同样不容忽视，人民之间的友谊是国与国之间增进了解、扩大共识、发展友好关系的根基。为了推动中国与南非交往合作的可持续发展，传播沟通在国际关系中的赋能作用应该受到高度重视。具体而言，首先，官方舆论场的中国媒体需要在以报道客观事实为原则的基础上，注重不同南非议题的报道比重、报道风格、报道角度及报道形式，并结合媒体融合的蓬勃趋势，正确且有力地在各类媒介平台引导民间舆论场，帮助中国社会形成更加全面、客观的南非认知。第二，民间舆论场应当鼓励更多能够发表公正言论的意见领袖出现，使之在提醒中国民众以公允且辩证的态度认识南非社会问题形成的历史基础上发挥积极作用，从而逐渐扭转有关南非的偏见声音，推动构建良好的舆论生态环境。第三，中南两国的民间交往应当在现实层面更加深入，通过文化体验、国际教育、技能培训等各类形式的交流活动来增进彼此了解，减少因生活方式和文化差异而出现的各种矛盾，使得中国舆论场的南非形象塑造与认知得到平衡发展。最后，南非案例显示，官方舆论场和民间舆论场共同作用于中非民众之间的相互认知，而负面认知往往是制约中国业界更多走入非洲、落实中国政府当下倡导的"中非命运共同体"理念的障碍。决策者需要在了解这种互动关系的重要性的前提下，做好适应如今中非关系整体发展需求的传播沟通工作，打好双边合作所需要的信息生态基础、必要知识基础及良好认知基础，更好促进中非民心相通的实现。

南非学者对中南关系的认知研究

展梦舒

近年来，随着中国频繁地参与到非洲大陆的发展建设中，中国政府对中国与非洲国家之间的关系越来越重视，保持中非关系的提质增效、可持续发展成为了双方共同关心的重要课题。虽然中非关系研究早已成为国际政治研究中的重点课题，但现有研究一面倒地从中国视角出发，也因而不可避免地得出这组重要关系是由中方发挥主导作用的片面、粗糙的结论。有鉴于此，本章尝试从非洲的角度来分析中非关系，从非洲视角研究非洲人民对中国的看法。此项研究选择了南非学者为研究对象，通过调查问卷和采访的形式，分别运用定量和定性的方法从经济、政治、文化和媒体三个方面收集了南非学者群体对中国的认知。这项工作旨在通过动态跟踪研究南非学者对华认知，更加深入了解南非人民对中国的看法，特别是他们认为中国带来的积极和消极影响，有利于中国决策者和中非关系践行者在双边关系的顶层设计与实践中更好地改进，更直接促进两国非官方层面的交流互动、民心相通，从而促进中国与南非关系行稳致远。

南非在非洲大陆是非常具有代表性的国家，无论从经济还是政治角度来看，南非都是非洲最具影响力的国家之一。此外，南非与中国从1998年首次建立正式外交关系后，一直保持着非常密切的经济和政治关系。与其他群体相比，学者具备更多的专业知识，他们可以运用相关知识更加深入和客观地对中国在南非的影响进行分析，他们的观点对于国家政策的制定和社会舆论都会产生较大影响。正如前驻非大使、现任国际研究基金会非洲研究中心主任舒展大使所言，南非学者在本国有着非常重大的影响力，他们经常就南非的对外政策和国际形势向南非外交部和社会各界提供咨询。[1]南非学者也指出，学者，特别是由不同研究领域的学者所组成的智库和研究所，在南非国家政策的制定扮演了重要的角色。[2]政治学相关

---

[1] 舒展:《新南非的国内形势、外交政策及中南关系——南非学者看南非》,《西亚非洲》1994年第6期，第67—70页。

[2] T. Mbadlanyana, N. Sibalukhulu and J. Cilliers, "Shaping African Futures: Think Tanks and the Need for Endogenous Knowledge Production in Sub-Saharan Africa," *Foresight* 13, Vol. 13, No. 3, 2011, pp. 64–84.

的重要研究所和智库包括：南非国际问题研究所（South African Institute of International Affairs，简称 SAIIA）、安全研究所（Institute for Security Studies，简称 ISS）、全球对话所（Institute for Global Dialogue，简称 IGD）、南非种族关系研究所（South African Institute of Race Relations，简称 IRR）等，都为南非的民主化、外交政策和国家安全事务做出了很大贡献。[①] 此外，其他领域的重要研究机构和智库还包括：农业方面的未来农业联盟（The Future Agricultures Consortium）、公共卫生领域的金山大学健康经济与决策科学中心（The SAMRC/Wits Centre for Health Economics and Decision Science）等，同样积极为政府提供了重要的专业知识，增加了公众对国家政策的参与度。[②] 因此，以南非学者为研究对象，跟踪研究对中国的看法，具有重要的研究价值。

本团队的研究人员 2019 年 8—10 月在南非进行了 3 个月的实地调研，收集了大量南非学者群体对中国认知的一手数据，调查以问卷形式展开，在两所南非公立大学（金山大学和约翰内斯堡大学）和重要智库全球对话研究所，对 105 名答卷人进行了问卷收集。金山大学由 5 个院系组成，有 33 个研究领域，向学生提供 3000 多门课程。[③] 约翰内斯堡大学由 8 个院系组成，学生人数超过 5 万人，其中超过 3000 人是来自 80 个国家的国际学生。[④] 全球对话研究所是一个独立的外交政策智库，目标是寻求对外交政策以及对国家和国际发展更广泛的了解。[⑤] 不仅如此，2019 年这一轮调研中，研究者还挑选了 10 位来自经济、政治，以及文化和媒体领域的专业人士作为受访人，并根据他们的专业领域进行了半结构式问题访谈，以面对面或电子邮件形式展开。为了保证数据的时效性，2023 年 10 月，本项课题的研究者再次访问

---

① B. Nkrumah "Think Tanks and Democratisation in South Africa," *Cosmopolitan Civil Societies: An Interdisciplinary Journal* 14, no.1, 2022, pp.17–31; N. Grobbelaar, E. Sidiropoulos "Foreign Policy and Security Challenges Facing South Africa: The South African Institute of International Affairs," *Think Tanks, Foreign Policy and the Emerging Powers*, 2019, pp.143–160.

② The Future Agricultures Consortium, "Home", https://www.future-agricultures.org/, accessed 14 January 2024; The SAMRC/Wits Centre for Health Economics and Decision Science (PRICELESS SA), "Home", https://pricelesssa.ac.za/, accessed 20 August 2019.

③ University of Witwatersrand, "About Wits University," https://www.wits.ac.za/about-wits/, accessed 14 January 2024.

④ University of Johannesburg, "About Us," https://www.uj.ac.za/about/Pages/default.aspx, accessed 20 August 2019.

⑤ Institute for Global Dialogue (IGD), "G20 Insights," https://www.g20- insights.org/think_tanks/institute-for-global-dialogue-ig, accessed 20 August 2019.

南非，进行了同样一轮更新调研，发放了 100 份调查问卷，回访了 4 位 2019 年已受访过的专家，也采访到 5 位新受访者，15 位受访人身份如表 5-15。

表 5-15　接受访谈的南非学者身份信息

受访者	单位	职位	研究方向
受访者 1	约翰内斯堡大学 非中研究中心	副教授	经济、政治和文化
受访者 2	茨瓦内大学 技术商学院	讲师	经济战略
受访者 3	约翰内斯堡大学 约翰内斯堡高级研究所	高级研究员 （博士）	国际政治
受访者 4	全球对话研究所	高级研究员 （博士）	国际政治和外交
受访者 5	金山大学南非 国际问题研究所	研究员	国际政治
受访者 6	约翰内斯堡大学	副教授	国际政治和文化
受访者 7	约翰内斯堡大学	副校长 （教授）	工程
受访者 8	约翰内斯堡大学	高级讲师 （博士）	基础教育
受访者 9	约翰内斯堡大学	实践教授	文化
受访者 10	《中国日报》	记者	传媒
受访者 11	金山大学	教授	国际政治
受访者 12	约翰内斯堡大学 非中研究中心	研究员 （博士）	国际政治
受访者 13	约翰内斯堡大学 非中研究中心	研究员 （博士）	经济
受访者 14	约翰内斯堡大学 非中研究中心	助理研究员	文化
受访者 15	新华社	记者	传媒

　　目前有关非洲人对中国看法的文献已经有很多，主要是基于一些问卷调查的形式反映非洲人对中国的总体看法，例如沙伯力和严海蓉的研究《非洲人眼中的中非关系》（2009）[1]、周宇媛的文章《非洲媒体对华报道的影响与反

---

[1] Barry Sautman and Yan Hairong, "African Perspectives on China-Africa Links," *Journals The China Quarterly* 199, 2009, pp. 728-759.

思》（2012）①、陈雪飞的文章《非洲人眼中的中国形象——基于非洲本地媒体视角的考察》（2014）等，大多数接受调查的非洲人对中国持积极看法。② 皮尤研究中心 2013 年、2014 年、2015 年和 2023 年的研究中也得出相同的结论，即撒哈拉以南非洲人口对中国的评价在全球各国间是最高的。③ 非洲晴雨表研究所在 2016 年、2020 年和 2021 年也做了三轮相关调查，结果显示大约60%（2016 年为 63%、2020 年为 59%、2021 年为 63%）的非洲人认为中国的影响"有些"或"非常"积极；与 2016 年的调查结果相比，2020 年和 2021 年的调查结果都显示，认为中国经济活动影响积极的非洲人人数在下降。④

实际上，更早前已经出现非洲人关注中国在非洲经济活动的负面复杂影响的文献，特别是环境污染等方面，比如论文集《非洲人眼中的中国》（2007）、《中国在非洲》（2007）和《中国视角、非洲视角下的中国在非洲》（2010），都是此类性质的作品。⑤ 此外，还有的研究从不同方面探究了非洲人对中国的认知。南非学者在《中国在非洲：重商主义的掠夺者还是发展的伙伴？》（2007）一书中，探讨了中国对非洲的支持，明确否认了中非关系属于新殖民主义的指摘。⑥ Marek Hanusch（2012）从经济和政治两方面对

---

① Zhou Yuyuan, "African Media's Coverage on China: Influence and Reflection," *Chinese Journal of Journalism & Communication* 11, (2012), pp. 86−95.

② 陈雪飞:《非洲人眼中的中国形象：基于非洲本地媒体视角的考察》,《国外理论动态》2014 年第 3 期，第 68—72 页。

③ Pew Research Center, "United States and China: The Image of the Globe's Two Superpowers", 18.07.2013, http://www.pewglobal.org/2013/07/18/united-states-and-china-the-image-of-the-globes-two-superpowers/, accessed 16 September 2019; Pew Research Center, "Global Opposition to U.S. Surveillance and Drones, but Limited Harm to America's Image Many in Asia Worry about Conflict with China", 14.07.2014, http://www.pewglobal.org/2014/07/14/chapter-2-chinas-image/, accessed 16 September 2019; Pew Research Center, "Global Publics Back U.S. on Fighting ISIS, but are Critical of Post-9/11 Torture Asian Nations Mostly Support TPP, Defense Pivot – but also Value Economic Ties with China", 23.06.2015, http://www.pewglobal.org/2015/06/23/2-views-of-china-and-the-global-balance-of-power/, accessed 16 September 2019.

④ Mogopodi Lekorwe, Anyway Chingwete, Mina Okuru, and Romaric Samson. "China's Growing Presence in Africa Wins Largely Positive Popular Reviews," *Afrobarometer*, 2016; Josephine Appiah-Nyamekye Sanny and Edem Selormey. "Africans Regard China's Influence as Significant and Positive, but Slipping," *Afrobarometer*, 2020; Josephine Appiah-Nyamekye Sanny and Edem Selormey. "Africans Welcome China's Influence but Maintain Democratic Aspirations," *Afrobarometer*, 2021.

⑤ Firoze Manji and Stephen Marks (eds.), *African Perspectives on China in Africa*, Cape Town: Fahamu, 2007; Margaret C. Lee, Henning Melber, Sanusha Naidu and Ian Taylor (eds.), *China in Africa*, Uppsala: Nordic Africa Institute, 2007; Axel Harneit-Sievers; Stephne Marks and Sanusha Naidu (eds.), *Chinese and African Perspectives on China in Africa*, Nairobi: Pambazuka Press, 2010.

⑥ G. Le Pere (ed.), *China in Africa: Mercantilist Predator, or Partner in Development?* Pretoria: Institute for Global Dialogue, 2007.

中非关系进行了分析，指出非洲人对大量中国进口产品持负面态度，同时其在民主和人权问题的立场也对中国有不利影响。①Terence McNamee 的文章《竞争对手、殖民者还是开发者？中国在非洲的多重面孔》（2012），认为尽管中国在非洲的投资效果并不完美，但中国提供的机会是非洲国家是可以利用并助力稳定地发展经济的。②南非道德研究所（2014）的研究发现，非洲人普遍对中国在非洲的投资持相当负面的看法，尽管中国投资的目的是造福非洲大陆，但也带来了许多负面影响。③

具体到非洲人所认知的中国影响力发挥的领域，既有研究显示了更为复杂多样甚至反差很大的研究结论。比如，《南非在世界上的角色：一项民意调查》（2013）中，中国被视为第一位重要的南非朋友或盟友，但在南非人除南非以外愿意居住的国家或地区的排名中却十分靠后，表明中国与南非经贸领域尽管有巨大影响力，但在其他方面的地位相对边缘化。④皮尤研究中心的调查显示，相比其他非洲国家，南非人对中国的评价比较两极化，中国在南非的形象 2014—2015 年有所上升，2023 年的调查中相比于2019 年则更为负面。⑤非洲晴雨表 2022 年的调查中，虽然有 37% 的南非人认为中国对南非的经济和政治影响是积极的，超过了美国（32%）和俄罗斯（25%），43% 的南非人表示中国的经济活动对该国经济有"很大"影响，但有大约 33% 的受访人表示他们"不了解"中国对南非的经济和政治影响。⑥张昆与刘爽《南非公众的中国形象认知：基于"寰球民意指数"（2020）的实证分析》（2023）的研究表明，南非公众对中国的整体印象较好，但仍有

① Marek Hanusch, "African Perspectives on China–Africa: Modelling Popular Perceptions and Their Economic and Political Determinants," *Oxford Development Studies* 40, no 4 (2012), pp. 492–516.

② Terence McNamee, "Competitor, Colonizeror Developer? The Many Faces of China in Africa," *East Asian Bureau of Research*, no.79 (2012), pp.1–17.

③ Sofie Geerts; Namhla Xinwa and Deon Rossouw, "Africans' Perceptions of Chinese Business in Africa," *Ethics Institute of South Africa*, 18, 2014.

④ Janis Van der Westhuizen and Karen Smith, "South Africa's Role in the World: A Public Opinion Survey," *SAFPI Policy Brief*, no.55 (2013).

⑤ Pew Research Center, "Global Opposition to U.S. Surveillance and Drones, but Limited Harm to America's Image Many in Asia Worry about Conflict with China", 14.07.2014, <http://www.pewglobal.org/2014/07/14/chapter-2-chinas-image/> (accessed 16 September 2019); Pew Research Center, "Global Publics Back U.S. on Fighting ISIS, but Are Critical of Post-9/11 Torture Asian Nations Mostly Support TPP, Defense Pivot – but also Value Economic Ties with China", 23.06.2015,<http://www.pewglobal.org/2015/06/23/2-views-of-china-and-the-global-balance-of-power/ > (accessed 16 September 2019); Laura Silver, Christine Huang, and Laura Clancy, "China's Approach to Foreign Policy Gets Largely Negative Reviews in 24-Country Survey," Pew Research Center, 2023.

⑥ Afrobarometer, "Positive perceptions of foreign powers decline in South Africa; China viewed more favourably than U.S., Russia", 2023.

改善空间。①《追随哪颗指引之星？南非公众对中国和其他国际伙伴的看法》（2016）一文得出结论，对中国影响力的积极评价主要来源于经济领域，政治方面中国影响并不积极。②《"凶龙"与"飞雁"：南非媒体对中国在非洲的报道》（2009）一文认为，在南非媒体中，中国更多表现出飞雁的形象，而不是凶龙。Herman Wasserman 的《中国在南非：媒体对中非关系发展的反应》（2012）一文认为，南非大众媒体倾向于将中国视为中立。③《新闻头条背后：中国媒体在南非的参与》（2021）一文认为，中国官方媒体的观点只是众多南非媒体中的一种声音，与经济方面相比，中国对南非流行文化的影响要小很多，当然媒体在中非交往中发挥了将精英此前小范围的讨论置于更广泛的公众对话场域中的新作用。④

综上所述，尽管关于非洲人对中国看法的研究已有一些，但数量还是较少，总体上非洲对中国的认知还是更多被忽视的，南非人对中国的具体看法的深入研究几乎没有。因此，笔者的研究试将弥补不足，致力于全面、系统、动态地展现南非学者对中国的态度，尽可能真实全面地反映其观点、呈现其认知的多样性并尝试分析其背后的原因。

（一）南非学者对中国与南非关系的认知

首先，根据 2019 年（105 份）和 2023 年（100 份）两轮问卷调查所收集的南非学者对中国与南非双边关系认知数据制成的饼状图（见图 5–23、5–24）显示，70.4%（2019）和 77%（2023）的答卷人都认为中国和南非是朋友关系，这一选项占绝对优势。占比第二位的是认为双方是竞争者关系的，分别为 26.7%（2019）和 17%（2023）。最后，只有 2.9%（2019）和 6%（2023）的答卷人认为中国是南非的敌人。

---

① 张昆、刘爽：《南非公众的中国形象认知：基于"寰球民意指数"（2020）的实证分析》，《现代传播（中国传媒大学学报）》2023 年第 2 期，第 58—66 页。

② F. Keuleers, "Which lodestar to follow? South African public opinion on China and other international partners," *African East-Asian Affairs*, no.3, 2016.

③ H. Wasserman, "China in South Africa: Media responses to a developing relationship," *Chinese Journal of Communication* 5, no.3, 2012, pp. 336–354.

④ Yu-Shan Wu and Cobus van Staden, "Behind the Headlines: China's Media Engagement in South Africa," in Chris Alden and Yu-Shan Wu (eds.), *South Africa–China Relations: A Partnership of Paradoxes*, Cham: Palgrave Macmillan, 2021, pp. 137–157.

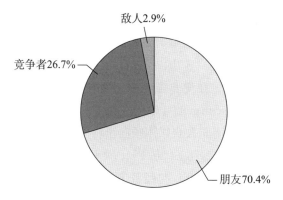

图 5-23   2019 年南非学者对中南关系的认知

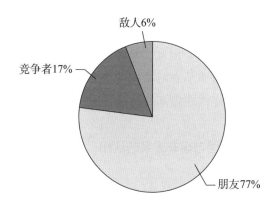

图 5-24   2023 年南非学者对中南关系的认知

从 15 位访谈受访者的回答中，我们得到了相似的结果，没有受访者认为中国是敌人，其中有 6 位受访者（采访 1、采访 2、采访 3、采访 8、采访 10、采访 14）的答案是朋友，并认为中国对南非的总体影响是积极的。受访者 4 和受访者 13 认为中国是南非的战略伙伴。受访者 6、受访者 9、受访者 11 和受访者 12 都表示中国对南非的影响好坏参半。其中受访者 6、受访者 11、受访者 12 都认为中国与南非在政治方面是朋友，但在经济方面是竞争者。受访者 9 表示在经济和文化方面二者是竞争者。而受访者 7 则认为在经济方面，中国对南非来说是战略伙伴，但在政治方面，中国与南非存在巨大的差异。此外，受访者 5 从现实主义的角度出发，分析到"我认为所有外部行为者都是为了自己的利益而行动，无论是中国、德国还是美国，他们始终牢记自己的国家利益，他们都是现实主义系统里的行为体。我不会说中国是朋友、竞争对手或敌人，我们与中国打交道，这是我们的国家利益"。综合所有受访者的观点发现，南非学者大体认为中南两国是朋友关系，但在经济领域两者存在比较多的竞争。

通过 2023 年的第二轮次调研，不管是问卷调查还是访谈形式，都可以看出南非学者对中国看法基本没有发生改变、甚至出现更为正面的认知，因为认为中国是竞争者的比例明显下降、而认为是朋友的比例也有所增加。受访者 1 表示，目前中国在国际秩序中发挥着非常重要的作用，它正在成为美国霸权主义的制衡者，这是必要的；他从现实主义的角度解释道："我相信权力必须，而且应该是平衡的。如果世界只有一种力量，这很危险，因此拥有一个能够发挥作用的崛起的中国非常重要。所以我们确实需要一种制衡，不是因为我支持中国，我不反对美国，我喜欢民主，但这对于非洲的发展来说还不够。中国让非洲国家和非洲大陆在国际秩序中拥有选择的机会，而不仅仅是面对一个强国。"

关于横亘于本研究两轮调查中间的新冠肺炎疫情时代，受访者 2 和受访者 15 都对中国在疫情中的表现大加赞赏。受访者 15 称赞了中国控制疫情的政策："我们看到中国展示了真正抗击病毒的能力，应用了很多解决方案，在很短的时间内建立了医院，采取了隔离策略。当新冠病毒最近来到南非时，我们已经看到了中国正在做的事情，我们可以复制他们的做法来试图遏制这种疾病。所以，我们从中国学到了很多东西。"受访者 2 表示，中国的经济在疫情后迅速恢复，但南非一蹶不振，南非应该向中国学习、尽快恢复经济发展。受访者 11 提到了疫情给大家的生活和交流带来了诸多不便。受访者 12 认为，虽然疫情期间在中国有一些对非洲人不友好的事情发生，例如一些在华非洲留学生感到被歧视，但中国为非洲国家捐献了大量的疫苗，在这一点上中国比西方国家做得好太多。受访者 14 表示，疫情虽然始于中国，但西方媒体刻意强调中国对此的责任，这对中国很不公平。综上所述，艰难的疫情阶段并没有整体上改变南非学者对中国的积极看法，大多数南非学者把中国视为朋友，并将对中国的贡献考量超越了双边关系的视角，而且增加了全球背景的考虑，也说明了中非友好的意义超越了双边。

（二）南非学者对中国在南非经济方面影响的认知

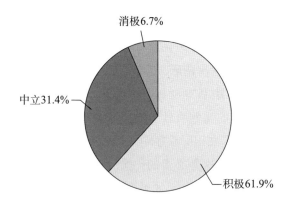

图 5-25　2019 年南非学者对中国在南非经济方面影响的认知

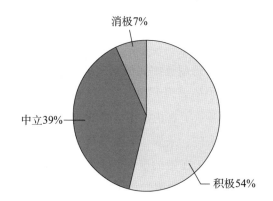

图 5-26　2023 年南非学者对中国在南非经济方面影响的认知

　　总体来说，南非学者对中国在南非经济方面影响的看法是比较积极的。饼状图（见图 5-25、5-26）显示了 2019 年 105 位和 2023 年 100 位答卷人对中国对南非经济影响的看法。从图中可以看出，虽然 4 年过去了，他们的看法并没改变，认为中国有积极影响的看法仍然排在第一位，即占 61.9%（2019）和 54%（2023）；排在第二位的是持中立的看法的，占比为 31.4%（2019）、39%（2023）；认为有负面影响的比例，只占 6.7%（2019）、7%（2023）。

　　前期调查显示，关于中国在经济方面对南非的影响，南非人特别关注的有四个方面：一是中国与南非的贸易，二是中国在南非的投资，三是中国国内经济对南非的影响，四是中国的经济发展模式对南非的影响，例如经济特区、国有企业的运作。

关于中国对南非的经济方面的影响，我们重点采访了4位专业人士：约翰内斯堡大学的副教授（受访者1）、成功的企业家（受访者2，也是知识精英）、金山大学南非国际问题研究所的研究员（受访者5）和约翰内斯堡大学非中研究中心的研究员（受访者13）。受访者1和受访者13认为，中国是南非最重要的贸易伙伴，并且中国的重要性还会有更大增长。受访者2也持相同的观点，表示中国在南非的影响是好的，特别是经济方面的影响是巨大的。不同的是，受访者5认为中国对南非经济的影响是好坏参半的，受访者6、受访者9、受访者11和受访者12都表示，在经济方面中国和南非是竞争者，中国的影响是不好的。具体而言，受访者6、受访者9和受访者11都认为中国与南非在制造业、如纺织业和钢铁业方面存在竞争关系；受访者12则认为，中国与南非的竞争大多发生在对非洲大陆其他地区的投资，因为"从某种程度上来说，中国企业可以与南非企业竞争对非洲大陆的投资，如基础设施、采矿业、购物中心、工业等，南非和中国之间实际上存在非常激烈的竞争"。

1. 关于南非与中国的贸易

南非与中国的贸易是南非人谈论最多、争议最大的话题。南非专家们对中国这个南非最重要贸易伙伴的看法有很多不同的观点。受访者2认为，相比于中国在南非的积极进取姿态，南非方面有些退缩；南非应该更加大胆并主动地多与中国互动，不要仍然只跟西方国家打交道，未来中国与南非的贸易可以发展得更好。受访者5也表达了相似的观点："南非和中国之间的贸易迅速增长是好事，因为这是有利于合作伙伴多样化的。对我们来说，传统上我们的大部分贸易是与欧盟、其次是美国。因此，我们现在与中国和印度的贸易逐渐增多，这真的很好。"受访者11的观点有所不同，他表示南非应该与每个贸易合作伙伴都保持良好的关系，不仅仅只是中国，因为南非的国际贸易依赖于各种良好关系和贸易流量，南非应该与中国、印度、欧洲国家、美国和周边国家都保持密切的贸易关系，南非不想与任何一个断绝联系或陷入麻烦。

关于中国的负面影响，最常被南非人提到的就是中国廉价产品的进口对南非制造业的冲击（采访 1、采访 2、采访 4、采访 5、采访 6、采访 9、采访 11）。对此，南非学者也有着不同的解读，受访者 1 表示这些负面影响确实存在，但在贸易方面中国的影响总体是积极的；受访者 2 和受访者 11 都强调中国与南非之间的贸易逆差，受访者 2 认为，"中国和南非之间已经存在对中国有利的贸易逆差，因为中国在南非销售的商品更多，而且在这方面的力度也更大"；受访者 11 认为，"就制造业而言，非洲国家很难进入这片属于中国的领土，因为不仅在中国，许多其他亚洲国家都以非常低的成本生产，这是我们大部分东西仍然来自中国的根本原因"。受访者 5 和受访者 13 强调这一双边贸易结构的不合理，受访者 5 指出，"我们主要出口原材料商品、原材料产品，我们进口制造业产品——显然对南非来说，这并不理想"；受访者 13 表示，"虽然南非是中国在非洲最大的贸易伙伴，但南非对中国的出口大部分是矿产（约 63%），这并没有给南非经济增加太多价值——南非需要向中国出口更多制成品"。

受访者 2 和受访者 5 分析了造成这种现状的原因，受访者 2 指出，"这并不是中国的错误，而是因为南非当地的产业不够强……他们没有创造性的思维、较高的效率，因此其产品比中国的贵了三倍、四倍甚至十倍！大家当然都会买更便宜产品，这是一个非常简单的经济学道理"；受访者 5 也表达了相同的观点，"中国是非常有竞争力的，比南非的生产商更有竞争力"。

2. 关于中国在南非的投资

中国在南非的投资也是一个热点话题，南非人对此看法是相对积极的。受访者 13 详细地介绍了中国与南非互相投资的情况，"过去二十年来，中国在南非的外国直接投资存量大幅增长，从 2003 年的略低于 4500 万美元增至 2020 年的 54 亿美元，投资分布在采矿、银行、农业、媒体等各个经济领域，采矿业是继建筑业之后吸引最多中国 FDI 的领域，2005 至 2020 年总计达到 38.5 亿美元，以政策性银行资助国有企业的方式为主。同时，南非也在中国进行了大量投资，南非煤液化燃料公司萨索尔（Sasol）、跨国传媒集团（Naspers）、金融企业 Discovery、南非米勒酿酒公司（SABMiller）和南非国民生命保险有限公司（Sanlam）等都在中国开展业务。据报道，2021 年南非对华投资将超过 50 亿美元。"很多受访者（受访者 4、受访者 6）都特别强调了中国对非洲大陆投资的重要性和积极影响。受访者 12 和受访者 13

都表达了南非目前正在应对贫困、就业和不平等问题，中国的投资给当地人带来了更多的就业机会，这对于当地经济来说有很大帮助。受访者 2 指出中国投资的大型基础设施项目不仅可以改善道路和桥梁，还可以改善能源供应，这是南非迫切需要的成就。受访者 2 和受访者 6 都认为，中国增加在南非的投资是很好的现象。2023 年的回访中，受访者 2 和受访者 11 都提到，南非的经济由于疫情受到重创，整个国家供电出现困难，中国正在帮助南非投资并建造发电站，这对于南非来说有很大的帮助。

其他受访者也提到了中国在南非投资的挑战方面：受访者 5 认为事实上中国在南非的投资还非常少，"南非 70% 的外国直接投资来自欧洲，大约 10% 来自美国，中国是微不足道的，印度就更少；"受访者 11 也表达了相同的观点："确实看到一些来自中国的技术投资，但南非受德国影响更大……而且中国在非洲的投资已经下降了很多，也许是受疫情的影响，但在疫情之前就已经出现下降了。"根据该学者的分析，因为融资问题比较复杂，中国在非洲过多的大规模投资让人们担心没有保障，担心资金链断裂，无人来埋单，所以，当下投资风险的认识比 4 年前要高得多；此外，中国在非洲投资的大型基础设施项目不完全符合非洲国家的国情，虽然非洲需要基础设施，但投入大量资金的项目没有带来相应的经济盈利——这与中国有足够的中产阶级可以带动消费的情况完全不同，非洲国家还缺乏消费动力；投资者应在充分了解和分析当地的需求和情况以后再进行投资，而且大型基础设施项目都涉及重大的国家利益，应该在非洲本国政府控制之下。

3. 关于中国国内经济发展对南非的影响

中国国内经济发展放缓也是南非人关注的重点，因为中国目前是南非最大的贸易伙伴，不少南非人因此担心中国经济的波动会给南非的经济带来影响。对此，南非的经济学者有着不同的观点。

受访者 1 表达了他对中国政府的信心："中国经济仍然处于上升阶段，尽管它有点放缓；当然，人们现在担心中国的需求会降低，但我认为中国经济运行良好。"受访者 2 表示："我不认为这对南非的影响有多大。事实上，中国经济下行会使我们出口更多……中国现在专注于国内的消费，因此它可能会对南非产生影响，但不是那么多。"而受访者 5 认为，这对南非来说确实是一个挑战："我认为这是关于我们贸易的性质决定的，我们没有大规模的国内投资，中国经济有波动，会被南非真实地感受到，贸易数据就可以看到。这也是我要告诉政策制定者的一件事，我们需要更多的投资来帮助我们抵御和减缓这些外来波动的影响。"

4. 关于中国经济发展模式

由于30年来中国经济飞速发展，中国的经济发展模式引起了其他发展中国家的高度关注，当然南非也不例外。近年来南非政府开始学习并效仿中国的一些经济发展方法，例如经济特区、国有企业的运作。中国经济发展模式因而也成为南非学者所关心的重点，对此受访者的观点也不尽相同。

受访者12认为，中国发展模式非常值得南非学习，"我认为在南非，这是我们可以遵循的经济模式，如经济特区，我们可以先做一个实验，如果实验有效的话，可以向其他地方复制。龙源和其他公司正在北开普省尝试做一些新能源方面的项目，如果它在北开普省有效，那么可以将其复制到其他地方。所以说，中国是一个非常好的经济发展模式"。

受访者1和受访者13也都认为中国的经济发展模式有很多值得南非学习的地方，但强调必须立足于本国国情，并体现南非的价值观、制定南非独特的发展道路。受访者1认为："南非一直在遵循自己的经济政策，即国家发展计划（NDP），南非学到了中国国有企业改革以及发展和改善教育基础设施方面的经验，南非还派遣了很多学生到中国学习。此外，南非也通过中非合作论坛和非洲联盟平台大力学习中国。"但他也认为，"南非应该采取适合自己的方式；选择对南非有利的元素，舍弃其他不适用于南非的元素"。他还特别强调了环境问题的重要性，"需要一个绿色的基础设施的发展，要非常小心地吸取教训。我的意思是中国发展如此之快，但这也破坏了中国的环境，政府正忙于处理环境问题……因此，要学习的教训不仅是好的也包括坏的教训"。

然而，受访者2、受访者6和受访者11则并不看好南非学习中国的经济发展模式，因为中国引以为豪的以减少税收和吸引大量公司为特点的经济特区在南非是行不通的。受访者2解释道："南非大概有两到三个经济特区，但没有很好地运作，因为官僚机构太多繁文缛节……而且税收仍然很高，投资者也不愿意到南非来。"他为此批评南非政府和领导，总是只说不做。受访者6强调，经济特区不符合南非国情，"中国模式是基于经济特区的低税或无税，以及无劳工监管；在南非，政府在这方面阻力重重，因为有强大的工会活动，事实上，执政的非国大政府与该国最大的工会组织（COSATU）有联盟关系"。受访者 11 也提出了工会这一因素，表示："南非可以从其他国家的做法中获得灵感，但难以复制别国的发展模式，因为文化、历史、政治本来就不同，加之中国发展模式非常独特，不能简单地照搬。"

（三）南非学者对中国在南非政治影响的认知

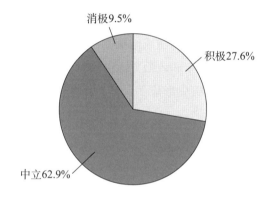

图 5-27　2019 年南非学者对中国在南非政治影响的认知

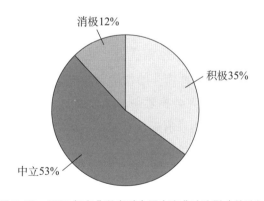

图 5-28　2023 年南非学者对中国在南非政治影响的认知

中国对南非政治的影响是南非学者们关注的第二个重点，仅次于经济。关于这方面的问题，我们重点采访了政治学领域的专业人士：约翰内斯堡大学高级研究所的学者（受访者 3）、全球对话研究所的学者（受访者 4）和约翰内斯堡大学副教授（受访者 6），以及金山大学南非国际问题研究所的研究员（受访者 5）、金山大学教授（受访者 11）和约翰内斯堡大学非中研究中心的研究员（受访者 12）。对于中国的政治影响，南非学者们的注意力集中在南非加入金砖国家组织、中国双赢（win-win）战略以及南非政府学习中国模式中的政府管理方式等方面。2019 年和 2023 年问卷调查的结果基本一致（见图 5–27、5–28），处于首位的观点是对中国的政治影响持中立看法的，占 62.9%（2019）、53%（2023）；认为中国对南非政治有积极影响的比重，从 27.6%（2019）上升到了 35%（2023），大体是持中立态度减少的那部分人；持消极看法的比重略有上升，从 9.5%（2019）增加到 12%（2023），依然是总数中占比最低的，这与访谈结果基本一致。

受访者 3 认为，中国在南非政治方面的影响大体是积极的，因为"中国和南非之间的政治关系是历史形成的，早在民主时代来临之前，中国就是支持南非解放运动的国家之一，比如对非国大民族解放运动的支持。两国因此之间一直存在着非常密切的政治关系"。

另外一些受访者（受访者 4、受访者 6）则认为，中国对南非政治影响甚微，甚至可以说没有影响。受访者 4、受访者 6 和受访者 11 都认为，这是因为在政治方面南非是非常独立的，没有受到太多来自外界的影响；受访者 11 还表示，南非一直试图避免卷入其他大国的政治纷争之中，选择尽量不发声；受访者 6 和受访者 14 提到，中国的不干涉内政原则也是对南非政治影响较小的原因。受访者 12 则认为，在政治方面，南非非常渴望取悦中国，尽量不得罪中国，因此南非的投票方式往往与中国的投票方式相同，比如在俄乌战争的联合国大会投票中，南非和中国都投了弃权票。受访者 6 和受访者 12 认为，从中国政府施压不允许达赖喇嘛访问南非这件事来看，政治方面中国对南非有稍许负面影响。

1. 南非加入金砖国家

参与金砖国家的活动对于南非在经济上和政治上都具有重要意义。在参与金砖国家方面，南非得到了中国的大力支持。[①] 从采访中可以看出，南

---

① Mail & Guardian, "South Africa invited to join Bric group", 24.12.2010, https://mg.co.za/article/2010-12-24-south-africa-invited-to-join-bric-group, accessed 13 November 2019.

非学者的高度关注此事，且都比较积极的看待中国的支持受访者 3、受访者 4 和受访者 5 都强调，金砖五国逐渐取代了 IBSA（印度、巴西和南非的组织）组织的地位和作用，加之新开发银行的成立，更给南非带来了更多的机会和利益。受访者 12 表示，南非加入金砖五国对南非有着十分积极的影响；受访者 11 详细分析了金砖国家的优势："金砖国家由此确实可以更好地了解自己——想要什么以及如何组织彼此的关系，而且金砖国家绝不会发表违背成员国核心利益的言论，这一点是非常聪明的。因为一旦涉及冲突和问题，就会面临失败的风险。金砖国家的扩张，成功地引起了国际关注，金砖国家试图让国际社会知道，金砖国家仍在发挥作用，它正在良好运作，而且变得越来越大。这也是金砖国家对外部干扰的回应，表示我们不喜欢外部干涉我们的事务，表明我们仍然是主人。"他还强调，金砖国家组织给南非带来的利益是，可以与真正大国和重要国家有定期和直接的联系。受访者 4 和受访者 12 则认为，南非的加入是大势所趋，同时其他金砖国家成员也十分需要南非的加入，南非对于金砖国家具有战略意义。

相反，受访者 5 和受访者 11 则表达了对金砖国家组织不满的地方：受访者 5 认为，金砖国家没有很好地落实实际的项目，没用的会议太多了，"金砖国家要向前发展，需要专注于合作的领域，并真正利用它来显示实际的收益，达成实际协议或交流…… 120 个正式会议真的是太多了"；受访者 11 分析道："世界其他国家并不真正了解金砖国家是如何运作的，需要更好的沟通、理解或研究。大多数人认为金砖国家缺乏一致性或战略性，这是事实，因为成员国是非常不同的、来自不同的大陆。"他预测，随着金砖国家的扩张，南非在该组织的地位将不可避免地下降；受访者 12 表示，希望非洲联盟加入金砖、而不是南非加入，因为南非是规模较小的经济体，虽然就其政治、道德指南和政治意识方面会对金砖国家组织产生很大影响，但经济影响可能微乎其微。

2. 中国的双赢战略

中国的双赢战略在南非也有着很高的讨论度，南非受访学者中一些对此持相对积极的态度，另一些则持中立的态度。受访者 3 支持双赢的说法，"中国被视为南非的战略伙伴，在联合国等多边机构中也是如此。南非在中国的地位始终是重要的"；他还强调，其他非洲国家所担心的中国政府会带来负面影响的情况，在南非是不存在的。受访者 4 也表示："我认为总体而言，这是双赢，"但形成双赢的局面是有前提的，"只有国家了解其优先事务，才会建立双赢关系。南非必须实际确保当与中国建立的合作关系符合南非的国家优先战略，只有满足了其自身利益要求，才能确保达成双赢目标"。他还强调，"中南间的双边关系不仅是关乎中国和南非之间的事情，而且也是关乎国际格局、关乎发展中国家的利益如何得到满足"。

受访者 5 的观点稍有不同，"我不认为中南关系总是双赢的，虽然至少我认为是积极的"。他分析道："我认为中国带来了与欧洲国家不同的合作形式——与欧洲国家的合作，是一种家长式的合作；当中国参与时，我们感觉是作为同行的参与……"对比中国和欧盟国家不同的与非洲国家互动模式，应该支持中国的合作方式，因为"欧盟国家一直是非常家长式的，非常瞧不起的态度，是向贫穷的人施舍一些援助，一方面给了很多，但另一方面也想要得到政治上的好处……而中国会提供很优惠的融资，在贷款方面，可能会有百分之一的利率，所以这不是免费的赠款，而是贷款、是商业交易。我喜欢后者，这很好……我认为非洲国家应该完全远离援助，因为西方国家只是利用它来获取政治利益"。受访者 12 也表达了相同的观点，"我认为目前的双赢战略显然有利于中国，因为中国是经济规模比南非更大的经济体，但这个原则本身在任何关系中都是一个非常好的原则——合作不应该是有人获益、有人受损的零和关系"。受访者 11 则指出，中南合作肯定是互惠互利的，不然（南非人）不会选择与之合作，但双赢战略也被中国过度宣传了，而且中国在非洲投资的很多大型基建项目并没有（像宣传的那样）使非洲国家获利。

3.向中国政府学习治理方式

近年来南非政府掀起了向中国政府学习治国理政的热潮，南非执政党非国大派出了很多成员到中国学习中国模式、特别是在党校学习。虽然受访者们都表达了对中国政府治理模式的欣赏，但对南非政府向中国学习的行为表达了相对消极的看法。只有受访者 6 表示："中国政府开展了看起来很有效的反腐运动，中国的犯罪率也很低，这一点南非可以借鉴。"同时他还强调，"最重要的是选择优秀的管理制度"。

受访者 3 和受访者 4 都强调，南非与中国国情的不同，因此中国模式在南非很难实施：受访者 3 表示："我认为说起来容易做起来难……中南两国是不同的，采取中国的模式将是困难的。虽然南非政府正试图在南非实施中国治理做法，但我不认为这些已经转移到了南非。"受访者 4 说："如果想发展，不能基于进口其他系统，必须基于自己的优势、自己的弱点、自己的系统，和自己的文化……它必须是一个从内部驱动的过程。"他还表示，应该从本国的历史上汲取经验，从其他国家的制度中学习积极因素。受访者 12 则认为，南非自己的政治模式，就是最适合的。

（四）南非学者有关中国对南非文化和媒体影响的认知

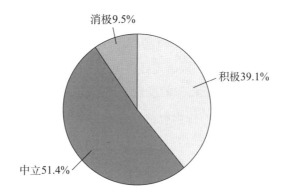

图 5-29　2019 年南非学者关于中国对南非文化和媒体影响的认知

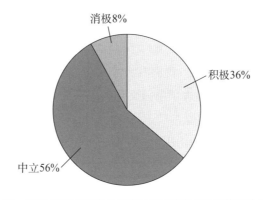

图 5-30　2023 年南非学者关于中国对南非文化和媒体影响的认知

除了上述政治经济领域影响的关注外，南非学者同样关注了中国在南非文化和媒体方面的影响。我们重点采访了文化和媒体相关研究领域的学者与从业者：约翰内斯堡大学非中研究中心副教授（受访者1）、约翰内斯堡大学副教授（受访者6）、约翰内斯堡大学的高级讲师（受访者8）、约翰内斯堡大学实践教授（受访者9）、受雇《中国日报》南非本地记者（受访者10）、非中研究中心助理研究员（受访者14）和受雇新华社的南非本地记者（受访者15）。从上面的饼状图（见图5-29、5-30）可以看出，两次调查问卷的结果基本没有明显差别，其中对中国对南非文化和媒体影响持中立态度的人为51.4%（2019）、56%（2023），占了一半多；持积极观点的人占39.1%（2019）、36%（2023）；持消极立场的为9.5%（2019）、8%（2023），积极观点人数是消极立场人数的4倍。文化和媒体方面的情况与上述政治影响的调查结果类似，中立立场人数为主，说明南非学者和媒体人士认为，中国这方面的影响不大，且积极影响显然超过了消极影响。

我们从采访中也得到了相似的发现。虽然受访者1、受访者7、受访者14都认为中国文化和汉语的传播对南非有着积极的影响，其中他们提到了中国茶叶、食品和电影大量地出现在南非，但同时受访者1、受访者6和受访者7也表示中国文化对南非本土文化基本没有影响，而受访者9认为中国文化给本土文化带来了冲击和负面影响。

1. 中国文化和汉语在南非的传播

关于越来越多南非人学习汉语的现象，受访者1、受访者7、受访者8和受访者14都表达了积极的看法。受访者1解释道："随着进口贸易增加，南非人想更多地了解中国人、了解中国的文化和语言，学习中文现在已经成为一个市场，需求量很大。我们有大家都知道的孔子学院，南非有非洲国家中最多的孔子学院，促进了中国文化和语言传播。南非有5所（学院），大概是在过去4—5年间建立的。"受访者8认为："现在有一种趋势，就是更多的人想要学习汉语，但我认为这更多是出于商业目的；我认为南非商人会与中国做很多生意，学习语言可以帮助他们，访问中国时更容易开展业务。从这个角度来看，南非人想要学习语言的人数肯定会增加。另外，因为我们越来越多地生活在一个全球社会中，国界并不那么重要，所以特别是对于年轻一代，我认为他们希望把自己看作全球公民。因此，当你从这些方面考虑时，你就会想到世界上哪些语言对我们来说是有价值和有用的。我认为正是在这种情况下，人们有更多兴趣学习中文，这可以增加旅行的机会，在其他国家找到工作。南非失业率很高，因此有技能和专业知识的年轻人正在寻求去海外工作。"受访者 7 也强调了学习语言和文化的重要性，"语言是文化理解的重要途径；语言也被技术进步所塑造。例如，微信的使用（从中文翻译到英文，反之亦然），因此未来学习语言的优势将以多种方式形成，考虑到文化成分，这种方法应以双向方式推广"。受访者 14 认为，目前南非人对中国文化越来越感兴趣，"中国文化的有趣之处在于它与非洲文化相似，以家庭为中心、以社区为中心、以人为本，等等。这就是我们在南非称为乌班图（Ubuntu）文化，是孔子思想在非洲的体现，因此在此基础上，南非和中国之间的文化交流会越来越多，因为这两种文化相距并不遥远，非常亲密，而且有很多共同点，更容易进行交流"。

然而，受访者 9 不支持汉语的传播，她认为南非人应该多学习南非本土语言。虽然她表示学习一种新的语言总是一件好事，但她认为学习汉语的代价是失去学习南非本土语言的机会。

2. 中国对南非媒体的影响

对于中国媒体在南非的扩大，受访者们有着不同的看法。《中国日报》雇佣的南非本地记者（受访者 10）和新华社雇佣的南非本地记者（受访者 14）认为，中国媒体的影响好坏参半。受访者 10 表示："与西方不同，中国媒体注重正面报道或发展性新闻；非洲和中国媒体之间在分享故事、想法和良好做法方面存在合作。消极方面是，我认为中国媒体也应该报道非洲的腐败问题，这是由企业和政府官员真实所为。中国媒体由于与非洲政府关系良好，往往忽略了对腐败的报道。"受访者 14 认为："在中国媒体上，我们总是看到积极的东西，呈现该国的积极形象，让人对未来充满希望。南非的媒体经常批判，而且总是表现出暴力和消极的方面。"但他也表示："中国媒体的自由受到了很多限制，而南非的媒体非常多元化，有很多自由。"

受访者 9 对中国媒体在南非的发展持十分敌对的态度，"我总是非常警惕，因为大多数国家的历史都发生过这种情况。当外国人士对我们的本地媒体表示兴趣时，几乎都不是什么好事"。她根据自身经历进行了解释：

"我从 70 年代开始就是一名年轻的记者，而当时的我在南非从事新闻工作时，媒体主要由白人男子拥有，英国媒体是由英国人的后代拥有的，非洲媒体是由荷兰人的后代拥有的，而我的声音和我的人民在社会中的影响几乎不被承认为是有价值的，因为这些人带着他们的观点和他们的理解来了，他们拥有媒体。我就是在这样一种非常奇怪的媒体环境下长大的，通过外人的眼光才能看到自己是谁，这是非常不好的。因此，这就是为什么我们质疑中国也感兴趣于南非本地的媒体，大家必须讨论、辩论。"

总　结

综上所述，定性和定量分析显示，绝大多数南非学者（和媒体从业人员）对中国影响持乐观态度，视中国为南非的朋友，对中国的看法相对积极。对比本项研究与皮尤和非洲晴雨表的研究结果（见图 5-31）可见，南非学者比一般南非民众表现出对中国更高的好感度。原因大体可以解释为，学者拥有更多专业知识和均衡的信息，可以更加全面地分析中国对南非的影响，而民众往往只从与己相关的利益的视角看到最直观的影响，说明表面上看，中国对南非的影响确实包含着一些负面因素；其次，学者都受过高等教育，在南非属于收入较高的人群，属于精英群体，这说明中国给南非底层人民带来的负面影响可能相对比较大。

具体而言，中国对南非经济、政治、文化和媒体三方面的影响都受到南非学者的关注，其中，经济方面最受关注，也是争议最大的。这是因为，经济会直接影响民众的生活，如上所述，中国廉价产品的涌入对南非当地产业的打击，往往是损害中国在南非民众中的形象的主要原因。尽管如此，大多南非学者依然认为中国对南非经济的积极影响更多，如上所述，他们从专业角度分析了出现这些负面影响的原因，比如南非产业本身的脆弱和发展不健全等因素，而且从综合视角考虑，还是更多强调中国与南非的双边贸易和中国的投资给南非整体经济的利大于弊。这大体解释了，相比于本研究更加客观中立和积极立场的评价，何以聚焦普通人进行入户调查基础上得到数据的非洲晴雨表，调查结果显示了南非人对中国对其经济相对负面的认知。

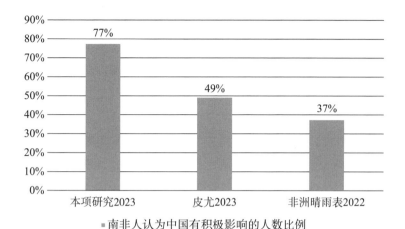

图 5-31 本项研究与皮尤和非洲晴雨表结果比较

南非学者倾向于认为,中国在政治、文化和媒体两方面的影响力相对较少,甚至基本没有影响。政治方面,从南非学者的回答可以看出,他们对南非政治的独立自主性非常重视,不希望南非的政治决策受到太多外界因素的干扰。加之中国政府在非洲一贯坚持"不干涉内政"原则,南非学者像南非政府一样,对此高度赞扬,认为尊重南非的自主决策是非常正确的。出于历史原因,南非的文化和媒体仍然受到西方国家的较大影响,特别是英国,目前南非的大众文化、价值观和宗教信仰基本与英国一致,南非的主流媒体的前身都是殖民时期英国的主流媒体在南非建立的分部。正因为这段痛苦的历史,一些南非学者表达了南非人应当尽力保护本土文化和媒体的话语权自由的希望。这也解释了何以中国在南非文化和媒体领域的影响不大。

根据以上分析,中国决策者更应该注重经济领域的活动,充分利用中国在南非的经济影响力这一巨大优势,有针对性地优化中国在南非的国家形象。首先,解决中国商品给当地产业带来巨大冲击的问题,是当务之急。中国政府应与南非政府积极沟通,根据南非当地的经济现状,帮助南非振兴发展能够带来大量就业机会的制造业,包括与数字经济转型相结合,推动其全面产业升级、实现经济转型,努力将中国产品对南非当地产业的负面冲击影响降到最低。同时,鼓励优秀的中国企业进军南非市场,并尽可能多地雇佣当地人员，为南非民众提供更多的就业机会，从而使中国企业得到当地人民的支持。目前已经有多个中国企业成功在南非市场占有了一席之地，例如华为公司、长城汽车等，在南非都获得了不错的销量和口碑。中国企业应像这些成功的企业学习经验，通过优秀的企业和高质量的产品使南非民众增加对中国的了解和好感度。其次，中国应加大对南非的投资，大力支持南非经济特区的建设，并且增加目前南非十分关注的有关绿色能源和气候变化相关的项目投资与合作。这样不仅可以进一步加强与南非的全方位经济合作，还可以直接改善提高中国在南非经济方面的形象。

在中国国家形象的传播过程中，中国政府可以有针对性地扩大宣传南非人民对中国有好感和感兴趣的方面。根据前文的分析，南非学者对中国"不干涉内政"和双赢政策都表达了一定的赞同和欣赏，并且对中国经济快速发展的原因、中国的经济发展模式，以及中国政府的治理模式、金砖国家组织等的发展都十分关注。中国可以针对这些优势方向加大宣传力度，从而快速有效地提高中国在南非的形象和好感度。在此基础上，再配合相应的文化和媒体方面的宣传和交流合作，可以使中国国家形象的优化工作取得事半功倍的效果，还可以规避文化入侵的嫌疑，避免了不必要的指责和争论。

附调查问卷和调查统计（英文）

South African Perceptions on China

1. What do you think about China-South Africa relations?
- Friend
- Competitor
- Energy

2. What kind of influence does China have on South Africa's economy?
- Positive
- Neutral
- Negative

3. What kind of influence does China have on South Africa's politics?
- Positive
- Neutral
- Negative

4. What kind of influence does China have on South Africa's culture and media?
- Positive
- Neutral
- Negative

5. Your Education Level
- Below Undergraduate
- Undergraduate
- Master Doctor
- Doctor

6. Your Working Area
- Economic
- Politic
- Education
- Media
- Others

South African Perceptions on China

1. What do you think about China-South Africa relations?（你对中国与南非关系的看法？）

2019 年：

Options	Subtotal	Percent
Friend	74	70.5%
Competitor	28	26.7%
Enemy	3	2.9%
Effective Amount	105	100%

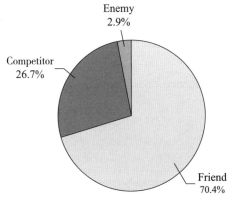

Friend（朋友）   Competitor（竞争者）   Enemy（敌人）

2023 年：

Options	Subtotal	Percent
Friend	77	77%
Competitor	17	17%
Enemy	6	6%
EffectiveAmount	100	100%

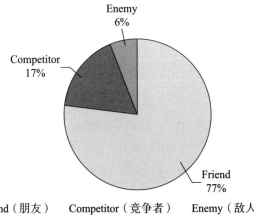

Friend（朋友）   Competitor（竞争者）   Enemy（敌人）

2. What kind of influence does China have on South Africa's economy?（中国对南非经济的影响？）

2019 年：

Options	Subtotal	Percent
Positive	65	61.9%
Neutral	33	31.4%
Negative	7	6.7%
Effective Amount	105	100%

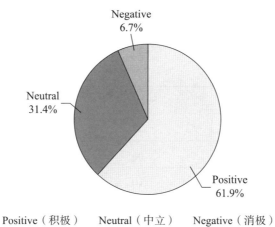

Positive（积极） Neutral（中立） Negative（消极）

2023 年：

Options	Subtotal	Percent
Positive	54	54%
Neutral	39	39%
Negative	7	7%
Effective Amount	100	100%

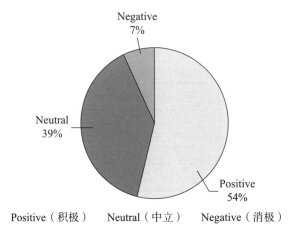

Positive（积极）　　Neutral（中立）　　Negative（消极）

3. What kind of influence does China have on South Africa's politics?（中国对南非政治的影响？）

2019 年：

Options	Subtotal	Percent
Positive	29	27.6%
Neutral	66	62.9%
Negative	10	9.5%
Effective Amount	105	100%

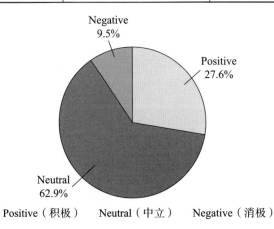

Positive（积极）　　Neutral（中立）　　Negative（消极）

2023 年：

Options	Subtotal	Percent
Positive	35	35%
Neutral	53	53%
Negative	12	12%
Effective Amount	100	100%

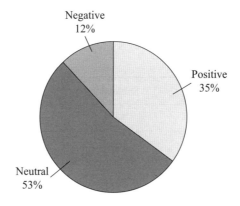

Positive（积极）　　Neutral（中立）　　Negative（消极）

4. What influence of China for South Africa's Culture and Media?（中国对南非文化和媒体的影响？）

2019 年：

Options	Subtotal	Percent
Positive	41	39.1%
Neutral	54	51.4%
Negative	10	9.5%
Effective Amount	105	100%

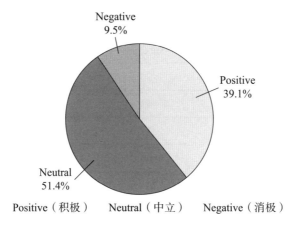

Positive（积极）   Neutral（中立）   Negative（消极）

2023 年：

Options	Subtotal	Percent
Positive	36	36%
Neutral	56	56%
Negative	8	8%
Effective Amount	100	100%

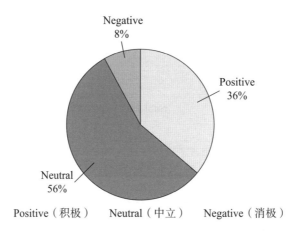

Positive（积极）   Neutral（中立）   Negative（消极）

5. Your Education Level（你的受教育水平）

2019 年：

Options	Subtotal	Percent
Below Undergraduate	11	10.5%
Undergraduate	51	48.6%
Master	32	30.5%
Doctor	11	10.5%
Effective Amount	105	100%

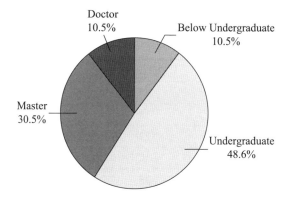

Below Undergraduate（本科以下） Undergraduate（本科） Master（硕士） Doctor（博士）

2023 年：

Options	Subtotal	Percent
Below Undergraduate	9	9%
Undergraduate	49	49%
Master	16	16%
Doctor	26	26%
Effective Amount	105	100%

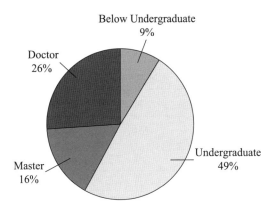

Below Undergraduate（本科以下） Undergraduate（本科） Master（硕士） Doctor（博士）

6. Your Working Area（你的工作领域）

2019 年：

Options	Subtotal	Percent
Economic	19	18.1%
Politic	18	17.1%
Education	22	21%
Media	8	7.6%
Others	38	36.2%
Effective Amount	105	100%

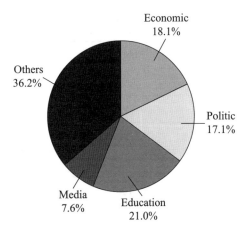

Education（教育） Economic（经济） Politic（政治） Media（媒体） Others（其他）

2023 年：

Options	Subtotal	Percent
Economic	9	9%
Politic	9	9%
Education	42	42%
Media	7	7%
Others	33	33%
Effective Amount	100	100%

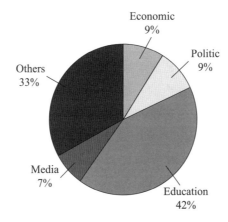

Education（教育） Economic（经济） Politic（政治） Media（媒体） Others（其他）

第六章

中南携手探索共同发展

——兼论新时代南南合作的全球意义

刘海方

南非因为"彩虹之国"的美名而为当今世人所知，美丽的好望角和桌山总能唤起无数旅游爱好者的探索欲望；然而早在 20 世纪 70 年代就开始对南非进行长期深入研究的葛佶老师却深情地称之为"富饶而多难之地"，[①]富饶使其吸引了包括华人在内的一批又一批外来者，然而伴随 1652 年第一批白人来此长居的，是无尽苦难的累积，特别是 19 世纪末无数外来者向其"新金山"进发以来！今天，当其以多样性被赞美为"世界集于一国"，[②] 不仅仅意味着 11 种官方语言和 27 种日常使用语言，以及背后多种文化与社会的大杂烩，也意味着这近 400 年"多难"的历史被折叠起、被扁平化甚或被淡忘。梳理南非思想史的学者认为，种族隔离制国家将其"分开发展"[③]的意识形态和分裂动荡的统治实践发挥到了极致，而且确实使得人们分开了；但"一个不无喜感的讽刺"是，伴随着南非这种分裂动乱的现代化进程的，是思想和语言的混合、再混合、不断混合；而并不矛盾的事实是，每一个南非人至少讲两种语言，有的人可以讲多达 10 种语言，这种独特、也未曾预料的思想文化大交融的包罗万象，时刻影响这个多人种、多语言国家的社会、经济和政治轨迹，因为语言是人们得以形成世界、建构世界意义、发展思想和理解政治的核心——这也许是对于历史受害者的褒奖，也

---

① 参见葛佶:《南非——富饶而多难的土地》，世界知识出版社，1994 年。

② Peter Vale, Lawrence Hamilton and Estelle H. Prinsloo, eds., *Intellectual Traditions in South Africa: Ideas, Individuals and Institutions*, Pietermaritzburg, South Africa: University of KwaZulu-Natal Press, 2014.

③ 即种族隔离制度，apartheid，阿非利卡语本义就是"分开发展"。

同时意味着平衡多样性与民族国家一体化之间的恒久难题。[①] 对于今日中国的研究者而言，这当然更意味着需要穿透折叠、遮蔽的重重现实迷雾、回溯到 300 多年来被裹挟进西方资本主义扩张洪流而开启其并不美好的现代化之旅的起点处，理解由此开始形成的南非现代历史的"河床"是一种怎样歪曲的现代国家的基座，如此方能更深理解限制了其今日发展困局的政治、经济和文化结构性条件到底是什么。这样一个更具历史纵深和全景的对南非的理解，同时意味着为我们反观中国式现代化提供了来自另一个遥远大陆的参照；当然，并不遥远的是，南非和中国已然开启了建设全天候战略伙伴关系的旅程，意味着两者深度的绑定与融合，命运与共的认知下如何携手共同发展、行稳致远呢？一份对已有合作关系的全面检视应该也是题中应有之义。

（一）更关注正义的南非可持续发展观

多难的历史对于今日南非的影响显然不止于此，特别是从关系人类共同未来的可持续发展视角来看，沉重的历史遗产依然限制着 30 年来南非民主政府的转型发展，距离历史受害者恢复正义、释放潜能、获得"有尊严的发展"[②] 还很遥远。在南非国内语境下，关于发展的可持续性，更多的还是因弱势群体普遍未摆脱贫困状态而特别聚焦于正义的重建与权力关系的讨论，比如在黑人经济赋权（BEE）议程下讨论社会、环境和气候正义、讨论历史遗留的不平等问题如何解决等。[③] 这显然与联合国倡导的可持续发展目标形成了一定的张力，南非学者也因此批判联合国的可持续发展目标（SDGs）"几乎等同于可持续经济发展"，已经剥离了正义的面向，[④] 是去

---

① Peter Vale, Lawrence Hamilton and Estelle H. Prinsloo, eds., *Intellectual Traditions in South Africa: Ideas, Individuals and Institutions*.

② Dignified development, 出自 Evan Lieberman, *Until We Have Won Our Liberty, South Africa after Apartheid*.

③ Antonio Andreoni, et. al., "Framing Structural Transformation in South Africa and Beyond," p. 145.

④ G. Dale et al., *Green Growth: Ideology, Political Economy and the Alternatives*, London: Zed Books Ltd, 2016.

政治化的技术乐观主义和可持续性消费主义（sustainability consumerism），因为很多项目一旦"洗绿"，即可冠之以"绿色发展"之名，很可能会与新的资本剥夺结伴而至，伴随着对于土地和水资源新的掠夺性开发；因此，必须谨防资本主义形变为"绿色资本主义"——金融帝国主义借此在南非和其他地区继续上演其无道德性。[①]

显然，基于沉重的历史性不公正遭遇，南非学者警惕非洲避免陷入新的"绿色资本主义"的剥削，这代表、也表达了当下南方国家普遍的深层忧虑。将发展中国家的可持续发展问题与发达国家等量齐观，不仅仅意味着抹杀西方掠夺式开发造成的沉重历史遗产、把不发展或者低度发展的责任都推给历史受害者，而且在当今的国际政治中继续以制度和话语权优势对南方国家施加不公，比如在全球治理中急迫的气候变化问题，发展中国家往往被告知需要减排，那些化学能源储存丰富的南方国家往往不被允许继续开发使用其赖以在国际市场上换取外汇的资源，所谓让"油待在土里、煤留在坑中"（keep their oil in the soil, coal in the hole），[②]而被要求更多使用比化石能源昂贵得多的资源。

（二）万隆走来 70 年，南南合作焕新章

气候变化扩大了穷人和富人之见的差距，更扩大了穷国和富国之间的差距。南南合作始于不平等的国际政治经济秩序下南方国家团结的需要，今天仍然应该反映当下全球现实条件下南方国家携手建设新型国际发展合作的话语和实践需要。包括中国和南非在内的全球南方国家，因而仍然需要思考如何用一个声音说话和行动，共同谋求面对诸如气候变化这样的全球共同挑战。当然，在今天全球大变局、热点冲突不断的国际舞台上，面对西方涌动各种形式的反全球化浪潮，作为越来越重要的参与方和谈判方，全球南方本身似乎也越来越异质化、多样化，不同的组织和各种临时性机

---

① Antonio Andreoni, et. al., "Framing Structural Transformation in South Africa and Beyond," p. 145.

② 例如欧盟的项目，"Unburnable" fuels: How to keep the oil in the soil, https://cordis.europa. eu/article/id/130907-unburnable-fuels-how-to-keep-the-oil-in-the-soil, accessed 2 July, 2024.

制与集合层出不穷，虽然也都是在不同问题和不同立场上为不同的南方群体发声，但似乎是各说各话、彼此未必相容相通。然而，观察南南合作本身的历史演进过程，也许应该更加乐观，南南合作的过程也许日拱一卒、甚至进二退一，但一直宛如多重声部的大合唱，各种多样的尝试和实践汇聚在一起、都在增强南方整体的力量。

以 1955 年万隆亚非会议为起点，南方国家的团结意识随着 20 世纪 60—70 年代的冷战和大国争霸、国际经济秩序中南北矛盾日益凸显而日渐壮大：如果说万隆会议到 1961 年不结盟运动期间，南方国家的主要任务是政治上的独立要求，即在美苏争霸和冷战格局中选择第三条道路，最重要的主张就是坚持大小国一律平等；1964 年，在日内瓦召开的联合国贸易与发展会议（UNCTAD）上，发展中国家获得支持建立 77 国集团，主要是为建立公正的国际新经济秩序而团结战斗——今天最重要的气候和环境议题，要到更晚近才零星出现、并慢慢重要起来成为南南合作的方向。[①]

比如 1964 年，《77 国集团联合声明》中提出，该集团是南方国家最重要的组织，是实现万隆精神和不结盟理念的平台，为之奋斗的是国际贸易问题、国际经济不平等的性质以及发展问题。20 世纪 70 年代以后，77 国集团的活动范围逐渐扩展，不仅仅在联合国贸发会上继续在联合国系统内参与谈判、坚持为国际经济新秩序而斗争，更是作为南方国家的声音，更广泛地参与国际会议，包括参与有关环境议题的讨论和解决。今天，该集团已经成为最大的南方国家的政府间国际组织，提高了南方国家的谈判能力，是 134 个成员国对于重要国际问题建立共识以便达成决定的重要平台，中国是其最重要的伙伴，出席所有部长及以上的会议。[②]

本书鉴往知来，通过回溯南非外向主导的扭曲现代化历程、分析制约和限制其实现包容性发展目标的要素，正是为了更深理解今日南非外交政策的深层历史动力与诉求，以便促进双边合作向更好的方向发展，在实证研究的基础上理解和回答今天中南这一组重要的全球南方伙伴国家正在实

---

① A. Najam, "Developing Countries and Global Environmental Governance: From Contestation to Participation to Engagement," *Int Environ Agreements* 5, 2005, pp. 303–321, https://doi.org/10.1007/s10784-005-3807-6.

② The Group of 77-Member States (g77.org), https://www.g77.org/doc/members.html.

践的全方位合作的性质，以此为新时代南南合作的理论提供更具时代性、实践性的丰富而动态的视角，特别是解释新南南合作与万隆会议时代、不结盟运动时代究竟有什么本质上的不同？要携手共同完成的任务是什么？南南伙伴当下新一阶段的结伴而行、共同发展的深层目标下，方向所指与联合国可持续发展目标的相同和相异之处到底有多少？特别是类似于人类共同关切的气候变化议题之下、双方如何更好合作等新时代的南南议程。

（三）南非外交战略转型——寻找志趣相投的发展伙伴

伊肯伯里说，巴西、中国和印度以及其他快速崛起的国家与设计并建筑"自由国际秩序"的西方有着完全不同的文化政治和经济经验，他们从自身反帝国主义和反殖民主义的历史视角来看待世界。[①] 然而，国际观察家往往不认为南非与以上金砖伙伴有同样泾渭分明的外交立场和阵营归属，南非似乎对现行国际体系的态度是自相矛盾、左右为难、甚至令人迷惑的——因为它既要寻求一个"更好的世界"、又要同时保持与西方大国的良好关系，并且为其要改革的国际组织贡献建设性的力量。[②] "更好世界中更好的非洲"，是南非政府及其执政党 ANC 的政治口号，表达了该国外交政策的精髓——既拥抱现有国际秩序、也不失对其进行改革的愿望和勇气，而目标指向则是致力于与非洲大陆共同的"非洲性"身份认同上。然而，特朗普 2017 年竞选上台推行"美国优先"以来引发了国际秩序地震，长期就职南非外交部的马洛卡（2024 年中期前一直任非洲互查机制总负责人）认为，南非要清醒地准备好面对这个新的世界秩序——一个"后自由世界秩序"的到来，因为且不说加拿大、英国等亲密近邻的抱怨和哀叹，美国对外关系委员会主席也早就"祝愿其安息"了。[③] 在其 2019 年的著作中，

---

① G. John Ikenberry, "The Future of the Liberal World Order: Internationalism After America," *Foreign Affairs*, May/June, 2011 Issue, https://www.foreignaffairs.com/articles/2011-05-01/future-liberal-world-order.

② Eddy Maloka, *When Foreign Becomes Domestic*, Introduction.

③ Richard N. Haase, "Liber World Order R. I. P," Project Syndicate, 21 March 2018, https://www.projectsyndicate.org/commentary/end-of-liberal-world-order-by-richard-n--haass-2018-03?barrier=accesspaylog, 转引自 Eddy Maloka, *When Foreign Becomes Domestic*.

马洛卡指出，南非的国际前路显然更加荆棘丛生，更应该明确支撑起南非外交的三个相互关联的主轴："国家利益，加上泛非主义以及国际主义两个方向"。①

如果说，南非在 20 世纪 90 年代和 21 世纪的第一个十年还是更倚重于与西方世界的关系，2012 年以来已经在非常清晰地偏重发展与金砖国家伙伴以及更多南方国家合作伙伴的外交取向上了。这一悄然转向，不仅仅事关南非一直宣称的致力于"公正、公平"的世界和自我定位，在国内外事务界限日益模糊的全球背景之下，国内经济发展的需求也越来越明显成为南非外交决策的动力：新型的数字外交、比公民外交更加多元的各种形式的（即非国家行为体进行的）平行外交，推动着之前由国家控制的外事边界的延展，而且大规模城镇化和相应的全球经济围绕城市的重构，带给环境更多压力和挑战的同时，也意味着经济发展和结构转型需要成为外交政策目标之一——正是在此种背景和需求之下，南非外交正在转型、越来越朝向更加务实的东方崛起中的新兴市场国家，而不是亦步亦趋接受西方教导的规范主义（normativism）国家。②正如南非学者 Qobo 援引南非官方自称为"蝴蝶战略"（Butterfly Strategy）一词，认为首先是转向东方更加志趣相投的伙伴国家来一起推动发展议程，也强调在现实的经济需求面前、大规模减少与美国和欧洲的贸易份额，而代之以更加多元化的伙伴选择。③投身商界多年的拉马福萨总统被公认为采取了更加务实的外交政策，2019 年大选结束完成组阁后，将之前负责发展的部委合并到了工贸部，并更名该部为"工贸竞争部"，意在通过更多的工业和国际贸易发展来提升全球竞争地位。④

---

① 国家利益为外交主轴，这当然本应是任何国家外交政策的出发点，但马洛卡认为，1994 年以前的南非和大多数非洲国家在不同历史时期却不能够做到。这是其在著作中重提国家利益的背景。参见 Eddy Maloka, *When Foreign Becomes Domestic.*

② Eddy Maloka, *When Foreign Becomes Domestic*, p. 38.

③ Mzukisi Qobo and Memory Dube, "South Africa's Foreign Economic Strategies in a Changing Global System," *South African Journal of International Affairs*, 22 (2) 2015, pp. 145–164.

④ 南非政府网, President Cyril Ramaphosa announces reconfigured departments, https://www.gov.za/news/media-statements/president-cyril-ramaphosa-announces-reconfigured-departments-14-jun-2019；南非工贸竞争部网：《2021 年年度报告》, https://static.pmg.org.za/211109_-_the_dtic_Annual_Report_2020-2021.pdf.

（四）中-南伙伴关系跨越发展的秘诀：政治引领、机制保障

中国与南非1998年建立双边关系，相对于其他国家，南非可能是最快地实现了对华双边关系"三级跳"的国家——即从建立伙伴关系（2000）到战略伙伴关系（2004），再到2010年的全面战略伙伴关系；同时，双边贸易额的跨越式增长也一直被世界观察家们视为"奇迹"。各种解读不一而足，比如南非学者 Bhaso Ndzendz 认为，中南贸易关系独领风骚的原因在于中国与其他亚洲国家的竞争关系，即中国推进与南非的合作动力源于与亚洲伙伴国家竞争的需要，包括台湾海峡两岸关系。[1]多数南非学者同意，南非通过各种机制推动对华关系，意在获得政治盟友加上经济发展伙伴的双重关系。[2]当然，也有南非学者并不认同南非政府着力发展对华贸易，认为更有利的选择还是与欧洲和美国的合作，因为相比于中国只进口南非的原料产品，后两者还进口了南非高端和低端工业附加值产品，这两个市场有望提供更多创新和技术溢出效益。[3]

实际上，中南伙伴关系几乎可以用"天作之合"这样颇为中国哲学观色彩的认识论去解释。但也许是好事多磨，1994年新南非成立民主政府，4年以后才实现了与中国大陆的正式建交，这是当时研究非洲的中国学者普遍的最大困惑。姜璐和舒展大使（前驻非洲大使，有过长期在南非工作经历），在翔实的史料搜集整理以及关于当事人的口述史基础上，重建了双边的建交史历程，并且深刻反思了中苏关系和台湾问题何以竟成为影响中方与"南非这一重要的区域性战略伙伴、非国大这一发挥关键作用的核心政党"迟迟不能建交的原因；此外，两位作者也反思到，很可能是因为中方对与南非开展外交工作的"重视程度、主动性及工作力度等是否还不够到位"，而且建议，应该"尽量加强对外交对象国充分的认识与尊重、不遗余

---

① Bhaso Ndzendz, *The Political Economy of Sino-South African Trade and Regional Competition*, https://link.springer.com/book/10.1007/978-3-030-98076-4, p. 21.

② Garth Shelton, "Hong Kong—South Africa's Gateway to China," *South African Institute of International Affairs* Occasional Paper, No. 108, 2012.

③ Tsitsi Effie Mutambara, "How Has Trade Between South Africa and China Evolved Over the Past Decade?" *Transnational Corporations Review*, 9 (2) 2017, pp. 97–111.

力地促成双方在各层面（上自领袖、下至有影响力的中高层领导、及至基层的民间力量）的"相互了解、理解进而对彼此核心利益的关照"。① 这对于当下中国推进与南非甚至整个非洲大陆的合作，都具有重要的启发意义，是真正的鉴往知来。

如姜璐和舒展文中所述，即便同样具有革命性，非国大与中国共产党之间的联系也因对不同国际问题的立场分歧而出现波折，而且1994年新政府成立后对于是否与中国大陆建立外交关系而停止与台湾的关系，执政党非国大内部的认知也有分歧，更何况南非本来多种族、族群、语言文化和政党分野的多元社会构成的多元理解和诉求。② 但回顾1999年建交至今的轨迹，中南关系在短短10年间实现关系"三级跳"、拉近双方的动力，远非只是各自一己国家在双边交往中经济收益的理性算计，只有回到当时的全球历史情境中，才能够理解双方领导人对国际经济秩序有着强烈的共同认知和立场，并因而做出了远见卓识的建立"伙伴关系"的决定，也因而为此后双边关系注入了政治引领的突出特征。③

2000年4月，江泽民总书记对南非进行国事访问，双方领导人签订了比勒托利亚宣言，宣布两国建立平等对话和建设性对话基础之上的伙伴关系，协议最重要的成果就是建立了国家双边委员会，机制性地定期会面指导和协调所有的中南之间双边关系，为在多边和双边具体事务上提供了实际互相咨询的平台作用。④ 第二年的12月，姆贝基回访，双方举行第一次国家双边委员会全体会议，被认为是双边强化政治经济关系的正式起点。

在国事访问过程中，两位领导人在公开发言中阐述了各自对世界秩序的理解和双边强化关系的必要性。首先，双方都重点谈到霸权主义和大国政治威胁着全球和平安全，反对全球被一个单一国家所统治；其次，在经济上，双方都认为当时快速推进的全球化，对于广大发展中国家存在着巨大

① 姜璐、舒展:《中国与南非建交始末》,《国际政治研究》2018年第3期,第108—135页。
② 同上。
③ 江泽民去世以后，在南非各界吊唁的过程中，前总统姆贝基称其为"中南战略伙伴关系的主要设计师之一"，参见中国新闻网:《南非各界就江泽民同志逝世表示哀悼》,2022年12月7日，https://www.chinanews.com.cn/gj/2022/12-07/9909617.shtml，查询时间:2024年7月1日。
④《中华人民共和国与南非共和国关于伙伴关系的比勒陀利亚宣言》,https://www.mfa.gov.cn/web/zyxw/200204/t20020424_276280.shtml，查询时间:2024年7月1日。

的威胁和挑战，贫富国家之间的差距、数字鸿沟以及南北之间越来越多的冲突和矛盾，威胁着南方国家的经济发展与可持续增长，加速的全球化要求发展中国家必须紧密团结在一起，共同为改革既有的经济秩序建立更新的、公平的、合理的经济秩序而努力。双方都认为，发达国家应该承担更多的责任、降低发展中国家的债务、兑现他们的援助承诺，给发展中国家提供更合适的促进经济的支持、特别是给非洲国家。在这种背景之下，中国、南非双方应该共同支持和提升全球和平与发展；中方建议南非作为一个地区大国和一个国际关键行为体，促进双边长期稳定的友好合作关系，南非作为发展程度最好的非洲国家、中国作为最大的亚洲国家，应该强化接触合作；双方都以团结和加强与发展中国家的合作为共同的道德使命；姆贝基回顾并赞扬中国对于非洲的反殖民主义斗争给予的持续热情支持，而且称赞独立以来中国介入到非洲的重建和经济发展中也发挥了建设性作用。[①]

可见，中国与南非实现双边关系的快速飞跃式发展，基于长期历史实践基础性的共识至为关键——两国对当时一国独霸的国际秩序、发展中国家强化南南合作的必要性，以及中国和南非两国分别在各自所处的亚、非地区内外发挥更多贡献的高度认同，显然是引领着双方关系超越近期物质层面计算、而着眼长远考虑的根本基础；一些其他的双边或者多边下的机制性安排在当时情况下看来都是"亏本的买卖"，但因领导人的识见和双方共识而使得这些貌似不符合经济规律的合作举措得以实施，甚至"不计工本"，推动也保障着全方位、多领域、深层次的发展，从而取得长远的全方位战略伙伴关系的收益。[②] 1998 年建交，特别是全面战略伙伴关系的三个阶段协议签订以来，中南的双边贸易快速增长，长期保持在整个中国对非贸易的 20% 上下，双向投资也有很大进展，[③] 这证实了外交关系建立之初一

---

① Garth Le Pere and Garth Shelton, *China, Africa and South Africa: South-South Cooperation in a Global Era*, Pretoria: Institute for Global Dialogue, 2007, pp. 164–165.

② 比如说，在金砖国家机制下，5 国达成了直航通航的协议，南非航空公司 2012 年开始在双边之间执飞，但是因为经营不善而不得不在 2015 年 3 月停下来，国航在 10 月就接过了接力棒继续执行直飞航行，以保证双方人员往来便利。但是根据笔者 2018 年访谈国航驻南非总代表，因为南非高原的技术条件而不能满座以及往来人员数量相对较少，其实国航每飞一班都意味着损失一大笔钱（110 万元）。2018 年 3 月 10 日，比勒陀利亚。

③ 中华人民共和国外交部（fmprc.gov.cn），"中国同南非的关系"，https://www.fmprc.gov.cn/gjhdq_676201/gj_676203/fz_677316/1206_678284/sbgx_678288/，查询时间：2024 年 7 月 1 日。

些经济学家的预判——中南经济之间具有强大互补性,意味着双边发展长远互利经贸合作具备坚实的基础和强大的动力。从江泽民访南,双边就开始强调贸易是双边关系的关键要素,并且将增进贸易联系作为首选项。值得一提的是,双边的很多制度安排都发挥了非常关键的作用,促进贸易交往本身,也保障了合作共赢的初衷,这是既有的国际合作交往实践中罕见的现象,没有平等的南南合作的性质和"先天"的国际团结主义精神做基础是很难想象的。2006年6月温家宝总理访问南非,在诸多成果之中,有一项就是和姆贝基总统签署了一项在纺织品贸易削减份额的协定,这是帮助保护南非的纺织工业免受中国廉价纺织品进口冲击的重大让步,体现了南方国家合作伙伴之间难能可贵的平等协商精神、意在共同防范全球化伤害。这个协定给南非纺织工业提供了一个喘息的空间,让当地的制造业得到了现代化和重新去组织自己的加工过程的机会。[①]

(五)解锁原材料供应者困境之钥——南非对华合作厚望

受益于中国自身作为"世界工厂"的强大制造业能力,像其他国家一样,中国向南非的出口传统上也主要是制成品、鞋类、纺织业、塑料制品、电子产品、桌上用品以及厨房用品;近年来,随着"新三样"成为中国在全球市场的走红,南非等几个非洲国家进口中国的新能源汽车等产品也有显著增加。[②]南非向中国的出口则仍然以原材料为主,铁矿石、铝、镍等,附加值比较高的高端水果以及畜产品(如牛肉)虽然已经开始,但所占比重还比较有限。这种贸易结构,导致南非国内长期有部分民众对深化与中国发展关系保持警惕,也在很大程度上导致了两国早在姆贝基总统时代就开始讨论的自由协定(FTA)至今还没有结果。

南非人对于要不要跟中国建立自由贸易协定存在三种看法,第一种是理想主义者,他们高调看好中国市场的规模和活力,提出正如中国自己的发展经验所显示的那样,先富起来的人能够帮助到其他人快速积累财富,

---

① Garth Le Pere and Garth Shelton, *China, Africa and South Africa: South-South Cooperation in a Global Era.*

② 观察者网:《被欧美阻击,中国电动汽车绕道非洲》,2024年7月6日。

因为中国大市场的消费者数量实在可观——这些人主张与中国自贸谈判可以强化双边的战略关系，也促进中国来支持南非本身野心勃勃的全球改革议程；第二种是悲观主义者，反对签署自贸协定，恐惧与中国越来越多的贸易会导致南非自己大规模的失业；第三种是审慎的乐观主义者，他们认为南非从中国市场中获益的机会是巨大的，但是必须谨慎地反对冒进和匆匆忙忙自贸谈判，因为必须提前准备好调研的基础，研判如何保护南非的制造业以及相关就业方面可能遭受的影响。[①]

如上所论，尽管南非国内关于深入与中国经贸往来的利弊得失有很多争议，公开讨论很多，但南非政府还是能够迅速行动推进着与中国的战略合作关系，而且这一政策选项显然是跨越不同领导人时期的，祖马上任伊始就宣布专门建立经济发展部（EDD）来专门与新兴市场国家合作推进南非和非洲大陆的发展问题。[②] 2010 年 8 月，祖马率领由 300 多人组成的庞大商业代表团访华，签署了一系列协议——如前文所述，这是祖马为被金砖国家组织接纳而展开的"魅力外交攻势"的最后一站，在获得其他几个伙伴的积极回应之后，中国也表达了积极的态度，由此确认了南非加入金砖的事宜，着实展现出了南非在双边和多边关系中设计战略、并予以推动的能动性——完全不是很多流行看法描述的那种没有自主意识、更没有实施战略能力的被动国际形象。这一次访问中，双方领导人达成《中华人民共和国和南非共和国关于建立全面战略伙伴关系的北京宣言》，南非内阁 5 个部部长与中方伙伴们面对面联席会议，讨论"找出并解决制约双边合作"的症结所在。2012 年参加中非合作论坛部长级会议，祖马在演讲中积极评价中国通过中非合作论坛合作机制贡献于非洲的发展，认为这是一种不同于西方"只为自己谋取利益"的关系模式；但值得关注的是，祖马在讲话开篇就指出，双边现在的

---

① Garth Le Pere and Garth Shelton, *China, Africa and South Africa: South-South Cooperation in a Global Era*.

② 根据南非政府，2009 年成立的这个体量小的部门，意在将每年的经济增长率稳定在 6%—7% 之间，以便 2020 年前创造 500 万就业机会，从而将失业率减少到 15% 以下，参见 https://www.gov.za/ sites/default/files/gcis_document/201409/econ-dev- strategicplan201114march2011a0. pdf#:~:text=The%20Economic%20Development%20Department%20%28EDD%29%20was%20 formally%20established, announcement%20of%20a%20new%20structure%20for%20national%20 government.

贸易结构长期而言是不可持续的。^①

类似地，南非领导人和高级别官员实际上都多次表达希望南非与中国建立新型合作关系的愿望和期待，特别是期待与中国的合作能成为其解锁长期在国际贸易体系中原材料供应者地位的结构困境之钥，期待以此助力其国民经济实现潜力释放、解决其民生、高失业率和社会治安等一系列问题，如第一任经济发展部部长帕特尔 2009 年 11 月指出，与中国的关系，主要面对西方金融危机以来的停滞而另外寻找满足南非（也代表非洲大陆）大规模基础设施发展和创造就业机会的需要——这是其经济优先目标；就任贸工和竞争部部长后，帕特尔在 2020 年的发言中再次指出，关键的问题是南非应该确保与中国正在形成中的新型合作关系，不要重复南非已经与欧洲和美国形成的结构性关系模式，即南非作为原材料的供应国。^②

（六）中南携手以共同发展为目标的新型南南合作：机遇与挑战

对于中国而言，与南非的战略合作，从来都不限于双边的范围，不管是本书下篇分析的双方在非洲大陆自贸区建设方面的合作，还是金砖国家组织中推动议程"非洲化"，亦或在联合国全球治理平台上，两个南方国家合作伙伴在国际协作方面都明显高度一致，比如在俄乌冲突问题上，双方彼此支持各自提出的和解建议；另外，必须承认，南非无论从参与国际机制的人才储备上、还是在持久与西方阵营打交道积累经验角度上，都是中国实现其全球战略毋庸置疑的好帮手、好伙伴。南非这个多边主义国际规则的秉持者又是创新者，在与中国伙伴合作的过程中，能够达到 1+1>2 的相得益彰之效果，在完善国际治理体系的合作上尤其如此。比如，美国在疫情期间退出了世界卫生组织（WHO）并终止财政支持，批评它没有及时对中国的病毒溯源问题做出反应，南非卫生部长多次批评美国的自私自利和在最艰难的时刻破坏国

① The Presidency: The Republic of South Africa, *Remarks by President Jacob Zuma at the opening session of the 5ᵗʰ forum on China-Africa cooperation*, July 19 2012, Beijing, China, Retrieved from http://www.thepresidency.gov.za/pebble.asp?relid=6486.

② Ebrahim Patel, "South African Remarks at the Second Extraordinary G20 Trade and Investment Ministers Meeting on 14 April 2020," Website of Department of Trade, Industry and Competition (DTIIC), http://www.thedtic.gov.za/south-african-remarks-at-the-second-extraordinary-g20-trade-and-investmentministers-meeting-on-14-april-2020/, accessed 8 December 2024.

际多边主义，2020 年 5 月，拉马总统以非盟轮值主席的身份在第 73 届世卫大会上重申了南非对其无保留的支持，强调世卫组织在指导人类共同应对疫情上面的关键作用。

拉马福萨总统的讲话也体现了非洲在南非外交政策中的核心地位，开篇就强调非盟作为一个集体共同认真对待疫情考验的决心。[①] 实际上，从南非轮值非盟主席国开始的整个抗疫期间，虽然缺医少药，但在国际社会中普遍经历艰难的公共卫生挑战时刻，作为贫穷的南方国家携手共度时艰，与欧盟国家抗疫期间的自私表现形成鲜明对照。南非带领大陆各国共同策划、动员资金，通过成立应对基金、大陆医疗防护共同采购系统（AMSP）统一采购协调和分配医疗物资供应，战略性地保证了一个国家都不落下，给国际社会留下了令人难忘、受人尊重的形象。[②] 南非也通过卫生外交、在多边主义的原则下来引导全球新规则形成的案例也很多，特别是在推动联合国承认并接受将外交政策与全球卫生融通的新条款方面发挥了很大作用，广受赞誉。[③] 长远而言，这是中国深度参与全球治理可以学习的全球南方伙伴，也证明双方可以携手共同开展深入合作。

中南战略合作伙伴正在展开的由元首设计引领、双方战略协议和一系列制度性安排保障的南南合作，显然不能从一时一刻和双边各自的物质利益的狭隘视角来衡量。在皮尤 2023 年发布的有关对华认知的调查中，24 个受调查国家中的 3 个非洲国家都给出了非常积极的评价，尼日利亚和肯尼亚分别为 80% 和 72%，南非稍低；2024 年 1 月的调查显示了非常类似的结果，前两者分别为 83% 和 77%，南非为 67%，这与中国在西方世界的民调中所获得的消极评价形成极大的反差。[④] 如朱锋教授接受采访时所言，中国

---

① C. Ramaphosa, "Remarks by the President of the Republic of South Africa and the African Union Chair, during the 73rd Session of the World Health Assembly, 18 May 2020," DIRCO, http://www. dirco. gov.za/docs/speeches/2020/cram0518.htm, accessed 24 June 2024.

② 参见笔者文章:《新冠肺炎全球大流行下非洲的抗疫和中非合作》，载《国际政治研究》2020 年第 3 期。

③ Lesley et al., *South African Foreign Policy Review: Ramaphosa and a New Dawn for South African Foreign Policy*, pp. 198–199.

④ S. Atske, *Views of China*, [online] Pew Research Center's Global Attitudes Project (2023). 1, Available at: 53, https://www.pewresearch.org/global/2023/07/27/views-of-china/; https://www.statista. com/statistics/280647/chinas-popularity-by-country/, accessed July 3rd, 2024.

形象在西方民众中间持续低迷，主要是西方国家政府持续打压中国、其话语体系中塑造了民众对中国的排斥态度，疫情期间至今尚未根本改变；[①] 相反，非洲国家为代表的全球南方国家，整体上都对中国经济在世界上的迅速崛起保持积极的态度，而中国与全球南方国家天然形成的共同历史经历和诉求、叠加着对当代国际秩序中的共同地位的认知，双边政府的互信友好，也塑造着中国与南方国家民众之间的友好认知。可见，在全球化逆流、地缘政治回归时代，舆情与国家间政治高度相关，也是反过来构成可持续友好合作关系的重要民意基础。从经济面向而言，美元霸权凌驾于全球金融体制之上的基本结构还在，这要求全球南方国家继续携手进行国际斗争。而如前文所言，与南非类似性质、尚且没有摆脱与西方历史地形成的依附经济关系、摆脱桎梏其经济发展和潜力实现的结构困境的诸多南方国家，今天与中国的新型南南合作是否都能助力其获得解放和发展呢？

本书以南非为案例对于新时代南南合作的使命与可能性进行了深入研究。种族隔离制遗留的经济结构最大特征就是矿业开采和其相关的制造业，可谓工业基础狭窄。随着 20 世纪 90 年代南非新政权建立，自由贸易和资本流动的迅速国际化给本土原本羸弱的其他工业带来巨大冲击，南非政府依照新自由主义"药方"，期待以广泛多样化的工业增长来扭转经济困局的转型并没有发生——1999—2019 年间，工业结构几无变化，固定投资依然低，表现之一就是约翰内斯堡股市交易所的资本量相当于 GDP 总值的 3 倍（2019 年），固定资本投资率却很低，经济仍然呈现早熟去工业化的特征。

当然，以此为据得出对南非发展的悲观主义看法也是不可取的。最早吸引白人来大规模移民定居生产、并梦想在这里复刻一个使用其语言文化和宗教信仰基础之上的小欧洲国家的，是南非优越的自然地理位置，今天依然是其重要优势。自 2023 年以色列和哈马斯的战争引发红海危机的连锁反应以来，好望角航线再度成为全球重要大宗商品的主要替代航线的事实就是明证；加之南非自身丰富的资源禀赋、优越的农业种植条件，甚至其"集世界于一国"的多样包容的政治和社会文化制度本身的优越性也正在显

---

①《美皮尤研究中心最新报告：中等收入国家更认可中国》，新浪财经转载，https://finance.sina. com.cn/jjxw/2024-07-11/doc-incctkpi2021851.shtml，查询时间：2024 年 7 月 15 日。

现出来。虽然历经 30 年对制约经济发展和社会公平实现的结构性困境的转型努力仍然在最难的深水区，还有很长的路要走，但是世界历史的演进往往带着很多戏剧性，很多常态看起来沉重到难以破解的结构性限定条件，经常在某些时刻突然反转成为机遇和转变的触媒，比如长期使用的电网和发电设备进入了大规模维护更新期、而 21 世纪第一个十年已经显示出严重电力危机端倪；疫情期间，南非政府尤其难以有所作为，南非的同事在线上会议期间总是惴惴不安地预告很可能会随时停电的尴尬和沮丧。笔者 2023 年 6 月访问期间，发现很多工业都还不能正常运行，人们的生活也严重受到影响，自备蓄电池已经成为城市生活中中产阶级以上家庭的必需。然而危中有机，根据联合国贸发会的报告，南非 2022 年录得了比前十年年平均值高一倍的外来直接投资额，即 91 亿美元，这主要是因为电力危机的持续为南非吸引来了几个大型蓄电池项目。[①] 时至 2024 年 7 月本书收稿，南非人互相额手相庆已经实现了连续 100 天没有停电的记录。

经历了"必将失去绝对大多数选票比例"的 2024 年 6 月大选，50 多天后，非国大经历艰苦卓绝的谈判，与其他政党联合组阁成立了"团结政府"，这本身也是南非学习自身历史经验的明证——如果种族隔离制度最极端的"分开发展"的意识形态机器支持下的一套严丝合缝的国家机器能够被颠覆，且在其灰烬上成立曼德拉和德克勒克共同合作领导的团结政府，还有什么样的时刻比这最初的"化干戈为玉帛""一笑泯恩仇"的时刻更困难吗？用有"非国大良心"美誉的前总统莫特兰蒂的话来说，"新的团结政府得以成立，证明新南非三十年形成的政治生态，不是政党之间你死我活的敌对关系（比美国的政治生态良好）"[②]，大家并非不能坐下来讨论根本的相同之见、并以此为基础讨论合作。7 月 19 日，新的团结政府组成后举行的第一次议会会议上，拉马福萨总统讲话公布五年战略规划，明确了三大重点：推动包容性经济增

---

① Lenin Ndebele, "Battery boost: SA foreign investment in 2022 was double the average of the past decade, says UN," https://www.news24.com/news24/africa/news/battery-boost-sa-foreign- investment-in-2022-was-double-the-average-of-the-past-decade-says-un-20230706, accessed 30 June 2024.

② 莫特兰蒂 2024 年 6 月 29 日到访北京大学，与北大的非洲研究学者交流讨论时语，参见《南非原总统莫特兰蒂访问北京大学》，https://mp.weixin.qq.com/s/0zFKfxe2HBWg-vNI68BaaA，July 29, 2024.

长和创造就业、减少贫困和降低生活成本，建设一个有能力、廉洁和发展的国家。他强调，包容性增长不仅是经济增长，更是财富和机会的再分配，确保所有南非人都能参与和受益，因而提到要通过加强教育和卫生系统，为所有公民提供更好的生活条件和发展机会。著名非洲裔经济学家莫约诊断南非发展的病症，认为是相对于人口的快速增长、与 2008 年以来停滞的经济"无发展"之间的根本矛盾。[①] 以上战略方向显然击中了目前制约可持续发展状态实现的根本症结，拉马福萨总统显然非常清楚，更多就业机会意味着更多经济部门的增长，也意味着这些经济活动本身必需的一系列重大基础设施投资，因而他说："让我们的国家变成一个大建设工地吧，让黄色的大吊车穿行其间，让我们架桥修路建水坝。"[②]

在中国与非洲大陆、甚至大多数本土工业发展程度较低的南方国家伙伴关系中，中南经贸合作是更为复杂、甚至充满矛盾的：贸易长期处于逆差地位的南非，2009 年开始就持续要求中国入境投资以带来更多就业机会，但实际中国投资者进入过程中，不仅遭遇大量社会文化障碍，且难免面对南非本土比较强大的竞争者；同时，中国商品凭借价格优势进入南非引发大量关于破坏其民族工业的批评，而且具备成本和工资优势的中国企业入境投资也往往给南非本土企业带来强大的压力从而做出反弹。[③] 这也恰好是研究中南可持续发展合作的意义所在，双方进行的探索实践，可以为中国探索当下与类似的有部分产品产业竞争关系的南方国家之间建立着眼长远的可持续发展合作提供经验借鉴，而且这样的经验研究本身，也是在丰富南南合作的理论。

如本书下篇对于中南既有合作领域的分析所显示，双方具有高度的互补性，广泛而坚定的全面深入合作意愿，意味着双边政府全方位支持合作的开展，共同探索利在当下、也着眼于长远未来的共赢和命运与共：科学

---

① Dambisa Moyo, *Edge of Chaos: Why Democracy Is Failing to Deliver Economic Growth—and How to Fix It,* New York:Basic Books,2018, pp. 20–21.

② "Opening of Parliament Address by President Cyril Ramaphosa at the Cape Town City Hall, Western Cape," July18, 2024, https:// www.thepresidency.gov.za/opening-parliament-address-president-cyril-ramaphosa-cape-town-city-hall-western-cape, July 20, 2024.

③ Chris Alden, Yu-Shan Wu, *South Africa-China Relations: A Partnership of Paradoxes,* Palgrave macmillan, 2021, pp. 3–6.

技术和职业教育形式的人力资源合作, 特别成为助力南非获得摆脱结构困境的密钥; 能源领域里的合作, 既通过快速增加新能源产品的贸易和投资来解决电力危机, 也助力长远提升南非国家电网的能力; 至于在大陆自贸区建设作为吸引更多企业投资和非洲本身工业化快速发展"魔盒"的开启密钥, 可谓是中南携手与"非洲大陆一起梦想"的经典案例, 没有领导人的远见卓识和政治互信基础上的制度安排, 在普遍更加"内向"、去全球化的时代, 这些实实在在的新型南南合作的实践, 尤其难有具体作为。显然, 下一个阶段里, 拉马福萨总统所言的"大建筑工地"计划中, 中南双方将会有着更多的合作机会, 中国企业在寻找自己新的合作投资发展机会时, 恰好是南非最需要的时候, 双方从政府、到企业和其他公共部门与民间广泛的合作意愿, 将有望在大规模产业合作释放南非潜力的同时、为南非解决几十年来人力资源发展这一巨大就业瓶颈难题。

(七) 共同发展: 新时代南南合作从实践到理论演绎

任何一国的发展都应该是以国家利益为出发点的, 与外部市场、资源、技术、资金甚至发展道路选择之间都是一个为我所用的关系。非洲国家释放自己潜能、实现可持续发展的要义, 首先在于如何去掉长久被捆绑在老帝国主义的资本主义战车上被动地运转其经济生产生活的依附性。具体而言, 可持续发展, 要求很大程度上的自主性 (政治意愿) 和能动性 (体现在战略规划能力与落实行动力的共同结果), 以便集中致力于自我价值取向基础之上的发展议程; 市场不可能自动为民众提供服务和福利, 发展必须有意为之, 国家不仅需要有能力计划和规范, 还要不断地学习, 在认识自我的过程中理解和调校自己社会文化基础上的发展方向和目标, 在洞悉全球社会与市场下各行为体的相互关系、互动和交易规则同时, 时刻参照学习国际伙伴们的经验, 从而探索自我潜能实现、效能提升的现代化目标得以实现的路线、手段和必要资源。领导人需要动员人力物力来实现长期发展道路及其社会效果, 确保发展是被整个社会公平地共享。知识是"追赶"的核心, 帮助后来者可以避免拓荒者类似于黑暗中摸索的状态。这需要高等教育和技能教育方面的大规模投入, 非洲高等教育体制在满足非洲发展需求方面具有特别关键的作用，创新和生产是非洲得以实现经济和社会转型所必须的关键技术。[1]

南非著名老一代经济史学家基威特（Kiewiet）曾不无讥讽地总结，在资源发现和各种外来势力趋之若鹜、甚至激发战争的南非现代开发史上，政治上靠的是灾难，经济上则依赖意外横财。[2] 如同个人的教育水平对每个人素质的塑造和限定作用，决定任何一个国家能否有意愿和能力做好战略规划、并实施转型为自主可持续发展的动力来自于其"国格"，而这又是历史过程中与外部力量互动过程所形塑的结果——外来者是冷酷的掠夺开发者、还是彼此尊重对方核心利益关切、特别是以国际主义大团结精神来互帮互助的南方伙伴，意味着结果天壤之别。

从普遍非洲国家经历来看，大体上可以从其现代生产方式何以开启这一视角来理解当下发展的制约和限制条件是如何形成的、被什么所塑造和局限的。地理决定论和自然气候条件决定论只能解释其吸引欧洲人到来并建立"拓殖民"的社会——白人数字的多寡意味着殖民国家对于不同非洲传统社会的打碎－重塑程度大相径庭：如果城市生活是被更多白人居住、为其服务，也意味着更加具有外向依附性特征；但进行矿业和单一作物种植开发的经济生产以来，乡村地区都一直持续下来保留了维生性农业生产、以便为城市提供劳动力蓄水池。欧洲人与非洲本土力量对比的差异，也是影响双方互动并形成和塑造当代非洲不同国家的经济生产方式的要素，而且两者多少都处在表面或者深层次的竞争状态下，使得政治和思想领域持续上演"非洲性"和"现代性（西化）"两种力量的拉扯。

独立以来，非洲国家的领导人对于快速赶超经济现代化的热望为动力，在选取本国的发展路线时候，曾经对于外来的、特别是欧美自20世纪80年代施加的新自由主义政策亦步亦趋。经历冷战再到后冷战时期，特别是21世纪全球南方世界整体崛起，随着西方作为"文明范本"的影响力逐渐走向衰退、走下神坛，非洲国家的自主意识和能动性明显增强。各国的话语修辞中（特别是表现为不同见识和风格的领导人身上）明显开始以"多样

---

[1] Thandika Mkandawire, "Preface," *The Development of Africa Issues, Diagnoses and Prognoses*.

[2] C. W. de Kiewiet, *A History of South Africa*, Oxford: Clarendon Press, 1941, p. 89.

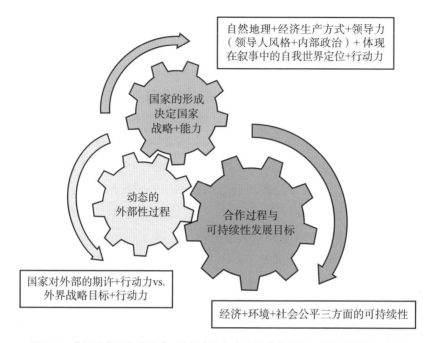

图 6-1　非洲现代国家的形成、外部合作与未来可持续发展目标相互作用示意图

图表来源：笔者自制

性"为哲学支撑，以传统历史文化基础上的"自我"为取向，更多开始探索在开放性地学习世界不同优秀发展榜样中走出自我的独特发展道路。显然，如图 6-1 所示，不论此前曾经被西方扩张性资本主义裹挟开始的被剥削命运过程，还是自 20 世纪 50 年代万隆会议开始与同样命运的南方伙伴开启逐渐壮大声势的南南合作——从互相支持主权独立，到今天结伴"共逐现代化之梦"，每一个阶段中，非洲国家与外来者的互动都至关重要：从关系性理论（relational relationship）视角而言，两种性质的国际关系都是非洲国家形成的塑造者，甚至呈现为也反向塑造合作伙伴自身的相互影响和塑造的性质，即非洲曾经被"明火仗剑"的欧洲人给定了边界、塑造了国家、也在精神上强加了"劣等种族"心理；也同样在与南方伙伴的交往中树立了自信、强化了自主意识并逐渐找回来自己一方土地上孕育的精神气质和信念，而这当然也汇聚巩固为今日全球南方整体愈加独立自主的大合唱。

　　这也意味着，评价当今国际关系条件下外来者对于非洲经济发展可持续性的贡献，需要建立过程性理解分析框架，既要动态观察作为长期依附性特征的非洲经济体的历史渊源，也要辩证地看待随着其自身能动性的增强而形成更有自主性的发展目标。新时代的南南合作，在双方尊重彼此核心利益前提下探索如何实现共享发展，当然无法在西方教科书中找到答案——老殖民者开启的"家长制榨取关系"模式的国际关系自然没有留下先例和精神遗产。更重要的，力量较弱一方能在新南南合作阶段更好发挥能动性、将自我价值取向基础上的理想和期待充分带入合作过程、从而使得双方合作真正实现平等互利；更重要的，非洲国家得以舒展长期被捆绑的筋骨、摆脱旧国际关系积弊——特别是校正畸形现代民族国家的底座，走向真正的可持续发展，这个过程中，除了国家行为体作为实践者的高度自觉和始终抱持着互信，互相深入的理解和良好的互相认知是合作具有可持续性的前提和基础，是新南南合作达到行稳致远结果的方程式中不可或缺的函数。

综合前文分析，在发展中国家，可持续性发展首先意味着社会不间断地再生产出可满足人们基本安全、营养、财物和创造力所需的生产，在非洲尤其如此。现代化状态就是为了达到这样的目标而提升工具、技术、基础设施和制度形式，向着理性和更有效能的方向改善。理想化的状态当然是现代化带来国家和公民的共同发展；然而，之前被殖民过程遗留了歪曲的现代国家的实际情况是，必须实现其去殖民化的过程、在新型国际发展合作中追求平等、公正、尊严和自我发展，如此最新的技术或者制度形式才能带来整个社会的发展，纠正此前畸形发展之路，也即同时再生产着财富与贫困、健康与疾病及环境恶化，政治上则表现为民主宪法和选举下的制度失调的既有外向被榨取型的发展。

如图6-2所示，出现这种悖论式的畸形发展的原因，是现代化的高效只被一些人所享有、更多人却被排除在外，正如南非种族隔离制度时期所建立的"白人国家"——可以说已具有现代化高效和发达的特征，但问题在于，只是保障白人舒适和享受的小圈子的现代化，一些人实现了高效，意味着结构性不平等的愈益加深。时至今日，南非的高失业率使不平等还在加剧，其深层历史原因则是南非白人以令其后代人蒙羞的方式，冷酷地将种族和财富叠加成为机会、加之教育体系保障，制造了白人主导经济体制的牢固根基，至今仍然在放任主义的自由主义市场制度下积重难返，以致黑人为主的大多数底层民众根本无望实现阶层跃升；其解决需要南非政府更大的意愿和能力创造良好的经商环境、激发商业界愿意承担风险从事生产性活动，唯此，才能够解决高失业率这一种族隔离制度最大的负面遗产。既有平权行动依赖《黑人经济赋权》政策，受到了很多不同声音的批判，被认为只产生了黑人精英、而无益于绝大多数黑人民众的减贫，甚至负面地形成了政府与其庇护下的黑人中产阶级之间政府采购商品和服务形式的贪腐（一些学者直接称之为政商勾结），这种回避竞争的方式，长期而言也是自杀式的权力维护游戏而已。①

托马斯·皮凯蒂在其大受好评的《21 世纪资本主义》中提出，当代资本主义的最大问题在于资本回报率的集聚速度远远超过了经济增长作为解决不平等的动力之源的速度，所以应该全球征税以便重新分配财富。② 非洲国家虽然也有贫富差距的问题，包括前文所论的南非的情况，但更重要的还在于摆脱殖民遗产的结构性桎梏，提升国家能力，并建立将所有公民纳入的包容性现代政治过程。执政者虽然也点缀些时髦的"优惠福利"和"赋权"项目，为现存秩序买些合法性，但无法回避既有模式本身存在的内在矛盾，即被排除在外的人无法持续性获得自主发展的权利，也没有持续性地保障工作、房屋、卫生服务和教育等现代化社会服务。现代性的承诺与实际兑现之间的差距，经常导致政治话语和实际执行能力之间的龃龉，比如在前文提到的肯尼亚 Z 世代的街头示威，青年人首先抵制的就是 IMF 建议再一次加税来偿还债务——面对青年公众的问责，鲁托总统解释债务高企是因为前一个基础设施建设周期的高投入累积所致，但是政府相关负责官员甚至不能解释财政预算提案的合理性，显示了简单满足外来施加的政策、难免存在寻租受贿行为以及长期缺乏问责意识的官僚与新一代青年人之间的代际发展之争——这些青年人很多是大学毕业生而没有工作、有热情、有问责到底的现代公民抗辩精神，因为社交媒体而赋权，他们面对采访镜头不断地发声，"我们坚持为国而抗争，因为没有什么可以失去"，实际上反映的深层矛盾却是，政府官僚是因袭老路满足于现行体制中的既得利益者，还是同时对未来世代的人负责任、有勇气选择创新性摆脱既有发展顽疾的政策？

---

① Jeffrey Herbst & Greg Mills, *How South Africa Works*, p. 14.

② Thomas Piketty, *Capital in the Twenty-First Century*, The Belknap Press, 2014.

　　面对波涛汹涌的青年抗议运动，鲁托总统不得不解散了内阁，试图成立与反对党合作的新联合政府，以此重新建立合法性和公众信任度。问题不在于解散多少次内阁、新的人选构成是谁，关键是需要认真反思影响肯尼亚今天走向包容性、普惠性可持续发展的症结、并因而做出创新性的道路选择。类似地，今天很多非洲国家的选举，拼的都不是政客的话语修辞和美国大选那样在公共政策辩论时的互相贬抑彼此和莫特兰蒂所谓的"你死我活的零和博弈"的政党之争，公众的信任既来自政党公布的竞选纲领是否反映现实情况，也来自很多其他方面的因素，如传统的族群、宗教和地方认同因素，也有现代生产方式基础上的阶级关联和由此结成的政党、社团等因素，需要具体到国别和时空语境中进行具体分析。

　　质而言之，今日非洲复杂多样化的政治生态走向，正从传统和现代并存走向新的形变过程之中，殖民对于非洲从疆界到国家的人为塑造的"现代民族国家"，给非洲人的沉重枷锁正如前文戴维逊教授所谓的"黑人的负担"，至今没有完全被消化吸收、革除积弊，特别是独立至今的政治安排，几乎在每个国家都存在着是否转型成为包容性政治制度、使大多数公众都被作为国家公民、一视同仁地享受国家所承诺的发展红利、享受基本社会经济服务范围的问题；另外，殖民统治中再造的"部落主义"依然是很多国家遗留的恶果，随着华盛顿共识强迫非洲国家转向多党选举政治制度，"分而治之"政策时期开始基于族群、宗教、甚至身体外观特征的逻辑继续演绎为所谓"身份政治"，令很多非洲国家的政治歧路亡羊、越行越远。

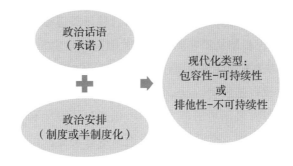

图 6-2　国内和国际政治安排与可持续性发展关系示意图

图表来源：笔者自制

南非 30 年前从种族隔离制度转型为民主制度，是经典的从最为排他性制度向包容性制度（政治安排）转型的案例。如上分析，这一过程非常艰辛，因为历史累积而成的诸多矛盾解决起来并非旦夕之功。外来合作者需要根据南非本身的转型发展逻辑，提供相应的扶持，包括公平的市场形式的合作，以便促进包容性转向，才能助力南非最终的可持续发展。本书作者们的共同研究显示，中南合作是一组正在促进南非转向更具有包容性、可持续发展性质的合作。

本书导论中的图 0–1 示意图，适用于研究普遍具有外部依附性现代化起点的非洲其他国家所需要的更为健康、更有利于转向长远可持续性发展的国际合作，需要好的双边或多边的制度性安排、加上互相理解和支持的意愿，才能够在方向上保证合作通往可持续发展，而过程本身一定意味着曲折和必要的学习曲线。本书研究的中国与南非这一组南南合作的案例，正是这样一种在强烈的互相认同和合作意愿基础上引领形成越来越周密的制度安排，越来越绵密多层次的政治经济合作也带动了双边民众更多的好感和交往意愿，尽管起点上一样具有尼雷尔所谓"最不平等的平等关系"性质，且当下和可见的未来，双边合作必然还充满着种种挑战，需要双方共同去克服。

数个世纪以来，无数学人呼唤更加平等的国际关系的到来，或曰南方与北方关系的变革；而早在欧洲大举向世界扩张征服之际，当时的学人亚当·斯密就在其名篇《国富论》中，讨论了掠夺资本以不受处罚的暴力横行世界的现状，但斯密在其名著中也写到，世界终将达成平等，就是被征服的小国不断地学习、因其具备足够的勇敢和力量而获得相互尊重和敬畏的独立国家身份之时。[①] 长期从事非洲研究的伦敦亚非学院 Stephen Chan 教授曾经感慨，殖民者本着比较有限的道德意识投资了基础教育（初级），然而真正为发展赋能的教育是大学阶段，因为大学毕业生才具备了批判性认知分析世界并最终破解发展困境的能力——中国走过了贫困和被剥削，从而意识到自我发展的重要性，这可能正是中国大量资助非洲国家高等教育的原

---

① Adam Smith, *An Inquiry into the Nature and Causes of the Wealth of Nations*, Xi'An: Shanxi People's Publishing House, 2005 [1776].

因，而其影响就是教会他们渴望和志向的力量（the power of aspiration）。① 阿瑞吉教授说，21 世纪以来，中国与全球南方国家的交往有可能带领世界转向，这就是"要形成新的万隆精神"，也就是说"像老万隆精神一样，在抵抗经济和政治统治的过程中，适应全球前所未有的经济一体化"②，"新的万隆精神可以实现亚当·斯密若干世纪前期待的人类不同文明共同的福祉"，因为"相比于老万隆精神，新万隆可以动员和使用全球市场为工具，让南北之间关系最终实现平等"③。如这些思想大师们所言，秉持平等原则和人类命运共同体理念的中国，期待、也践行着通过全球市场制度来惠及人类共同的福祉，早在 60 年前开始的新中国与非洲国家之间的交往，特别是共建坦赞铁路过程中三方参与者建立在平等团结和友好的日常合作过程中形成的高度一致的国际主义精神已经是明证，而且仍然是当代中非关系和中国发展全球发展合作过程中的根本思想指导原则。④

南非的国际角色，在今天的全球政治中也许确实难有扭转乾坤的大动作，但不应该惯性地依照北方国家历史经验基础上形成的"中等强国"理论来断言其作用有限；时移世易，南非的国际角色在成长，而且伴随着 21世纪的第二个十年已经非常明显的整个"非西方的崛起"的背景，符合斯密所谓的小国"勇敢和力量"的成长趋势；南非的重要贡献体现在，在国际上捍卫也引领全球国际关系遵循重要的基本道德，国内则实践一个极具多样性的多种族多民族国家、逐渐完成从 400 年沉重的外部主导的依附性经济转型过渡为包容性增长、让国民和国家都能够释放潜力、建设更美好的非洲与世界的使命。在这样的双重转型过程中，中国作为南非的最重要南方伙伴，过去 30 年已经助一臂之力，当下和未来应该还可以发挥更大的作

---

① S. Chan, "How China is educating Africa—and what it means for the west", *The Guardian*, 13 May 2013, Available at: https://www.theguardian.com/global-development/poverty-matters/2013/may/13/china-educating-africa-what-means-west, accessed 8 January 2023.

② Giovanni Arrighi, *Adam Smith in Beijing: Lineages of the Twenty-First Century,* London: Verso Books, 2007, p. 385.

③ Giovanni Arrighi, *Adam Smith in Beijing: Lineages of the Twenty-First Century,* p. 384.

④ Liu Haifang, "The Freedom Railway now and then the enduring relevance of the 'TAZARA spirit' for South-South cooperation," *Africa's Railway Renaissance*, eds. by Tim Zajontz, Pádraig Carmody, Mandira Bagwandeen, Anthony Leysens, London: Routledge, 2023.

用。这正是面对更具挑战性的全球巨变时代，中国与南非携手演绎更立体、更丰富的南南合作的意义所在，即从之前的亚非国家追求民族国家独立过程中互相团结、为平等独立而奋斗的万隆精神，演化为今天的新万隆精神，互相学习和启发，追求自主型发展道路、摆脱长期依附性的经济模式所羁绊的外部主导性发展，实现发展中国家或说全球南方国家、特别是非洲国家所需要的可持续发展。

致　谢

在本书即将付梓之际，我怀着无比感激的心情，向所有在本书研究立项、调查、研究和撰写过程中给予我和团队热情帮助与支持的人们致以最诚挚的谢意。

首先，要特别感谢乐施会（Oxfam Hong Kong）对本书的鼎力支持。乐施会长期以来致力于推动全球可持续发展，其倡导的公平、正义与包容理念与我们中心的学术为公追求高度契合，是双方长期合作的基础，也是本书创作的初衷。全球进入新一轮地缘政治动荡期，国际关系中的不确定性、大国竞争加剧、地区冲突频发以及全球治理体系的脆弱性，为世界各国的可持续发展带来了前所未有的挑战。在这一背景下，本书的研究显得尤为重要。在乐施会的支持下，我们得以深入探讨可持续发展与当代新型南南合作这样的重要议题，希望通过探讨中国与南非作为全球南方重要伙伴国家在"共同发展"目标下的合作，为全球南方国家摆脱殖民以来的畸形现代化困境、探寻在动荡中实现可持续发展提供宝贵的经验和启示。乐施会的专业指导和资源支持为本书的完成提供了不可或缺的助力，尤为感谢北京办公室的诸位同仁五年来自始至终的无条件热情支持与无尽的鼓励。

本书的研究从立项到完成，跨越了五年时间，期间经历了新冠疫情全球大流行的特殊时期。在非常规情况下，我们不得不采取非常规的调研方法，例如线上访谈、线上工作坊等。这些方法虽然带来了诸多挑战，但也为我们提供了新的视角和可能性。在此过程中，我们深刻体会到全球南方国家在应对危机时的韧性与创造力。

特别感谢中国驻南非使馆的李志刚公使（已经履新出任中国驻塞内加尔大使）、欧阳志兵参赞、薛东参赞以及使馆全体工作人员。他们在研究过程中提供了宝贵的支持与指导，帮助我们与南非各界建立了广泛的联系。他们的专业精神和无私奉献为本书的顺利完成提供了重要保障。

感谢旅居南非的华人朋友、企业家和南非学界同仁的鼎力支持。他们不仅分享了丰富的实践经验，还为我们提供了许多第一手的资料和案例。特别感谢中资企业协会的韦冬泽秘书长、南凤志总经理、姒海先生等多位的不倦支持，他们在南非的投资与合作经验为本书的研究提供了重要参考；感谢南非学界同仁 Sanusha Naidu 研究员、Garth Shelton 教授、Metji Makgoba 博士、Philip Harrison 教授、杨燕博士、Mzukisi Qobo 教授、Kagiso TK Pooe 博士、Eddy Maloka 教授，他们在研究过程中的演讲、交流并热情分享宝贵的学术见解和研究成果，为我们研究团队理解南非发展及其结构性困境，以及国际合作的经验研究和新南南合作的理论框架奠定了坚实的基础。

衷心感谢北京大学学校相关领导的大力支持与协调，特别是国际合作部的老师，为本研究提供了宝贵的指导和部分经费支持，使得我们能够邀约南非专家演讲、也共同参与研究工作。这种跨国合作不仅提升了研究的学术水平，也使得研究成果更具相关性和实用性。特别感谢国际合作部的秦晓文老师。

感谢杨立华教授和舒展大使，他们作为老一辈长期调研并深入了解南非的学人、外交官，为本研究提供了宝贵的建议和大量帮助！感谢王逸舟教授和叶海林研究员审读本书书稿并给出的及时指导和慷慨推荐！

感谢曾经以记者身份常驻南非的吕强先生，特别耐心而慷慨地把照片库中所有的南非照片中的佳作都拿来分享，让我们有充分的选项择出合适的主题封面，能够精准表现南非从"分开发展"走向自身的包容性转型发展、同时也展现了中国和其他南方国家携手的"共同发展"的生机盎然！

感谢我们精诚团结的研究团队和我们的家人，尤其是父母、伴侣。在我们来之不易的共同工作成长过程中，家人们的理解、支持和鼓励是我们研究和写作过程中坚持不懈的动力源泉，他们的宽容和陪伴让我们在疫情期间这样困难的时期也始终保持信心、提升韧性。特别感谢团队中的天佑，作为曾经就学北大的南非学生，虽然毕业回国创业了，但是依然不减促进中非合作的巨大热情，坚持高效地参与本课题研究讨论和写作，也承担了大量沟通协调工作，没有他作为课题组成员在南非驻扎，疫情期间几乎难以想象这份研究能坚持进行。

特别感谢一些名字并没有出现在作者名单中的同事、朋友和许多的同学们。在本书的创作过程中，他们提供了许多有价值的反馈和建议，帮助我们不断完善内容。特别感谢姚翠萍老师和陶蒴、洪慧秦、夏苏伟等同学，他们在数据收集和线上研究过程中给予了很多帮助，姚老师的强大沟通协调能力和永远饱满而温柔的关心爱护尤其是我们整个团队长期研究工作的核心支撑。

感谢所有参与本书审阅和修改的专家和学者，他们的专业意见使本书更加严谨和充实。

最后，我要感谢出版社和所有为本书出版付出辛勤努力的工作人员。他们的专业支持使本书得以顺利面世，特别鸣谢张艳丽主编在过程中不厌其烦的督促和在后期定稿过程中对于标题、框架和封面设计等给予的非常专业的改进意见。

本书的主题围绕可持续发展展开，特别聚焦中国与南非作为全球南方重要伙伴国家在"共同发展"目标下的合作。中国与南非的关系不仅是新南南合作的典范，更是推动全球南方国家实现可持续发展的重要力量。两国在经贸、投资、绿色能源、数字经济等领域的合作，为非洲大陆乃至全球南方国家提供了宝贵的经验和示范。南非作为非洲第二大经济体，积极响应"一带一路"倡议，与中国在人力资源发展、产能合作、基础设施建设、气候变化应对等方面取得了实质性进展，为全球南方国家的共同发展注入了新的活力。

希望本书能够为读者提供新的视角和启发，并为推动全球南方国家在新的全球格局下团结合作与可持续发展贡献一份微薄之力。中国与南非的合作经验表明，只有通过平等互信、互利共赢的伙伴关系，才能实现真正的共同发展，为构建人类命运共同体奠定坚实基础。"独行快，众行远"，希望这源于非洲大地上的智慧，更多被传播学习，以助力克服和治愈全球的动荡与纷争。

再次感谢所有支持我们研究团队的人！

刘海方

2025 年春　致谢于燕园

图书在版编目（CIP）数据

共同发展：南非式现代化与中国–南非合作研究 /
刘海方等著. — 北京：商务印书馆，2025. — ISBN
978-7-100-24757-3

Ⅰ. F125.4；F147.054

中国国家版本馆 CIP 数据核字第 2024VW9973 号

共同发展

南非式现代化与中国–南非合作研究

刘海方 等著

商 务 印 书 馆 出 版
（北京王府井大街36号 邮政编码100710）
商 务 印 书 馆 发 行
北京顶佳世纪印刷有限公司印刷
ISBN 978 – 7 – 100 – 24757 – 3

2025 年 3 月第 1 版　　　　开本 710×1000　1/16
2025 年 3 月北京第 1 次印刷　　印张 28¼

定价：118.00 元